LE CITOYEN
ou
LES FONDEMENTS
DE LA POLITIQUE

Dans la même collection
Œuvres de philosophie politique

ARISTOTE	*Les Politiques.*
BECCARIA	*Des Délits et des peines.*
HOBBES	*Le Citoyen ou les Fondements de la poli-. tique.*
LA BOÉTIE	*Discours de la servitude volontaire.*
LOCKE	*Traité du gouvernement civil. — Lettre sur la tolérance et autres textes.*
MACHIAVEL	*L'Art de la guerre. — Le Prince.*
MALTHUS	*Essai sur le principe de population.*
MARX	*Manuscrits de 1844.*
MARX ET ENGELS	*Manifeste du parti communiste.*
MONTESQUIEU	*De l'esprit des lois (deux volumes).*
MORE	*L'Utopie.*
PLATON	*Apologie de Socrate. Criton. — Gorgias. — Lettres. — La République.*
QUESNAY	*Physiocratie.*
RICARDO	*Principes de l'économie politique et de l'impôt.*
ROUSSEAU	*Du contrat social. — Discours sur l'origine et les fondements de l'inégalité parmi les hommes. — Considérations sur le gouvernement de Pologne. L'Économie politique. Projet de constitution pour la Corse.*
SAY	*Cours d'économie politique et autres essais.*
SMITH	*La Richesse des nations.*
SPINOZA	*Traité théologico-politique. — Traité politique. Lettres.*
TOCQUEVILLE	*De la démocratie en Amérique (deux volumes). — L'Ancien Régime et la Révolution.*
TURGOT	*Formation et distribution des richesses.*
VOLTAIRE	*Traité sur la tolérance.*

THOMAS HOBBES

LE CITOYEN
ou
LES FONDEMENTS DE LA POLITIQUE

Traduction de Samuel Sorbière

Suivi de
HOBBES, P. Bayle,
Dictionnaire historique et critique
et
HOBBISME, D. Diderot,
Encyclopédie, VIII

Chronologie, Introduction, Bibliographie, Notes
par
Simone GOYARD-FABRE

GF FLAMMARION

© 1982, FLAMMARION, Paris.
ISBN : 978-2-0807-0385-9

« Ce livre vaut un trésor et il serait à désirer que les caractères dont on l'imprimera fussent d'argent. »

> Lettre du feu R. P. Mersenne
> à M. Sorbière
>
> d'Orléans... le 25 d'avril 1646.

« Si la physique est une chose toute nouvelle, la philosophie politique l'est encore bien plus. Elle n'est pas plus ancienne que mon ouvrage le *De Cive*. »

> Épitre dédicatoire du *De Corpore*
> traduction Destutt de Tracy.

« C'est seulement en devenant citoyen d'un État bien constitué que l'homme acquiert véritablement son droit. »

> Hegel
> *Principes de la Philosophie du Droit*
> § 153, *addendum*.

REPÈRES CHRONOLOGIQUES

Vie intellectuelle	*Événements historiques*
1576 J. Bodin : *La République*. La Boétie : *Le Contre-un*.	
1579 Du Plessis-Mornay : *Vindiciae contra Tyrannos*. Buchanan : *De jure regni apud Scotos*.	
1580 Montaigne : *Les Essais*.	
1587	Exécution de Marie Stuart.
1588 Naissance de Hobbes.	Échec de l'Invincible Armada.
1589 J. Lipse : *Politicorum libri sex*.	
1596 Naissance de Descartes.	Assassinat d'Henri III ; avènement d'Henri IV.
1598	Édit de Nantes.
1599	Boris Godounov devient tsar.
1600 Exécution de Giordano Bruno. Kepler, réfugié à Prague, rencontre Tycho Brahé.	Compagnie anglaise des Indes orientales.
1601	Naissance de Louis XIII.
1602 Campanella compose la *Cité du Soleil*.	
1603 Arminius à l'Université de Leyde. Althusius : la *Politica*.	Mort d'Elizabeth Ire ; Jacques Ier devient roi d'Angleterre.
1604 Galilée : première formulation de la loi de la chute des corps. Kepler : travaux sur la lumière.	

	Grotius : *De jure proedae*.	
	Mort de Théodore de Bèze.	
1605	Cervantès : *Don Quichotte*.	
	Shakespeare : *Macbeth; Le Roi Lear*.	
1607		Lois anti-catholiques en Angleterre.
1608	Naissance de Torricelli.	
	Hobbes devient précepteur du fils de Lord Cavendish.	
1608-1610	Voyage de Hobbes et de son élève en France et en Italie.	
1609	Mort d'Arminius.	
1610		Assassinat d'Henri IV.
1613		Michel Romanov, tsar.
1620	Bacon : le *Novum Organum*.	Début de la guerre de Trente Ans.
1623	Galilée : le *Saggiatore*.	
	Naissance de Pascal.	
1624	Mersenne : *L'Impiété des déistes*.	Richelieu premier ministre.
	Début de l'enseignement de Gassendi.	
		Mariage de Charles Ier d'Angleterre et de Henriette de France.
1625	Grotius : le *De jure belli ac pacis*.	Charles Ier succède à Jacques Ier.
1627	Naissance de Robert Boyle.	
	Naissance de Bossuet.	
1628	Harvey : *De motu cordis et sanguinis*.	
1629		Charles Ier rompt avec le Parlement.
1629-1631	Séjour de Hobbes en France.	
1632	Galilée : le *Dialogo*.	
1633		Laud, archevêque de Canterbury.
1634	Mersenne publie en français les *Méchaniques* de Galilée.	
1634-1636	Séjour de Hobbes en France : il rencontre Mersenne et Gassendi, puis, à Florence, Galilée.	

REPÈRES CHRONOLOGIQUES

1636 Corneille : *Le Cid*.
1637 Début des solitaires de Port-Royal.
Descartes : *Le Discours de la Méthode*.
La Dioptrique.
Galilée : la loi du pendule.
1638 Mort de Jansénius.
Naissance de Malebranche.

Naissance de Louis XIV.
Soulèvement de l'Écosse.

1640 Publication de l'*Augustinus* de Jansénius.
Hobbes : les *Elements of Law*.

Commencement de la révolution anglaise ; le Court et le Long Parlements.

Première édition, en latin, des *Méditations métaphysiques*.

1641 Correspondance de Hobbes avec Descartes. *Objections aux Méditations*.

Procès et exécution de Lord Strafford.
Révolte d'Irlande.

1642 Mort de Galilée.
Hobbes : le *De Cive*.

Mort de Richelieu.

1643 Naissance de Newton.

Mort de Louis XIII.

1644 Descartes : *Principia philosophiae*.
Torricelli : le baromètre.

1645

Bataille de Naseby.

1646 Naissance de Leibniz.
1647 Naissance de Bayle.
Naissance de Denis Papin.
Vaugelas : *Remarques sur la langue française*.

Guerre entre l'armée et le Parlement en Angleterre.

1648

La Fronde jusqu'en 1652.
Première crise universelle.

1649

Exécution du roi Charles Ier.

1650 Mort de Descartes.
1651 Le *Léviathan*.
Naissance de Fénelon.
1653

Protectorat de Cromwell.

1654 Invention du calcul des probabilités (Pascal-Fermat).
1655 Hobbes : le *De Corpore*.
1656 Spinoza exclu de la synagogue.
1657 Pascal : *Les Provinciales*.
Naissance de Fontenelle.

1658	Hobbes : le *De Homine*.	Mort de Cromwell.
1659		Abdication de Richard Cromwell.
1660		Restauration de Charles II en Angleterre.

1660-
1668 Hobbes : le *Behemoth*.
1664 Descartes : *Le Traité de l'Homme*.
1665   Début de la grande peste de Londres.

1666 Hobbes : *A Dialogue between a Philosopher and a Student*.
Milton : *Le Paradis perdu*.   Le grand incendie de Londres (2-6 septembre).
1670 Spinoza : *Tractatus theologico-politicus*.
Pascal : *Les Pensées*.
1672 Pufendorf : *De jure naturae et gentium*.   Mesures de tolérance en Angleterre.
1674 Malebranche : *La Recherche de la Vérité*.
Boileau : *L'Art poétique*.
1675 Newton et Leibniz inventent le calcul infinitésimal.
1677 Mort de Spinoza.
Publication de l'*Éthique*.
1679 Mort de Hobbes.
1685   Mort de Charles II.
Jacques II, roi catholique.

1686 Fontenelle : *Entretiens sur la pluralité des mondes*.
1688 Locke : première lettre sur la tolérance.   Glorious Revolution.
Perrault : *Parallèle des Anciens et des Modernes*.
La Bruyère : *Les Caractères*.
1689 Naissance de Montesquieu.
1690 Locke : *Essai sur l'entendement humain*.
Locke : *Essai sur le gouvernement civil*.

INTRODUCTION

I

La vie de Thomas Hobbes : 1588-1679.

La vie de Thomas Hobbes nous est assez bien connue. D'une part, Hobbes lui-même, au soir de sa longue existence, en a fait deux fois le récit, d'abord en prose latine — *Thomas Hobbes Malmesburiensis Vita* — puis en distiques latins — *T.H.M. Vita carmine expressa.* D'autre part, deux ans après sa mort, donc en 1681, Richard Blackbourne rédigea une biographie du philosophe; la Boldeian Library d'Oxford possède le manuscrit d'Aubrey — publié en 1813 puis en 1897 sous le titre *Aubrey's Brief Lives of his Contemporaries* — qui apporte de précieux renseignements sur la vie de Hobbes qu'il avait bien connu. Enfin, Croom Robertson, pour écrire son *Hobbes* (Londres, 1886), a puisé, à Hardwick Hall, dans les manuscrits que possédait la famille Devonshire.

Thomas Hobbes est né à Malmesbury, dans le Wiltshire, le 5 avril 1588, jour du Vendredi Saint. Son père — qui avait nom aussi Thomas Hobbes — était vicaire non loin de là, à Westport. De sa mère, il n'y a pas grand-chose à dire, sinon que, effrayée, prétend-on [1], par la menace que l'Invincible Armada faisait peser sur l'Angleterre, elle donna le jour prématurément à son second fils, Thomas. On a voulu expliquer par cette naissance le caractère inquiet du philosophe entré dans le monde sous le signe de la peur et dont on a dit [2] qu'il était « le frère jumeau » de la crainte. Mais on

---

[1]. Cela est probablement pure légende puisqu'il est établi que l'on ne parla guère de l'Armada en Angleterre qu'à partir de juillet alors que Hobbes est né en avril.

[2]. G. Davy, *Sur la politique de Hobbes*, in *Mélanges* en l'honneur de Georges Scelle, Paris, 1949, tome I, p. 207.

prétend aussi que son horoscope — le signe du Bélier — lui réservait un destin éminent...

Quoi qu'il en soit, le jeune Thomas, élevé par son oncle et non par son père qui ne s'intéressait guère à lui, fréquente l'école dès l'âge de quatre ans. Sa précocité est telle qu'à six ans, il apprend le grec et le latin et qu'à quatorze ans — après avoir traduit du grec en latin la *Médée* d'Euripide — il part pour Magdalen Hall, à Oxford, que, d'ailleurs, il devait, par la suite, juger fort sévèrement. En 1608, au sortir d'Oxford, il devient précepteur du fils du comte de Devonshire, William Cavendish, qui n'a que deux ans de moins que lui. De 1608 à 1610, il accompagne son élève en France et en Italie. Même après la mort du jeune homme en 1628, il demeurera très attaché à la famille Devonshire.

Dès lors, sa vie se déroule, régulière et simple, vouée à l'étude et à la méditation. Elle est cependant ponctuée par deux voyages qui, de 1629 à 1631, puis de 1634 à 1636, le conduisent à Paris. Le second voyage surtout est fructueux : Hobbes fréquente le Père Marin Mersenne qui l'introduit dans la société savante de Paris où il rencontre Gassendi. Il se rend également à Florence où il visite Galilée. C'est l'époque où, corrélativement, il découvre le monde de la science et celui de la politique, s'apercevant du même coup que la philosophie d'école enseignée par les puritains d'Oxford est à la fois vaine et heureusement dépassée. Cette prise de conscience sera définitive et il n'est point douteux que son œuvre en sera marquée.

Mais la vie de Hobbes est secouée par un drame : en 1640, alors qu'en Angleterre un conflit âpre oppose le Parlement au roi Charles Ier, il se croit menacé en raison de ses sympathies monarchistes et se condamne volontairement à l'exil. Il gagne la France où il résidera jusqu'à la restauration de Charles II, en 1651. C'est l'époque où le Père Mersenne le fait « entrer en lice » contre Descartes. C'est aussi le temps où il travaille fiévreusement au *De Cive*, qui paraît en 1642 ; en 1647, une seconde édition, augmentée de notes importantes et d'une longue préface au lecteur, voit le jour à Amsterdam. Il achève alors son traité *De la Nécessité et de la Liberté* qui, publié en 1654, constituera l'un des documents les plus incisifs de la polémique avec l'évêque Bramhall. Surtout, Hobbes se consacre à la préparation du *Léviathan* qui sera publié en 1651.

A cette date, il rentre en Angleterre. Installé la plupart du temps à Londres, il ne dédaigne pas les douceurs de l'existence mais partage surtout ses jours, comme naguère, entre la lecture — quoique John Aubrey déclare qu'il possédait très peu de livres — et, principalement, la méditation : toujours et partout, dit son biographe, il réfléchit, « en bateau, en voiture, à cheval »... La soixantaine passée, il est entouré d'amis ; mais il a aussi beaucoup d'ennemis. Il se lance en d'interminables débats avec le mathématicien Wallis qui dénonçait ses erreurs mathématiques, avec le physicien Robert Boyle qui lui reprochait la tournure spéculative et abstraite de sa pensée, avec l'évêque arminien Bramhall qui raillait son déterminisme; et, devant les évêques anglicans, il doit se défendre d'un péché d'athéisme si grave qu'on lui impute la responsabilité de la grande peste et de l'incendie de Londres! Ces incessantes polémiques n'entament pas son flegme et l'important demeure pour lui de s'imposer une vie sobre d'une régularité exemplaire. Esprit lucide et toujours en alerte, il note ses pensées jusques au cours de ses promenades ou de ses repos et, chaque après-midi, à sa table de travail, il rédige ses notes. Ainsi va sa vie jusqu'en octobre 1679 où la paralysie l'arrête. Il s'éteint doucement à Hardwick le 4 décembre.

De cette vie modeste, à peu près sans histoires, était née une œuvre aussi controversée que monumentale.

II

L'œuvre de Hobbes.

L'œuvre de Hobbes emplit toute sa vie au point qu'elles sont inséparables l'une de l'autre. Néanmoins, avec l'œuvre, nous entrons d'emblée dans le paradoxe, ce pourquoi Hobbes est si longtemps demeuré — peut-être l'est-il encore à bien des égards — le philosophe mal-aimé; à tout le moins, le philosophe mal compris.

1. C'est un premier paradoxe que de voir la vie régulière et peu bruyante de Hobbes enfanter *une œuvre diversifiée appelée à déclencher bien des orages.*

Hobbes est en effet de ceux qui peuvent dire que rien dans le monde ne lui est étranger: la poésie et l'histoire, la physique et les mathématiques, mais aussi l'anthropologie et la politique, la théologie et la métaphysique trouvent place, quoique fort inégalement, dans l'œuvre du philosophe anglais. L'édition magistrale des *Œuvres latines* (six volumes [3]) et *anglaises* (onze volumes [4]) de Hobbes publiée à Londres de 1839 à 1845 [5] par Molesworth est un vivant témoignage de la diversité des problèmes traités.

---

3. *Thomae Hobbes Opera philosophica quae latine scripsit (O.L.)*, 5 volumes plus 1 volume de tables.
4. *The English Works of Thomas Hobbes (E.W.)*, 10 volumes plus 1 volume de tables.
5. L'édition Molesworth a été reproduite par Scientia Verlag à Aalen en 1966.

Bornons-nous ici à mentionner l'essentiel.

Vers 1602 : traduction latine de la *Médée* d'Euripide.

1627 : *De Mirabilibus Pecci* (publié vers 1636) in éd. Molesworth, *Opera latina*, tome V.

1629 : traduction de *La Guerre du Péloponnèse* de Thucydide, in *English Works*, tomes VIII et IX.

1630 : *A Short Tract on First Principles*, publié pour la première fois par Tönnies en *Appendice* de son édition des *Elements of Law*, 1889 ; reproduit par Franck Cass, Londres, 1969.

1637 : traduction d'*Extraits* de la *Rhétorique* d'Aristote, in *English Works*, tome VI.

1640 : **The Elements of Law**, rédigés en anglais et diffusés sous forme manuscrite. Les deux traités qui les composent — **Human Nature** et **De Corpore Politico** — sont publiés pour la première fois en 1650 ; in *English Works*, tome IV ; in édition Tönnies, d'après les manuscrits originaux de 1889 ; réédition Cambridge, 1928 et F. Cass, Londres, 1969.
L'*Human Nature* a été traduit en français par le baron d'Holbach en 1772 ; cette traduction a été rééditée par E. Naert, Vrin, 1971.
Le *De Corpore Politico* a été traduit par Sorbière en 1652 ; ce texte a été réédité par L. Roux, Centre inter-universitaire d'éditions et de rééditions de Saint-Étienne, 1973.
Les traductions françaises de ces deux traités ont été rassemblées en un seul volume et jointes à la traduction Sorbière du *De Cive*, Neuchâtel, 1787. Signalons la nouvelle traduction de L. Roux sous le titre *Les Éléments du droit naturel et politique*, L'Hermès, Lyon, 1977.

1640-1641 : *Correspondance avec Descartes* et *Objections aux Méditations*, in *Opera latina*, tome V ;
in édition Adam-Tannery des *Œuvres* de Descartes, tome III ;
in Bibliothèque de la Pléiade, Descartes, *Œuvres et Lettres*, 1966 ;
in édition Adam-Milhaud de la *Correspondance* de Descartes, tome IV.

1642 : **De Cive**, ou troisième partie des *Elementa philosophiae* ; seconde édition enrichie de notes, Amsterdam, 1647 ; texte anglais, sous le titre *Philosophical Rudiments concerning Government and Society*, publié en 1651. In *Opera latina*, tome II ; in *English Works*, tome II. Le texte latin du *De Cive* a été traduit par Samuel Sorbière et publié en 1649 à Amsterdam, réédition à Neuchâtel en 1787.

vers 1643 : *Critique du De Mundo de Thomas White*, traduction française Vrin, Paris, 1973.

1644 : *Tractatus Opticus*, publié dans l'*Optique* de Mersenne, dont il forme le livre VII. Des extraits de ce texte ont été publiés en *Appendice* des *Elements of Law* par Tönnies en 1889; in *Opera latina*, tome IV.
Une partie de la *Préface* de la *Ballistica*, dans les *Cogitata physico-mathematica* publiés par Mersenne; in *Opera latina*, tome V.

1646 : *Of Liberty and Necessity*. Le texte est publié sans l'accord de Hobbes en 1654; les éditions suivantes donnent 1652 comme date de rédaction du texte; in *English Works*, tome V.

1650 : *Réponse à la Préface du Gondibert de Davenant*, in *English Works*, tome V.

1651 : **Léviathan**; in *English Works*, tome III. Une traduction en latin, commencée par Stubbe, revue et achevée par Hobbes, enrichie de variantes et d'un Appendice, est publiée par Hobbes en 1668.
Éditions diverses: M. Oakeshott, Oxford, 1947; édition Plamenatz, Londres, 1962, 1972; traduction française F. Tricaud, Sirey, 1970.

1655 : **De Corpore**, première partie des *Elementa philosophiae*, in *Opera latina*, tome I; une traduction anglaise, de Hobbes lui-même, parut en 1657; in *English Works*, tome I.

1656 : *The questions concerning liberty, necessity and chance, clearly stated and debated between Dr Bramhall and Thomas Hobbes*; in *English Works*, tome VI.

1657 : ΣΤΙΓΜΑΙ *or Marks of the absurd Geometry, rural Language, Scottish Church-Politics and Barbarisms of John Wallis*; in *English Works*, tome VII.

1658 : **De Homine**, seconde partie des *Elementa philosophiae*; in *Opera latina*, tome II; traduction française par P. M. Maurin, Blanchard, Paris, 1974.

1660 : *Historia ecclesiastica Carmine elegiaco concinnata*, texte publié en 1688; in *Opera latina*, tome V.

1660 : *Examinatio et Emendatio Mathematicae hodiernae*; in *Opera latina*, tome IV.

1660-1668 : **Behemoth or the Long Parliament** (*Dialogue of the civil Wars of England*), publié en 1679, puis en 1682 à Londres, conjointement à d'autres textes : *Answer to Bishop Bramhall, an historical narration of heresie, philosophical problems, never printed before*; in *English Works*, tome VI. Le texte est réédité par Tönnies d'après les manuscrits en 1889 à Cambridge; reproduction de cette édition, F. Cass, Londres, 1969.

1661 : *Dialogus Physicus*; in *Opera latina*, tome IV.

1662 : *Problemata physica*; in *Opera latina*, tome IV; in *English Works*, tome VII.

1662 : *Mr. Hobbes considered in his Loyalty, Reputation and Manners;* in *English Works,* tome IV.

vers 1666 : **A Dialogue between a Philosopher and a Student of the Common Laws of England.** Le texte est publié en 1681 ; in *English Works,* tome VI. Ce texte est réédité par T. Ascarelli, Dalloz, Paris, 1966.

vers 1666 : *An historical Narration concerning Heresie, and the Punishment thereof,* texte publié en 1680 ; in *English Works,* tome IV ; réédition Stanford, Academic Reprints, 1954.

1666 : *De Principiis et Ratiocinatione Geometrarum,* in *Opera latina,* tome IV.

1668 : *An Answer to a Book by Dr Bramhall,* publié en 1682 ; in *English Works,* tome IV.

1669 : *Quadratura Circuli, Cubatio Sphaerae, Duplicatio Cubi, breviter demonstrata ;* in *Opera latina,* tome IV.

1669 : *Letters sur The British Princes of Howard ;* in *English Works,* tome V.

1671 : *Three Papers presented to the Royal Society against Dr Wallis ;* in *English Works,* tome VII.

1671 : *Rosetum Geometricum ;* in *Opera latina,* tome V.

1672 : *Lux Mathematica ;* in *Opera latina,* tome V.

1672 : *Thomas Hobbes Malmesburiensis Vita ;* in *Opera latina,* tome I.

1672 : *Thomae Hobbesi Malmesburiensis vita carmine expressa,* in *Opera latina,* tome V.

1673 : Traduction de l'*Odyssée ;* in *English Works,* tome X.

1673 : Texte sur le châtiment des hérétiques, publié pour la première fois par S. I. Mintz dans les *Hobbes-Forschungen,* Berlin, 1969.

1674 : *Principia et Problemata aliquot geometrica, ante Desperata, nunc breviter explicata et demonstrata ;* in *Opera latina,* tome V.

1676 : Traduction de l'*Iliade ;* in *English Works,* tome X.

1678 : *Decameron Physiologicum ;* in *English Works,* tome VII.

Une partie de la *correspondance* de Hobbes a été publiée par Molesworth in *English Works,* tome VII et *Opera latina,* tome V. D'autre part, Tönnies a publié un certain nombre de lettres appartenant au fonds de la Bibliothèque nationale de Paris in *Archiv für Geschichte der Philosophie,* 1890, p. 58-71 et 192-232.

Certains titres des œuvres de Hobbes laissent deviner le climat intellectuel dans lequel elles ont été conçues : des problèmes brûlants de l'actualité du temps y sont débattus (l'hérésie et son châtiment), des questions historiques abordées (le Long Parlement); l'examen critique d'œuvres scientifiques (le *De Mundo* de Th. White) ou philosophiques (cf. les *Objections* à Descartes) y est allégrement conduit ; la polémique y trouve place (contre l'évêque Bramhall ou contre le Dr Wallis)... A eux seuls, ces quelques exemples suffiraient à indiquer l'ardeur avec laquelle Hobbes a participé à la culture de son siècle. Il faut d'ailleurs, en ce sens, aller beaucoup plus loin : d'une part, l'influence de la science mécaniste à laquelle, auprès de Mersenne et de Gassendi, il s'est initié, transparaît dès 1630 dans le *Short Tract on First Principles;* elle marquera définitivement toute l'œuvre — ce que les titres des écrits ne laissent pas toujours percevoir — et lui apportera l'inspiration méthodique principielle des traités politiques. D'autre part, l'intérêt porté par Hobbes aux problèmes politiques est remarquable, non seulement parce que, à trois reprises au moins — en 1640 dans les *Elements of Law*, en 1642 dans le *De Cive*, en 1651 dans le *Léviathan* — il est expressément au centre de ses écrits, mais parce que ces ouvrages sont précisément les plus importants du grand œuvre. Hobbes n'est donc pas en son siècle un spectateur passif : tout ce qui, de près ou de loin, constitue l'événement, prend place dans le champ épistémologique de son investigation ; toutes les passions et toutes les préoccupations politiques de son époque suscitent sa réaction, l'emportant parfois à contre-courant de l'opinion commune.

On comprend dès lors sans peine que les écrits de Hobbes n'aient pas toujours été, tant s'en faut, accueillis dans le calme et la sérénité. Fils de son temps sans aucun doute, il est aussi, dans l'absolu, un homme de parti très entier, en qui les raisonnements de la raison calculatrice sont loin d'être dépourvus de passion. Aussi bien, s'il a des admirateurs et des amis, a-t-il également des détracteurs et des critiques ; et, comme il répond, souvent de manière acerbe, les griefs et les reproches s'accumulent contre lui ; la *disputatio* devient querelle ; il déclenche des inimitiés et des orages qui n'entament sûrement pas l'estime que l'on manifeste poliment envers le penseur, mais qui sont bien le signe d'une réprobation. N'est-ce point un fait significatif en effet que Hobbes, respecté par la *Royal Society,* n'y ait cependant jamais pu entrer ? Le «célèbre philosophe anglais», comme disait Descartes, ne tarda pas à être dénoncé comme «l'horrible Monsieur Hobbes».

2. Le second paradoxe de l'œuvre hobbienne apparaît lorsque, à regarder les choses de plus près, l'on s'aperçoit que *le souci de la chose politique constitue le foyer de la méditation du philosophe* au point que celle-ci culmine en une philosophie du droit et de la loi dont, d'une part, les analyses anthropologiques ne sont qu'une propédeutique tandis que, d'autre part, les réflexions sur la religion se veulent

une justification. Cette démarche, au XVIIe siècle, ne peut que passer pour insolite, voire pour franchement insolente.

La structure d'ensemble des grandes œuvres de Hobbes mérite cependant intérêt et réflexion. Il est frappant en effet que, dans l'ordonnancement tripartite des *Elements of Law*, du *De Cive* et du *Léviathan*, s'articulent rigoureusement une analyse anthropologique, l'étude du pouvoir civil et des réflexions d'ordre théologique. Dès 1640, Hobbes explique, au début de l'*Human Nature*, que « pour se faire une idée claire des éléments du Droit naturel et de la Politique, il est important de connaître la nature de l'Homme [6] ». La démarche hobbienne qui vise à faire naître la *science* du pouvoir politique [7] établit une stricte relation de cause à effet entre les « ingrédients » de la nature humaine et la construction du pouvoir souverain. Dans cette perspective explicative où trouvent place les schèmes déterministes de la jeune science mécaniste, l'anthropologie a pour but d'apporter à la philosophie du corps politique l'intelligibilité des principes. L'étude de l'humaine nature est donc tout entière tendue vers l'élucidation de la société civile et de son organisation. C'est ce que Diderot, s'extasiant sur « le traité sublime » de l'*Human Nature* [8], ne verra pas ou se refusera à voir. Certes, l'on considère comme admirable, de façon générale, la méthode scientifique qui procède selon la démarche résolutive/compositive chère aux mécanistes et les règles de la méthode exposées par Descartes suscitent plus de louanges que de critiques ; analyse et synthèse corrélatives font merveille dans les sciences rigoureuses comme la mathématique et la physique. Mais prétendre, comme le fait Hobbes, user de ces canons méthodologiques dans la sphère de ce qui est humain et, tout particulièrement, les mettre au service de l'« explication scientifique » du pouvoir politique passe pour incongru et certainement dangereux. Cela ne conduit-il pas Hobbes à faire de la société civile, à l'instar de Grotius, un « établissement humain [9] » ? S'il en est ainsi, le pouvoir souverain de l'État n'est-il pas indépendant du pouvoir divin ? Tel est bien le danger que l'on s'accorde à

---

6. *De la nature humaine*, trad. du baron d'Holbach, présentation par E. Naert, Vrin, 1971, I, § 1.

7. « Si la physique est une chose toute nouvelle, la philosophie politique l'est encore bien plus, dit Hobbes. Elle n'est pas plus ancienne que mon ouvrage *Du Citoyen* », *Épître dédicatoire* du *De Corpore*, traduction Destutt de Tracy ; cf. également *Léviathan*, chapitre IX, tableau.

8. Diderot parlera en effet du « traité sublime de la nature humaine » dans lequel il verra « le meilleur de Hobbes » au point d'en recommander « la lecture une fois tous les ans » à son enfant et à son amie. C'est, ajoute-t-il, « un livre à lire et à commenter toute sa vie », *Lettres à Sophie Volland*, sans date, édition Babelon, Gallimard, 1930, tome III, p. 286.

9. Cf. Grotius, *De jure belli ac pacis*, livre I, chap. IV, § 7.

voir dans les écrits de Hobbes : il répudie la longue tradition théologico-politique, devenue d'ailleurs le dogme de l'Église catholique romaine, selon laquelle le Souverain est de droit divin. En démontrant, par la voie explicative de la science galiléenne, que l'autorité civile ne dépend pas de la religion, il se fait le porte-parole d'une doctrine bouleversante et séditieuse qui étonne et révolte ses contemporains. On l'accuse d'avoir fait dépendre l'Église de l'autorité royale ; on dénonce le ferment d'athéisme que recèlent ses écrits... Ces griefs, assurément, sont excessifs et, tout en montrant combien il est malaisé de rompre avec les idées qu'un long passé a accréditées, révèlent, de la part des lecteurs, un manque évident de probité intellectuelle. Il reste que, lors même que Hobbes soutient que, dans un État chrétien, « il n'y a point de répugnance entre les commandements de Dieu et ceux de l'État[10] », il ne saurait être question pour lui de confondre la souveraineté dans l'État et la souveraineté au royaume des cieux.

La structure trilogique — l'Homme, le Souverain, Dieu — qui, de 1640 à 1651, se répète dans les trois grands traités qui livrent la substance profonde de la philosophie de Hobbes, a donc bien l'étude du politique comme point central et comme point fort. Que cette étude ait été suscitée « par les désordres du temps présent[11] » ne signifie pas que, dans l'œuvre hobbienne, se reflète, fût-ce en un miroir redresseur d'images, la conjoncture historique. Cela signifie qu'il y a en la pensée de Hobbes un primat du problème politique et que la tâche du philosophe est de rendre compte de l'ordre et du sens de la vie civile en précisant les rapports qu'elle entretient avec les « facultés » de l'Homme et avec les « puissances » de Dieu.

3. L'œuvre de Hobbes se développe ainsi en créant une rupture dans le champ philosophique : la métaphysique ontologique de Platon et d'Aristote est dénoncée comme un rêve[12] et, tandis que, par-delà la controverse avec Descartes, Hobbes incline vers un nominalisme dont la raison computative est le creuset[13] et dont les signes, assemblés en discours, sont l'instrument[14], il s'oriente vers une science politique explicative et abstraite qui, dit-il, doit enseigner aux hommes « les fondements » et « les principes rationnels » du

---

10. *De Cive*, Section troisième, chap. XVIII, § XIII.
11. *Léviathan, Révision et conclusion*, trad. F. Tricaud, Sirey, p. 721.
12. *Ibid.*, chap. XLVI, p. 681.
13. *De Corpore*, chap. I, § 2. *Léviathan*, chap. V, p. 38 : « La raison n'est que le calcul (c'est-à-dire l'addition et la soustraction) des conséquences des dénominations générales dont nous avons convenu pour *noter* et *signifier* nos pensées. »
14. *De Corpore*, chap. II, § 1. *Léviathan*, chap. III, p. 24 (définition du *signe*) et *De Homine*, chap. X, art. 1 (définition du *discours*).

pouvoir civil [15]. Seulement, l'inspiration délibérément «moderne» de sa philosophie fut d'autant moins comprise que *ses principales œuvres furent publiées dans un désordre apparent qui en masquait l'intention rectrice.*

a. En 1640, les *Elements of Law* ne circulent que sous le manteau avec une *Épître dédicatoire* de Hobbes en date du 9 mai de la même année; ils comportent vingt-neuf chapitres et constituent bien un tout par quoi le philosophe apporte la première ébauche de la solution qu'il assigne au problème du politique. Mais ce court texte n'est pas édité et le public érudit qui en a connaissance demeure restreint. Lorsque le «petit traité» est publié à Londres en 1649 et 1650, c'est, vraisemblablement, au dire de Tönnies [16], sans la participation de son auteur et, en tout cas, sans sa signature. Il est divisé en deux ouvrages distincts : les treize premiers chapitres de la première partie sont devenus l'*Human Nature;* les six chapitres suivants et la seconde partie constituent le *De Corpore Politico*. Mais ce découpage qui, certes, trouve sa justification dans la spécificité des deux sujets traités, déroute d'autant plus aisément les lecteurs que la *Préface* parue avec l'*Human Nature*, n'étant autre que l'*Épître dédicatoire* des *Elements of Law*, est à peu près sans objet : elle annonce, en effet, une étude politique dont l'*Human Nature* ne dit mot. Aggravant le désarroi des lecteurs, d'autres éditions font précéder l'*Human Nature* du *De Corpore Politico*...

Quoi qu'il en soit de ces tribulations éditoriales, Hobbes, depuis 1640, avait projeté une véritable somme philosophique, les *Elementa philosophiae*, qui devait comporter, conformément à sa conception des rapports de l'anthropologie et de la politique, un *De Corpore*, un *De Homine* et le *De Cive*. En cette somme, la quête des premiers éléments de philosophie était le divertissement d'un esprit cultivé qui, au XVIIe siècle, pouvait encore être un esprit universel. «Je me divertissais à l'étude de la philosophie, et prenais plaisir d'en recueillir les premiers éléments [...] J'avais déjà avancé peu à peu mon ouvrage jusqu'à le diviser en trois sections; en la première desquelles je traitais du corps et de ses propriétés en général; en la deuxième, je m'arrêtais à une particulière considération de l'homme, de ses facultés et de ses affections; et en la dernière, la société civile et les devoirs de ceux qui la composent servaient de matière à mes raisonnements», confesse Hobbes [17]. Mais les événe-

15. *Léviathan*, chap. XXX, p. 358-359.
16. Tönnies publia ce texte pour la première fois en 1889 sous le titre *Elements of Law natural and politic;* une seconde édition, identique à la première, parut en 1928 à Cambridge.
17. *De Cive*, Préface de la seconde édition de 1647, folio 3, en date du 28 avril 1646, cf. *infra*, p. 75.

ments d'Angleterre lui font soudain comprendre qu'il est urgent d'accorder la priorité à la réflexion politique. « Pendant que j'achevais ce dessein, que je rangeais par ordre mes pensées, et qu'ayant bien de la peine à me satisfaire [...] on se mit à discuter en Angleterre avec beaucoup de chaleur du droit de l'empire et du devoir de ses sujets. Ce qui arrivant quelques années auparavant que les guerres civiles s'y allumassent, fut un présage des malheurs qui menaçaient, et qui ont accueilli ma patrie. Aussi, comme je prévis cet embrasement, je me hâtai d'achever cette dernière partie, et de la faire précéder les deux autres... Ainsi celle qui devait sortir au jour la dernière est celle qui a paru la première[18] ». C'est en effet en 1642, à Paris, que parut le *De Cive*, troisième partie des *Elementa philosophiae* : « la partie qui se trouvait être la dernière dans l'ordre logique se trouva être la première dans l'ordre du temps[19] ». Le *De Corpore* ne parut qu'en 1655 et le *De Homine* qu'en 1658 ; Hobbes, pour l'essentiel, y développait, en latin, les thèses exposées dès 1640 dans les *Elements of Law*.

Entre-temps, le *Léviathan* avait vu le jour, en anglais, à Londres. Plusieurs éditions se succédèrent, avec des variantes qui peuvent être de la main de Hobbes. Il n'empêche que l'ouvrage fut mal accueilli et par le public et par la critique. Hobbes fut accusé d'impiété. Le gros traité fut l'objet d'une dénonciation et d'une poursuite officielles. Le livre et son auteur furent déclarés maudits. Pourtant, une édition latine du *Léviathan* devait paraître à Amsterdam en 1668[20], suivie par diverses rééditions aux Pays-Bas et même à Londres. Entre l'édition anglaise et l'édition latine, le *De Corpore* et le *De Homine* avaient été publiés respectivement en 1655 et 1658. A vrai dire, ces deux textes retinrent assez peu l'attention puisque le *Léviathan* rassemblait, en sa première partie, les principes fondamentaux de l'anthropologie hobbienne nécessaires au développement, puissant et brillant, des idées politiques du philosophe de Malmesbury.

Désormais, la philosophie politique de Hobbes ne s'enrichira plus guère. Après 1660, hormis le *Behemoth*, composé entre 1660 et 1668 et *A Dialogue between a Philosopher and a Student of the Common Laws of England*, rédigé vers 1666[21], Hobbes n'écrit que quelques textes à portée polémique. Dans les dix dernières années de sa vie, partageant son temps entre les mathématiques et la traduction des

---

18. *De Cive*, folio 4, cf. *infra*, p. 75-76.
19. Notons que l'*Épître dédicatoire* au comte de Devonshire porte la date du 1ᵉʳ novembre 1641.
20. Sur la controverse suscitée par la date présumée des deux rédactions du *Léviathan*, cf. F. Tricaud, *Introduction* du *Léviathan*, p. XVI sqq.
21. Notons que le *Behemoth* ne fut publié qu'en 1679 et le *Dialogue* qu'en 1681 après la mort de Hobbes.

poèmes d'Homère, il semble qu'il ne veuille rien ajouter à son œuvre politique.

b. Les publications apparemment non ordonnées de Hobbes ne laissent pas apercevoir la genèse de sa philosophie. Pourtant, dans l'insistance avec laquelle il réexamine, dans ses trois grands traités, le problème politique, s'affirme un style philosophique nouveau. Hobbes se place exclusivement sur le plan de l'analyse et de la théorie : son dessein n'est pas de faire la critique de tel régime politique ; il n'est pas non plus d'apporter aux princes des règles pratiques de gouvernement. Sa philosophie politique est une *science* du pouvoir politique. Qu'il ait des préférences et des partis pris est indéniable ; mais sa philosophie, qu'il veut explicative et spéculative, n'exprime pas un engagement idéologique au service d'une cause. Au dédicataire du *Léviathan*, il déclare sans ambages : « Je ne parle pas des hommes, mais, dans l'abstrait, du siège du pouvoir [22]. » Cela était vrai dès 1640. L'influence des hommes de science de son temps, celle de Bacon et d'Harvey, comme celle de Mersenne et de Galilée, est très vive sur son esprit sans que, pour autant, il soit tenté par une démarche empirique et inductive. Hobbes entend bien, comme ces hommes de science, partir de l'expérience ; mais il s'assigne essentiellement pour tâche de reconstituer au niveau de la réflexion l'institution politique que les hommes ont constituée au niveau de l'expérience. Sa démarche réflexive est rationaliste et déductive. En cette tâche, il estime qu'il n'a pas de précurseur. Depuis Platon, dit-il en substance, les philosophes ont pensé le politique en partant d'*a priori* métaphysiques ; au lieu d'une « science », ils ont fait un « rêve », à tout prendre inutile. Quant aux théologiens scolastiques, ils ont mêlé l'Écriture à la métaphysique abstruse des anciens Grecs et se sont condamnés à « une vaine philosophie ». C'est pourquoi la volonté épistémologique de Hobbes est, dès le départ, de tourner délibérément le dos aux « ténèbres » de ces « traditions fabuleuses [23] » qui sont comme un défi à la majesté de la raison en l'homme [24]. Lors même que l'on constate, au fil des œuvres de Hobbes, une évolution non négligeable dans sa manière de comprendre la raison humaine pour accorder en définitive prévalence à la démarche discursive plutôt qu'à quelque lumière naturelle, la *logique* s'impose, dès le principe, comme le fer de lance de la recherche hobbienne. Le premier « pas » de la philosophie n'est

---

22. *Léviathan*, *Épître dédicatoire* à Francis Godolphin, p. 1 ; le texte latin dit de même : « Je ne discute pas du droit de tel ou tel, mais du droit considéré dans l'abstrait », note 5, p. 2.

23. Cf. *Léviathan*, chap. XLVI.

24. En 1640, Hobbes parle même de « l'infaillibilité de la raison », *Elements of Law*, *Épître dédicatoire*, éd. Tönnies, p. XVII.

point de décrire l'ordre des choses tel que nous le percevons ni même tel que le bon sens peut l'imaginer en cheminant dans le temps du naturel à l'institutionnel; il consiste en une *décision méthodologique* qui contient déjà la problématique du pouvoir politique. La *Préface* du *De Cive*, sur ce point, est parfaitement explicite : « On ne saurait mieux connaître une chose qu'en bien considérant celles qui la composent [...] Ainsi, en la recherche du droit de l'État et du devoir des sujets, il la faut [...] considérer comme si elle était dissoute, c'est-à-dire il faut bien entendre quel est le naturel des hommes, qu'est-ce qui les rend propres ou incapables de former des cités, et comment c'est que doivent être disposés ceux qui veulent s'assembler en un corps de république [25] ». La méthode possède une vertu heuristique telle que, par sa mise en œuvre, Hobbes dévoile, comme dit le titre même du *De Cive*, « les fondements de la politique », c'est-à-dire, en utilisant la terminologie du *Léviathan*, « les principes rationnels » du pouvoir civil [26].

Que la chronologie des publications ait bouleversé l'ordre logique de la philosophie hobbienne est, au fond, sans grande importance. Celle-ci demeure pénétrée d'un vœu de scientificité dont l'essentiel est contenu dans la « méthode de recherches [27] » qu'elle met en œuvre et qui aboutit à cette codification rationnelle qu'est la connaissance à partir des causes. En une telle entreprise, procéder, comme dans le *De Cive*, selon la démarche analytique qui dégage les principes de l'expérience du juste et de l'injuste ou procéder selon la démarche synthétique qui, à partir des principes, s'achemine à la détermination du juste et de l'injuste, revient au même : c'est bien là, du moins, ce que déclare le *De Corpore* [28]. Dès lors, il était absolument sans inconvénient pour la science du politique de publier le *De Cive*, troisième partie logique des *Elementa philosophiae*, avant les deux autres. La logique réflexive du *De Cive* ne contredit nullement au dessein d'épistémologie génétique conçu originairement par Hobbes. Tout simplement, la pression des événements d'Angleterre a été pour Hobbes un révélateur puissant : le problème de la science politique n'est pas de construire la Cité des hommes car, depuis toujours, quoique sous diverses formes, elle existe ; le problème véritable, qui est de structure bien plutôt que de genèse, est de comprendre par quels mécanismes elle a pu s'instaurer et s'instituer. Logique et théorie sont parfaitement fondées à supplanter les perspectives de la chronologie.

---

25. *De Cive*, Préface, p. 71.
26. *Léviathan*, chap. XXX, p. 359.
27. *Ibid.*, chap. III ; F. Tricaud traduit « recherche méthodique », p. 23.
28. *De Corpore*, chap. VI, art. 7.

Le désordre des publications n'est donc qu'apparent et, au fond, parler de désordre implique des préalables épistémologiques qui ne sont pas ceux de Hobbes. La succession des œuvres du philosophe traduit son parti pris pour la philosophie civile plutôt que pour la philosophie naturelle et signifie en clair que le problème du politique est pour lui le problème du *primat* du politique — non pas dans l'ordre de l'existence, qui ne l'intéresse guère en tant que tel, mais dans l'ordre du sens, qui est capital pour l'homme. C'est pourquoi il espère que la science nouvelle qu'il fait naître pourra apporter enfin aux hommes, gouvernants et gouvernés, par-delà l'intelligibilité des principes du politique, des bienfaits pratiques [29]. Si l'homme comprend en quoi il est, par l'acte rationnel qui lui révèle la structure légale des institutions civiles qui le gouvernent, l'artisan de sa propre condition, il y a tout lieu de penser qu'il construira son humanité en ayant souci d'un avenir meilleur tendu vers la sécurité et le bonheur [30].

Au début des Temps Modernes, l'œuvre de Hobbes est déjà un plaidoyer en faveur de ce que l'on appellera un siècle plus tard la «civilisation»: si «les mots clairs, dit Hobbes, sont la lumière de l'esprit humain», «la raison en est la *marche*, l'accroissement de la science en est le *chemin*, et le bien de l'humanité, l'*aboutissement* [31]». Mais la nouveauté et les difficultés de l'œuvre la rendaient redoutable. On retint d'elle quelques images effrayantes et quelques formules tranchantes qui, arrachées à leur contexte, la rendirent mal intelligible et favorisèrent les contresens.

Afin de capter le sens de la construction philosophique hobbienne, il convient de la replacer dans la culture de son siècle où elle prend sa véritable portée à la lumière des événements qui secouent alors l'histoire d'Angleterre.

III

La philosophie politique de Hobbes et son temps.

Dans l'*Épître* par laquelle il dédie le *De Cive* au comte de Devonshire, Hobbes explique qu'il n'a cure de «traiter des lois d'aucune

---

29. *Léviathan*, chap. X, p. 101.
30. L'idée de l'*avenir* est, dans la philosophie de Hobbes, d'une extrême importance. Elle éclaire le sens du calcul rationnel téléologique qui est la pierre angulaire du *Commonwealth*, lequel permet à l'homme «*a more contented life*» (*Léviathan*, chap. XVII).
31. *Léviathan*, chap. V, p. 44.

nation civile prise en particulier[32]». Quelques années plus tard, il écrira dans le même sens à son ami Francis Godolphin que, traitant dans le *Léviathan* de la *Res publica* «dans l'abstrait[33]», il a soin de ne s'attacher qu'à «la solidité des raisons». Cependant, la construction rationnelle de sa doctrine unitaire reflète à la fois le climat intellectuel et l'histoire concrète de son siècle : elle transpose à la connaissance de ce qui est humain les récentes conquêtes de l'*épistémologie mécaniste* et trouve dans les *difficultés politiques qui conduisent l'Angleterre à la guerre civile* l'occasion d'une formulation doctrinale incisive et brillante.

1. La longue vie de Hobbes a fait de lui le contemporain de philosophes comme *Bacon* (1561-1626) et Descartes (1596-1650), de jurisconsultes comme *Grotius* (1583-1645), de savants comme *Galilée* (1564-1642) et *Gassendi* (1592-1655) ou comme *Pascal* (1623-1662) et le Père *Mersenne* (1588-1648). Il a bien connu la plupart d'entre eux et, sans qu'il soit toujours possible de préciser l'influence exacte qu'ils ont exercée sur lui, il est hors de doute que *la pensée de Hobbes s'est développée au sein du climat intellectuel qu'ils avaient créé en ce temps*.

Après Aubrey, qui signale l'estime et l'affection de Bacon de Verulam pour Hobbes, qui fut un temps son secrétaire, Samuel de Sorbière a rapproché le tempérament intellectuel des deux hommes. Il y a effectivement entre le Chancelier et son jeune secrétaire des points communs : ils réprouvent également la scolastique, ils ont le même amour de la science et de «la philosophie naturelle», ils admirent l'un et l'autre le mécanisme. Hobbes n'est pourtant pas l'héritier spirituel de Bacon. Sa démarche rationnelle et déductive n'est pas celle de la philosophie expérimentale de Bacon. Et, sur le plan politique, ils n'ont guère de commun que leur antiparlementarisme : tandis que Bacon est engagé dans la vie politique anglaise[34], Hobbes est avant tout un théoricien dont le pragmatisme même obéit à l'exigence de scientificité.

C'est pourquoi la jeune science mécaniste exerce tant d'attrait sur son esprit. On ne peut assurément pas passer sous silence, lors du second voyage sur le Continent, en 1629, ce que l'on a appelé

---

32. *De Cive*, Épître dédicatoire, p. 85.
33. *Léviathan*, p. 1.
34. Cet engagement, d'ailleurs, finit mal : ayant flatté sans vergogne l'absolutisme de Jacques Ier et ayant, par ailleurs, cédé au vertige de la corruption dans l'exercice de ses charges judiciaires, il fut sévèrement condamné par le Parlement en 1621 ; fortement ébranlé par cette condamnation, il mourut peu après.

«l'illumination euclidienne» de Hobbes [35]. Mais la *Géométrie* d'Euclide ne prend pour lui figure de modèle que parce qu'elle s'accorde, en sa rigueur déductive, avec la démarche des savants mécanistes. Elle le met en présence de la forme exemplaire du discours scientifique. Dès lors, que tout s'opère dans la nature, selon la formule de Descartes, par «figures et mouvements», est une idée qui ne peut que satisfaire son besoin de logique déductive. Parce qu'elle efface tout mystère dans le monde, elle permet de substituer à la fabuleuse ontologie du cosmos l'ordonnancement strict des lois physiques de l'univers. Dès 1630, la rédaction *more geometrico* du *Short Tract* ne laisse aucun doute à cet égard : le style est euclidien, la démarche est mécaniste. Le séjour que Hobbes effectue à Paris en 1634-1635, grâce à la fréquentation de Mersenne, le confirme dans ses vues et lui ouvre des horizons plus précis. La correspondance de Mersenne — le «secrétaire de l'Europe savante» — fait état des recherches et des expériences que, dans la voie ouverte par Galilée, multiplient Torricelli, Gassendi, Huyghens, Harvey... Ces savants font l'admiration de Hobbes. Ils lui indiquent le chemin dans lequel son rationalisme peut s'épanouir. Une certitude lui vient : parce que l'unité des lois physiques s'exprime mathématiquement, l'homme peut se faire «maître et possesseur de la nature». C'est dire que les prestiges de la nature ne sont rien d'autre que les prestiges de la connaissance scientifique elle-même et de la maîtrise technicienne qu'elle engendre. Par-delà le mécanisme naturel, se profile l'artificialisme techniciste qui est une affirmation de l'homme et proclame sa libération par rapport à toutes les puissances occultes. D'ores et déjà, Hobbes — qui a rencontré Galilée en 1636 — participe à sa manière à la «révolution galiléenne» qui bouleverse la représentation de l'univers. Pour lui, c'est plus encore le schéma mental du savoir que l'espace naturel qui vient de trouver, avec la science galiléenne, des structures et des lignes de force nouvelles. Aussi bien adhère-t-il à l'intelligibilité mécaniste parce qu'elle use d'un instrument épistémologique inhabituel en proclamant que la nécessité rationnelle est à l'œuvre dans le monde.

Tönnies pense que Galilée a sans doute suggéré à Hobbes, lors de la visite que celui-ci lui rendit, de transposer la procédure mécaniste de la physique à l'éthique. En fait, dès avant 1630, dans l'*Abrégé* de la *Rhétorique* d'Aristote qu'il avait rédigé à l'intention de son élève, le troisième comte de Devonshire, Hobbes affirmait que l'argumentation logique a une part prépondérante dans l'art de persuader dont l'éthique et la politique font grand usage. Il y a donc tout lieu de penser que, après avoir conversé avec Galilée, il ait pu franchir

---

35. Jean Bernhardt, Article *Hobbes* in *La Philosophie du monde nouveau*, F. Châtelet, Hachette, 1972, p. 128 sq.

sans hésitation le seuil de ce que Heidegger appelle «l'époque des *conceptions* du monde [36]», qui est aussi, conformément à l'exigence unitaire de l'intellect, l'époque de la *conceptualisation* de tout ce qui est humain. Ainsi «le miracle des années 1620» dont parle R. Lenoble [37] est une révolution dans la méthode qui, dans la pensée de Hobbes à son éveil, doit permettre à la politique elle-même de devenir intelligible. D'ailleurs, comme la méthode a toujours une portée plus que méthodologique, cette extraordinaire mutation apparait à Hobbes comme un signe éloquent : en constituant une libération de la connaissance à l'égard des dogmes et de l'onto-théologie traditionnelle, elle prépare l'affirmation de l'homme et laisse pressentir, à lointaine échéance il est vrai, le développement de l'intelligibilité positiviste. Dans le sillage des habitudes mentales qu'a forgées la science galiléenne, Hobbes veut montrer, dès les *Elements of Law*, que la vie de la *Civitas* a sa vérité propre, et que, loin de résider dans « la nature des choses » en participant à d'hypothétiques essences ou aux entités ténébreuses de la scolastique, elle s'organise au niveau de la raison et possède la dimension du discours. La science du politique qu'inaugure le *De Cive* trouve donc place, explicitement, comme le dit la *Préface* de l'édition de 1647, qui considère le monde de l'homme comme «une grande horloge», dans le cadre épistémologique du jeune mécanisme. La philosophie politique hobbienne se confond avec la *science* politique parce que sa problématique bannit toute spéculation métaphysique, parce que ses procédures ne peuvent être, comme en physique ou en physiologie, que résolutives/compositives et parce que, se détournant des *pourquoi* perfides, elle doit répondre à la question *comment* par un dévoilement des «principes». En conférant à la philosophie politique un nouvel âge mental, Hobbes affirme à sa manière — qui est tout à fait comparable à celle de Gassendi ou d'Harvey — que la connaissance de la vérité passe par la normativité de la raison qui bannit les hypothèses et les imaginations.

Dans ce contexte où la conscience de rationalité occupe un rang privilégié, on aimerait pouvoir préciser les rapports du philosophe Hobbes et du juriste Grotius. Il est impensable, en effet, que Hobbes n'ait pas connu le *De jure belli ac pacis* par lequel Grotius, en 1625, introduisait dans la philosophie du droit une révolution qui n'a d'égale que celle introduite dans l'ordre de la connaissance par Galilée. Il refuse le système explicatif d'un droit inféodé à un métajuridisme dont il dénonce comme vaine la prétention ontologique et il lui substitue l'analyse méthodique des tenants et des aboutissants d'un ensemble de règles qui, «établissement humain»,

---

36. Cf. *Chemins qui ne mènent nulle part*, trad. Brockmeier, NRF, 1962.
37. R. Lenoble, *La Naissance du mécanisme*, 2ᵉ édition, Vrin, 1971.

est un univers logique et unitaire. Ainsi désacralisé, le droit est pensé non plus selon la référence verticale à la transcendance divine, mais selon les exigences d'ordonnancement de la vie sociale qui sont, dit-il, immanentes à la raison humaine. Grotius amorce de la sorte une révision des valeurs humaines et place le monde juridique sous le signe de la raison. Il y a trop de points communs entre l'espace politique tel que le comprend Hobbes et l'univers juridique tel que le conçoit Grotius pour que l'on ne s'interroge pas sur les rapports entre les deux hommes. Pourtant, sur cette question, Hobbes demeure muet. Il est vrai qu'il est peu enclin à dévoiler ses sources. Avec toute la prudence qui s'impose, nous pouvons néanmoins noter la convergence des deux pensées soucieuses de substituer à l'ordre divin un ordre public à la dimension de l'homme et conforme aux requêtes de la raison.

Au-delà des paramètres et des canons du nouveau style de recherche qu'apporte le mécanisme, Hobbes découvre donc une manière inédite de comprendre l'homme et ses œuvres. Au principe de sa philosophie politique, il y a *une découverte scientifique de l'homme*. Les élans conquérants de la science mécaniste viennent certainement confirmer chez lui l'inspiration première de sa pensée découvrant, en traduisant en 1629 *La Guerre du Péloponnèse*, « une histoire en voie de rationalisation ». Thucydide, dit Louis Roux, lui donne l'exemple d'une « recherche de la connaissance de la nature humaine par le récit critique du destin d'un empire [38] ». L'épistémologie mécaniste, en lui fournissant les instruments logiques et méthodologiques d'une connaissance rigoureuse de la nature humaine, comble ses vœux. Ainsi s'explique le projet de la vaste trilogie que devaient constituer les *Elementa philosophiae*: étudier l'homme en sa nature, en son humanité, en sa citoyenneté.

Fils de son temps, héritier et tout ensemble pionnier de la culture de son époque, Hobbes trouva de surcroît dans l'histoire de son siècle et, tout particulièrement, de son pays, l'occasion de sa philosophie politique.

2. Hobbes se trouvait en France en 1610 alors que l'Europe entière frémissait d'horreur en apprenant le crime de Ravaillac. Sensibilisé à l'extrême par le meurtre d'Henri IV, devenu pour lui le symbole même de l'attentat envers les droits de la Souveraineté, il réagit vivement aux événements troubles qui secouèrent alors l'Angleterre. Quoique son œuvre politique ne soit point motivée par l'événement, elle porte néanmoins, grave et profonde, la marque de l'histoire anglaise. L'on sait, en effet, par la *Préface* de la seconde édition du *De Cive*, comment Hobbes fut conduit à bouleverser ses

---

38. L. Roux, Présentation du *De corpore politico*, p. 22.

projets philosophiques en raison de la situation politique qui s'était installée dans son pays.

a. Au début du XVIIe siècle, la question politique était brûlante dans une Angleterre en crise. Après le règne d'Elizabeth, morte en 1603 sans laisser d'héritier direct, la couronne d'Angleterre revint à son cousin Jacques, fils de Marie Stuart, qui était déjà roi d'Écosse sous le nom de Jacques VI. Il devint roi d'Angleterre sous le nom de Jacques Ier. Homme dépourvu de prestige, sans force de caractère et sans bravoure — il blêmissait, racontait-on, à la vue d'une épée nue — il avait déjà réussi, en Écosse, à liguer contre lui toutes les confessions du royaume. Cependant, il se targuait d'érudition et avait exposé sa conception du gouvernement, de l'État et de l'Église, au cours d'une violente et âpre querelle avec le cardinal Bellarmin. De cette passe d'armes sans aménité, était sorti en 1609, à Londres, l'*Apologia pro Juramento Fidelitatis*. Dans ce texte, il développait la théorie de l'absolutisme de droit divin, allant jusqu'à réclamer des sujets un serment de fidélité et d'allégeance totales et à justifier l'inviolabilité absolue des tyrans. L'accueil des souverains d'Europe avait été réservé, sinon froid. L'Angleterre, dont la tradition parlementaire remontait à la *Magna Carta* de 1215, croyait à ce que l'on appelait «le privilège du peuple», incarné à ses yeux par la représentativité de la Chambre des Lords, où siégeaient les seigneurs et les prélats, et de la Chambre des Communes composée des députés élus dans les comtés par la *gentry* et, dans certains bourgs, par les bourgeois. On savait bien que les Tudors n'avaient pas toujours été respectueux du Parlement et que la reine Elizabeth avait même envoyé à la Tour de Londres un certain nombre de députés de l'opposition. Mais elle avait fait de l'Angleterre une grande puissance et ceci compensait cela. Quoi qu'il en soit, dans le pays de la *Common Law* où Sir John Fortescue et Thomas More avaient été chanceliers, on s'accordait généralement à penser que la monarchie parlementaire — *politicum et regale* — valait mieux que la monarchie absolue. Aussi bien lorsque Jacques Ier prétendit, contre la tradition politique, gouverner sans Parlement et, de surcroît, contre les croyances religieuses, imposer l'anglicanisme à tous les sujets, il déclencha de redoutables conflits. Son fils Charles Ier, qui accéda au trône en 1625, déçut très vite l'Angleterre pour son mépris à l'égard du Parlement dont les sessions étaient aussitôt dissoutes qu'ouvertes. De 1629 à 1640, il gouverna sans Parlement, en monarque absolu, s'aidant seulement des conseils d'un ancien membre de l'opposition parlementaire, Wentworth, qu'il avait fait lord Strafford, et s'appuyant surtout sur l'évêque de Canterbury, Laud. L'ambition des trois hommes était d'appliquer en Angleterre la politique de Richelieu qu'ils dénommaient le *thorough system*. Le régime engendra rapidement la tyrannie et, par ses abus, suscita dans la nation une sourde révolte. Celle-ci éclata au grand jour et atteignit à son comble lorsque, en 1640, Charles Ier, qui avait dû se résigner à convoquer le Parlement afin d'obtenir des subsides pour lutter contre la résistance écossaise, le déclara dissous au bout de trois semaines à peine de session : ce fut « *le Court Parlement* ». Entre la Couronne et les Chambres, le duel se trouvait inexorablement engagé. Le soulèvement des Écossais se faisant de plus en plus virulent et leur armée ayant envahi l'Angleterre, le roi dut, à nouveau, convoquer le Parlement. Réuni le 7 novembre 1640, il devait, cette fois, siéger durant treize années : ce fut « *le Long Parlement* ». La tradition parlementaire anglaise avait trouvé l'occasion de sa revanche.

Sous l'autorité de Pym, bien décidé à prolonger et à intensifier l'opposition courageusement amorcée par Hampden dès 1635, les députés déclarèrent la guerre à l'arbitraire royal. Lucide et énergique, l'opposition parlementaire s'en prit au roi Charles Ier et, plus violemment encore, à ses ministres Strafford et Laud, qui finiront d'ailleurs par être décapités. Le climat politique s'envenima alors de haines religieuses entre les anglicans, partisans du roi et les catholiques, les presbytériens et les puritains, partisans du Parlement. Inéluctablement, l'on s'acheminait à la guerre civile. Celle-ci éclata, sanglante et indécise, en 1642 : les *Cavaliers*, royalistes alliés aux Irlandais catholiques et les *Têtes Rondes* — appelés ainsi parce qu'ils se distinguaient par leurs cheveux coupés courts — soutenus par les Écossais presbytériens et ardents défenseurs du Parlement, s'entre-déchirèrent. En 1644, aucun des deux partis n'avait réussi à prendre l'avantage. C'est alors qu'Olivier Cromwell, pour mener contre le roi un combat sans merci, transforma la guerre civile en une guerre de religion qui, le 14 juin 1645, aboutit, à Naseby, à la défaite des royalistes. Cromwell imposa le procès du roi. Le monarque — non sans réticences, puisque seulement 67 des 135 membres de la Commission parlementaire appelée à le juger acceptèrent de siéger — fut condamné à mort comme « tyran, traître, meurtrier et ennemi du pays ». Il fut exécuté devant le palais de Whitehall le 9 février 1649. La République fut proclamée. La dictature de Richard Cromwell était en route.

b. Hobbes vécut intensément ces événements. Ce fut pour lui un drame personnel. Lorsqu'en 1640, Charles Ier convoqua le Parlement — où, déjà, siégeait Olivier Cromwell préparant la révolution — Hobbes imagina qu'il se trouvait directement menacé en sa sécurité puisque, dans les *Elements of Law* qui, à cette date, circulaient en manuscrit, il ne cachait pas ses sympathies pour une souveraineté monarchique et indivisible, allant jusqu'à dénoncer l'erreur politique de ce qu'il nommera plus tard la *mixed monarchy*[39]. Il préféra s'imposer un exil volontaire. Il gagna Paris, havre de quiétude malgré la Fronde déjà proche, et demeura en France jusqu'en 1651, date de la restauration des Stuarts après la dictature de Richard Cromwell.

Le fait d'avoir été «le premier de ceux qui avaient fui» a, en général, été interprété comme le comportement de la peur. On a beaucoup épilogué là-dessus; les historiens de Hobbes — Anglais pour la plupart, il est vrai et, partant, admirateurs de leur révolution nationale — ont déclaré que le philosophe s'est alarmé bien rapidement et probablement à tort; on a même tenté de sa conduite quelque explication psychanalytique, au demeurant peu convaincante. On ne peut oublier en effet que, si Hobbes, à l'heure où triomphe le parlementarisme, n'est pas disposé au combat armé, il est bien décidé, comme le rappelle F. Tricaud[40], même si ce n'est pas là son but essentiel, à combattre «par la plume» pour la monarchie. Ce genre de combat est aussi dangereux que l'autre. Hobbes, donc, n'a pas eu peur. L. Roux n'a pas tort de le montrer plus courageux que Descartes mettant au secret son *Traité du Monde* à l'annonce de la mise en accusation de Galilée, ou que Spinoza ne publiant son *Traité théologico-politique* que sous le couvert de l'anonymat[41]. A tout le moins peut-on accorder que la rédaction rapide du *De Cive* et sa parution en 1642, dans les circonstances qu'il raconte lui-même dans sa *Préface* de 1646, sont d'un homme qui sait, sans sourciller, défendre ses idées. Il était protégé, dira-t-on, par la force d'un État où Richelieu avait fait régner l'ordre; il bénéficiait de l'appui de ses amis de France; enfin, par prudence sans doute, il donna à son propos un tour «scientifique»... Il n'empêche que Hobbes, en répétant dans le *De Cive* la structure du *De corpore politico*, en accentuant les arguments qu'il y avait exposés, montrait que la toute-puissance du Souverain, rationnellement construite, était seule capable d'arracher l'homme à la méchanceté de sa nature. Ce disant, il savait parfaitement qu'il se situait «idéologiquement» à contre-courant des idées anglaises.

Cependant, il faut ici écarter tout malentendu. L'œuvre que Hobbes compose dans son exil n'est pas de *praxis* politique; elle ne s'apparente ni de près ni de loin à un militantisme. Le *De Cive*, comme, quelques années plus tard, le *Léviathan*, sont des traités de pure théorie; ce sont des ouvrages de *réflexion* politique; et si, parfois, le propos du philosophe s'oriente vers une théorie de la pratique, il n'est jamais ni une exhortation à l'engagement politique

---

39. Cf. *Léviathan*, chap. XIX et XXIX.
40. F. Tricaud, *Introduction* au *Léviathan*, p. XI.
41. L. Roux, *Introduction* au *De corpore politico*, p. 27.

ni une œuvre de propagande. Dans le *Léviathan,* Hobbes accordera que ce « traité du gouvernement ecclésiastique et civil » a été « occasionné par les désordres du temps présent [42] ». Mais il demeure une œuvre de « science » qui transcende la temporalité de l'événement et domine le sens de l'historicité en s'arrachant à elle. Il ne s'agit pas, dans le combat que Hobbes livre par sa plume, de faire, contre le fait politique présent, l'apologie d'un régime vaincu ; il ne s'agit même pas, dans l'absolu, de dessiner une typologie des régimes afin de vanter les mérites de l'un d'entre eux. Le dessein de Hobbes est beaucoup plus ambitieux : parce que la guerre et, tout particulièrement la guerre civile — comme celle qui déchire l'Angleterre — lui apparait comme le plus affreux des maux, parce que la guerre est à ses yeux le révélateur le plus sinistre de la nature humaine en sa nudité, il cherche à établir, selon les voies de la raison, le statut terrestre de l'homme qui vit dans la paix. Ce statut, c'est celui de *l'état civil,* qu'il appartient à l'homme lui-même de construire par un calcul téléologique d'intérêts. De même que Grotius, Hobbes s'emploie à élaborer un *droit de la paix* qui enseigne que, à l'aube du rationalisme triomphant de l'âge classique, l'homme ne peut plus sans réticence donner son adhésion aux doctrines médiévales vantant dans la guerre — celle des chevaliers et celle des *conquistadores* — un droit naturel de caractère divin. Le drame politique que traverse l'Angleterre agit donc sur Hobbes comme un catalyseur ; s'il est vrai qu'il le vit avec ses partis pris antiparlementaires, il le ressent surtout comme l'occasion d'une prise de conscience de la responsabilité qui incombe à l'homme en sa propre condition. Il est grand temps de conduire à bien l'étude rationnelle des situations humaines et de comprendre enfin qu'il appartient aux hommes eux-mêmes d'y jouer un rôle essentiel. La politique, ainsi que le révèle l'histoire tourmentée d'Angleterre, n'est pas l'affaire de Dieu, mais des hommes. *Let us make man.*

L'enjeu est trop grave pour que le philosophe n'emploie pas, à la défendre, son courage et sa persévérance. En reprenant l'argumentation du *De corpore politico* et en préparant, pour l'essentiel, les thèses du *Léviathan,* le *De Cive* dépasse l'actualité dont il est pourtant le reflet et, en un sens, le produit. D'une part, en traitant du bien et du mal, de l'obligation morale, de la responsabilité politique et de la compétence juridique du Souverain et même des rapports entre l'autorité ecclésiastique et le pouvoir étatique, il propose une sorte de géométrie politico-éthique qui enveloppe la solution que préconise Hobbes pour résoudre la crise anglaise. Mais, d'autre part — et cela nous semble bien plus important — c'est déjà une *anthropodicée* que Hobbes substitue à la vieille théodicée. Son rationa-

---

42. *Léviathan, Révision et conclusion,* p. 721.

lisme, comme celui de Grotius, ne reconnaît plus à la justice naturelle qu'une dimension négative qu'il est nécessaire de transcender par un *droit positif fondamentalement humain*. La « science » politique du *De Cive*, en ouvrant la voie aux thèses lapidaires du *Léviathan*, est, en réalité, une philosophie du droit qui répond à une nouvelle conception de l'homme. La politique mécaniste de Hobbes née, à la faveur des troubles d'Angleterre, d'une conscience de crise du droit, prépare le positivisme juridique [43].

IV

Des fondements de la politique à la métamorphose du droit.

Le *De Cive* n'a ni la facture logique parfaitement élaborée ni l'expression vigoureuse et définitive du *Léviathan*. De l'un à l'autre texte, s'est incontestablement opérée une maturation de la pensée de Hobbes [44]. Il n'existe néanmoins entre eux aucune césure : ici et là, la même logique politique est le creuset de l'extraordinaire mutation que Hobbes opère dans l'univers juridique. Il existe même une filiation rigoureuse entre «les fondements de la politique» qu'expose le *De Cive* et le «traité de la matière, de la forme et du pouvoir de la république ecclésiastique et civile» : malgré d'inévitables redites — qu'explique la volonté de systématisation unitaire qui préside à l'énoncé de la philosophie de Hobbes — la relation fondamentale de cause à conséquences, qui est le maître-mot structural de la doctrine, se déchiffre aisément entre les deux ouvrages. Le *Léviathan* enseigne donc au lecteur attentif ce que sont les *effets juridiques* de la politique mécaniste. Il ne s'agit de rien de moins que d'une métamorphose de l'idée de droit dont la science hobbienne laisse percevoir les requêtes philosophiques, le mécanisme opératoire et l'extraordinaire efficience.

1. Hobbes, décrivant, au chapitre Ier du *De Cive*, «l'état des hommes hors de la société civile», pense à ce que la condition

43. Telle est la thèse centrale que nous avons développée dans notre ouvrage *Le Droit et la Loi dans la philosophie de Thomas Hobbes*, Klincksieck, 1975.
44. Cette maturation ne nous semble pas toutefois correspondre à la thèse, avancée par Tönnies, selon laquelle Hobbes, d'abord attaché à la monarchie absolue des Tudors, aurait incliné, à l'heure du *Léviathan*, vers un «monarchisme social» dans lequel le Souverain est une personne publique artificielle représentative de la personne naturelle qu'est le peuple. Sur ce point, cf. *Le Droit et la Loi...*, p. 17-18.

humaine est en train de devenir dans son pays d'où toute autorité civile est bannie par les conflits et les haines. Dans la crainte mutuelle qu'éprouvent les hommes, chacun, dit-il, a «la liberté d'user de ses facultés naturelles» afin de «conserver, autant qu'il peut, ses membres et sa vie». Nous tenons là la définition du *droit de nature*[45] qui, sans offenser la raison, laisse l'homme juge des moyens dont il peut user pour atteindre cette fin[46].

A elle seule, cette définition du droit *(jus* ou *right)* est un programme; elle est l'indice d'une option philosophique. En effet, le droit dont parle ici Hobbes est un droit naturel *(jus naturale);* il est propre à l'individu et s'enracine en sa volonté; il résulte d'un faisceau de forces et se présente comme un pouvoir *(power)* ou liberté *(liberty);* il est ordonné à la conservation de la vie; il s'accorde avec la raison pour adapter à cette fin un ensemble de moyens. En cette connotation extraordinairement riche du terme *droit* — et l'on sait l'importance que Hobbes accorde aux mots — se déchiffre la modernité de Hobbes : en face d'une longue tradition, le philosophe affirme son originalité par une double requête anthropologiste et individualiste.

Que Hobbes recoure à l'idée de droit naturel n'a rien d'une innovation — il a lu Platon et Aristote, il a certainement compulsé saint Thomas dont Richard Hooker[47] lui a transmis fidèlement la doctrine; il n'ignore, à défaut des jurisconsultes de Rome, ni les Stoïciens ni Cicéron. Mais il n'accorde pas au concept de *jus naturale* la signification dont la tradition, issue d'Aristote et adaptée par le christianisme augustinien et thomiste, l'a lestée. Il refuse le système de référence qui, identifiant le *jus* au *justum,* l'incorpore à l'ordre cosmique : le *jus* est *naturale* parce qu'il fait partie de l'ordre des choses universellement voulu de Dieu. A la référence cosmologique et théologique du droit naturel classique, Hobbes substitue une référence *anthropologique.* Le droit n'est rien d'autre qu'un pouvoir naturel de l'homme, un pouvoir inhérent à la *nature humaine* dont, dès le *Short Tract,* Hobbes a dit la connaturalité avec la mécanique universelle. Le droit est donc d'abord une expression de la nature *en* l'homme : il l'incline à des mouvements et à des actions mécaniques et l'expose, vis-à-vis des autres hommes, à des rapports de forces d'où dépendent, selon la *potentia agentis,* des états de déséquilibre ou d'équilibre. Mais le droit est aussi spécifique à la nature *de* l'homme : il appartient à l'individualité de chacun; il définit la

---

45. Cette même définition se retrouve dans le *De corpore politico,* chap. I, § 6 et dans le *Léviathan,* chap. XIV, p. 128.
46. *De Cive,* I, § 8; *De corpore politico,* I, § 7; *Léviathan,* chap. XIV, p. 128.
47. L'*Ecclesiastical Polity* avait paru en 1592.

sphère de sa liberté [48] ; il implique l'usage volontaire des forces du corps ou de l'esprit imparties à l'être humain. L'*Human Nature* et la partie du *Léviathan* intitulée *De l'Homme* apprennent aussi que l'usage de chacune de ces forces, non seulement rend possible, comme chez l'animal, la satisfaction d'un besoin ou d'un désir, mais se trouve canalisée sur une pente téléologique vers un bonheur qui, destiné à toujours s'accroître, met en évidence l'importance de l'à-venir dans le comportement des hommes. Comme, de surcroît, la représentation du futur en appelle à l'imagination et que la parole est ce pouvoir d'arbitraire qui définit par le secours des noms les états qu'il prévoit en anticipant sur le temps, le droit se relie à un système de signes *(marks)* dont, au sein de l'universelle nature, l'homme seul possède la clef. Sans aucune ambiguïté, Hobbes confère donc au *jus naturale* un fondement anthropologique : la constitution naturelle des hommes en est l'unique source. Ainsi se trouve repoussée dans un lointain inutile la vieille notion grecque ou romaine de *nature des choses* : l'idée de *nature humaine* l'a supplantée de manière définitive dès les *Elements of Law*. Comme Grotius et Selden [49], Hobbes a déclaré la guerre au théologisme que le Moyen Age avait greffé sur les sources antiques ; comme eux, en scrutant le droit, il réalise cette découverte de l'homme que, dans le même temps, Descartes opère selon les voies de la métaphysique. En cette découverte de l'homme, Hobbes, très précisément, fonde son ambition épistémologique.

Hobbes, dans la voie de la scientificité, va plus loin que Grotius et son ami Selden. La démarche résolutive dont le mécanisme lui a

48. La Section première du *De Cive*, est précisément intitulée : *La Liberté ;* le *Léviathan*, chap. XIV, p. 128, dit explicitement : « le droit consiste dans la liberté de faire une chose ou de s'en abstenir » et la liberté n'est rien d'autre, en termes mécanistes, que « l'absence d'obstacles extérieurs ». Cette conception de la liberté est un indice tout à fait caractéristique de l'esprit de la philosophie hobbienne. En effet, Hobbes utilise dans le domaine de ce qui est humain les schèmes opératoires et les habitudes mentales élaborés par la science physique. Il considère la nature humaine comme un corps dans le domaine des corps, c'est-à-dire comme un ensemble de forces qui agissent et réagissent au contact d'autres forces. Dans cette démarche tout à fait révélatrice, il montre qu'il a parfaitement saisi l'intuition centrale du mécanisme pour qui le triomphe de la conceptualisation et de l'abstraction relationnelle signifie très précisément que tout est devenu force, quantité de force et rapport de forces.

49. Selden (1584-1654) a publié un *De jure naturali* dans lequel s'exprime vigoureusement sa volonté d'affranchissement de la jurisprudence par rapport à l'emprise dévorante de la théologie médiévale et scolastique. Il n'y faut point voir cependant une profession d'athéisme, mais bien plutôt une affirmation d'humanisme.

enseigné les mérites lui a révélé l'importance décisive de l'élémentaire et de l'individuel. Partant, il conçoit la nature humaine, non pas comme une entité générale et abstraite, mais comme la réalité concrète et expérimentable de l'*individu* comme tel. Dans la *via moderna* ouverte par le nominalisme de Guillaume d'Occam, il définit donc le droit comme un pouvoir propre à chaque individu dans sa singularité ; dans tous ses écrits, Hobbes se plaît à répéter l'expression *every man*. Cette découverte de la subjectivité est capitale. Non seulement le droit de nature est une qualité propre à chacun, mais, lorsque les hommes sont « hors de la société civile » — c'est-à-dire lorsque, comme en Angleterre, il n'y a plus de pouvoir ou lorsque la fiction méthodologique de la « condition naturelle des hommes [50] » révèle ce qu'ils seraient s'il n'y avait pas encore de pouvoir civil — ils forment une pléiade d'êtres insulaires, sortes d'atomes humains dont chacun a sa vie propre. Hobbes ne s'attarde pas sur le problème métaphysique de l'individuation. L'important est, pour lui, d'analyser l'individu humain comme un nœud de pouvoirs ou de forces qui fait de chaque homme un mécanisme organisé, jeu d'appétits et de mouvements, portant en lui l'exigence de la conservation de soi-même. Le droit de nature se confond donc avec la substance et le principe immanent et permanent de l'individualité ; il est le faisceau de forces nécessaires à la persévération de l'individu dans son être.

Mais *le paradoxe de ce droit individuel de nature est qu'il n'est pas du droit* [51] ; il ne possède aucune connotation juridique et n'a rien à voir avec ce que la doctrine appellera au XIXe siècle « le droit subjectif ». Ce droit est pouvoir, force ou liberté, au sens où la science mécaniste emploie ces termes. A-juridique ou anté-juridique, il ne détermine ni mien ni tien, ni justice, ni licéité [52]. Il signifie simplement que chacun a droit à tout ce dont il a besoin pour conserver sa vie. Dépourvu de juridicité et de normativité, le droit naturel est une force qui va dans le sens de la vie ; il est une énergie vitale qui n'a d'autre règle qu'elle-même. Ce vouloir-vivre est un *conatus*, plus ou moins impétueux, caractéristique de la mécanique du vivant mais qui, en raison de la complexité de la machine humaine [53], ne tarde pas à déclencher des cataclysmes — ce pourquoi la première tâche

---

50. *Léviathan*, chap. XIII, p. 121 sqq.
51. L'*Épître dédicatoire* du *De Cive* parle de cette partie de la philosophie qui « traite du droit naturel » et s'appelle « la Morale », p. 84.
52. *De Cive*, chap. VI, § 1 ; *Léviathan*, chap. XIII, p. 126.
53. C'est de cette complexité que rend compte l'*Human Nature*, dont les analyses seront reprises dans la première partie du *Léviathan* mais aussi dans le *De Corpore* et le *De Homine*.

qu'assigne Hobbes à la science politique est de conjurer la grande misère du droit naturel.

2. C'est en effet dans la misère et les contradictions du droit de nature que la métamorphose du droit trouve sa raison d'être.

Capter l'essence du droit de nature revient, dit le *De corpore politico*, à «examiner en quel être de sûreté la nature nous a mis et quels moyens elle nous a laissés de nous défendre contre l'attaque et la violence [54]». Le *De Cive* ne s'attarde pas sur la formulation de cette problématique sur laquelle, en revanche, le *Léviathan* insistera afin de préciser nettement la fonction et le sens de l'hypothèse méthodologique de «l'état de nature». Mais la réponse à ce problème est constante en toute l'œuvre de Hobbes. Lorsque les hommes vivent selon leur nature, ils obéissent à ce faisceau de forces immanentes qui constituent leur individualité et leur vie est parfaitement conforme au droit. Mais, comme les hommes sont naturellement égaux, comme l'égalité de leurs aptitudes va de pair avec l'égalité de leurs besoins et l'égalité dans l'espoir d'atteindre les fins visées, l'individualisme naturel, loin d'impliquer la victoire du solipsisme [55], conduit à une co-existence qui est un affrontement de forces. L'état pré-social, infra-institutionnel et, donc, anté-politique, est un champ clos où se jouent des rapports de forces brutes. Le *jus omnium in omnia* étant sans réserve, les hommes sont ennemis les uns des autres. Le rapport inter-individuel est une défiance mutuelle et réciproque qui débouche sur la *guerre perpétuelle de tous contre tous* [56]. «Comme l'homme le plus faible a assez de force pour tuer l'homme le plus fort», soit qu'il use d'une machination secrète, soit qu'il s'unisse aux autres (car il possède des pouvoirs instrumentaux nés de son imagination ou de sa capacité de calcul et de prévision), la guerre est sans merci.

La condition naturelle des hommes a beau être conforme au droit, cela ne lui confère aucune garantie. Bien au contraire, la co-existence naturelle est un enfer où le risque est permanent et où, sans cesse, la mort guette. Dans l'anomie de l'état de nature, l'horrible *timor mortis*, à chaque instant, s'insinue en chacun : *l'image de la mort est le doublet du droit naturel*. L'individu humain, livré à ses propres puissances *(powers)* et n'utilisant que son droit *(right)*, c'est-à-dire ses forces *(strengthes)* — naturelles ou instrumentales — s'engage

---

54. *De corpore politico*, I, § 2.
55. C'est, nous semble-t-il, une erreur, de penser comme M. Oakeshott que l'individualisme de Hobbes signifie la victoire du solipsisme (*Introduction* à l'édition du *Léviathan*, Blackwell, Oxford, 1960, p. LIV) : la condition naturelle des hommes est la co-existence d'une multitude d'individus qui ne peuvent éviter leur affrontement réciproque.
56. *De Cive*, chap. I, § 12 et 13.

dans une lutte pour la vie avec la certitude d'être vaincu : *homo homini lupus*. Le droit de nature est en l'homme l'index de sa misère[57]. *Polemos* est chez lui en l'état de nature.

La collusion de la guerre universelle et du droit naturel est si serrée en la logique de Hobbes que partout où celui-ci se manifeste, celle-là, aussitôt, surgit. Mais, dans cette condition funeste, Hobbes décèle des contradictions qui, parce qu'elles sont intolérables à la raison, devront être surmontées. En effet, dès que l'on cherche à élucider le rapport entre la *lex naturalis* et le *jus naturale* — vieux et redoutable problème abordé depuis Cicéron avec mille précautions — il apparaît que les antinomies se bousculent en l'état de nature. Ce point est d'autant plus délicat que Hobbes, qui ne répugne pas aux bouleversements sémantiques, accorde au terme *lex* (comme au terme *jus*) une acception très particulière. Le *Léviathan* est beaucoup plus précis, à cet égard, que le *De Cive*. Il oppose fort nettement la *loi* qui détermine et lie, donc, oblige, au *droit* qui est « la liberté de faire une chose ou de s'en abstenir [58] ». La loi véhicule donc un pouvoir susceptible d'imposer obéissance et respect. Le *De Cive* discerne déjà en elle « une raison suffisante » d'obéir[59]. C'est qu'en effet la loi de nature exprime un impératif dicté par le verbe éternel, autrement dit par la Raison de Dieu. La loi de nature est divine et rationnelle : plus précisément, elle est un précepte divin que découvre la raison[60] dans sa « marche » déductive. Sorte de théorème plutôt que de loi au sens habituel de commandement impératif, la *lex naturalis* incline l'homme à s'efforcer à la paix[61] ; elle implique, par l'amour de la vie et du bonheur dont elle est la voie royale, la condamnation des « sentiers obscurs de la sédition[62] ». Il est donc clair que *jus naturale* et *lex naturalis* se contredisent, ni plus ni moins que la *guerre* et la *paix*, que la *mort* et la *vie*.

---

57. En une telle analyse, Hobbes tourne le dos à l'éthique politique d'Aristote et à la métapolitique dont se nourrit le jusnaturalisme de Cicéron. Rien ne subsiste ici de la doctrine classique du droit naturel. L'idée de *droit* est dévalorisée parce que l'idée de *Nature* est vidée de toute teneur métaphysique. La nature n'ayant pour Hobbes de signification que dans le contexte physique de la science mécaniste, le droit naturel ne peut se définir par sa visée du juste objectif : *suum cuique tribuere*. Il n'est pas une catégorie juridique, mais, selon la formule du *Léviathan*, « a necessity of nature » (chap. XIII, p. 121). Il s'exprime donc en termes quantitatifs de détermination physique ; il est un fait brut qui se traduit par un rapport de forces étranger à toute régulation et à toute normativité.

58. Cf. *Léviathan*, chap. XIV, p. 128.
59. *De Cive*, chap. XIV, § 1.
60. *Ibid.*, chap. II, § 1.
61. *Ibid.*, chap. II, § 2.
62. *Ibid.*, Préface au lecteur, p. 71.

Non seulement la «liberté» du droit de nature s'oppose à l'obligation que signifie la loi de nature, mais il apparaît que cette liberté se confond avec l'indiscipline et l'indétermination de chacun. C'est une liberté bien singulière que cette «force qui va», ignorant les limites, les repères, les références, au mépris de toute sanction. Dès lors si, dans la condition naturelle des hommes, tout est droit pour tous, plus rien n'est droit pour chacun ; et si chacun jouit de la plus totale liberté, il n'y a plus de liberté pour personne. La liberté est anarchie et le droit, puissance impuissante. Comment la raison, qui est l'un des «ingrédients» de la nature humaine, accepterait-elle cette incohérence ? L'irrationalité que révèle l'opposition de la loi de nature et du droit de nature est intolérable à la raison. C'est pourquoi le *logos* qui, en l'homme, calcule, parle et construit, a pour tâche première de substituer au droit naturel, qui est un non-droit, un *autre* droit dont la force juridique sera son œuvre. Parce que l'homme est un *homo rationalis*, il lui faut quitter l'état de nature et renoncer à son droit naturel.

Quitter l'état de nature où se taisent les lois naturelles et parlent les armes[63] constitue une mutation existentielle. Celle-ci, dans l'univers hobbien où la force est un paradigme d'intelligibilité, doit répondre à un nouvel équilibre, c'est-à-dire à de nouveaux rapports de forces. Aussi bien implique-t-elle, afin de triompher de l'individualisme qui engendre la guerre de tous contre tous, l'union de tous sous «la seule volonté de tous[64]». Ainsi naît, dit le *De Cive*, la société civile[65]. Le *Léviathan* examine méticuleusement le mécanisme selon lequel s'opère le passage de l'état de nature à l'état civil et montre comment le *covenant*, conformément au précepte de la loi de nature qui veut que l'homme recoure à tous les moyens que la raison peut concevoir pour atteindre la paix, est, par un simple calcul téléologique, instituteur de la *Res publica*[66]. Au principe du contrat, se trouve, explique Hobbes, un *dictamen rationis* dont, déjà, le *De Cive* indiquait la teneur : «C'est une des lois naturelles qui dérivent [de la fondamentale loi de nature], qu'il ne faut pas retenir le droit qu'on a sur toutes choses, mais qu'il en faut quitter une partie et la transporter à autrui[67].» La cession du droit individuel de nature n'en est cependant ni l'abandon ni le don[68] : c'est un trans-

---

63. *De Cive*, chap. v, § 2.
64. *Ibid.*, chap. v, § 6.
65. *Ibid.*, chap. v, § 9.
66. *Léviathan*, chap. xiv, p. 129.
67. *De Cive*, chap. ii, § 3.
68. Le *De corpore politico* se bornait à noter que céder son droit consiste ou bien à le quitter seulement *(to relinquish)* ou bien à le transférer à un autre que soi *(to transfer)*.

fert. Comprenons que l'individu ne donne aucun pouvoir à quiconque ; il se borne à «s'ôter de son chemin». Autrement dit, il se démet de son pouvoir d'auto-défense qui était aussi sa force offensive, diminuant d'autant les obstacles auxquels se heurtait l'exercice du droit (donc, la liberté) de l'autre.

Seulement, la loi de nature impose une condition à la cession des droits — une condition que le contexte mécaniste du *Léviathan* laisse apparaître avec netteté : si je consens à me dessaisir de mon droit, les autres y doivent consentir aussi. C'est à ce prix que l'équilibre général des forces n'est pas modifié. Le contrat se traduit de la sorte par «la transmission mutuelle [69]» du droit de chacun en faveur d'un seul [70]. Un tiers — l'*homo artificialis* que construit le mécanisme contractuel par quoi s'établit un nouvel équilibre des forces — se trouve dès lors nanti du pouvoir constitué par la sommation des droits que tous lui ont confiés [71]. Par l'arithmétique contractualiste, s'effectue, en même temps qu'un *transfert de droits*, une véritable *délégation de pouvoir* par quoi se trouve expliquée «la puissance suprême» de «la personne civile [72]» ainsi fabriquée par l'art ou l'artifice des hommes. Le Léviathan, puisque tel est son nom, symbolise en sa personne «fictive» une force synthétique dont le frontispice du *De corpore politico* donnait déjà l'image suggestive. C'est en cette force extraordinaire — qui permet à la *persona civilis* d'agir aux lieu et place des individus de la multitude — que réside «l'essence de la République [73]». La puissance souveraine ainsi construite est celle d'un «dieu mortel», *tremendum et fascinans*.

L'autorité de la personne artificielle de l'État est si spectaculaire, son pouvoir souverain est si grand que beaucoup de lecteurs de Hobbes se sont mépris et ont vu là une doctrine «totalitaire» d'autant plus dangereuse qu'elle se serait mise, crut-on, au service de l'absolutisme des Stuarts. Il convient de lever cette équivoque en

---

69. *Léviathan*, chap. XIV, p. 132.
70. *De Cive*, chap. V, § 8.
71. L'acte contractuel que définit Hobbes implique bien, comme tout contrat, bilatéralité et réciprocité ; mais c'est en un sens très spécial. Il y a *bilatéralité* puisque les individus transfèrent leurs droits à l'homme artificiel qu'ils construisent par leur désistement même. Et il y a *réciprocité*, non pas entre les deux parties — celle qui donne, la multitude ; et celle qui reçoit, la puissance publique ou Léviathan — mais entre tous les membres de la multitude puisque la renonciation au droit de nature consentie par l'un doit être également consentie par tous les autres. Apparemment donc, la puissance publique (ou la personne civile du Léviathan) est l'unique partie prenante du contrat. C'est en prenant cette apparence pour la réalité que l'on cria au despotisme.
72. *De Cive*, chap. V, § 12.
73. *Léviathan*, chap. XVII, p. 178.

insistant sur le sens des effets juridiques de cette construction rationnelle de la République.

3. Le mode de formation de la *Res publica* ou *Commonwealth* rend compte de sa perfection politique. La courbe de la pensée causale qui donne naissance au Pouvoir civil est d'une netteté exemplaire : le contrat que chacun conclut avec chacun confère au représentant de la majorité, avec le droit de représenter leur personne à tous, l'autorisation d'agir et de juger en leur nom pour que puissent être assurées leur protection et leur existence pacifique. La *théorie du contrat* se prolonge donc, selon une irréfragable logique, en une *théorie de la Souveraineté*. Or, nous allons voir qu'il appartient à l'exercice de la souveraine puissance de consommer la métamorphose du droit.

Dans la pensée causaliste de Hobbes, la souveraineté n'est rien d'autre que l'effet de l'institution civile. Comme pour Jean Bodin dans les *Six Livres de la République* [74], elle désigne la *summa potestas*, forme moderne de la *majestas* dont parlaient les jurisconsultes de Rome. « La personne civile, déclare le *De Cive*, homme ou assemblée, à la volonté de laquelle tous les autres ont soumis la leur, a la puissance souveraine, exerce l'empire et la suprême domination [75]. » Ainsi se justifie le titre — *L'Empire* — de la Seconde Section de l'ouvrage : l'*Imperium* est le pouvoir propre au Souverain. Le chapitre XVI de l'édition latine du *Léviathan*, en analysant la notion de «personne», montre de façon subtile la dialectique qui se joue au niveau du Souverain entre l'*auteur* du pouvoir — le peuple qui a transféré au Léviathan son autorité — et l'*acteur* du pouvoir — le Souverain qui agit en tant que représentant des citoyens. Le *De Cive* pousse beaucoup moins loin l'analyse mais contient déjà l'intuition fondamentale d'après laquelle la *législation*, œuvre essentielle de la souveraine puissance, est le plus puissant ressort de la société civile.

En effet, le pouvoir législateur de la puissance souveraine est multidimensionnel et l'empire de la loi civile est si vaste qu'il a prétention à l'universalité : l'épée de justice et l'épée de guerre lui

---

74. Il n'est pas impossible que Hobbes ait connu l'ouvrage de Bodin et le *Traité des Seigneuries* du jurisconsulte L'Oyseau dans lequel on peut lire : « La souveraineté consiste en puissance absolue, c'est-à-dire parfaite et entière de tout point ; et par conséquent elle est sans degré de supériorité, car celui qui a un supérieur ne peut être suprême et souverain » (II, 4). On peut aussi conjecturer que le *Traité de la Souveraineté* que Cardin Le Bret publia en 1632 n'était pas inconnu de Hobbes. Toutefois, ces auteurs demeuraient attachés à la théorie traditionnelle d'un droit naturel défini par Dieu. La génération mécaniste du Souverain exclut au contraire chez Hobbes toute référence métaphysique.

75. *De Cive*, chap. V, § 11.

appartiennent [76] ; elle nomme les magistrats et les autres officiers [77] ; elle décide des doctrines enseignées dans l'État [78] ; elle régit la propriété [79], définit le meurtre, l'adultère ou l'injure [80]... Les «marques de la souveraineté» font d'elle une puissance «absolue [81]» qui règne sur tous, se manifeste en tous domaines, ne connaît pas de limites. Il n'est pas jusqu'à la religion qui ne doive être soumise aux lois de la souveraine puissance : dans «la nouvelle alliance», «la république chrétienne est même chose que l'église chrétienne [82] et l'interprétation des Écritures dépend de l'autorité de la république [83]. On mesure en cela, tout particulièrement — même au pays de l'anglicanisme — l'empire des lois civiles ; il faut entendre : des lois positives que «pose» la volonté souveraine. Ainsi, du point de vue du Souverain, c'est-à-dire *de lege ferenda*, comme du point de vue des citoyens, c'est-à-dire *de lege lata*, les lois expriment la même nécessité fondamentalement rationnelle : la puissance souveraine, à raison même de sa génération, est puissance de centralisation et d'unification, si bien que, dans l'espace comme dans le temps, rien n'est laissé aux initiatives privées. «On ne peut attribuer *aucun droit* à la multitude hors de la société civile», déclare Hobbes [84]. Dans l'État, s'exerce nécessairement la «contrainte» de la loi [85].

Voilà l'essentiel — et qui montre l'erreur des commentateurs qui, de Benjamin Constant à J. Vialatoux, ont insisté sur le caractère englobant et envahissant du Souverain pour crier au despotisme ou au totalitarisme. L'important n'est pas l'étendue de la puissance législatrice, c'est son caractère *contraignant* ; ce n'est pas en son contenu mais en sa *forme* que le pouvoir législateur de l'État doit être considéré. Il apparaît alors que les lois sont «posées» par le Souverain, dans l'exercice même de ses compétences et sous quelque régime que ce soit, comme des modèles normatifs de conduite. D'une part, ces paramètres ne sont rien d'autre que la forme fonctionnelle de la personnalité juridique de la *persona civilis* ; d'autre part, ils montrent que le pouvoir de légiférer est *créateur de droit*. L'essence de la souveraineté est de substituer à l'anomie pré-politique des règles juridiques dont le caractère d'obligatoriété ne saurait être violé sans que des sanctions civiles soient encourues. C'est en

---

76. *De Cive*, chap. VI, § 6 et § 7.
77. *Ibid.*, chap. VI, § 10.
78. *Ibid.*, chap. VI, § 11.
79. *Ibid.*, chap. VI, § 15.
80. *Ibid.*, chap. VI, § 16.
81. *Ibid.*, chap. VI, § 18.
82. *Ibid.*, chap. XVII, § 21.
83. *Ibid.*, chap. XVII, § 27. C'est nous qui soulignons.
84. *Ibid.*, chap. VI, § 1.
85. *Ibid.*, chap. VI, § 2.

cela que réside la «révolution» qu'amorce Hobbes dans la doctrine juridique.

Ainsi, la philosophie rationnelle qui a mis en évidence «les fondements de la politique» introduit un grand changement dans la conception du droit. D'une part, en faisant l'économie de tout *a priori* théologique et transcendant, Hobbes souligne le fait que la souveraineté appartient essentiellement à l'univers profane; elle est née de la démocratie originaire. C'est dire assez que l'essence du politique n'appartient pas au Ciel. En soi, la souveraineté est bien, comme disait Grotius reprenant la parole de saint Pierre, un «établissement humain [86]». D'autre part — et c'est en cela que l'originalité de Hobbes est la plus forte — le *De Cive* et le *Léviathan* montrent qu'il appartient à la *loi* du Souverain, c'est-à-dire à l'œuvre même qui ressortit à sa compétence formelle, de définir le *droit;* il faut entendre : le *droit du citoyen*, le *droit civil*, qui n'a plus rien à voir avec le droit sauvage de l'individu à l'état de nature. La société civile non seulement est née de la cession des droits individuels de nature à la personne publique de l'État, mais par la médiation de la loi, elle substitue au *jus naturale* — le non-droit de l'état de nature — le *jus civile* — un droit positif seul authentiquement juridique en son caractère obligatoire et contraignant. Le pouvoir *législateur* du Souverain est un pouvoir *jurislateur* puisque le droit est, dans l'État, défini par la loi dont l'office est de gérer la société civile. Cette gestion est assurément un triomphe techniciste. Mais, plus profondément, Hobbes esquisse ainsi une perspective normativiste en laquelle l'univers juridique se dessine comme un tissu de règles, prescriptives, permissives ou prohibitives; ce sont des normes, à fonction régulatrice, qui définissent le légitime et l'illégitime [87], le juste et l'injuste [88] : *Sic volo, sic jubeo, sit pro ratione voluntas*. Le terme de droit change et de forme et de sens : tandis que le *jus naturale* était un pouvoir qui se résorbait dans l'exercice de la force, le *jus civile* est constitué par un réseau de règles déterminées par un calcul téléologique rationnel et posées par l'acte volontaire du Souverain. Le *jus naturale* était un pseudo-droit, sauvage et anarchique qui, au service du vouloir-vivre originaire, condamnait paradoxalement les hommes à la guerre et à la mort; le *jus civile* est déterminé en son existence, en son contenu et en son étendue par la loi; son office est, en réglementant la vie des citoyens, de servir la paix. Cette mutation ne va pas sans rançon : tandis que le droit de nature

---

86. Grotius, *De jure belli ac pacis*, livre I, chap. IV, § 7, note 3; cf. la parole de saint Pierre, *Épîtres*, I, II, 13.
87. *Léviathan*, chap. XVIII, p. 185 : il s'agit plus de licéité juridique que de légitimité politique.
88. *Ibid.*, chap. XV, p. 144; cf. chap. XIII, p. 126.

s'identifiait à la « liberté », le droit civil impose à tous une inéluctable contrainte. Sur ce point, les lecteurs de Hobbes commirent de nouveau une méprise en ne voyant pas que cette contrainte était le critère *formel* du juridique. Ils ne comprirent pas que Hobbes, avec une extraordinaire lucidité, avait discerné, avant Spinoza, Rousseau ou Kant, que l'homme est plus libre dans la Cité où il obéit à la loi que dans la nature où il n'obéit qu'à lui-même ; ils dénoncèrent dans la politique hobbienne la plus affreuse des tyrannies. Hobbes, tout au contraire, entrevoyait que la contrainte juridique libère au lieu d'opprimer. La liberté des sujets n'est pas celle de chacun d'eux considéré individuellement. Elle va de pair avec la *citoyenneté*, elle est la liberté réglementée du corps politique : *Salus populi, suprema lex* [89]. Et, s'il est vrai, comme le dit Hobbes dès 1640, que « la commodité de bien vivre consiste dans la liberté et l'abondance [90] », alors, la sécurité générale que procurent les lois se confond avec la vraie liberté.

En posant les premiers jalons du positivisme juridique, Hobbes enseignait déjà — exactement aux antipodes de l'étatisme coercitif et oppressif dont on lui fit reproche — que les droits du citoyen, pour être vraiment des droits — ce qu'ils n'étaient pas avant le contrat générateur de la République — ont besoin d'un statut juridique légal. Le droit du citoyen est médiatisé par la puissance législatrice du Souverain. Le droit privé porte nécessairement, dans l'état civil, la marque de l'ordre public. La *res publica* n'accomplit son essence que par le jeu réciproque du public et du privé, c'est-à-dire si et si seulement les droits du citoyen sont fondés et garantis par l'ordre objectif du pouvoir souverain : les droits du *citoyen* sont l'effet substantial de l'œuvre législatrice du *souverain*.

La science politique de Hobbes amorce la révolution galiléenne de la doctrine juridique : Hobbes raye d'un formidable trait de plume la métaphysique onto-théologique qui, des siècles durant, avait inspiré la philosophie du droit naturel. Il n'entend nullement nier Dieu, mais il veut affirmer l'homme et montrer, en un « positivisme » dont il ne mesure certainement pas toute la portée, que la vie sociale et la destinée terrestre dépendent de la volonté et de l'effort de la raison. Par-delà Rousseau, Kant et Kelsen recevront l'héritage du *De Cive*.

---

89. *De corpore politico*, chap. IX, § 3 ; *De Cive*, chap. XIII, § 3 ; *Léviathan*, chap. XXX.
90. *De corpore politico*, chap. IX, § 4.

V

L'accueil réservé à la doctrine de Hobbes.

Hobbes était en vérité un philosophe trop moderne dans un monde trop vieux. La puissance de novation qui habite sa conception du droit du citoyen était si forte qu'on ne la comprit pas et qu'autour de lui le scandale rejaillit. On ne vit dans son État-Léviathan que le monstre de la parabole biblique, tout prêt à écraser les hommes sous le poids de sa souveraine loi. Contre lui, interminable, diffus et parfois perfide, le procès de Galilée se renouvela.

1. Tandis que Hobbes n'accorde dans le *De Cive* qu'une place fort modérée à la typologie des gouvernements et que, dans le *Léviathan*, il ne s'attache pas du tout à établir une discrimination des régimes politiques, on s'évertua à ne déchiffrer dans son œuvre qu'un plaidoyer tendancieux en faveur de la monarchie absolue. Il ne cachait pas, assurément, ses préférences et déclarait sans ambages en 1642 que, compte tenu de «l'excellence de la domination royale», un gouvernement de type patrimonial et une aristocratie s'approchant de la monarchie méritent beaucoup d'éloges [91]. Mais lorsque, en 1651, il caractérise le Léviathan comme un «dieu mortel [92]», il prend bien soin de préciser qu'il peut s'agir d'un homme, d'un conseil ou d'une assemblée. Il n'entend donc point faire l'apologie du Prince ou vanter les mérites du Monarque absolu. C'est pourtant ce que crut généralement la critique qui ne perçut dans l'œuvre de Hobbes qu'un militantisme politique se suffisant à soi-même et étranger à des considérations de doctrine juridique. La colère accueillit ce que l'on prit pour les dogmes de l'absolutisme. Hobbes eut beau tenir tête aux «rigoureux censeurs» du *De Cive*, l'on n'en finit pas de dénoncer les «horreurs» distillées par «l'affreux Monsieur Hobbes».

Non seulement le somptueux exemplaire du *Léviathan* offert au jeune Charles II fut refusé par le futur monarque, mais, en Angleterre, les royalistes, contre toute attente, prirent ombrage d'une doctrine qui, pourtant, divinisait le pouvoir du roi. Lord Clarendon alla jusqu'à insinuer, dans un violent libelle intitulé *Revue et examen rapides des dangereuses et pernicieuses erreurs contre l'Église et l'État contenues dans le livre de M. Hobbes intitulé le Léviathan*, que le philosophe avait tout simplement dessein de flatter les ambitions de Cromwell afin de préparer perfidement son retour au bercail !

---

91. *De Cive*, chap. X, § 17-19.
92. *Léviathan*, chap. XVII, p. 178.

Par-delà ce procès d'intention, la parution du *Léviathan* — bien plus que celle du *De Cive* — déchaîna un flot de controverses et de critiques d'où une certaine mauvaise foi n'était pas absente. La recension de cette littérature polémique au XVIIe siècle a été faite par S.I. Mintz dans un ouvrage dont le titre est suggestif : *The Hunting of Leviathan* (Cambridge, 1962). Mais cette «chasse» s'est poursuivie jusqu'à notre temps. Bornons-nous ici à donner quelque idée de sa virulence.

Dès 1652, Robert Filmer et Alexander Ross ne ménagèrent pas les attaques contre Hobbes [93]. Même si, après la mort de Cromwell et la restauration de Charles II sur le trône, quelques faveurs furent accordées au philosophe, les passions allèrent bon train contre lui. On l'attaqua sur tous les terrains, philosophique, scientifique et, surtout, religieux. Par exemple, on disait frémir d'horreur devant une doctrine dépourvue d'idéal que, somme toute, un contrat d'assurance suffisait à fonder; très vite aussi, l'on discerna dans le mécanisme qui demeure, du *Short Tract* au *Léviathan,* le schème fondamental de la construction politique, un matérialisme que l'ample métaphysique du siècle acceptait mal. Ce n'est guère toutefois qu'au XVIIIe siècle que Rousseau dénoncera la dureté de la politique de Hobbes — ce qui n'empêchera pas Benjamin Constant d'accuser conjointement Hobbes et Rousseau d'être «fauteurs de despotisme [94]». Bayle, dans l'article *Hobbes* de son *Dictionnaire*, cite la réfutation sévère et globale de Galeottes Karsbergins (apud Beckerum) : *De scriptis adespotis*. De même, le XVIIIe siècle récuse la morale de Hobbes. Citons par exemple : Cudworth : *A treatise concerning eternal and immutable morality*, Londres, 1730, édition en latin à Leyde en 1773 ; la publication de la traduction française de l'ouvrage de Clarke intitulé *Discours sur les devoirs immuables de la religion naturelle*, Amsterdam, 1746 ; la publication, à Amsterdam, de la traduction donnée par Barbeyrac du *De legibus naturae disquisitio* de Cumberland, 1774.

Les conceptions mathématiques et physiques de Hobbes donnèrent lieu également à des attaques véhémentes. En mai 1654, l'astronome Seth Ward, dans ses *Vindiciae Academiarum* accusait Hobbes de plagiat et d'ignorance, déclenchant une longue et âpre polémique qui mit une fois de plus Hobbes aux prises avec les universitaires d'Oxford dont, à tort ou à raison, il avait gardé piètre souvenir. Pendant plus de vingt années, la querelle fit rage, dont il serait trop long et hors de propos de préciser ici les étapes.

93. Cf. Les *Observations de Filmer sur Hobbes et Grotius* in édition du *Patriarcha* de Filmer, Laslett, Oxford, 1949.

94. Sur la critique de Hobbes et Rousseau par B. Constant, nous renvoyons à notre article, *Le Libéralisme pur de Benjamin Constant*, Revue de Métaphysique et de Morale, 1976, n° 3, p. 289 sqq.

Dans le même temps, la dispute la plus envenimée éclatait entre Hobbes et l'évêque Bramhall avec qui, déjà, plusieurs années auparavant, une passe d'armes avait eu lieu à propos du libre-arbitre. L'arminianisme de l'évêque était tellement inconciliable avec le nécessitarisme puritain de Hobbes que pamphlets et libelles sans aménité se succédèrent. La publication, en 1654, sans l'accord du philosophe, d'un opuscule que Hobbes avait composé à Rennes en 1646 et intitulé *Of Liberty and Necessity* mit le feu aux poudres. Bramhall répliqua par *A Defence of the true Liberty of human Action from Antecedent or Extrinsic Necessity* (1655) où il déploie, comme dit G. Lyon, « tout l'arsenal de la scolastique ». Cela n'est guère pour plaire à Hobbes qui répond par ses *Questions relatives à la liberté, à la nécessité et au hasard* (1656). Bramhall ne se tient pas pour battu : en 1658, à Londres, il publie *Castigations of Hobbes's Animadversion*, que suit un appendice virulent : *A catching of Leviathan, or the great Whale*. A son tour, Hobbes prépare sa riposte — qui sera publiée de façon posthume — *Réponse à un livre publié par le Dr Bramhall...* De façon générale, le parti des évêques n'avait guère lieu d'être satisfait de la doctrine politique de Hobbes qui, ouvertement, se faisait contemptrice des privilèges ecclésiastiques. Lors même que la religion officielle est une religion d'État, les anglicans ne renoncent pas facilement aux avantages attachés à leur dignité. C'est bien ce que dit pesamment le pamphlet de l'évêque de Saint David, William Lucy, publié en 1663 à Londres sous le titre : *Observations, censures and confutations of notorious errors in Mr. Hobbes, his Leviathan and other his books*. Hobbes y est accusé d'être un mauvais chrétien, d'être dépourvu de sens moral, de commettre mille erreurs de psychologie et, corrélativement, de proposer une politique absurde... Certains détracteurs n'hésitèrent pas à dénoncer franchement son « athéisme »; entre maints exemples, citons le pamphlet d'Adam Rechenberg : *Thomae Hobbesii* Εὕρημα publié à Leipzig en 1674. On le déclara responsable de la grande peste de Londres et de l'incendie de 1666 et, à la Chambre des Communes, le 31 janvier 1667, le *Léviathan* fut tout naturellement mis en accusation et des sanctions réclamées contre son auteur. Hobbes, qu'aucune attaque n'abattait, prépara sa propre défense, qui sera publiée en 1668 en appendice de l'édition latine du *Léviathan*. Il ne fut sauvé que par la lenteur de la procédure accusatoire du Parlement et, aussi, par la promesse qu'il fit au roi de ne plus publier d'ouvrages de « science politique ». Il rédigea cependant le *Behemoth* dont il fit présent au souverain et le *Dialogue between a Philosopher and a Student of the Common Laws in England*, dirigé contre Ed. Coke et les jurisconsultes de son école. Fidèle à sa promesse, il ne publia pas ces deux écrits. Cela ne désarma pas la critique. Malgré les sympathies de Spinoza et de Leibniz, l'auteur du *De Cive* était décidément devenu «l'horrible Monsieur Hobbes». Kant lui-même, en 1793, intitula la seconde partie de *Théorie et Pratique: Contre-Hobbes;* en 1797, Feuerbach publia un *Anti-Hobbes*[95] et l'on vit paraître en 1807 à Göttingen un *Anti-Léviathan*[96].

2. Après les réfutations de V. Cousin[97] et de Th. Jouffroy[98], notre XXe siècle lui-même se dressa contre Hobbes dont, disait-on, le *Léviathan* brandit, par la crosse et l'épée, l'épouvantail de l'arbitraire et du despotisme. On jeta l'anathème sur un régime politique que, sans prendre garde à l'anachronisme, on appela un régime «totalitaire[99]»; on déclara la guerre à «l'État-policier» et à «l'État-prison[100]» dont on crut que le Léviathan brossait l'*idéal-type*. A tout le moins prêta-t-on souvent au philosophe anglais la volonté de plaider en faveur d'une monarchie autoritaire incarnée par le Léviathan, symbole du pouvoir absolu[101]. Leo Strauss, qui a souligné vigoureusement la part de l'individualisme dans la philosophie hobbienne, la considère néanmoins comme «la première philosophie du pouvoir[102]», étant entendu que l'*imperium* risque d'être lourd de mille menaces pour les citoyens. De façon générale donc, on a vu pendant longtemps en Hobbes le porte-parole de l'absolutisme et de la tyrannie par quoi tremble le monde et l'on se persuada que, puisque le philosophe raillait la tyrannophobie[103], son message consiste bien à vanter l'omnipotence et le caprice insensé du Souverain dont la tyrannie ramène sur terre le monstre biblique que

---

95. Le titre exact est: *Anti-Hobbes oder über die Grenzen der höchsten Gewalt*, Giessen, 1797.
96. Buchholz: *Anti-Léviathan oder über das Verhältniss der moral zur aüssern Recht und der Politik*, Göttingen, 1807.
97. V. Cousin, *Philosophie sensualiste*, leçons VII, VIII, IX.
98. Th. Jouffroy, *Cours de droit naturel*, leçons XI et XII.
99. Citons, par exemple, sans préjuger des nuances fort importantes qui séparent les exégèses de ces commentateurs:
F. Tönnies: *Contribution à l'histoire de la pensée de Hobbes*, in Archives de Philosophie, 1936, p. 73-98; *Hobbes und das zoon politikon*, Zeitschrift für Volkerrechts, tome XII; *Hobbes, Leben und Werke*, Stuttgart, 1896.
J. Vialatoux, *La Cité de Hobbes*, Paris, 1935.
K. Schmitt, *Der Leviathan in der Staatslehre des Th. Hobbes*, Hamburg, 1938.
100. J. Rouvier, *Les Grandes Idées politiques, des origines à J.-J. Rousseau*, Bordas, 1975, p. 280 et 281.
101. Tel est le cas, par exemple, de G. Burdeau dans son *Traité de Science politique*, tome II, L.G.D.J., 1949, p. 43-56.
102. L. Strauss, *Droit naturel et histoire*, trad. française, Plon, éd. de 1969, p. 208.
103. *Léviathan*, chap. XXIX, p. 349.

« personne sous tous les cieux » n'a « affronté sans en pâtir [104] ».

Notre propos n'est pas ici de faire rebondir la querelle du totalitarisme. L'argumentation de R. Capitant [105] et les analyses de R. Polin [106] ont imprimé à la compréhension de la doctrine hobbienne un tournant décisif après quoi il ne saurait être question de faire machine arrière. Il est, comme le montre R. Polin, anachronique d'appliquer à une philosophie du XVIIe siècle une catégorie dont le sens n'a guère pu apparaître qu'avec les tragédies encore proches de l'histoire politique du XXe siècle [107]; il est faux de prétendre que Hobbes développe une mystique de l'État soutenue par une idéologie explicite de la violence [108]; il est erroné de croire que Hobbes nie la liberté des citoyens dans la *Civitas* [109] puisqu'il a consacré un long chapitre du *Léviathan* à préciser justement la nature et les conditions d'exercice de la liberté civile. Il est par conséquent incontestable, comme le souligne Z. Lubienski [110], que l'on s'est mépris sur la conception hobbienne du pouvoir. Et l'on s'est mépris d'autant plus lourdement que, usant d'une terminologie propre à Hobbes lui-même, mais en lui prêtant un sens discutable, on a déchiffré ses œuvres comme les pièces d'une *science politique* qui serait exclusivement une philosophie de *la puissance politique*.

Or, il est un point fondamental que, dans le système du philosophe, on a trop souvent négligé : c'est que cette philosophie, dont le dessein est d'apporter, selon le schéma mécaniste, une explication scientifique du politique, s'est élaborée autour d'un *axe purement juridique*. Sans doute était-il difficile de comprendre, au XVIIe et même encore au XVIIIe siècle, qu'il appartient à la raison, théorique et pratique, de donner un maître aux hommes afin qu'ils obtiennent

---

104. *Ancien Testament, Livre de Job*, 41³.
105. R. Capitant, *Hobbes et l'État totalitaire*, Archives de philosophie du droit et de sociologie juridique, 1938, p. 46-75.
106. R. Polin, *Politique et philosophie chez Thomas Hobbes*, P.U.F., 1953.
107. *Ibid.*, p. 208.
108. Cet argument est au centre de la critique que fait R. Capitant de la thèse de Vialatoux *(art. cit.)*. Se plaçant sur le terrain même de J. Vialatoux, R. Capitant compare la politique de Hobbes au national-socialisme, dont nul ne contestera le caractère de totalitarisme, afin d'en souligner les différences.
109. Sur ce point nous pouvons remarquer la convergence des lectures faites par R. Polin *(op. cit.)*, J.-J. Chevallier (*Les Grandes Œuvres politiques de Machiavel à nos jours*, Colin, 9ᵉ éd., 1966, p. 63) et R. Derathé (*J.-J. Rousseau et la science politique de son temps*, réed. Vrin, 1970). *A contrario*, Macpherson déclare que « les conclusions politiques de Hobbes sont dénuées de tout libéralisme », (*La Théorie politique de l'individualisme possessif*, Gallimard, p. 19).
110. Z. Lubienski, *Hobbes's Philosophy and its historical Background*, in Journal of philosophical Studies, volume V, n° 18, avril 1930, p. 186.

la paix sociale et s'acheminent, dans un monde juridiquement organisé, vers une liberté réglée, plus vraie que la fausse liberté de nature. Peut-être aurait-on dû se demander pourquoi Hobbes, en dédiant le *De Cive* au comte de Devonshire, ne disait pas seulement *Homo homini lupus*, mais aussi *Homo homini deus*...

Quoi qu'il en soit, il est grand temps de poursuivre la re-lecture de Hobbes, heureusement amorcée de nos jours [111]. Justice pourra alors être rendue au philosophe qui, loin de défendre, comme on l'a dit, l'idéologie du plus affreux des régimes [112], s'élève contre l'anomie et souligne l'importance, dans l'État, de l'œuvre législatrice. Ce sont, en effet, les lois civiles nées de la compétence du Souverain qui, manifestant pour tous les requêtes fondamentales de la raison [113], définissent le juste. Le *droit de la citoyenneté* fait diptyque avec le *pouvoir de la souveraineté* : il ne s'épanouit que par la médiation de la loi civile. Avant Hegel et avant le positivisme juridique, Hobbes entrevoit cette dialectique du privé et du public en laquelle les droits de l'homme ne s'affirment pas contre l'empire de l'État mais grâce à lui.

Simone GOYARD-FABRE.

---

111. Signalons, en particulier, l'existence des trois importants congrès qui ont célébré le Tricentenaire de la mort de Hobbes : à Boulder (U.S.A.), à Leusden (Pays-Bas), à Strasbourg et qui ont donné lieu à la publication de leurs Actes : *Hobbes's Science of Natural Justice* (édités par C. Walton et P. Johnson, U.S.A., 1981); *Revue européenne des sciences sociales*, tome XVIII, 1980, n° 49, Droz, Genève.

Signalons qu'un congrès *Après-Hobbes* s'est tenu à Strasbourg en octobre 1981 sous le titre : *La Référence hobbienne*. Les *Actes* sont actuellement sous presse aux éditions Droz.

112. Cf. Vaughan, *Studies in the History of political Philosophy*, rééd. New York, 1972, tome I, p. 37.

113. C'est pourquoi il est de la plus haute importance que les lois soient promulguées, *De Cive*, chap. XIV, § 11.

BIBLIOGRAPHIE

Nous nous bornons ici à des renseignements bibliographiques sommaires que complètent, pour le détail, ceux qui sont contenus dans les notes subpaginales de l'Introduction.

Pour une bibliographie exhaustive, nous renvoyons à celle établie par W. Satskeder (U.S.A., Université de Boulder, 1981).

1. Ouvrages.
BRUNEL P. : *L'État et le Souverain,* P.U.F., 1978.
Comparaison très suggestive des politiques d'Aristote, de Machiavel et de Hobbes.
BOWLE J. : *Hobbes and his Critics. A Study in Seventeenth Century Constitutionalism,* Londres, 1951.
BRANDT F. : *Thomas Hobbes' mechanical Conception of Nature,* Londres, 1928.
Ouvrage capital sur la doctrine physique et psychologique de Hobbes.
BRANDT G. : *Grundlienien der Philosophie von Thomas Hobbes,* Kiel, 1895.
Ouvrage qui insiste surtout sur la théorie de la connaissance selon Hobbes.
CATLIN G. E. : *Thomas Hobbes als Philosopher, Publicist and Man of Letters,* Oxford, 1922.
DONATI B. : *Il respetto della lege dinanzi al principio di autorità. Critica della filosofia civile di Hobbes,* Rome, 1919.
GADAVE R. : *Thomas Hobbes et les théories du contrat social et de la souveraineté,* Toulouse, 1907.
GOLDSMITH M. M. : *Hobbes's Science of Politics,* New York et Londres, 1966.
GOYARD-FABRE S. : *Le droit et la loi dans la philosophie de Thomas Hobbes,* Klincksieck, 1975.
Montesquieu, adversaire de Hobbes, Minard, 1980.

Hood F. C. : *The divine politics of Thomas Hobbes*, Oxford, 1964.
  Ouvrage qui insiste sur la dimension théologique de la politique de Hobbes.
Laird J. : *Hobbes*, Londres, 1934.
  Ouvrage très attentif aux sources de la pensée de Hobbes.
Landry B. : *Hobbes*, Paris, 1930.
  Exposé des œuvres de Hobbes.
Lubienski Z. : *Die Grundlagen des ethish-politischen Systems von Hobbes*, Munich, 1932.
  Ouvrage d'une clarté remarquable dans lequel la bibliographie des travaux consacrés à la pensée politique de Hobbes jusqu'en 1930 est fort utile.
Lyon G. : *La philosophie de Hobbes*, Paris, 1893.
  Exposé d'ensemble du système hobbien.
Macpherson C. B. : *The political Theory of possessive individualism*, Oxford, 1962 ; traduction française, Gallimard, 1971.
  Exposé original mais qui reflète les options idéologiques de l'auteur.
Manent P. : *Naissances de la politique*, Payot, 1977.
  Ouvrage qui, en présentant les politiques de Machiavel, Hobbes et Rousseau, offre des perspectives intéressantes.
Mac Neilly F. S. : *The Anatomy of Leviathan*, Londres, Toronto, New York, 1968.
Oakeshott M. : *Hobbes, on civil Association*, Oxford, 1937 ; rééd. 1946, 1947, 1960, 1975.
Polin R. : *Politique et philosophie chez Thomas Hobbes*, P.U.F., 1953 ; rééd. Vrin, 1977.
  Exposé très riche et pertinent. Ouvrage fondamental.
Schmitt K. : *Der Leviathan in der Staatslehre des Th. Hobbes*, Hambourg, 1938.
Smyrniadis B. : *Les doctrines de Hobbes, Locke et Kant sur le droit d'insurrection*, Paris, 1921.
Stephen L. : *Hobbes*, Londres, 1904.
Strauss L. : *Political Philosophy of Hobbes. Its Basis and Genesis*, Oxford 1936 ; rééd. Chicago, 1952.
  Ouvrage important qui présente la pensée politique de Hobbes de manière originale.
Taylor A. E. : *Thomas Hobbes*, Londres, 1908.
Tönnies F. : *Hobbes, Leben und Werke*, Stuttgart, 1896 ; 2e éd. sous le titre *Hobbes, der Mann und der Denker*, 1912 ; 3e éd., 1925.
  Monographie remarquable ; l'exposé philosophique porte la marque de la sociologie de Tönnies lui-même.
Tort P. : *Physique de l'État. Examen du Corps politique de Hobbes*, Vrin, 1978.

VIALATOUX J. : *La Cité de Hobbes, Théorie de l'État totalitaire*, Paris, 1936.
Interprétation tendancieuse de l'œuvre de Hobbes.
WARRENDER J. H. : *The political Philosophy of Hobbes; his Theory of Obligation*, Oxford, 1957.
Ouvrage qui n'est pas très fidèle au mécanisme de Hobbes.
WATKINS J. W. N. : *Hobbes's System of Ideas*, Londres, 1965.
WILLMS B. : *Die Antwort des Leviathan. Thomas Hobbes' politische Theorie*, Berlin, 1970.
Der Weg des Leviathan. Die Hobbes-Forschung von 1968-1978, Berlin, 1979.
Deux ouvrages minutieux et très précis.
WOLF F. O. : *Hobbes' neue Wissenschaft*, avec des *Essays* de Hobbes, Stuttgart, 1969.

2. *Articles importants consacrés à Hobbes.*

BAYLE P. : article *Hobbes*, in *Dictionnaire historique et critique*, octobre 1696.
BALZ A. : *The Indefensibility of Dictatorship and the Doctrine of Hobbes*, in Journal of Philosophy, New York, 1939, vol. XXXVI.
BIANCA G. : *La categoria del diritto nel pensiero di Hobbes*, in Revue internationale de philosophie, 1950, p. 432-451.
BOBBIO N. : *Legge naturale e legge civile nella filosofia politica di Hobbes*, in Studi in memoria di Giole Solari, Turin, 1954, p. 61-101.
BROCKDORF (Cay von) : *La Guerre de tous contre tous*, Archives de Philosophie, 1936, p. 31-40.
BUDDEBERG E. : *Hobbes und das Naturrecht*, Revue internationale de théorie du droit, 1932-1933, tome VII, p. 22-53.
CAPITANT R. : *Hobbes et l'État totalitaire*, in Archives de Philosophie du droit et de Sociologie juridique, 1938, p. 46-75.
DAVY G. : *Sur la cohérence de la politique de Hobbes*, in Échanges sociologiques, 1947, p. 9-20.
Sur la politique de Hobbes, in Mélanges en l'honneur de G. Scelle, 1949, t. I, p. 207-211.
DIDEROT D. : *Hobbisme*, in *Encyclopédie*, tome VIII.
GOYARD-FABRE S. : *Le libéralisme pur de Benjamin Constant* (critique du «despotisme» de Hobbes et de Rousseau), in Revue de Métaphysique et de Morale, 1975, p. 289-327.
The Metamorphosis of the idea of Right in the Hobbes's Philosophy, Actes du Congrès de Boulder, 1979.
Anthropology and Politics in the Hobbes's Philosophy, Actes du Congrès de Leusden, 1979.
Les effets juridiques de la politique mécaniste de Hobbes, in Revue philosophique, 1981, n° 2, p. 189-211.

JOUVENEL B. de : *Les conséquences politiques de Hobbes*, in *De la Souveraineté*, Paris, 1955, p. 293-312.

LYON G. : Article *Hobbes*, in *La Grande Encyclopédie*, t. XX, p. 159-161.
Le Léviathan et la paix perpétuelle, in Revue de Métaphysique et de Morale, 1973, p. 335-362.

LAIRD J. : *Hobbes et la Grande-Bretagne contemporaine*, Archives de Philosophie, 1936, p. 63-72.

LUBIENSKI Z. : *Hobbes's Philosophy and its political Background*, in Journal of philosophical studies, 1930, p. 175-190.
L'idea del contratto nella teoria dello Stato di Hobbes, in Rivista internazionale di filosofia del diritto, 1931, t. XI, p. 280-289.

MORIZE A. : *Thomas Hobbes et Samuel Sorbière. Notes sur l'introduction de Hobbes en France*, in Revue germanique, 1908, p. 193-204.

MOURGEON J. : *La science du pouvoir totalitaire dans le Léviathan de Hobbes*, Annales de la Faculté de Droit de Toulouse, 1963, p. 280-417.

OAKESHOTT M. : Introduction du *Léviathan*, Oxford, 1947,

PLAMENATZ J. : Introduction du *Léviathan*, Londres, 1962 et 1972.

POLIN R. : *Sur la signification de la paix d'après la philosophie de Hobbes*, in Revue française de Science politique, 1954, p. 252-277.
Justice et raison selon Hobbes, in Rivista critica di storia della Filosofia, 1962, p. 450-468.
L'obligation morale et politique chez Thomas Hobbes, in Hobbes Forschungen, Berlin, 1969, p. 133-152.
Deux théories extrêmes de la guerre : Hobbes et Locke, in Annales de philosophie politique, 1970, p. 29-51.
Article *Hobbes* in *Encyclopaedia Universalis*, tome VIII.
Introduction au *De Cive*, Sirey, 1981, p. 27-51.

ROUX L. : Introduction au *De corpore politico*, Centre inter-universitaire d'éditions Rhône-Alpes, 1973, p. 7-31.
Introduction aux *Éléments du droit naturel et politique*, L'Hermès, 1977, p. 15-120.

SATSKEDER W. : *Hobbes: teaching Philosophy to speak English*, in Journal of History of Philosophy, XVI, n° 1, 1978, p. 33-45.
Speaking about Mind : ENDEAVOUR in Hobbes, in The Philosophical Forum, XI, 1, 1979, p. 65-79.

TRICAUD F. : Introduction à la traduction du *Léviathan*, Sirey, 1971.

TÖNNIES F. : *Hobbes und das Zoon Politikon*, Zeitschrift für Völkerrecht, tome XII, 1923.
Contribution à l'histoire de la pensée de Hobbes, in Archives de Philosophie, 1936, p. 73-98.

VILLEY M.: *Le droit de l'individu chez Hobbes*, in Seize essais de Philosophie du droit, Dalloz, 1969, p. 179-207.

3. *Publications collectives.*
Hobbes-Forschungen, Berlin, 1969.
Hobbes Studies, Oxford, 1965.
Revista critica di storia della filosifia, Firenze, octobre-décembre 1962.
Revue européenne des Sciences sociales, tome XVIII, 1980, n° 49, Droz, Genève. (Actes du Congrès de Strasbourg de 1979.)
Hobbes's Science of natural Justice, U.S.A., 1981. (Actes du congrès de Boulder de 1979.)
Anthropology and Philosophy, Leusden, 1981. (Actes du Symposium Hobbes de 1979.)
La Référence hobbienne (Actes du Congrès de Strasbourg, 1981). (Sous presse.)

NOTE SUR LE TEXTE
DE CETTE ÉDITION

Le *De Cive*, qui devait constituer la troisième partie des *Elementa philosophiae*, a été publié par Hobbes, à Paris, dès 1642, en un in-4° de 275 pages.

En 1647, Hobbes en publia à Amsterdam une seconde édition, enrichie de notes substantielles et augmentée d'une *Préface au Lecteur* et d'une *Épître dédicatoire* au comte de Devonshire en date du 1er novembre 1646. Le texte est un in-12° de 408 pages.

Hobbes donna en 1651 une traduction anglaise du *De Cive* sous le titre *Philosophical Rudiments concerning Government and Society*.

Texte latin et texte anglais se trouvent dans l'édition Molesworth respectivement in *Opera latina* (tome II) et *English Works* (tome II).

Samuel de Sorbière, qui fut le secrétaire de Hobbes lors de son exil volontaire à Paris, entre 1640 et 1651, donna du *De Cive*, avec l'accord du philosophe, une traduction complète, d'ailleurs relue par Hobbes lui-même. Elle fut publiée à Amsterdam, chez Blaueu, en 1649; c'est un in-8° de 428 pages.

Cette traduction a été rééditée à plusieurs reprises, une première fois en 1651 et, pour la dernière fois en 1787, à l'Imprimerie de la Société typographique de Neuchâtel.

Nous avons choisi de reproduire ici l'édition de 1649, qui, outre la *Préface au Lecteur* et l'*Épître dédicatoire* de l'édition latine de 1647, comporte l'*Épître* par laquelle Sorbière dédie sa traduction à Monseigneur Cornifidz Wllefeldt, Grand Maître et Conseiller du Royaume de Danemark, une lettre de Gassendi à Sorbière, une lettre de Mersenne à Sorbière et l'*Avertissement* du traducteur ajouté après la publication de l'ouvrage. Nous avons modernisé la graphie, l'orthographe, et la ponctuation du temps.

LE CITOYEN

A SON EXCELLENCE,
Monseigneur

CORNIFIDZ
WLLEFELDT,

SEIGNEUR
d'Urop et de Saltoë, etc.

GRAND MAITRE
et
CONSEILLER
du Royaume de Danemark,

CHEVALIER
de l'Ordre de sa Majesté,

et

AMBASSADEUR EXTRAORDINAIRE

vers Messieurs les États des Provinces
Unies du Pays-Bas.

Monseigneur,

J'ai si peu d'occasions de témoigner à *Votre Excellence* le zèle que j'ai à son service, et le culte intérieur que je rends à son incomparable vertu, que je suis digne d'excuse, si je me sers de la publication de l'ouvrage d'un autre pour satisfaire à mon propre désir. Je ne veux pas dire qu'un si grand nom que celui de *Votre Excellence* ne devrait paraître qu'au frontispice de quelque grande production ; car je ferais tort à celle-ci, qui passe en l'estime de quantité de personnes, pour l'une des plus achevées de ce siècle. Mais il semble, à la vérité, que je me fusse acquitté de mon devoir plus particulièrement et de meilleure grâce, en vous donnant un travail auquel j'eusse contribué quelque chose de mon chef, et où mes paroles eussent été les interprètes de mes pensées. Si je me fusse vu assez d'industrie et quelques talents considérables avec lesquels je pusse raisonnablement prétendre de tenir un jour quelque rang parmi ceux qui s'érigent en auteurs, je me fusse laissé aller à cette persuasion, et j'eusse différé très volontiers à une autre saison l'hommage que je rends à *Votre Excellence*, en lui présentant une chose dont il n'y a que l'écorce et le langage qui m'appartiennent. Je ne sais pourtant si je n'ai pas mieux fait de me servir du labeur d'autrui, que si je me fusse mêlé de multiplier le nombre des mauvais livres. Il y en a tant de bons, anciens et modernes, que c'est aujourd'hui une témérité condamnée de toutes les personnes judicieuses, que d'en oser produire de nouveaux, s'ils ne sont excellents. De sorte que ceux qui ont assez d'esprit et d'ingénuité pour reconnaître et pour avouer la médiocrité de leur suffisance sont assez de se pouvoir abstenir d'importuner le public ; et peut-être que ceux qui ajoutent à cette retenue quelque jugement dans le choix des livres qu'ils traduisent en diverses langues, méritent quelque louange des honnêtes gens qui ne savent que celle de leur patrie. De ce côté-là je n'ai point à espérer que *Votre Excellence* me sache aucun gré de la peine que j'ai prise. Il lui importe fort peu quelque langue, morte ou vivante, que l'on emploie. Toutes celles de notre Europe lui sont également aisées, et il n'est pas même jusqu'aux Dialectes des Provinces que son merveilleux génie ne puisse discerner en ceux qui l'abordent et qui voudraient lui cacher leur origine. Mais je veux croire que toute notre noblesse, qui s'est plus étudiée à la politesse de sa langue qu'à bien apprendre la latine, me serait en quelque façon obligée si j'étais assez heureux que de lui avoir donné mon auteur avec toute sa force et sans avoir fait perdre à ses expressions leur poids et leur éloquence. C'est une chose plus difficile qu'elle ne paraît que de bien traduire ; aussi de tant de plumes qui s'en mêlent en France, à peine s'en trouve-t-il cinq ou six de bien taillées et qui puissent entrer en comparaison avec celles des Malherbe, des Du Ryer, et des Ablancourt. Il n'appartient guère qu'à eux de ne rien ôter de ses ornements à la belle Antiquité, d'adoucir ce qu'il y a de rude et d'éclaircir ce qu'il y a d'obscur en quelques-uns des Anciens, qui se sont plus étudiés aux bonnes pensées et aux bons raisonnements qu'aux fleurs de la rhétorique, de conserver partout leur diction correcte, claire et ornée, et de faire parler en français Tacite, Cicéron, et Sénèque, de telle sorte que leurs excellentes copies paraissent des originaux. Ceux qui travaillent avec cette adresse n'emploient pas mal leur temps, mais plutôt ils contribuent beaucoup à l'utilité publique : car leurs versions servent quelquefois de commentaire, et l'un des plus subtils esprits, qui tâche aujourd'hui de nous découvrir les secrets de la nature, est contraint d'avouer que les principes de sa philosophie sont plus intelligibles en la version française qui en a été faite par un de ses amis qu'en la langue latine en laquelle il les a lui-même composés. Je ne suis pas si présomptueux que de m'imaginer que le semblable puisse arriver au sujet de cette politique.

Bien loin d'espérer ce bonheur, je dois craindre que je n'aie gâté en plusieurs endroits ce qu'elle avait de plus recommandable du côté de la conception, du bon sens et de la netteté des expressions. Je n'ai pu éviter l'usage de certains termes qui ont de la grâce en latin et qu'il faut employer à cause de leur énergie dans un ouvrage de pur raisonnement, mais qui ne se rencontrent guère dans ces pièces où l'on ne recherche que les belles paroles. C'est à elles qu'il m'a fallu regarder le moins, et je me suis mis principalement en peine de pénétrer dans la pensée de mon auteur. En quoi je me suis proposé son exemple. Car il ne s'est pas amusé à cribler de la terre avec un grand soin pour n'y mettre ensuite que des tulipes et des anémones; il a désiré que son discours eût plus d'effet que ces coups de canon sans boulet qui font quelque bruit et ne touchent personne. Il a eu pour but la solidité; et ce n'est qu'après trente ans de réflexions sur les affaires du monde qu'il a fait cet ingénieux tissu de ses remarques. Je ne suis pas garant de toutes les propositions qu'il y avance, surtout en la troisième partie : mais je sais bien qu'elles seront toujours plus au gré de la Cour que de l'École et qu'elles trouveront l'approbation des politiques plutôt que celle des pédants. Il n'est pas malaisé de transcrire et de mettre sur le papier des choses qui auront été cent fois redites. Mais de produire quelques nouvelles raisons et de donner un nouvel ordre à des matières, si communes et si souvent traitées, c'est une entreprise qui demande du courage et en l'exécution de laquelle je dirais volontiers, quand quelqu'un vient à faillir, ce que le poète Martial dit à l'avantage de Mucius Scaevola,

Si non errasset, fecerat ille minus.

En effet les petits génies, et qui vont terre à terre, sont bien moins sujets à s'égarer que ceux qui veulent prendre l'effort et qui s'enfoncent plus avant dans un pays inconnu pour nous en rapporter quelque découverte. La particulière connaissance que j'ai de la bonne intention de M. *Hobbes*, et de ce qu'un si rare homme peut contribuer à l'avancement des sciences, me ferait parler de la sorte si je croyais que quelques-uns de ses sentiments eussent besoin de mon apologie. Il est certain que nous avons à espérer beaucoup de ses laborieuses veilles, et qu'il est l'un de ces trois qui composent dans l'estime que j'en fais le Triumvirat des philosophes de ce siècle. Oui, Monseigneur, *Hobbes, Gassendi* et *Descartes* sont trois personnes que nous pouvons opposer à tous ceux dont l'Italie et la Grèce se glorifient, et leurs rêveries (si tant est qu'il leur en arrive par quelque trait de l'infirmité humaine) me plaisent davantage que les plus sérieuses pensées de quelques autres philosophes. La passion que j'ai pour eux et la particulière amitié dont M. *Hobbes* m'honore m'ont porté à prendre cette espèce de divertissement qu'il y a en l'occupation de traduire, en un temps auquel je me voyais plein de loisir et d'ailleurs environné de fâcheuses pensées. J'ai tâché de les divertir par l'assiduité et l'attention qu'il m'a fallu donner à des raisons si délicatement enchaînées. Et certes la peine que j'ai prise m'a fait couler avec plaisir par-dessus quelques tristes moments : car outre qu'ayant l'esprit tendu à autre chose, j'en perdais souvent la mémoire des indignités que je souffre de la mauvaise fortune, je rencontrais quelquefois les véritables causes de son caprice à me persécuter et à m'envier si obstinément un peu de repos, qu'elle accorde à tant de personnes qui ne savent à quoi l'employer. J'y ai vu quel était le naturel des hommes en l'état de liberté, comment ils s'entre-déchirent par une guerre immortelle et traînent une vie plus malheureuse que celle des bêtes farouches. J'y ai appris qu'encore que l'établissement de la société civile en l'état de l'Empire les doit avoir défrichés, il y en a pourtant quantité qui ne se dépouillent jamais entièrement de leur férocité naturelle et qui vivent dans le cœur des républiques de même qu'ils eussent vécu au milieu des bois, avec aussi peu de sentiments de douceur et d'humanité. Je me fusse contenté de ce fruit que je tirais alors de mon travail et n'eusse peut-être pas maintenant permis sa publication si quelques personnes curieuses ne l'eussent désiré. Mais je ne me fusse point du tout avisé d'y joindre une dédicace de ma façon, si le bon accueil qu'il plut à *Votre Excellence* de me faire il y a quelques jours ne m'en eût donné beaucoup de sujet. Il faut que je rompe là-dessus le vœu que j'avais fait de n'attaquer jamais les Grands dont je rechercherais la bienveillance par cette sorte de présents qui les importunent plus souvent qu'ils ne les obligent et qui servent dans le mauvais usage du vulgaire à demander une faveur plutôt qu'à la reconnaître. Je ne saurais me modérer en cette rencontre et je ne puis m'empêcher de témoigner publiquement l'honneur et la satisfaction que je reçus en faisant la révérence à *Votre Excellence*. J'ai encore l'âme toute remplie de cette grande idée que je remportai de la vue et de l'entretien qu'il plut à M. le Résident *Roch* de me procurer, et peu s'en faut que ce que j'ai vu et ce que j'ai ouï ne passe chez moi pour un songe. De vrai, Monseigneur, nous ne sommes pas accoutumés de voir les premiers ministres des royaumes se servir d'une si charmante méthode pour gagner le cœur de ceux qui les abordent. Mais il y en a peu sans doute qui osassent agir de même que *Votre Excellence* hors de toute affectation d'orgueil et de vanité. Ce qui leur vient, à mon avis, du peu de confiance qu'ils ont en leur propre mérite. Cette majestueuse prestance dont la nature a avantagé votre corps en vous destinant au maniement des grandes affaires, la clarté d'un jugement exquis que Dieu a mis en votre âme et les profondes habitudes d'une haute vertu que vous vous êtes acquises rendent votre Illustre personne cent fois plus aimable et plus digne de respect en sa modeste affabilité que ceux qui, faute de cette grandeur essentielle et véritable, ont recours à je ne sais quelle enflure, qui certes fait que nous les craignons (aussi bien que les spectres et les fantômes), mais que nous jugeons dans nous-mêmes plus digne de risée que de vénération. Il y a toutes les apparences du monde que des héros de cette bonne trempe ont été les premiers qui ont tiré les hommes hors des forêts pour les renfermer dans des villes, qui ont chassé la barbarie et introduit la civilité dans leurs conversations, qui ont donné des lois aux républiques, qui ont fait observer la justice dans leurs États et à qui nous sommes redevables de l'invention de tous les arts et de toutes les disciplines. Mais comme la race de ces demi-dieux est presque faillie et que, pour en trouver un seul, il faut courir plusieurs royaumes, ce n'est pas de merveille si je me suis vu surpris à la rencontre de *Votre Excellence*. La renommée m'en avait bien fait des récits capables de me faire concevoir des choses plus grandes qu'à l'ordinaire et j'étais confirmé de toutes parts en l'attente de quelque miracle : mais elle n'avait pas relevé le plus ce qui est davantage de ma portée, et que les gens de ma sorte considèrent particulièrement. Aussi je lui laisse le soin de publier cette vaste capacité et cette profonde sagesse que vous apportez en la fonction de votre ministère, et je ne regarde ici qu'à la bonté dont il plut à *Votre Excellence* de me donner divers témoignages. Elle me parut toute divine, et je la préférai à l'éclat de votre condition et au concours de toutes vos autres qualités. Une puissance et une subtilité malfaisantes n'ont rien qui rehausse les hommes par-dessus les Démons, ni même qui les égale à ces malheureuses créatures. Mais il n'y a rien qui les approche davantage de la divinité, que le bon usage d'un grand pouvoir et d'une grande intelligence. En effet, le titre de *très-bon* est l'un de ceux dont Dieu veut qu'on l'honore, et sans lequel ceux de *très-grand* et de *tout-puissant* ne mériteraient pas notre adoration, ou ne lui donneraient pas dans nos cœurs l'empire qu'il y exerce. Permettez donc, Monseigneur, que je m'arrête en cet endroit sur la rare bonté que vous me fîtes paraître, et en considération de laquelle, autant que par toute autre sorte de devoirs qui m'y obligent, je serai toujours, et avec une passion extraordinaire,

MONSEIGNEUR,
    De Votre Excellence

De La Haye,   Le très-humble, très-affectionné,
le 20 de juillet, 1649.   et très-obéissant serviteur,

                                              SORBIERE.

PRÉFACE

Je vous promets, lecteur, quatre choses capables de vous obliger à quelque attention, et desquelles je vous mettrai quelques traits devant les yeux en cette préface. Je tâcherai donc de vous y faire remarquer la dignité et l'utilité de la matière que je veux traiter, la droite et courte méthode dont je me servirai, la juste cause et la bonne intention qui m'ont fait prendre la plume, et enfin la modération avec laquelle je coucherai par écrit mes pensées. J'expliquerai en ce traité quels sont les devoirs des hommes, premièrement en tant qu'hommes, puis en tant que citoyens, et finalement en tant que chrétiens. Dans lesquelles trois sortes de devoirs sont contenus les éléments du droit de nature et du droit des Gens, l'origine et la force de la justice, et même aussi l'essence de la religion chrétienne, autant que le permettent les bornes que je me suis données.

Les sages de la plus éloignée antiquité affirmèrent qu'il ne fallait pas transmettre à la postérité cette sorte de doctrine (hormis celle qui regarde la religion chrétienne) si ce n'est parée des ornements de la poésie, ou revêtue d'allégories ; comme s'ils eussent appréhendé que les disputes des personnes privées ne salissent une si belle matière, et que les contestations des particuliers ne profanassent ce saint et sacré mystère de l'Empire. Cependant les philosophes s'adonnaient en toute liberté à leurs spéculations. Les uns considéraient les figures et les mouvements, au grand avantage des commodités de la vie, qui était avancée par l'utilité de leurs inventions. Les autres recherchaient les causes et la nature des choses ; et le genre humain ne recevait aucun dommage de leurs innocentes contemplations, ni de leur plus arbitraire théorie. On dit que Socrate fut le premier des siècles suivants qui aima la science politique, bien qu'elle ne fût pas encore parfaitement connue, et qu'il n'en aperçût que quelques rayons, comme à travers des nuages, dans le gouvernement de la République. Mais ce peu de lumière ne laissa pas d'éclairer son âme, et de lui faire chérir si passionnément la doctrine civile, qu'il en méprisa et en abandonna toutes les autres parties de la philosophie, jugeant celle-ci seule digne de l'occupation de son bel esprit. A son exemple Platon, Aristote, Cicéron, et les autres philosophes grecs et latins, et ensuite non seulement tous les philosophes des autres nations, mais toutes les personnes de grand loisir, s'y sont occupées, comme à une étude aisée, à laquelle il ne fallait pas apporter aucune préparation, ni donner aucun travail, et qui était exposée, et par manière de dire, prostituée au sens commun du premier qui la voulait entreprendre. C'est un puissant argument de la dignité de cette science, que ceux qui croient de la posséder, ou qui tiennent un rang dans lequel on suppose qu'ils n'en sont pas dépourvus, prennent une telle satisfaction à sa beauté, et ont pour eux-mêmes une telle complaisance, qu'ils veulent bien qu'on estime et qu'on nomme doctes, subtils et savants, ceux qui sont versés dans les autres facultés : mais pour le titre de sages et de prudents, ils ne peuvent souffrir qu'on le leur donne. Car ils pensent que cette prérogative n'est due qu'à eux seuls, à cause de l'excellence de la politique. De sorte que s'il faut juger de la dignité des sciences par celle de ceux à qui elles appartiennent, ou par le nombre des auteurs qui en ont écrit, ou par l'avis des sages, certes, celle-ci l'emporta par-dessus toutes les autres, puisqu'elle est le partage des princes, et de ceux qui ont la conduite des affaires humaines ; que presque tout le monde se plaît à en voir une fausse image, et se laisse charmer à une mauvaise représentation ; et qu'elle a été cultivée par des excellents esprits plus que toutes les autres parties de la philosophie. Quant à son utilité, lorsqu'elle est bien enseignée, c'est-à-dire, établie sur de vrais principes, par des conséquences d'une connexion évidente, il nous sera plus aisé de la remarquer, si nous prenons garde aux inconvénients et aux dommages qu'une espèce de politique trompeuse et babillarde apporte dans le monde, où ses malheureuses maximes sont en usage. Si nous nous abusons aux choses dont la spéculation ne tend qu'à l'exercice de l'esprit, notre erreur est inno-

PRÉFACE

cente, et il n'y a que la seule perte du temps à regretter. Mais nous nous méprenons en celles que chacun doit soigneusement considérer pour la commodité de la vie ; ce ne seront pas seulement les fautes que nous commettrons qui nous seront nuisibles, l'ignorance même nous sera de grand préjudice, et il faudra nécessairement qu'il en naisse des injures, des querelles, et des meurtres. Comme donc ces inconvénients sont fort considérables, les avantages qui nous reviennent d'une meilleure information de cette science, sont d'une très grande importance, et son utilité en est toute manifeste. En effet, combien de rois y a-t-il eu, et des plus gens de bien de leur royaume, à qui cette funeste erreur, qu'un sujet a droit de tuer son tyran, a coûté malheureusement la vie ? Combien de milliers d'hommes a fait périr cette pernicieuse maxime, qu'un prince souverain peut être dépouillé de ses états en certaines occasions, et par certaines personnes ? A combien d'autres a coupé la gorge cette doctrine erronée, que les rois étaient ministres, et non pas au-dessus de la multitude ? En un mot, de combien de rébellions et d'étranges félonies a été causée l'erreur de ceux qui ont enseigné qu'il appartenait à des personnes privées de juger de la justice ou de l'injustice des édits d'un monarque, et que non seulement on pouvait avec raison, mais qu'on devait disputer de la qualité de ses commandements avant que de lui obéir ? Il y a d'ailleurs en la philosophie morale, communément reçue, quantité d'autres propositions qui ne sont pas moins dangereuses que celles-ci, et desquelles ce n'est pas ici le lieu de faire une longue liste. Je pense que ces anciens les avaient bien prévues, lorsqu'ils aimèrent mieux couvrir de fables la science du droit, que de l'exposer à l'agitation des disputes. Car, avant que ces questions séditieuses commençassent à être agitées, les princes exerçaient leur souveraine puissance sans être obligés à la demander. Leur empire n'était pas appuyé sur la pointe des arguments : mais soutenu par la défense des gens de bien, et par la punition des méchants, comme sur deux pivots inébranlables. D'autre part les sujets ne mesuraient pas la justice aux discours des particuliers, mais aux lois de leur république ; et ils ne vivaient pas en paix par le moyen des controverses, mais par la force de l'empire. Voire même ils révéraient la puissance souveraine comme une divinité visible, soit qu'elle fût renfermée en un seul homme, ou qu'elle fût

> Il y a de la différence entre la multitude et le peuple. Voyez au chap. 6.

recueillie en une assemblée. Et ils n'avaient garde de se joindre, comme ils sont aujourd'hui, aux ambitieux, ou à ces désespérés auxquels ils prêtent la main pour renverser d'un commun effort l'état de leur patrie. Aussi ils n'eussent pu se résoudre à vouloir perdre une chose de laquelle ils jugeaient bien que dépendait leur conservation particulière. La simplicité de ces bienheureux temps ne comprenait pas la docte folie de ceux dont la subtilité et les distinctions nous ont gâté la politique. Si bien que la paix fleurit dans les États, et le siècle d'or régna dans le monde, jusqu'à ce que Saturne étant chassé, on commença de publier qu'il était permis de prendre les armes contre les souverains. Certes, les anciens ont bien connu ce que je viens de dire, et je pense qu'ils le nous ont voulu adroitement représenter en l'une de leurs fictions. Car ils ont dit qu'Ixion ayant été admis à la table de Jupiter, il devint amoureux, et tâcha de corrompre Junon ; mais qu'au lieu de cette déesse, il embrassa une nuée qui avait sa ressemblance ; que de là, furent engendrés les centaures, monstres, moitié homme et moitié cheval, dont l'âme était turbulente, et qui ne se plaisaient qu'à combattre. C'est le même que s'ils eussent dit en propres termes et sans figure, que des personnes privées ayant été appelées au conseil pour les affaires importantes de la république, ils ont désiré de prendre connaissance et de soumettre à leur jugement particulier la justice, sœur et femme du souverain empire. Mais, qu'au reste, n'embrassant en sa place qu'une fausse et vaine image, comme une nuée pleine de vent, il n'en est sorti que ces dogmes des philosophes moraux qui sont d'une monstrueuse figure : car d'un côté ils ont belle apparence, et de l'autre il n'y a rien de si sauvage, ni de si farouche, puisqu'ils sont la cause de toutes les querelles et de tous les massacres dont les hommes se déchirent et se détruisent eux-mêmes. Vu donc qu'il naît tous les jours de telles opinions, qui sont de pernicieuses semences de dissension dans la société civile ; si quelqu'un écarte ces nuages, et montre par de très fortes raisons, qu'il n'y a aucunes doctrines recevables et authentiques touchant le juste et l'injuste, le bien et le mal, outre les lois qui sont établies en chaque république ; qu'il n'appartient à personne de s'enquérir si une action sera bonne ou mauvaise, hormis à ceux auxquels l'État a commis l'interprétation de ses ordonnances. Certainement celui qui prendra cette peine, non seulement il montrera le grand chemin de la paix, mais il fera voir aussi les détours et les routes obscures de la sédition[1]. Ce qui est un des plus utiles travaux auquel un homme désireux du bien public puisse occuper sa pensée.

Quant à ce qui regarde la méthode, j'ai cru qu'il ne me suffisait pas de bien ranger mes paroles, et de rendre mon discours le plus clair qu'il me serait possible : mais qu'il me fallait commencer par la matière des sociétés civiles, puis traiter de leur forme et de la façon qu'elles se sont engendrées, et venir ensuite à la première origine de la justice. Il me semble en effet qu'on ne saurait mieux connaître une chose, qu'en bien considérant celles qui la composent. Car, de même qu'en une horloge, ou en quelque autre machine automate, dont les ressorts sont un peu difficiles à discerner, on ne peut pas savoir quelle est la fonction de chaque partie, ni quel est l'office de chaque roue, si on ne la démonte, et si l'on ne considère à part la matière, la figure, et le mouvement de chaque pièce ; ainsi en la recherche du droit de l'État, et du devoir des sujets, bien qu'il ne faille pas rompre la société civile, il la faut pourtant considérer comme si elle était dissoute, c'est-à-dire, il faut bien entendre quel est le naturel des hommes, qu'est-ce qui les rend propres ou incapables de former des cités, et comment c'est que doivent être disposés ceux qui veulent s'assembler en un corps de république. Suivant donc cette méthode, je mets d'abord pour un premier principe que l'expérience fait connaître à chacun, et que personne ne nie, que les esprits des hommes sont de cette nature, que s'ils ne sont retenus par la crainte de quelque commune puissance, ils se craindront les uns les autres, ils vivront

---

1. Les routes obscures de la sédition sont surtout représentées aux yeux de Hobbes par les doctrines parlementaristes qui foisonnent en Angleterre. Citons, par exemple : Thomas Smith, *De Republica Anglorum*, 1583 ; Richard Hooker, *The Laws of Ecclesiastical Polity*, 1594-1599, qui pense que le pouvoir des rois est subordonné aux maximes fondamentales du droit : *Rex nihil potest nisi quod jure potest* (éd. Clarendon, VIII, 2, p. 353) ; surtout, E. Coke, que cite Hobbes à plusieurs reprises sans ménager ses critiques, considère que le Parlement et le Roi lui-même doivent se soumettre à la loi positive ; dans le texte de la *Pétition des Droits* de 1628 à la rédaction duquel il a participé, il pose conformément à la *Grande Charte* de 1215, les lignes directrices d'une tendance constitutionnaliste.

entre eux en une continuelle défiance, et comme chacun aura le droit d'employer ses propres forces en la poursuite de ses intérêts, il en aura aussi nécessairement la volonté. Vous m'objecterez peut-être, qu'il y en a quelques-uns qui nieront cela. Il est vrai, il y en a plusieurs qui le nient. Ne tombai-je donc point en quelque espèce de contradiction, lorsque je dis que ces mêmes personnes le nient, et qu'elles l'avouent? Nullement: mais c'est eux-mêmes qui se contredisent, quand ils désavouent en leurs discours ce qu'ils confessent par leurs actions. Nous voyons que tous les États, encore qu'ils aient la paix avec leurs voisins, ne laissent pas de tenir des garnisons sur les frontières, de fermer leurs villes de murailles, d'en garder les portes, de faire le guet, et de poser des sentinelles. A quoi bon tout cela, s'ils n'avaient point d'appréhension de leurs voisins? Nous voyons aussi que même dans les villes, où il y a des lois et des peines établies contre les malfaiteurs, les bourgeois ne se mettent point en chemin sans épée, ou sans quelque arme pour se défendre, qu'ils ne se vont point coucher qu'ils n'aient soigneusement fermé, non seulement les verrous de leurs portes, de peur de leurs concitoyens, mais leurs coffres et cabinets, de peur de leurs domestiques. Peut-on témoigner plus ouvertement qu'on se défie les uns des autres? En cela donc le public et les particuliers font paraître leur crainte et leur défiance mutuelle. Mais en disputant ils le désavouent, c'est-à-dire, en désirant de contredire aux autres, ils se contredisent à eux-mêmes. Au reste, quelques-uns m'ont fait cette objection que, supposant ce principe, il s'ensuivra dès là, que non seulement tous les hommes sont méchants (ce que peut-être il faut avouer, bien qu'il soit un peu rude, puisque l'Écriture sainte le dit expressément), mais que leur méchanceté vient d'une imperfection naturelle (ce qu'on ne peut pas accorder sans blasphème). Mais cette conséquence est mal tirée ce me semble; car encore que les méchants fussent en plus petit nombre que les gens de bien, toutefois à cause que nous ne pouvons pas discerner les uns d'avec les autres, les personnes les plus modérées seraient nécessairement obligées de se tenir toujours sur leur garde, de se défier, de prévenir, de prendre leurs avantages, et d'user de toute sorte de défense. Et la conséquence est encore moins légitime, que ceux qui sont méchants le soient par un défaut de la nature. Certes, bien que les hommes aient ceci naturellement, c'est-à-dire, dès leur naissance, et de ce qu'ils naissent animaux, qu'ils désirent et tâchent de faire tout ce qu'il leur plait, et qu'ils fuient avec crainte, ou qu'ils repoussent avec colère les maux qui les menacent, toutefois, ils ne doivent pas être pour cela estimés méchants; parce que les affections de l'âme qui viennent de la nature animale, ne sont point mauvaises en elles-mêmes, mais bien quelquefois les actions qui en procèdent, c'est à savoir, lorsqu'elles sont nuisibles et contre le devoir. Si vous ne donnez aux enfants tout ce qu'ils désirent, ils pleurent, ils se fâchent, ils frappent leurs nourrices, et la nature les porte à en user de la sorte. Cependant ils ne sont pas à blâmer, et on ne dit pas qu'ils sont mauvais, premièrement, parce qu'ils ne peuvent point faire de dommage, en après, à cause qu'étant privés de l'usage de la raison, ils sont exempts de tous les devoirs des autres hommes. Mais, s'ils continuent de faire la même chose lorsqu'ils sont plus avancés en âge, et lorsque les forces leur sont venues avec lesquelles ils peuvent nuire, c'est alors que l'on commence de les nommer, et qu'ils sont méchants en effet. De sorte que je dirais volontiers, qu'un méchant homme est le même qu'un enfant robuste, ou qu'un homme qui a l'âme d'un enfant; et que la méchanceté n'est autre chose que le défaut de raison en un âge auquel elle a accoutumé de venir aux hommes, par un instinct de la nature, qui doit être alors cultivée par la discipline, et qui se trouve déjà assez instruite par l'expérience des dangers et des infortunes passées. Si ce n'est donc que l'on veuille dire, que la nature a produit les hommes méchants, parce qu'elle ne leur a pas donné en les mettant au monde les disciplines, ni l'usage de la raison, il faut avouer qu'ils peuvent avoir reçu d'elle le désir, la crainte, la colère, et les autres passions de l'âme sensitive, sans qu'il faille l'accuser d'être cause de leur méchanceté. Ainsi le fondement que j'ai jeté demeurant ferme, je fais voir premièrement que la condition des hommes hors de la société civile (laquelle condition permettez-moi de nommer l'état de nature) n'est autre que celle d'une guerre de tous contre tous; et que durant cette guerre il y a un droit général de tous sur toutes choses. Ensuite, que tous les hommes désirent, par une nécessité naturelle, de se tirer de cet odieux et misérable état dès qu'ils en reconnaissent la misère. Ce qu'ils ne peuvent point faire, s'ils ne conviennent entre eux de céder de leurs prétentions et de leur droit sur toutes choses. Au reste, j'explique et je confirme ce que c'est que la nature des pactes ; comment c'est qu'on se fait les uns aux autres transaction de droits, afin de rendre les contrats valides ; quels droits, et à qui c'est qu'il les faut accorder nécessairement pour l'établissement de la paix, c'est-à-dire, quelles sont les maximes que la droite raison nous dicte, et qui peuvent être nommées proprement les lois de nature. Et c'est de quoi je traite en cette partie de mon ouvrage, que j'intitule la *Liberté*.

Après cela je montre ce que c'est qu'une cité ; de combien de sortes il y en a ; comment elles se sont formées ; d'où vient la souveraine puissance de l'État ; et quels droits il faut que chaque particulier qui entre dans la société civile cède nécessairement au souverain (soit que toute l'autorité soit donnée à un seul homme, ou à une assemblée), de sorte que s'il n'en était fait transaction il n'y aurait aucune société établie, et le droit de tous sur toutes choses, c'est-à-dire, le droit de la guerre, demeurerait encore. Ensuite je distingue les diverses espèces de gouvernement, la monarchie, l'aristocratie, la démocratie, la domination paternelle, et la despotique ; j'enseigne comment c'est qu'elles sont établies, et je fais comparaison entre elles des avantages et des incommodités qui se rencontrent en chacune. Passant plus outre, je traite des choses qui tendent à la destruction de la république, et je déclare quels sont les devoirs des souverains. J'explique, en dernier lieu, la nature de la loi et de l'offense qui se commet à l'encontre, et je mets de la différence entre la loi et le conseil, comme aussi je la distingue du droit et de la convention. Toutes lesquelles choses sont contenues sous le titre de l'*Empire*.

En la dernière partie, que je nomme la *Religion*, craignant qu'il ne peut sembler à quelques-uns, que le droit, que j'avais donné par mes raisonnements aux souverains sur leurs sujets, ne répugne aux Saintes Écritures ; je fais voir en premier lieu, qu'il n'est point contraire au droit divin, en tant que Dieu est le roi des rois par la nature, c'est-à-dire, en tant qu'il leur commande par les maximes de la raison naturelle. En deuxième lieu, qu'il n'a aucune répugnance avec le droit divin, en tant que Dieu exerça un particulier empire sur le peuple juif par l'ancienne alliance de la circoncision. En troisième lieu, que ce même droit ne choque point le divin, en tant que Dieu règne sur les chrétiens par la nouvelle alliance du baptême ; et qu'ainsi ce droit que je laisse aux souverains, qui est proprement celui de l'État, ne répugne en aucune manière à la religion. Enfin, je déclare quels sont les devoirs nécessaires pour entrer au royaume des cieux ; et je démontre évidemment que l'un des principaux, que j'établis en l'obéissance, laquelle j'ordonne aux sujets chrétiens de rendre à leurs princes fidèles, ne peut point avoir de répugnance avec la religion chrétienne : ce que je conclus sur le témoignage de la Sainte Écriture, dont j'allègue divers passages en un sens que personne ne conteste, et selon les interprétations communément reçues.

Je vous ai dit quelle est ma méthode, voyez maintenant pour quelle cause, et à quel dessein je me suis occupé à ce travail. Je me divertissais à l'étude de la philosophie, et prenais plaisir d'en recueillir les premiers éléments, donnant carrière à mon esprit, et le promenant par toutes les choses du monde qui me venaient en la pensée. J'avais déjà avancé peu à peu mon ouvrage jusqu'à le diviser en trois sections ; en la première desquelles je traitais du corps, et de ses propriétés en général ; en la deuxième, je m'arrêtais à une particulière considération de l'homme, de ses facultés, et de ses affections ; et en la dernière, la société civile et les devoirs de ceux qui la composent servaient de matière à mes raisonnements. De sorte que la première partie comprenait ce qu'on nomme la première philosophie, et quelques éléments de la physique. Je tâchais d'y découvrir les raisons du temps, du lieu, des causes, des puissances, des relations, des proportions, de la quantité, de la figure, du mouvement. En la seconde, je m'occupais à considérer l'imagination, la mémoire, l'entendement, la ratiocination, l'appétit, la volonté, le bien, le mal, l'honnête, le déshonnête, et les autres choses de cette sorte. Et quant à la troisième, je viens de vous dire ce qu'elle contient. Mais pendant que j'achevais ce dessein, que je rangeais par ordre mes pensées, et qu'ayant bien de la peine à me satisfaire (car je voudrais ne pas discourir inutilement, et ne rien mettre sur le papier que de fort solide, comme certes je ne me soucie pas tant d'écrire en beaux termes, que de bien supputer, par manière de dire, et de bien déduire tous mes raisonnements), mon ouvrage ne s'avançait que fort lentement, on se mit à disputer en Angleterre avec beaucoup de chaleur, du droit de l'empire, et du devoir des sujets. Ce qui arrivant quelques années auparavant que les guerres civiles s'y allumassent, fut un présage des malheurs qui menaçaient, et qui ont accueilli ma patrie. Aussi comme je prévis cet embrasement, je me hâtai d'achever cette dernière partie, et de la faire précéder les deux autres, quoique je ne la communiquasse il y a neuf ans qu'à un petit nombre de personnes judicieuses. Ainsi celle qui devait sortir au jour la dernière, est celle qui a paru la première, et on l'a publiée trois fois en trois impressions qu'on en a faites. Mais il n'y a point eu de danger en ce renversement de l'ordre, parce que j'ai bien vu que cette partie, s'appuyant sur ses propres principes assez connus par l'expérience, n'avait pas besoin des deux prédédentes.

En quoi je ne me suis point proposé d'acquérir quelque louange, (bien que si je l'eusse fait, j'eusse pu me servir de cette excuse, qu'il n'y a guères que les personnes désireuses de louange qui se piquent de faire des actions louables). Mais j'ai regardé, lecteur, à votre particulier intérêt : car j'ai espéré que, si vous connaissiez et si vous goûtiez la doctrine que je mets en avant, vous aimeriez mieux supporter patiemment quelque incommodité en vos affaires propres et en vos familles (puisque les choses humaines ne peuvent pas en être tout à fait exemptes), que de troubler l'État et d'ébranler les fondements de la république ; que, ne mesurant pas la justice de ce que vous entreprenez aux discours et aux conseils des personnes privées, mais aux lois du royaume, vous ne permettriez plus que certains ambitieux prodiguassent votre sang pour en établir leur puissance : que vous vous résoudriez plutôt à jouir paisiblement de votre condition présente, quoiqu'elle ne fût pas des meilleures, que d'émouvoir une guerre, en laquelle si vous ne périssiez bientôt, vous traîneriez une vie misérable, et où vous n'auriez parmi les malheurs d'une triste vieillesse, que cette faible consolation, de penser qu'en un autre siècle il y aura d'autres hommes qui verront la réformation de l'État, et qui se prévaudront de vos misères : que vous apprendriez à ne pas reconnaître pour vos concitoyens, mais à tenir pour ennemis, ceux qui ne se veulent pas soumettre au magistrat, et qui refusent de porter les charges publiques, quoiqu'ils veuillent que le public les protège et qu'ils demeurent dans la société civile ; et à ne pas recevoir légèrement tout ce qu'ils prétendent vous faire passer adroitement ou à découvert comme texte de la Sainte Écriture. Je m'expliquerai plus ouvertement. Si quelque prédicateur, si quelque confesseur, ou quelque casuiste vous dit que cette doctrine est conforme à la parole de Dieu, à savoir, qu'un sujet peut tuer légitimement son prince, ou quelque sien concitoyen sans l'ordre du souverain, ou qu'il est permis de se rebeller, de conjurer et de se liguer contre l'État, vous apprendrez, dis-je, dans mon livre, à ne le pas croire et à le déférer comme un traître, digne d'un rigoureux supplice. Et si vous êtes de ce sentiment, lecteur, il ne se peut que vous n'estimiez bonne l'intention qui m'a fait prendre la plume.

Au reste, je me suis proposé de garder une telle modération en tout le cours de mon ouvrage : premièrement, que je ne déterminasse rien touchant la justice des actions particulières, mais que j'en laissasse faire la décision aux lois. Après, que je ne discourusse point en particulier des lois d'aucun État du monde, et que je ne m'amusasse point à rapporter celles qui y sont déjà établies : mais que je parlasse en général de leur nature. En troisième lieu, qu'il ne semblât point que je prétendisse que les sujets dussent rendre moins d'obéissance au gouvernement aristocratique ou populaire, qu'à l'État monarchique : car encore que j'aie tâché de persuader par quelques raisons que j'ai mises dans le dixième chapitre, que la monarchie est plus commode que les autres formes de gouvernement (laquelle seule chose j'avoue que je n'ai pas démontrée en ce livre, mais soutenue avec probabilité, et avancée comme problématique), toutefois je dis assez expressément en divers endroits, qu'il faut donner à toute sorte d'État une égale et souveraine puissance. En quatrième lieu, que je m'abstinsse de disputer pour aucune secte, et de toucher à aucunes matières théologiques, si ce n'est à celles qui ôtent l'obéissance des sujets, et qui nuisent à l'état de la république. Enfin, de peur qu'il ne m'échappât de proférer quelque chose imprudemment, dont il eût mieux valu me taire, je ne voulus pas publier tout incontinent ce que j'avais mis sur le papier. Mais j'en fis tirer en particulier quelques exemplaires, que je distribuai à mes amis, afin que sachant leurs avis, et les sentiments de quelques autres, je corrigeasse les fautes qu'ils me feraient remarquer, j'expliquasse ce qui leur paraitrait obscur, et j'adoucisse ce qui leur semblerait rude.

Or, j'ai trouvé de rigoureux censeurs de mon ouvrage. Car les uns ont dit que je donnais une démesurée puissance au magistrat ; mais ce sont des gens d'Église qui ont fait cette plainte. Les autres ont pris en mauvaise part, que j'ôtais la liberté de conscience : mais ce sont des sectaires qui s'en sont scandalisés. Et quelques-uns ont trouvé à redire ce que j'exemptais les souverains des lois civiles : mais ce sont des légistes et des hommes de robe longue, à qui cela a semblé de dure digestion. De sorte que je ne me suis pas beaucoup ému de la censure de ces critiques, qui n'ont regardé qu'à leur particulier intérêt, et pour toutes leurs plaintes je n'ai pas laissé de serrer davantage le nœud, et de me confirmer d'autant plus fort en la vérité de mes démonstrations. Mais, pour l'amour de ceux qui ont eu des difficultés sur mes principes, comme sur ce qui touche le naturel des hommes, le droit de nature, la nature des contrats et la manière en laquelle la société s'est formée, j'ai ajouté en quelques endroits des annotations, par lesquelles j'ai cru de leur pouvoir satisfaire ; et je me suis mis en ce devoir, parce qu'en me reprenant ils ont agi sans passion, et qu'ils n'ont fait que m'ouvrir leurs pensées et me dire leurs sentiments avec franchise. En un mot, j'ai partout tâché soigneusement de n'offenser personne, si ce n'est, peut-être, ceux aux desseins desquels mon livre s'oppose, et ceux dont l'esprit est si tendre, qu'ils s'offensent du moindre dissentiment. C'est pourquoi, lecteur, si vous rencontrez quelque chose moins certaine, ou dite avec plus d'aigreur et d'affirmation qu'il n'était nécessaire d'en apporter, je vous prie, et je vous demande instamment cette grâce, de ne vous en point fâcher. Je n'ai rien avancé à dessein de favoriser aucun parti ; mais avec un ardent désir de revoir la paix ; et il est raisonnable que vous pardonniez à la juste douleur dont j'ai le cœur saisi, quand je jette les yeux sur ma patrie, et quand je me représente le pitoyable état auquel elle est réduite.

Bien que cette belle Préface de l'auteur vous montre assez ce que vous avez à attendre de son Livre, je ne laisserai pas de vous donner les fragments de deux Lettres qui sont en la dernière édition latine, et dans lesquelles vous verrez les sentiments de deux hommes très capables de juger des bonnes choses.

LETTRE
DE M. GASSENDI
A M. SORBIERE.

MONSIEUR,

J'ai reçu votre lettre, datée de Calais sur le point de votre embarquement. Il n'était pas nécessaire que vous me fissiez des excuses de ce que vous étiez parti sans me dire adieu : car M. de Martel, notre vertueux ami, m'avait dit la précipitation de votre départ, et la peine que vous aviez prise de venir chez moi, où je suis marri que vous ne m'ayez pas trouvé. Quant à ce que vous ajoutez, que vous avez enfin obtenu, avant votre départ, de l'excellent M. Hobbes, cet exemplaire de son Livre du Citoyen, auquel il a mis de sa propre main des notes marginales, afin que lorsque vous serez arrivé en Hollande, où je vous souhaite un heureux retour, vous en procuriez une seconde impression, cela certes m'a grandement réjoui. En effet, on tira si peu de copies de ce livre, qu'elles ne firent qu'augmenter, plutôt qu'éteindre la soif des curieux; et j'en vois une infinité qui en recherchent de tous côtés sans en pouvoir recouvrer. Aussi, c'est un ouvrage hors du commun, et digne d'être lu de tous ceux qui ont le goût relevé au-dessus du vulgaire. Je vous avoue que je ne connais personne qui pénètre plus profondément que ce rare auteur dans les matières qu'il traite (permettez-moi d'en excepter celles qui regardent la religion, en laquelle nous ne sommes pas de même sentiment), ni qui manie plus adroitement des questions épineuses. Plût à Dieu que vous eussiez arraché aussi les autres parties de sa philosophie : car vous obligerez beaucoup, en les publiant, tous ceux qui se plaisent à un raisonnement solide. Je ne sache aucun de ceux qui se mêlent de philosopher librement, qui soit plus dépouillé que lui de tous préjugés, ni qui ait considéré tout ce qu'il écrit avec une plus profonde recherche, et avec une plus judicieuse méditation. Mais vous connaissez assez quel homme c'est.

***. De Paris, le 28 avril 1646.

LETTRE DU FEU R.P. MERSENNE A M. SORBIERE

MONSIEUR,

J'apprends que vous emportez avec vous à La Haye ce rare ouvrage *Du Citoyen*, de l'incomparable M. Hobbes, enrichi de quelques annotations, qui sont comme autant de pierreries enchâssées, et qui satisfont à toutes les difficultés. Ce livre vaut un trésor, et il serait à désirer que les caractères dont on l'imprimera fussent d'argent. Voyez donc que quelque bon imprimeur le nous donne bientôt. Mais surtout pressez l'auteur, à ce qu'il ne nous cache plus son corps entier de philosophie, et que nous profitions de toutes ses belles pensées. Je sais qu'il les a déjà mises par écrit, et que rien n'empêche qu'il ne les publie. S'il le diffère davantage, certainement il faudra enfoncer son cabinet, ou lui faire commandement de par le roi, de permettre cette publication. Vous y avez grand intérêt, vous qui vous plaisez aux belles choses ; et je m'assure que vous aurez bien du plaisir, lorsque vous y verrez cette noble philosophie démontrée aussi évidemment que les éléments d'Euclide : ce sera alors que vous renoncerez de bon courage à l'époque, et à toutes ces bagatelles de la sceptique ; et que vous embrasserez volontiers le parti des dogmatiques, dont vous serez contraint d'avouer que les fondements sont inébranlables.

*** d'Orléans, le 25 d'avril 1646.

ÉPÎTRE DÉDICATOIRE

A MONSEIGNEUR
LE COMTE
DE
DEVONSHIRE

MONSEIGNEUR,
  Le peuple romain peu favorable envers les rois, et à cause de la mémoire du nom des Tarquins et par les lois de la République, disait autrefois par la bouche de Caton le Censeur, que tous les monarques étaient de la nature de ces animaux qui ne vivent que de rapine. Comme si ce même peuple qui a pillé presque tout le monde par ses Africains, ses Asiatiques, *ses* Macédoniques, *ses* Achaïques, *et par ses autres citoyens renommés à cause des dépouilles qu'ils ont emportées de différentes nations, n'était pas une bête plus formidable? De sorte que Pontius Telesinus n'avait pas moins de raison lorsque dans le combat qui se fit à la porte Colline contre Sylla, il s'écria passant au travers des rangs de ses soldats, qu'il fallait démolir la ville de Rome, parce qu'on trouverait toujours des loups ravissants qui envahiraient la liberté de l'Italie, si l'on n'abattait la forêt où ils avaient coutume de se retirer. Et certainement il est également vrai, et qu'un homme est un dieu à un autre homme, et qu'un homme est aussi un loup à un autre homme. L'un dans la comparaison des Citoyens les uns avec les autres; et l'autre dans la considération des Républiques; là, par le moyen de la Justice et de la Charité, qui sont les vertus de la paix, on s'approche de la ressemblance de Dieu; et ici, les désordres des méchants contraignent ceux mêmes qui sont les meilleurs de recourir, par le droit d'une légitime défense, à la force et à la tromperie, qui sont les vertus de la guerre, c'est-à-dire à la rapacité des bêtes farouches; laquelle, quoique les hommes, par une coutume qui est née avec eux, se l'imputent mutuellement à outrage, se représentant leurs actions dans la personne des autres ainsi que dans un miroir où les choses qui sont à la main gauche paraissent à la droite, et celles qui sont à la droite, à la gauche, n'est pas toutefois condamnée comme un vice par ce droit naturel qui dérive de la nécessité de sa propre conservation. Que si quelques-uns trouvent étrange que Caton, cet homme d'une sagesse si renommée, se soit laissé de sorte prévenir à la haine, et que la passion ait si fort imposé à sa raison, qu'il ait jugé équitable dans ses citoyens ce qu'il a estimé inique dans la personne des rois; pour moi il y a longtemps que je*

suis dans cette opinion, que les plus belles vérités n'ont jamais agréé au peuple, et qu'il ne saurait connaître une plus grande sagesse que la sienne; car ou il ne peut la comprendre, ou s'il en est capable, il la mesure et l'égale à son intelligence. Et ce n'est pas la raison, mais la grandeur des actions et des paroles célèbres des Grecs et des Romains, et même de ces rapines qu'on se reproche, qui les a rendus recommandables à l'histoire, qui a fait rouler confusément dans la suite des siècles toute sorte d'acteurs, de quelle condition qu'ils aient été, avec les actions publiques. La vraie sagesse consiste dans la science de la vérité de toutes les matières, laquelle venant de la mémoire qui est excitée par des paroles d'une signification constante et définie, ne saurait être le mouvement précipité d'un esprit vif et impétueux, mais bien l'ouvrage de la droite raison, c'est-à-dire de la philosophie. Car c'est par elle que, de la contemplation des objets particuliers, on s'ouvre le chemin aux préceptes généraux. Et elle s'étend en autant de rameaux qu'il y a de genres de choses dont la raison humaine peut être capable. Ainsi la géométrie qui traite des figures, la physique du mouvement, et la morale du droit naturel, ne sont que la philosophie. Comme la mer que nous appelons Britannique, et qui est nommée ailleurs ou Atlantique, ou Indique, ou d'un autre nom, suivant les différentes plages, n'est toutefois que tout l'Océan. Pour ce qui regarde les géomètres, ils se sont dignement acquittés de ce qu'ils ont entrepris, car tout le secours que la vie de l'homme reçoit de l'observation des astres, de la description de la terre, de la remarque des temps et des voyages éloignés : toute la beauté des bâtiments, la force des citadelles, la merveille des machines, et généralement tout ce qui distingue notre siècle d'avec la rudesse et la barbarie des précédents, est presque un seul bienfait de la géométrie. Et ce que nous devons à la physique, la physique lui en est redevable. Que si les Philosophes moraux eussent satisfaits aussi heureusement à leur devoir, je ne vois pas ce que notre adresse eût pu contribuer davantage pour la félicité de cette vie : parce que si nous connaissions avec une même certitude la raison des actions humaines que nous savons la raison des grandeurs dans les figures; l'ambition et l'avarice qui ont établi leur puissance sur les fausses opinions du vulgaire touchant le droit et le tort, seraient désarmées, et les hommes jouiraient d'une paix si constante, qu'il ne semble pas qu'ils dussent jamais se quereller, si ce n'est pour un peu de place à cause de leur trop grande multiplication. Et si nous voyons maintenant que l'on se fait une guerre continuelle avec les épées ou avec les plumes, que l'on n'a pas davantage de connaissance du droit et des lois naturelles qu'au temps passé; que chaque partie défend son droit par les avis des Philosophes; que les uns louent et les autres blâment une même chose; que celui-là approuve en un temps ce qu'il condamne en un autre; et qu'il considère différemment ses actions en la personne d'autrui, de ce qu'il les estime en la sienne : Ce sont des témoignages manifestes que tout ce que les Philosophes moraux ont écrit jusqu'à présent de la science de la vérité, n'a servi de rien; et que s'ils ont trouvé de l'agrément, ce n'a pas été par des nouvelles lumières qui aient éclairé les esprits; mais par des discours éloquents, pleins de mouvements pathétiques, avec lesquels ils ont confirmé des opinions qui avaient été déjà reçues sans être bien examinées. Tellement qu'il est arrivé à cette partie de la Philosophie le même qu'aux grands chemins, qui sont battus d'une foule de monde; où les uns avancent, les autres reculent, quelques-uns se promènent, et quelques autres se battent, mais personne n'y sème. De quoi je pense que l'on peut donner une seule raison, qui est que pas un de ceux qui ont traité cette matière, ne s'est servi d'un principe qui soit propre pour l'enseigner: car on ne peut pas dans une science, ainsi que dans un cercle, prendre le commencement à sa fantaisie: il se trouve dans l'obscurité des doutes un certain commencement d'un filet de la raison, avec l'aide duquel on parvient dans une lumière très éclatante: et c'est là où est le principe de la doctrine. Après quoi pour résoudre ces doutes, il ne faut que retourner sur ses pas avec cette même lumière. Or toutes les fois que l'ignorance d'un Écrivain lui fait perdre ce filet, ou qu'il le coupe avec ses convoitises, il ne marque pas par ses lettres les vestiges d'une science, mais seulement ceux de ses erreurs. C'est pourquoi comme je m'appliquai à la recherche de la justice naturelle, le nom de cette vertu, qui signifie une volonté constante de rendre à un chacun ce qui lui appartient de droit, m'apprit qu'il fallait savoir auparavant pourquoi nous disions qu'une chose était plutôt à nous qu'à un autre, et après m'être assuré que ce n'était pas la nature mais les hommes qui l'avaient déterminé de la sorte (car ils se sont distribué ce qu'elle leur a donné), je tombai dans cette autre question, pourquoi et quelle nécessité les avait contraints, puisque toutes choses étaient à un chacun, de s'en approprier quelques-unes en particulier. Et je reconnus que la guerre naissait de cette communauté, et que nécessairement cette contestation, pour en obtenir l'usage avec la force, devait être suivie de plusieurs calamités, à quoi tout le monde a naturellement l'aversion. Et de là je tirai deux principes pour ce qui regarde la nature des hommes, qui ne sauraient être contredits. L'un, de leur convoitise naturelle, qui porte un chacun d'eux à désirer d'avoir en propre l'usage de toutes les choses que la nature leur a données en commun. Et l'autre, de leur raison aussi naturelle qui fait qu'ils s'efforcent autant qu'il leur est possible d'éviter la mort violente, comme le plus grand de tous les maux de la nature. C'est de ces principes que je pense avoir démontré dans ce petit ouvrage, par une connexion évidente, la nécessité de garder les pactes et de ne point violer la foi que l'on a promise. Et ensuite les Éléments de la vertu morale, et les Offices de la vie civile. Ce que j'y ai ajouté du Royaume de Dieu, n'est à un autre dessein que pour savoir, que les choses qu'il nous a dictées par la nature ne répugnent point à celles qu'il nous a ordonnées dans les saintes Écritures. J'ai aussi pris soin de ne rien mêler, dans la suite de ce discours, des lois civiles d'aucune nation, c'est-à-dire de ne point approcher des bords qui sont dangereux, et par les écueils, et par les tempêtes qui sont émues présentement. Je sais bien la diligence et le travail que j'ai employés pour la recherche de la vérité : mais je n'en sais pas l'événement, car l'amour que nous avons pour les choses que nous avons inventées, empêche que nous en jugions toujours équitablement. Et c'est par cette raison que j'offre ce traité à votre censure, auparavant qu'à votre faveur, comme ayant une expérience très certaine, que vous ne considérez les opinions, ni par leur nouveauté, ni par le nom de leurs Auteurs, ni aussi par la manière dont ils s'expliquent, mais seulement par la solidité de leurs raisonnements. De sorte que s'il vous plaît, c'est-à-dire, s'il est nerveux, si l'on en peut recevoir quelque utilité, et s'il n'y a rien de vulgaire, je le dédie avec toute sorte de respect à V. E., à vous, dis-je, Monseigneur, en qui je considère toute ma gloire, et de qui j'attends toute ma protection, que si je me suis mépris, vous me permettrez du moins de vous supplier d'agréer ce témoignage de ma gratitude, et que je me sois servi de cette oisiveté dont je jouis par votre bonté, pour tâcher de mériter quelque chose auprès de vous, pour qui je demande à Dieu tout bon et tout-puissant, une bénédiction très particulière, et qu'il lui plaise de protéger en votre personne, pendant cette vie mortelle, un très bon Citoyen, et étant finie, mais après une longue suite d'années, le mettre au nombre de ceux qu'il couronnera de sa gloire dans son saint Royaume.

*A Paris, le 1er novembre 1646.
De Votre Excellence,
le très humble serviteur,
Thomas Hobbes.*

DU CITOYEN
(DE CIVE)
ou
LES FONDEMENTS
DE LA
POLITIQUE

SECTION PREMIÈRE

LA LIBERTÉ

CHAPITRE PREMIER

De l'état des hommes hors de la société civile.

SOMMAIRE

I. Introduction à ce discours. II. Que la crainte réciproque a été le commencement de la société civile. III. Que les hommes sont naturellement égaux entre eux. IV. D'où leur naît cette mutuelle volonté de se nuire les uns aux autres. V. La discorde vient de la comparaison des esprits. VI. Du désir que plusieurs ont d'une même chose. VII. Définition du droit. VIII. Que le droit à la fin donne le droit aux moyens nécessaires. IX. Que par le droit de nature chacun est juge des moyens de sa conservation. X. Que par le droit de nature toutes choses appartiennent à tous. XI. Que ce droit commun demeure inutile. XII. Que l'état des hommes hors de la société est une guerre perpétuelle. XIII. Définition de la guerre et de la paix. XIV. Que la guerre est contraire à la conservation des hommes. XV. Que par le droit de nature il est permis à chacun de contraindre un autre qui sera en sa puissance, afin de s'assurer de son obéissance pour l'avenir. XVI. Que la nature enseigne qu'il faut chercher la paix.

I. Les facultés de la nature humaine peuvent être réduites sous quatre genres, la force du corps, l'expérience, la raison et les affections. Je commencerai par elles la doctrine que j'ai envie de traiter en ce livre ; et tout premièrement je dirai de quel esprit les hommes qui sont doués de ces puissances-là sont portés, les uns

Introduction à ce discours.

envers les autres. Je rechercherai ensuite, s'il est vrai
que les hommes soient nés propres à la société, et à se
conserver contre des ouvrages et des violences réciproques. S'ils le sont, je tâcherai de découvrir quelle faculté
les en rend capables. Enfin, passant plus outre, aussi
loin que mon raisonnement pourra aller, je montrerai
quel conseil il a fallu nécessairement prendre là-dessus,
quelles sont les conditions de la société, ou de la paix
humaine; c'est-à-dire, en changeant de nom, quelles
sont les lois fondamentales de la nature.

Que la crainte réciproque a été le commencement de la société civile.
• *Voyez p. 93.*

II. La plupart de ceux qui ont écrit touchant les
républiques, supposent ou demandent, comme une
chose qui ne leur doit pas être refusée, que l'homme est
un animal politique, ζῶον πολιτικόν, selon le langage
des Grecs, né avec une certaine disposition naturelle* à
la société. Sur ce fondement-là ils bâtissent la doctrine
civile; de sorte que pour la conservation de la paix, et
pour la conduite de tout le genre humain, il ne faut plus
rien sinon que les hommes s'accordent et conviennent
de l'observation de certains pactes et conditions, auxquelles alors ils donnent le titre de lois. Cet axiome,
quoique reçu si communément, ne laisse pas d'être
faux, et l'erreur vient d'une trop légère contemplation
de la nature humaine. Car si l'on considère de plus près
les causes pour lesquelles les hommes s'assemblent, et se
plaisent à une mutuelle société, il apparaîtra bientôt que
cela n'arrive que par accident, et non pas par une disposition nécessaire de la nature. En effet, si les hommes
s'entr'aimaient naturellement, c'est-à-dire, en tant
qu'hommes, il n'y a aucune raison pourquoi chacun
n'aimerait pas le premier venu, comme étant autant
homme qu'un autre; de ce côté-là, il n'y aurait aucune
occasion d'user de choix et de préférence. Je ne sais
aussi pourquoi on converserait plus volontiers avec ceux
en la société desquels on reçoit de l'honneur ou de
l'utilité, qu'avec ceux qui la rendent à quelque autre. Il
en faut donc venir là, que nous ne cherchons pas de
compagnons par quelque instinct de la nature; mais
bien l'honneur et l'utilité qu'ils nous apportent; nous ne
désirons des personnes avec qui nous conversions, qu'à
cause de ces deux avantages qui nous en reviennent. On
peut remarquer à quel dessein les hommes s'assemblent
en ce qu'ils font étant assemblés. Si c'est pour le commerce, l'intérêt propre est le fondement de cette société;
et ce n'est pas pour le plaisir de la compagnie, qu'on

s'assemble, mais pour l'avancement de ses affaires particulières. S'il y a du devoir ou de la civilité en cet assemblage, il n'y a pourtant pas de solide amitié, comme vous voyez dans le palais, où diverses personnes concourent, et qui s'entre-craignent plus qu'elles ne s'entr'aiment ; d'où naissent bien quelquefois des factions, mais d'où il ne se tire jamais de la bienveillance. Si les assemblées se forment à cause du divertissement qu'on y reçoit, remarquez-y, je vous prie, comme chacun se plaît surtout aux choses qui font rire ; et cela sans doute afin qu'il puisse (telle étant à mon avis la nature du ridicule) avoir davantage de complaisance pour ses belles qualités, par la comparaison qu'il en fait avec les défauts et les infirmités de quelque autre de la troupe. Mais bien que cette petite satisfaction soit assez souvent fort innocente, il en est pourtant manifeste que ceux qui la goûtent se plaisent à la gloire, plutôt qu'à la société en laquelle ils la trouvent. Au reste, en ces assemblées-là, on picote les absents, on examine toute leur vie, toutes leurs actions sont mises sur le tapis, on en fait des sujets de raillerie, on épluche leurs paroles, on en juge, et on les condamne avec beaucoup de liberté. Ceux qui sont de ce concert ne sont pas épargnés, et dès qu'ils ont tourné le dos, on les traite de la même sorte dont ils ont traité les autres : ce qui me fait grandement approuver le conseil de celui qui se retirait toujours le dernier d'une compagnie. Ce sont là les véritables délices de la société. Nous nous y portons naturellement, c'est-à-dire, par les affections qui nous sont communes avec le reste des animaux, et n'en sommes détournés que par quelque dommage qui nous en arrive, ou par les préceptes de la sagesse (dont plusieurs ne sont jamais capables) qui réfrène l'appétit du présent par la mémoire du passé. Hors de ces entretiens-là, le discours de diverses personnes, qui y sont fort éloquentes, devient froid et stérile. S'il arrive à quelqu'un des assistants de raconter quelque petite histoire, et que l'un d'entre eux parle de soi-même, chacun voudra faire le semblable. Si quelqu'un récite quelque étrange aventure, vous n'entendrez de tous les autres que des miracles, et on en forgera plutôt que d'en manquer. Et pour ne pas oublier en cet endroit ceux qui font profession d'être plus sages que les autres, si c'est pour philosopher qu'on s'assemble ; autant d'hommes qu'il y aura dans un auditoire, ce seront autant de docteurs. Il n'y en aura pas un qui ne se sente capable, et qui ne se veuille mêler d'enseigner les autres ; et de cette concurrence naîtra une haine mutuelle, au lieu d'une amitié réciproque. Il est donc évident par ces expériences, à ceux qui considèrent attentivement les affaires humaines, que toutes nos assemblées, pour si libres qu'elles soient, ne se forment qu'à cause de la nécessité que nous avons les uns des autres, ou du désir d'en tirer de la gloire ; si nous ne nous proposions de retirer quelque utilité, quelque estime, ou quelque honneur de nos compagnons en leur société, nous vivrions peut-être aussi sauvages que les autres animaux les plus farouches. La même conclusion se peut recueillir par un raisonnement, sur les définitions de la *volonté*, du *bien*, de l'*honneur*, et de l'*utile*. Car puisque c'est volontairement que la société est contractée, on y recherche l'objet de la volonté, c'est-à-dire, ce qui semble bon à chacun de ceux qui y entrent. Or ce qui paraît bon est agréable, et appartient à l'esprit ou à ses organes. Tout le plaisir de l'âme consiste en la gloire (qui est une certaine bonne opinion qu'on a de soi-même) ou se rapporte à la gloire. Les autres plaisirs touchent les sens, ou ce qui y aboutit, et je les embrasse tous sous le nom de *l'utile*. Je conclus donc derechef, que toutes les sociétés sont bâties sur le fondement de la gloire et des commodités de la vie ; et qu'ainsi elles sont contractées par l'amour-propre, plutôt que par une forte inclination que nous ayons pour nos semblables. Cependant il y a cette remarque à faire, qu'une société fondée sur la gloire ne peut être ni de beaucoup de personnes, ni de longue durée ; parce que la gloire, de même que l'honneur, si elle se communique à tous sans exception, elle ne se communique à personne ; la raison en est, que la gloire dépend de la comparaison avec quelque autre, et de la prééminence qu'on a sur lui ; et comme la communauté de l'honneur ne donne à personne occasion de se glorifier, le secours d'autrui qu'on a reçu pour monter à la gloire en diminue le prix. Car on est d'autant plus grand et à estimer, qu'on a eu de propre puissance, et moins d'assistance étrangère. Mais bien que les commodités de cette vie puissent recevoir augmentation par l'assistance mutuelle que nous nous prêtons, il est pourtant certain qu'elles s'avancent davantage par une domination absolue, que par la société ; d'où il s'ensuit, que si la crainte était ôtée de parmi les hommes, ils se porteraient de leur nature plus avidement à la domination, qu'à la société. C'est donc une chose tout avérée, que l'origine des plus grandes et des plus durables sociétés, ne vient point d'une réciproque bienveillance que les hommes se portent, mais d'une crainte mutuelle* qu'ils ont les uns des autres ².

* *Voyez p. 94.* Remarque.

* [Né avec une certaine disposition naturelle.] « *Trouvant, comme nous faisons, la société humaine déjà actuellement établie ; ne voyant personne qui vive hors d'elle : mais bien que tous les hommes sont désireux de compagnie et d'entretien ; il peut sembler que je fais une lourde faute, et que je pose une pierre d'achoppement dès l'entrée de cette doctrine civile à ceux qui prendront la peine de la lire, quand je dis que l'homme n'est pas né avec une disposition naturelle à la société. Il faut donc que je m'explique plus nettement. Il est vrai que selon la nature ce serait une chose fâcheuse à l'homme, en tant qu'homme, c'est-à-dire, dès qu'il est né, de vivre dans une perpétuelle solitude. Car, et les enfants pour vivre, et les plus avancés en âge pour mieux vivre ont besoin de l'assistance des autres hommes. De sorte que je ne nie pas que la nature ne nous contraigne à désirer la compagnie de nos semblables. Mais les sociétés civiles ne sont pas de simples assemblées, où il n'y ait qu'un concours de plusieurs animaux de même espèce : elles sont outre cela des alliances et des ligues soutenues par des articles qu'on a dressées et cimentées par une fidélité qu'on s'est promise. La force de ces pactes est ignorée des enfants et des idiots ; et leur utilité n'est pas connue de ceux qui n'ont point éprouvé les incommodités que le défaut de société entraîne. D'où vient que ni ceux-là ne peuvent point contracter de société, parce qu'ils ne savent ce que c'est ; ni ceux-ci ne se soucient point de la contracter, parce qu'ils en ignorent les avantages. Et de là il appert que, puisque les hommes sont enfants lorsqu'ils naissent ; ils ne peuvent pas être nés capables de société civile ; et que plusieurs (ou peut-être la plupart) par maladie d'esprit, ou par faute de discipline, en demeurent incapables toute leur vie. Cependant les uns et les autres, les enfants et les adultes, ne laissent pas de participer à la nature humaine. Ce n'est donc pas la nature, mais la discipline qui rend l'homme propre à la société. D'ailleurs encore que l'homme désirât naturelle-*

2. Œneas Sylvius, dans un *De ortu et autoritati imperii romani* (1446), définissait d'une manière plus violente encore la vie des hommes au sortir du Paradis terrestre : *Sic nulla est pestis quae homini ob homine non mascatur* (il n'y a pas de peste atteignant l'homme qui ne vienne de l'homme).

ment la société, il ne s'ensuivrait pas qu'il fût né sociable, je veux dire, avec toutes les conditions requises pour la contracter : il y a loin d'un mouvement de désir, à une solide capacité de quelque chose. Ceux-là mêmes dont l'orgueil ne daigne pas de recevoir les justes conditions, sans lesquelles la société ne saurait être établie, ne laissent pas de la désirer, et de porter quelques-unes de leurs pensées à ce d'où le dérèglement de leur passion les éloigne. »

Remarque. * [Mais d'une crainte mutuelle.] « *On m'a fait cette objection, que tant s'en faut que les hommes pussent contracter par la crainte mutuelle une société civile, qu'au contraire s'ils s'entre-craignaient ainsi, ils n'eussent pu supporter la vue des uns des autres. Il me semble que ces messieurs confondent la crainte avec la terreur et l'aversion. De moi, je n'entends, par ce premier terme, qu'une nue appréhension ou prévoyance d'un mal à venir. Et je n'estime pas que la fuite seule soit un effet de la crainte : mais aussi le soupçon, la défiance, la précaution, et même je trouve qu'il y a de la peur en tout ce dont on se prémunit et se fortifie contre la crainte. Quand on va se coucher, on ferme les portes; quand on voyage, on prend une épée, à cause qu'on craint les voleurs. Les républiques mettent des garnisons sur leurs frontières; les villes ont accoutumé de se fermer de fortes murailles contre leurs voisins. Les plus puissantes armées, et prêtes à combattre, traitent quelquefois de la paix par une crainte réciproque qui arrête leur furie. Les hommes se cachent dans les ténèbres, ou s'enfuient de crainte, quand ils n'ont pas d'autre moyen de pourvoir à leur sûreté; le plus souvent ils prennent des armes défensives. De sorte que selon l'équipage auquel on les rencontre, on peut juger de l'état de leur âme, et quelle place y occupe cette lâche passion. En un mot, soit qu'on en vienne aux mains, ou que d'un commun accord on quitte les armes, la victoire ou le consentement des parties forment la société civile, et je trouve en l'un et en l'autre qu'il y a quelque mélange de cette crainte réciproque.* »

Que les hommes sont naturellement égaux entre eux.
III. La cause de la crainte mutuelle dépend en partie de l'égalité naturelle de tous les hommes, en partie de la réciproque volonté [3] qu'ils ont de nuire. Ce qui fait que ni nous ne pouvons attendre des autres, ni nous procurer à nous-mêmes quelque sûreté. Car si nous considérons des hommes faits, et prenons garde à la fragilité de

---

3. En cette formule, il faut se rappeler que, selon Hobbes, la volonté est appétit et désir.

la structure du corps humain (sous les ruines duquel toutes les facultés, la force, et la sagesse, qui nous accompagnent demeurent accablées) et combien aisé il est au plus faible de tuer l'homme du monde le plus robuste, il ne nous restera point de sujet de nous fier à nos forces, comme si la nature nous avait donné par là quelque supériorité sur les autres. Ceux-là sont égaux, qui peuvent choses égales. Or ceux qui peuvent ce qu'il y a de plus grand et de pire, à savoir ôter la vie, peuvent choses égales. Tous les hommes donc sont naturellement égaux. L'inégalité qui règne maintenant a été introduite par la loi civile.

IV. La volonté de nuire en l'état de nature est aussi en tous les hommes : mais elle ne procède pas toujours d'une même cause, et n'est pas toujours également blâmable. Il y en a qui, reconnaissant notre égalité naturelle, permettent aux autres tout ce qu'ils se permettent à eux-mêmes ; et c'est là vraiment un effet de modestie et de juste estimation de ses forces. Il y en a d'autres qui, s'attribuant une certaine supériorité, veulent que tout leur soit permis, et que tout l'honneur leur appartienne : en quoi ils font paraître leur arrogance. En ceux-ci donc la volonté de nuire naît d'une vaine gloire, et d'une fausse estimation de ses forces. En ceux-là elle procède d'une nécessité inévitable de défendre son bien et sa liberté contre l'insolence de ces derniers.

D'où leur naît cette mutuelle volonté de se nuire les uns aux autres.

V. D'ailleurs, comme de tout temps, les hommes ont disputé avec beaucoup de chaleur de la gloire de l'esprit, il faut nécessairement que, de cette contention, naissent de très grandes discordes. En effet, c'est une chose fort déplaisante de souffrir de la contradiction, et c'est fâcher quelqu'un que de ne prêter pas son consentement à ce qu'il dit. Car en n'étant pas de son avis, on l'accuse tacitement d'erreur, et en le choquant à tout propos, cela vaut autant que si on l'accusait tout haut d'être un impertinent. Cela est manifeste dans les guerres de diverses sectes d'une religion, et dans les diverses factions d'une même république, qui sont les plus cruelles de toutes celles qui se font, et où il ne s'agit que de la vérité des doctrines, et de la prudence politique. Le plus grand plaisir, et la plus parfaite allégresse qui arrive à l'esprit, lui vient de ce qu'il en voit d'autres au-dessous de soi, avec lesquels se comparant, il a une occasion d'entrer en une bonne estime de soi-même. Or, dans cette complaisance, il est presque impossible qu'il ne s'engendre de la

La discorde vient de la comparaison des esprits.

haine, ou que le mépris n'éclate par quelque risée, quelque parole, quelque geste, ou quelque autre signe ; ce qui cause le plus sensible de tous les déplaisirs, et l'âme ne reçoit point de blessure qui lui excite une plus forte passion de vengeance.

Du désir que plusieurs ont d'une même chose.

VI. Mais la plus ordinaire cause qui invite les hommes au désir de s'offenser, et de se nuire les uns aux autres est, que plusieurs recherchant en même temps une même chose, il arrive fort souvent qu'ils ne peuvent pas la posséder en commun, et qu'elle ne peut pas être divisée. Alors il faut que le plus fort l'emporte, et c'est au sort du combat à décider la question de la vaillance.

Définition du droit.

VII. Donc, parmi tant de dangers auxquels les désirs naturels des hommes nous exposent tous les jours, il ne faut pas trouver étrange que nous nous tenions sur nos gardes, et nous avons malgré nous à en user de la sorte. Il n'y a aucun de nous qui ne se porte à désirer ce qui lui semble bon, et à éviter ce qui lui semble mauvais, surtout à fuir le pire de tous les maux de la nature, qui sans doute est la mort. Cette inclination ne nous est pas moins naturelle, qu'à une pierre celle d'aller au centre lorsqu'elle n'est pas retenue. Il n'y a donc rien à blâmer ni à reprendre, il ne se fait rien contre l'usage de la droite raison, lorsque par toutes sortes de moyens, on travaille à sa conservation propre, on défend son corps et ses membres de la mort, ou des douleurs qui la précèdent. Or tous avouent que ce qui n'est pas contre la droite raison est juste, et fait à très bon droit. Car par le mot de juste et de *droit*, on ne signifie autre chose que la liberté que chacun a d'user de ses facultés naturelles, conformément à la droite raison. D'où je tire cette conséquence que le premier fondement du *droit* de la nature est que *chacun conserve, autant qu'il peut, ses membres et sa vie.*

Que le droit à la fin donne le droit aux moyens nécessaires.

VIII. Or, parce que ce serait en vain qu'on aurait droit de tendre à une fin, si on n'avait aussi le droit d'employer tous les moyens nécessaires pour y parvenir, il s'ensuit, puisque chacun a droit de travailler à sa conservation, il a pareillement droit d'*user de tous les moyens, et de faire toutes les choses sans lesquelles il ne se pourrait point conserver.*

Que par le droit de nature chacun est juge des moyens

IX. Mais de juger si les moyens desquels quelqu'un se servira, et si les actions qu'il fera pour la conservation de sa vie, ou de ses membres, sont absolument nécessaires, ou non, c'est à lui du salut duquel il s'agit ; il en est le plus compétent juge selon le droit de nature. Et pour vous le montrer : si c'est une chose qui choque la droite raison que je juge du danger qui me menace, établissez-en donc juge quelque autre. Cela étant, puisqu'un autre entreprend de juger de ce qui me regarde ; pourquoi, par la même raison et selon l'égalité naturelle qui est entre nous, ne jugerai-je point réciproquement de ce qui le touche ? Je me trouve donc fondé en la droite raison, c'est-à-dire, dans le droit de nature, si j'entreprends de juger de son opinion, d'examiner combien il importe que je la suive à ma conservation. *[en marge : de sa conservation.]*

X. D'ailleurs la nature a donné à chacun de nous égal droit sur toutes choses. Je veux dire que dans un état purement naturel, * et avant que les hommes se fussent mutuellement attachés les uns aux autres par certaines conventions, il était permis à chacun de faire tout ce que bon lui semblait contre qui que ce fût, et chacun pouvait posséder, se servir, et jouir de tout ce qui lui plaisait. Or, parce que, lorsqu'on veut quelque chose, dès là, elle semble bonne, et que ce qu'on la désire est une marque de sa véritable nécessité, ou une preuve vraisemblable de son utilité à la conservation de celui qui la souhaite (au précédent article, j'ai montré que chacun est juge compétent de ce qui lui est vraiment utile ; de sorte qu'il faut tenir pour nécessaire tout ce qu'il juge tel) et que, par l'art. VII, on a, et on fait par droit de nature tout ce qui contribue à sa propre défense, et à la conservation de ses membres, il s'ensuit, dis-je, qu'en l'état de nature, chacun a droit de faire et de posséder tout ce qu'il lui plait. D'où vient ce commun dire, que la *Nature a donné toutes choses à tous* : et d'où il se recueille, qu'en l'état de nature, l'utilité est la règle du droit. *[en marge : Que par le droit de nature toutes choses appartiennent à tous.]*

[Dans un état purement naturel.] «Il faut entendre ceci de cette sorte, qu'en l'état de nature il n'y a point d'injure en quoi qu'un homme fasse contre quelque autre. Non qu'en cet état-là il soit impossible de pécher contre la majesté divine, et de violer les lois naturelles. Mais de commettre quelque injustice envers les hommes, cela suppose qu'il y ait des lois humaines, qui ne sont pourtant pas encore établies en l'état de nature, dont nous parlons. La vérité de ma proposition en ce sens-là est assez évidemment démontrée aux articles immédiatement précédents, si le lecteur veut s'en souvenir. Mais parce qu'en certain cas, cette conclusion a quelque chose de dur, qui peut faire oublier les prémices, je veux resserrer mon raisonnement, afin que d'un seul coup *[en marge : Remarque.]*

d'œil on le puisse voir tout entier. Par l'art. VII chacun a droit de se conserver. Il a donc droit d'user de tous les moyens nécessaires pour cette fin, par l'art. VIII. Or les moyens nécessaires sont ceux que chacun estime tels en ce qui le touche, par l'art. IX. Donc chacun a droit de faire, et de posséder tout ce qu'il jugera nécessaire à sa conservation. Et par conséquent la justice, ou l'injustice d'une action dépendent du jugement de celui qui la fait, ce qui le tirera toujours hors de blâme, et justifiera son procédé. D'où il s'ensuit que dans un état purement naturel, etc. Mais si quelqu'un prétend qu'une chose, à laquelle il sait bien en sa conscience qu'il n'a aucun intérêt, regarde sa conservation, en cela il pèche contre les lois naturelles; comme je montrerai bien au long au troisième chapitre. On m'a fait cette objection: si quelqu'un commet un parricide, ne fait-il point de tort à son père? à quoi j'ai répondu: qu'on ne peut pas concevoir qu'un enfant soit dans un état purement naturel, à cause que, dès qu'il est né, il est sous la puissance et sous le commandement de celui à qui il doit sa conservation, comme de son père et de sa mère, ou de celui qui lui donne les aliments et les choses nécessaires à sa subsistance. Ce que je démontrerai au neuvième chapitre.»

Que ce droit commun demeure inutile.

XI. Mais il n'a pas été expédient pour le bien des hommes, qu'ils eussent en commun ce *droit sur toutes choses.* Car il leur fût demeuré inutile, tel étant l'effet de cette puissance, que c'eût été presque de même que s'ils n'en eussent eu aucune communication, puisqu'en l'usage, ils n'en eussent pu tirer aucune prérogative. A la vérité, chacun eût bien pu dire de toutes choses, *cela m'appartient;* mais la possession n'en eût pas été si aisée, à cause que le premier venu, jouissant du même droit, et avec une force égale, y eût eu de pareilles prétentions, et se la fût appropriée avec une autorité semblable.

Que l'état des hommes hors de la société est une guerre perpétuelle.

XII. Si vous ajoutez à cette inclination naturelle que les hommes ont de se nuire les uns aux autres, et qui dérive peut-être de cette vaine opinion qu'ils ont d'eux-mêmes, ce droit de chacun sur toutes choses, suivant lequel, comme il est permis d'envahir, on peut aussi légitimement se défendre, et d'où naissent des soupçons et des défiances continuelles, qui ne laisseront jamais l'esprit en repos, étant très difficile, pour si bien qu'on se tienne sur des gardes, qu'enfin on ne soit opprimé par la ruse ou par la violence d'un ennemi qui tâche sans cesse de nous surprendre.

Définitions

XIII. Si vous considérez, dis-je, attentivement ces

LA LIBERTÉ

deux choses, vous m'avouerez sans doute que l'état naturel des hommes, avant qu'ils eussent formé des sociétés, était une guerre perpétuelle, et non seulement cela, mais une guerre de tous contre tous. Car qu'est autre chose la guerre que cette saison pendant laquelle on déclare de paroles et d'effet la volonté qu'on a de combattre ? Le reste du temps est ce qu'on nomme la paix.

de la guerre et de la paix.

XIV. Or il est aisé de juger combien la guerre est mal propre à la conservation du genre humain, ou même de quelque homme que ce soit en particulier. Mais cette guerre doit être naturellement d'une éternelle durée en laquelle il n'y a pas à espérer, à cause de l'égalité des combattants, qu'aucune victoire la finisse : car les vainqueurs se trouvent toujours enveloppés dans de nouveaux dangers, et c'est une merveille de voir mourir un vaillant homme chargé d'années et accablé de vieillesse. Nous avons en ce siècle un exemple de ce que je dis chez les Américains ; et dans les âges passés, nous en avons eu chez les autres nations, qui maintenant sont civilisées et florissantes, mais qui alors étaient en petit nombre, sauvages, pauvres, hideuses, et privées de ces ornements et de ces avantages que la paix et la société apportent à ceux qui les cultivent. Celui qui estimerait qu'il faut demeurer en cet état auquel toutes choses sont permises à tous, se contredirait soi-même : car chacun désire par une nécessité naturelle ce qui lui est bon, et il n'y a personne qui puisse estimer que cette guerre de tous contre tous, attachée nécessairement à l'état naturel, soit une bonne chose. Ce qui fait que, par une crainte mutuelle, nous désirons de sortir d'un état si incommode, et recherchons la société ; en laquelle s'il faut avoir de guerre, du moins elle n'est pas sans secours, ni de tous contre tous.

Que la guerre est contraire à la conservation des hommes.

XV. On cherche des compagnons qu'on s'associe, de vive force, ou par leur consentement. La première façon s'exerce quand le vainqueur contraint le vaincu à le servir par la crainte de la mort, ou par les chaînes dont il le lie. La dernière se pratique lorsqu'il se fait une alliance pour le mutuel besoin que les parties ont l'une de l'autre, d'une volonté fraîche et sans souffrir de contrainte. Le vainqueur a *droit* de contraindre le vaincu, et le plus fort d'obliger le plus faible (comme celui qui se porte bien d'obliger le malade, et l'homme fait de contraindre un jeune garçon) s'il n'aime mieux

Que par le droit de nature il est permis à chacun de contraindre un autre qui sera en sa puissance afin de s'assurer de son obéissance pour l'avenir.

perdre la vie, à lui donner des assurances pour l'avenir qu'il se tiendra dans l'obéissance. Car puisque le *droit* de nous protéger nous-mêmes selon notre fantaisie vient des dangers auxquels nous sommes exposés, et que ces dangers naissent de l'égalité qui est entre nous, il semble plus conforme à la raison, et un expédient bien plus court pour notre conservation, en nous servant de l'occasion présente, de pourvoir à notre sûreté par une judicieuse précaution, que d'attendre que ces personnes-là mal intentionnées soient remises en santé, ou venues en âge de se soustraire à notre puissance, ce qui nous obligerait de tenter par l'incertitude du combat une nouvelle victoire. Certainement il ne se peut rien imaginer de plus absurde, que de laisser prendre de nouvelles forces à celui qu'on tient tout faible sous sa puissance, et qui les ayant recouvrées s'en servirait infailliblement à notre ruine. D'où cette conclusion est manifeste que je tire en forme de corollaire des démonstrations précédentes, qu'*en l'état naturel des hommes, une puissance assurée, et qui ne souffre point de résistance, confère le droit de régner et de commander à ceux qui ne peuvent pas résister:* de sorte que la toute-puissance possède essentiellement et immédiatement le droit de faire tout ce que bon lui semble.

Que la nature enseigne qu'il faut chercher la paix.

XVI. Toutefois à cause de cette égalité de forces, et d'autres facultés, qui se trouve parmi les hommes en l'état de nature, c'est-à-dire en l'état de *guerre,* personne ne peut être assuré de sa conservation, ni espérer d'atteindre à une bien longue mesure de vie. C'est pourquoi je mets au rang des *lois naturelles* ce que je m'en vais montrer au chapitre suivant, que *la droite raison nous enseigne de chercher la paix, dès qu'il y a quelque espérance de la rencontrer, ou de nous préparer à la guerre, lorsqu'il nous est impossible de l'obtenir.*

Chapitre II

De la loi de nature en ce qui regarde les contrats.

Sommaire

I. Que la loi de nature n'est pas le consentement des hommes, mais ce que la raison nous dicte. II. Que c'est une loi fondamentale de la nature, qu'il faut chercher la paix, si on peut l'obtenir, et se préparer à la défense, si cela n'est possible. III. Que c'est une des premières lois particulières de la nature, qu'il ne faut pas retenir le droit qu'on a sur toutes choses. IV. Ce que c'est que retenir, et que transférer son droit. V. Que pour la transaction du droit, la volonté de l'acceptant est nécessaire. VI. Que le droit n'est point transféré qu'en termes du présent. VII. Que les termes du futur, s'ils sont accompagnés des autres signes de la volonté, ont assez de force pour transférer le droit. VIII. Qu'en une donation libre, les termes du futur ne sont point transaction du droit. IX. Définition du contrat et du pacte. X. Que dans les pactes, les paroles du futur transfèrent le droit. XI. Que les pactes d'une confiance mutuelle sont invalides en l'état de nature, mais non pas en celui de la société civile. XII. Qu'on ne peut point contracter avec les bêtes, ni avec Dieu, sans la révélation. XIII. Ni faire de vœu à Dieu. XIV. Que les pactes n'obligent qu'à un effort extrême. XV. Par quelles manières nous sommes quittes de nos promesses. XVI. Que les promesses qu'on a extorquées de nous, crainte de la mort, doivent avoir leur vigueur en l'état de nature. XVII. Qu'un pacte postérieur, contradictoire au précédent, demeure invalide. XVIII. Que le pacte de ne pas résister à celui qui nous fait quelque outrage en notre corps est invalide. XIX. Que le pacte de s'accuser soi-même est de nulle force. XX. Définition du serment. XXI. Que le serment doit être conçu en la forme de laquelle se sert celui qui le prête. XXII. Que le serment n'ajoute rien à l'obligation qui naît du pacte. XXIII. Qu'il ne faut point exiger de serment, si ce n'est lorsque le violement des promesses peut demeurer caché, ou ne peut être puni que de Dieu seulement.

I. Les auteurs ne sont pas bien d'accord de la définition de la *loi naturelle*, quoiqu'ils usent fort souvent de ce terme en leurs écrits. C'est que la méthode qui commence par la définition des choses, et qui en ôte les équivoques, n'est propre qu'à ceux qui ont envie de ne pas laisser de lieu à la dispute. Si quelqu'un veut prouver qu'une certaine action a été faite contre la loi de nature, il alléguera qu'elle heurte le consentement des peuples les plus sages et mieux disciplinés ; mais il ne m'enseignera pas à qui il appartiendra de juger des mœurs, de l'érudition, et de la sagesse de toutes les

Que la loi de nature n'est pas le consentement des hommes, mais ce que la raison nous dicte.

nations de la terre. Quelque autre dira en sa preuve, que c'est qu'une telle action a été faite contre le consentement de tout le genre humain. Mais cette définition n'est pas recevable; car il s'ensuivrait que personne ne pourrait pécher contre cette loi, hormis les fous et les enfants; d'autant que, par ce mot de genre humain, on doit entendre tous ceux qui se servent de leur raison. Or ces derniers, ou ils suivent leur raison, ou s'ils s'en écartent, ce n'est pas volontairement qu'ils faillent, et par ainsi ils sont à excuser : mais ce serait une injuste manière de procéder, que d'apprendre les lois de nature du consentement de ceux qui les enfreignent plus souvent qu'ils ne les observent. D'ailleurs les hommes condamnent bien souvent, en autrui, ce qu'ils approuvent en eux-mêmes; au contraire, ils louent en public, ce qu'ils méprisent en leur particulier, et donnent leur avis selon la coutume qu'ils ont prise, plutôt que selon les raisonnements qu'ils ont formés sur quelque matière; enfin le consentement, qu'ils prêtent à une chose, procède de haine, de crainte, d'espérance, d'amour, ou de quelque autre perturbation de l'âme, plutôt que d'un raisonnement ferme et éclairé. Voilà pourquoi il arrive assez souvent que des peuples entiers, d'un consentement unanime, et avec une persévérance inébranlable, s'opiniâtrent en des résolutions, qui choquent, au dire des auteurs, la loi de la nature. Mais puisque tous accordent que ce qui n'est point fait contre la droite raison est fait justement, nous devons estimer injuste tout ce qui répugne à cette même droite raison (c'est-à-dire, tout ce qui contredit quelque vérité que nous avons découverte par une bonne et forte ratiocination sur des principes véritables). Or nous disons que ce qui est fait contre le droit, est fait contre quelque loi. Donc la *droite raison* est notre règle, et ce que nous nommons la *loi naturelle;* car elle n'est pas moins une partie de la nature humaine, que les autres facultés et puissances de l'âme. Afin donc que je recueille en une définition ce que j'ai voulu rechercher en cet article, je dis que la *loi de nature* est ce que nous dicte la droite raison * touchant les choses que nous avons à faire, ou à omettre pour la conservation de notre vie, et des parties de notre corps.

Remarque.   * [La droite raison.] «*Par la droite raison en l'état naturel des hommes, je n'entends pas, comme font plusieurs autres, une faculté infaillible, mais l'acte propre et véritable de la ratiocination, que chacun exerce sur ses actions, d'où il* *peut rejaillir quelque dommage, ou quelque utilité aux autres hommes. Je dis la ratiocination propre, parce que, encore bien que dans une cité, la raison de la ville (c'est-à-dire, la loi civile, et l'intérêt public) doive être tenue pour juste par chaque citoyen, néanmoins hors de là, où personne ne peut connaître la droite raison d'avec la fausse que par la comparaison qu'il en fait avec la sienne propre, il faut que celle-ci serve de règle, non seulement à ses actions propres, dont il est responsable à soi-même, mais aussi qu'en ses affaires particulières il l'établisse juge pour ses intérêts de la droite raison des autres. Je nomme le raisonnement véritable, qui est fondé sur de vrais principes, et élevé en bon ordre. Parce que toute l'infraction des lois naturelles vient du faux raisonnement, ou de la sottise des hommes, qui ne prennent pas garde que les devoirs et les services qu'ils rendent aux autres retournent sur eux-mêmes, et sont nécessaires à leur propre conservation. J'ai touché ce me semble, et expliqué aux articles II, III, IV, V, VI et VII du premier chapitre, les principes de la droite raison qui regardent cette sorte de devoirs. »*

II. Or la première et la fondamentale loi de nature est qu'*il faut chercher la paix, si on peut l'obtenir, et rechercher le secours de la guerre, si la paix est impossible à acquérir.* Car nous avons montré au dernier article du chapitre précédent, que cette maxime nous était dictée par la droite raison. Et je viens de définir les lois naturelles, par les notions que la droite raison nous dicte. Je mets celle-ci la première, d'autant que toutes les autres en dérivent, et nous enseignent les moyens d'acquérir la paix, ou de nous préparer à la défense.

Que c'est une loi fondamentale de la nature, qu'il faut chercher la paix, si on peut l'obtenir, et se préparer à la défense, si cela n'est possible.

III. C'est une des lois naturelles qui dérivent de cette fondamentale, qu'*il ne faut pas retenir le droit qu'on a sur toutes choses, mais qu'il en faut quitter une partie, et la transporter à autrui*[4]. Car si chacun retenait le droit qu'il a sur toutes choses, il s'ensuivrait nécessairement, que les invasions et les défenses seraient également légitimes (étant une nécessité naturelle que chacun tâche de défendre son corps, et ce qui fait à sa conservation) et, par ainsi, on retomberait dans une guerre continuelle. Il est donc contraire au bien de la paix[5], c'est-à-dire, *à la loi*

Que c'est une des premières lois particulières de la nature, qu'il ne faut pas retenir le droit qu'on a sur toutes choses.

---

4. Sur cette notion fondamentale de transfert de droit, cf. *Elements of Law*, XV, § 3 et *Léviathan*, chapitre XIV.
5. Soucieux de la paix et du «confort de la vie», Hobbes entend démontrer que la raison conduit l'homme à un calcul

de nature, que quelqu'un ne veuille pas céder de son *droit sur toutes choses*.

<small>Ce que c'est que retenir, et que transférer son droit.</small>

IV. Mais celui-là quitte son droit, qui simplement y renonce, ou qui le transporte à autrui. La *simple renonciation* se fait lorsque quelqu'un déclare suffisamment, qu'il ne veut plus se réserver la permission de faire une chose qui lui était licite auparavant. Le *transport* du droit se fait lorsque, par des signes valables, on donne à connaître à autrui qu'on lui cède ce qu'il est content de recevoir, et qu'on se dépouille, en sa faveur, du droit qu'on avait de lui résister en certaines occasions. Or que la transaction du droit consiste en la seule privation de la résistance, on le peut assez comprendre, de ce qu'avant le transport, celui à qui elle était faite avait déjà le droit sur toutes choses ; de sorte qu'il n'acquiert rien de nouveau ; aussi n'est-il pas en la puissance du transacteur de lui donner aucun titre, et il ne fait que laisser, à celui auquel il transfère, la possession de son ancien droit libre et non contestée. Cela étant, en l'état naturel des hommes, ceux qui acquièrent quelque droit ne le font qu'à cette fin de pouvoir jouir de l'ancien et originaire sans aucun trouble, et à couvert de toute vexation légitime. Par exemple : si quelqu'un vend ou donne sa terre à un autre, il en quitte le droit, mais il n'y fait pas renoncer tous ceux qui y auraient des prétentions.

<small>Que pour la transaction du droit, la volonté de l'acceptant est nécessaire.</small>

V. En une *transaction*, il faut que la volonté de l'acceptant concoure avec celle du transacteur. Si l'un ou l'autre manque, la transaction est nulle, et le droit demeure comme auparavant. Car si j'ai voulu donner mon bien à une personne qui l'a refusé, je n'ai pourtant pas renoncé simplement à mon droit, ni n'en ai pas fait transport au premier venu. La raison pour laquelle je le voulais donner à celui-ci, ne se rencontre pas en tous les autres.

<small>Que le droit n'est point transféré qu'en termes du présent.</small>

VI. En quittant, ou en transférant son droit, il faut que les signes par lesquels on déclare cette volonté, si ce ne sont que des paroles, soient conçus en termes *du présent* ou *du passé*, car elles ne transfèrent rien en termes *du futur*. Par exemple : celui qui dit «je donnerai demain» déclare ouvertement qu'il n'a pas encore

---

pragmatique d'intérêts qui confère au désistement du droit de nature une finalité utilitaire : cette procédure rationnelle s'inscrit dans la droite ligne d'une maitrise technicienne de la nature.

donné. Il conservera donc son droit tout aujourd'hui, et demain aussi, en cas que sa donation ne sorte pas à effet ; car ce qui lui appartient demeure sien jusqu'à ce qu'il s'en soit dessaisi. Mais si on parle au *présent,* ou au *passé,* de cette façon : je donne, ou j'ai donné une chose, de laquelle je veux qu'on entre demain en possession, la donation est actuelle, et ces termes signifient qu'on s'est dépouillé dès aujourd'hui du droit de posséder le lendemain la chose qu'on a donnée.

VII. Mais à cause que les paroles seules ne sont pas des signes suffisants pour déclarer la volonté, les termes du futur sont valables, s'ils sont accompagnés des autres signes, et servent alors de même que ceux du présent. Car ces autres signes donnent à connaître, que celui qui parle au futur, veut que ses paroles soient assez efficacieuses pour une parfaite transaction de son droit. En effet, elle ne dépend pas des paroles, comme nous l'avons dit en l'article IV de ce chapitre, mais de la déclaration de la volonté.

Que les termes du futur, s'ils sont accompagnés des autres signes de la volonté, ont assez de force pour transférer le droit.

VIII. Si quelqu'un transfère quelque sien droit à autrui, sans aucune considération de quelque office qu'il en a reçu, ou de quelque condition dont il s'acquitte ; ce transport est un don, et se doit nommer une *donation libre.* Or en celle-ci, il n'y a que les paroles du *présent,* ou du *passé* qui obligent : car celles du *futur* n'obligent pas en tant que simples paroles, pour les raisons que j'ai alléguées en l'article précédent. Il faut donc que l'obligation naisse de quelques autres signes de la volonté. Mais parce que tout ce qui se fait volontairement est fait pour quelque bien de celui qui veut, on ne peut assigner aucune marque de volonté de celui qui donne, si ce n'est quelque avantage qui lui revient, ou qu'il espère de la donation. Et on suppose qu'il n'en a recueilli aucun, et qu'il n'y a aucun pacte précédent qui oblige la volonté : car autrement ce ne serait pas une *donation libre.* Il reste donc qu'elle soit fondée sur l'espérance *du bien réciproque,* sans aucune condition exprimée. Or je ne sache aucune preuve par laquelle il le constate, que celui qui s'est servi des paroles du futur envers celui qui ne lui aurait aucune obligation réciproque de son bienfait, veuille qu'elles le lient particulièrement. Et il n'y a aucune raison qui doive obliger ceux qui veulent du bien à un autre, en vertu de quelques paroles affectueuses, dont ils lui ont témoigné leur bienveillance. Voilà pourquoi il faut imaginer en celui qui promet à l'avenir, et

Qu'en une donation libre, les termes du futur ne font point transaction du droit.

qui ne donne pas effectivement, une tacite réserve qu'il fait de délibérer, et de pouvoir changer son affection, si celui à qui il promet change de mérite. Or celui qui délibère est libre, et n'a pas donné encore. Il est vrai que s'il promet souvent, et ne donne jamais, il encourt enfin le blâme de légèreté, comme on en fit autrefois des reproches à cet empereur, qu'on nomma Doson, parce qu'il disait toujours «je donnerai».

Définition du contrat et du pacte.

IX. L'action de deux, ou de plusieurs personnes, qui *transigent* mutuellement de leurs droits, se nomme un contrat. Or, en tout contrat, ou les deux parties effectuent d'abord ce dont elles ont convenu, en sorte qu'elles ne se font aucune grâce, ou l'une, effectuant, laisse à la bonne foi de l'autre l'accomplissement de la promesse, ou elles n'effectuent rien. Au premier cas, le contrat se conclut et finit en même temps. Aux autres, où l'une des parties se fie à l'autre, et où la confiance est réciproque, celui auquel on se fie promet d'accomplir ensuite sa promesse, qui est proprement le *pacte* du contrat.

Que dans le pacte, les paroles du futur transfèrent le droit.

X. Le *pacte* que celui auquel on se fie promet à celui qui a déjà tenu le sien, bien que la promesse soit conçue en termes du futur, ne transfère pas moins le droit pour l'avenir, que si elle était faite en termes du présent, ou du passé. Car l'accomplissement du pacte est un signe manifeste, que celui qui y était obligé a entendu les paroles de la partie à laquelle il s'est fié, comme procédantes d'une pure et franche volonté de les accomplir au temps accordé. Et puisque ce dernier, ne doutant pas du sens auquel on prenait ses paroles, ne s'en est pas rétracté, il n'a pas voulu qu'on le prit d'autre façon, et s'est obligé à tenir ce qu'elles ont promis. Les promesses donc qui se font ensuite d'un bien qu'on a reçu (qui sont aussi des pactes) sont les signes de la volonté, c'est-à-dire du dernier acte de la délibération, par lequel on s'ôte la liberté de manquer à sa parole, et par conséquent, elles obligent. Car là où la liberté cesse, là l'obligation commence.

Que les pactes d'une confiance mutuelle sont invalides en l'état de nature : mais non pas en celui

XI. Les pactes qui se font en un contrat, où il y a une confiance réciproque, au délai qui se fait de l'accomplissement des promesses, sont invalides en l'état de nature, * si l'une des parties a quelque juste sujet de crainte. Car celui qui accomplit le premier sa condition, s'expose à la mauvaise foi de celui avec lequel il a contracté ; tel étant le naturel de la plupart des hommes, que, par toutes sortes de moyens, ils veulent avancer leurs affaires. Et il ne serait pas sagement fait à quelqu'un, de se mettre le premier en devoir de tenir sa promesse, s'il y a d'ailleurs quelque apparence que les autres ne se mettront pas à son imitation en la même posture. Or c'est à celui qui craint, de juger de cette vraisemblance, comme je l'ai fait voir en l'art. IX du chapitre précédent. Mais si les choses vont de la sorte en l'état de nature, il n'en est pas ainsi en celui de la société civile, où il y a des personnes qui peuvent contraindre les réfractaires, et où celui qui s'est obligé par le contrat à commencer, peut hardiment le faire, à cause que l'autre demeurant exposé à la contrainte, la raison pour laquelle il craignait d'accomplir sa condition, est ôtée. *de la société civile.*

*[Si l'une des parties, *etc.*] «*Car s'il n'y a quelque nouvelle cause de crainte, qui paraisse en quelque action, ou en quelque autre signe, de la mauvaise volonté de la partie, on ne doit pas estimer qu'il y ait juste sujet de craindre. Et puisque les autres causes n'ont pas empêché de contracter, elles ne doivent non plus empêcher que le contrat ne s'observe.*» *Remarque.*

XII. Or de ce qu'en toute donation, et en tous pactes, l'acceptation du droit transféré est requise, il s'ensuit qu'on ne peut point contracter avec celui qui ne peut pas nous faire paraître qu'il use d'acceptation. Et par conséquent on ne peut pas contracter avec les bêtes, ni leur donner, ou leur ôter aucun droit, à cause du défaut de la parole et de l'intelligence. On ne peut point aussi contracter avec la majesté divine, ni s'obliger à elle par des *vœux*, si ce n'est en tant qu'il lui a plu dans les Saintes Écritures de se substituer quelques personnes, qui aient autorité d'examiner et d'accepter, comme en sa place, les vœux et les conditions qui lui sont proposés. *Qu'on ne peut point contracter avec les bêtes, ni avec Dieu sans la révélation.*

XIII. Ceux donc qui sont dans l'état de nature, où nulle loi civile ne les oblige, font des vœux en vain, s'ils ne savent, par une particulière et certaine révélation, que Dieu a la volonté de les accepter. En effet, si ce qu'ils vouent est contre la loi de nature, leur vœu ne les lie point; car personne n'est tenu à ce qui est illicite; s'il est porté par quelque loi naturelle, ce n'est plus le vœu, mais la nature qui le commande; et si c'était avant le vœu une chose indifférente, la même liberté demeure; à cause que pour être obligé par la force du vœu, il faut que la volonté de celui qui le doit recevoir soit connue, ce que nous supposons n'être pas. Ainsi il n'y a point *Ni faire de vœux à Dieu.*

d'obligé, là où il n'y a point d'obligeant, qui nous témoigne sa pensée.

Que les pactes n'obligent qu'à un effort extrême.

XIV. Les pactes ne se forment que des actions dont on peut entrer en délibération ; car une paction ne se fait pas sans la volonté de celui qui contracte. La volonté est le dernier acte de celui qui délibère. *Les pactes donc ne se forment que des choses possibles et futures.* On ne s'oblige jamais à l'impossible. Mais d'autant qu'il arrive quelquefois, que nous promettons des choses, qui nous semblent possibles à l'heure que nous les promettons, et dont l'impossibilité ne nous paraît qu'après qu'elles sont promises, nous ne sommes pourtant pas quittes de toute sorte d'obligation. La raison de cela est que celui qui fait une promesse incertaine, n'a reçu le bienfait qu'à condition d'en rendre la revanche. Et celui qui l'a conféré a eu égard en général à son bien propre, ne faisant état de la promesse qu'en cas que l'accomplissement en fût possible. De sorte qu'encore qu'elle rencontre des obstacles insurmontables, on ne laisse pas d'être engagé à faire tous les efforts qu'on peut afin de s'acquitter. Les pactes donc n'obligent pas à donner absolument la chose promise, mais à faire tout notre possible ; car nous ne sommes pas maîtres des choses, et il n'y a que ce dernier qui soit en notre puissance.

Par quelles manières nous sommes quittes de nos promesses.

XV. On est délivré de l'obligation des pactes en deux manières, si on les accomplit, et si on ne les quitte. Si on les accomplit, parce qu'on ne s'est pas obligé au-delà. Si on nous les quitte, parce que celui à qui nous sommes obligés, témoigne, en nous les quittant, qu'il laisse retourner à nous le droit que nous lui avions transporté. Cette cession, qu'il nous fait, est une espèce de *donation*, en laquelle, suivant l'article IV de ce chapitre, celui à qui on donne reçoit un transport de notre droit.

Que les promesses qu'on a extorquées de nous par crainte de la mort, doivent avoir leur vigueur en l'état de nature.

XVI. On demande si ces *conventions* qu'on a extorquées par la crainte ont la force d'obliger, ou non ? Par exemple : si j'ai promis à un voleur, pour racheter ma vie, de lui compter mille écus dès le lendemain, et de ne le tirer point en justice, suis-je obligé de tenir ma promesse ? Bien que quelquefois ce pacte doive être tenu pour nul, ce n'est pourtant pas à cause qu'il a été fait par la crainte qu'il doit devenir invalide : car il s'ensuivrait, par la même raison, que les conventions, sous lesquelles les hommes se sont assemblés, ont fait de nulle valeur (vu que c'est par la crainte de s'entretuer que les uns se sont soumis au gouvernement des autres) et que celui-là aurait peu de jugement, qui se fierait, et relâcherait un prisonnier qui promet de lui envoyer sa rançon. Il est vrai, à parler généralement, que les pactes obligent, quand ce qu'on a reçu par la convention est une chose bonne, et quand la promesse est d'une chose licite. Or il est permis, pour racheter sa vie, de promettre et de donner, de son bien propre, tout ce qu'on veut en donner, à qui que ce soit, même à un voleur. On est donc obligé aux pactes, quoique faits avec violence, si quelque loi civile ne s'y oppose, et ne rend illicite ce qu'on aura promis.

XVII. Celui qui aurait promis à quelqu'un de faire, ou de ne pas faire quelque certaine chose, et qui après cela, conviendrait du contraire avec un autre, il ne rendrait pas la première convention, mais bien cette dernière, illicite. Car celui qui par le premier pacte aurait transporté son droit à autrui, n'aurait plus la puissance de transiger avec un troisième : de sorte que la dernière convention serait invalide, n'ayant plus la disposition d'aucun droit. Il ne serait donc obligé qu'aux premiers pactes, lesquels seuls il ne lui serait point licite d'enfreindre. *Qu'un pacte postérieur contradictoire au précédent demeure invalide.*

XVIII. Personne n'est obligé de ne pas résister à celui qui va pour lui donner la mort, ou le blesser, quelque convention précédente qui soit intervenue. La raison de cela est d'une curieuse recherche. Il y a en chacun de nous un certain souverain degré de crainte, par lequel nous concevons le mal comme extrême, et auquel, quand nous sommes parvenus, nous fuyons le mal de toute notre puissance par une nécessité si naturelle, qu'il n'y a point du tout moyen d'y résister. Ainsi il ne faut pas attendre, qu'en ce degré de crainte, nous ne travaillions à notre salut par la fuite, ou par la résistance. Puis donc que personne n'est tenu de faire ce qui est impossible, ceux qu'on menace de mort (qui est le plus grand mal de la nature) ou à qui on fait peur de quelque blessure, ou de quelque autre dommage, qui ébranle leur confiance, ne sont pas obligés de supporter ces injures sans aucun ressentiment. D'ailleurs on se fie à celui avec lequel on a fait quelque convention (car la bonne foi est le seul bien de ceux avec qui on a fait des pactes); cependant on tient liés, et on environne d'archers, ceux qu'on mène au dernier supplice, ou à qui l'on inflige quelque moindre peine. Ce qui montre que les juges n'estiment pas qu'aucun pacte oblige assez *Que le pacte de ne pas résister à celui qui nous fait quelque outrage en notre corps est invalide.*

étroitement les criminels de ne pas résister à leur punition. Mais c'est une autre affaire, si je fais ma convention de cette sorte : si je ne tiens ma promesse à certain jour que je vous marque, je vous permets de me tuer. Ou bien si je la conçois de cette autre façon : si je n'ai fait ce que je promets, je ne résisterai point lorsque vous voudrez m'ôter la vie. Tous font ce premier pacte au besoin ; et il échet qu'on emploie en certaines occurrences. Mais l'autre ne se pratique point, et ne tombe jamais en usage. Car en l'état purement naturel, si vous voulez tuer quelqu'un, cette sorte d'état vous en donne le droit ; et il n'est pas nécessaire pour l'acquérir qu'on vous manque de parole. Mais en l'état politique, où tout le droit de la vie, et de la mort, et des punitions corporelles est entre les mains du public, ce même droit ne peut pas être accordé à un particulier. Le public n'a pas besoin, en l'exécution de ses arrêts, de s'assurer par aucun pacte de la patience du criminel, mais bien de pourvoir à ce que personne ne le défende. Si en l'état de nature, deux villes, par exemple, convenaient d'exterminer celle qui manquera sa promesse, bien entendu que ce pacte ne devra sortir à effet qu'à certain jour assigné ; mais alors, en cas de prévarication, le droit de la guerre retourne, c'est-à-dire on retombe dans un état d'hostilité où toutes choses sont permises, et entre autres, la résistance. Après tout, par cette convention de ne pas résister, on s'oblige à une chose absurde et impossible, qui est de choisir le plus grand des deux maux que l'on propose ; car la mort est bien pire que la défense. Ce pacte donc, à vrai dire, n'attache personne, et répugne à la nature des pactes.

Que le pacte de s'accuser soi-même est de nulle force.

XIX. Par la même raison, aucun pacte ne peut obliger quelqu'un à s'accuser soi-même, ou quelque autre, dont la condamnation lui porterait préjudice, et rendrait sa vie moins douce. De sorte que ni le père n'est point obligé de porter témoignage contre son fils, ni le mari contre sa femme, ni le fils contre son père, ni quelque autre que ce soit contre celui de qui il tire les moyens de sa subsistance : car ce témoignage serait nul, en présume qu'il est contre nature. Mais bien qu'on ne soit pas tenu par aucun pacte de s'accuser soi-même, on peut être pourtant contraint par la question de répondre devant le magistrat. Il est vrai que les réponses que l'on tire de quelqu'un par la force des tourments ne sont pas des preuves, mais fournissent des moyens de découvrir la vérité. Quoi que le criminel réponde, vrai, ou faux, ou soit qu'il se taise, il a droit de faire en cela tout ce que bon lui semble.

XX. Le *serment* est un discours qui s'ajoute à une promesse, et par lequel celui qui promet, proteste qu'il renonce à la miséricorde de Dieu s'il manque à sa parole. Je recueille cette définition des propres termes où il semble que l'essence du serment soit enfermée ; ainsi « Dieu me soit en aide » ; et parmi les Romains « je te prie, Jupiter, de traiter celui de nous qui rompra sa promesse, de la même sorte que je traite cette truie, que je m'en vais égorger ». Et il n'importe, si le serment est quelquefois une affirmation, ou une promesse ; car celui qui confirme quelque chose par serment, promet de dire la vérité. Or si en quelques lieux ça a été la coutume de faire jurer les sujets par leurs rois, cela est venu de ce que ces rois-là affectaient de se faire rendre des honneurs divins. Le serment a été introduit, afin que l'on craignît davantage de violer sa foi ; car on peut bien tromper les hommes, et échapper à leur punition : mais non pas se cacher à cet œil clairvoyant de la Providence, ni se soustraire à la toute-puissance de Dieu. [Définition du serment.]

XXI. D'où je tire cette conséquence, que le *serment* doit être conçu en la forme de laquelle se sert celui qui le prête. Car ce serait en vain que l'on ferait jurer quelqu'un par un Dieu auquel il ne croit point, et lequel il ne craint point. Mais encore qu'il n'y ait personne qui ne puisse savoir par la lumière naturelle qu'il y a une divinité ; si est-ce pourtant qu'on ne pense pas que ce soit jurer, si le serment est en autre forme, ou sous un autre nom que celui qu'on enseigne en la vraie religion, c'est-à-dire en celle que celui qui jure reçoit pour véritable. [Que le serment doit être conçu en la forme de laquelle se sert celui qui le prête.]

XXII. De cette définition du *serment* il est aisé de remarquer qu'un pacte nu et simple n'oblige pas moins que celui auquel on ajoute le serment en confirmation. Car le pacte est ce qui nous lie : et le serment regarde la punition divine, laquelle nous aurions beau appeler à notre secours, si l'infidélité n'était de soi-même illicite ; ce qu'elle ne serait pas en effet, si le pacte n'était obligatoire. D'ailleurs celui qui renonce à la miséricorde divine, ne s'oblige par là à aucune peine ; car il lui est toujours permis de demander pardon à Dieu, et il peut espérer de fléchir sa bonté par l'ardeur de ses prières. L'effet donc du serment n'est point autre que de tenir [Que le serment n'ajoute rien à l'obligation qui naît du pacte.]

les hommes en quelque plus grande crainte s'ils faussent leur parole, à laquelle lâcheté ils se portent naturellement.

<small>Qu'il ne faut point exiger de serment, si ce n'est lorsque le violement des promesses peut demeurer caché, ou ne peut être puni que de Dieu seulement.</small>

XXIII. C'est faire quelque chose de plus qu'il n'est de besoin pour sa défense, témoigner quelque malignité d'esprit, et rechercher le mal d'autrui plutôt que son bien propre, que d'exiger un *serment* là où il est impossible de ne découvrir l'infidélité, si elle arrive, et où l'on ne manque pas de puissance pour tirer raison de cette injure. Le serment, comme il appert de la forme en laquelle on le conçoit, n'est employé qu'afin de provoquer l'ire de Dieu tout-puissant et très sage, contre ceux qui faussent leur foi, parce qu'ils ne craignent pas la puissance des hommes, ou qu'ils espèrent de dérober ce crime à leur connaissance.

Chapitre III

Des autres lois de nature.

Sommaire

I. Deuxième loi de nature, qu'il faut garder les conventions. II. Qu'il faut garder sa foi à tous, sans exception. III. Ce que c'est qu'injure. IV. Qu'on ne peut faire tort qu'à celui avec lequel on a contracté. V. Distinction de l'injustice, en injustice des hommes et des actions. VI. Distinction de la justice en commutative et distributive examinée. VII. Qu'on ne fait point d'injure à celui qui veut la recevoir. VIII. Troisième loi de nature, touchant l'ingratitude. IX. Quatrième loi de nature, qu'il faut se rendre commode et sociable. X. Cinquième loi de nature, touchant la miséricorde. XI. Sixième loi de nature, que les punitions ne regardent que le temps à venir. XII. Septième loi de nature, contre les outrages. XIII. Huitième loi de nature, contre l'orgueil. XIV. Neuvième loi de nature, touchant la modestie. XV. Dixième loi de nature, touchant l'équité, ou contre l'acception des personnes. XVI. Onzième loi de nature, touchant ce qu'il faut avoir en commun. XVII. Douzième loi de nature, touchant ce qu'il faut diviser par sort. XVIII. Treizième loi de nature, du droit d'aînesse, et de la préoccupation. XIX. Quatorzième loi de nature, que les médiateurs de la paix doivent jouir d'une sûreté inviolable. XX. Quinzième loi de nature, qu'il faut établir des arbitres des différends. XXI. Seizième loi de nature, que personne ne peut être juge en sa propre cause. XXII. Dix-septième loi de nature, que les arbitres ne doivent point espérer de récompense des parties. XXIII. Dix-huitième loi de nature, touchant les témoins. XXIV. Dix-neuvième loi de nature, qu'on ne fait aucun pacte avec un arbitre. XXV. Vingtième loi de nature, contre l'ivrognerie, et tout ce qui empêche l'usage de la raison. XXVI. Règle pour connaître d'abord si ce que nous ferons sera contre la loi de nature, ou non. XXVII. Les lois de nature n'obligent que devant le tribunal de la conscience. XXVIII. Qu'on viole quelquefois les lois de nature, par une action que les autres lois permettent. XXIX. Que les lois de nature sont immuables. XXX. Que celui est juste qui tâche d'accomplir les lois de nature. XXXI. Que la loi de nature et la loi morale sont une même chose. XXXII. D'où vient donc que ce qui a été dit de la loi de nature, n'est pas le même que ce que les philosophes enseignent touchant les vertus. XXXIII. Que la loi de nature n'est pas loi à parler proprement, sinon en tant qu'elle est contenue dans la sainte Écriture.

I. La deuxième loi de nature, qui dérive de cette fondamentale, que nous avons tantôt posée en l'article II du chapitre II, est qu'*il faut garder les conventions qu'on a faites*, et tenir sa parole. Car il a été montré ci-dessus, que la loi de nature ordonne, comme une chose nécessaire à procurer la paix, qu'on se fasse transport de certains *droits* les uns aux autres, ce qui se nomme un *pacte*, toutes fois et quantes que ce dont on est demeuré d'accord se doit exécuter à quelque temps de là. Or est-il certain que cela fait beaucoup à l'établissement de la paix, en tant que mettant nous-mêmes en exécution ce dont on est convenu, nous montrons bon exemple aux autres, et que les pactes seraient fort inutiles, si on ne les accomplissait. Puis donc que l'observation de la foi promise est très nécessaire à se procurer le bien de la paix, la loi de *garder les pactes* sera un précepte de la *loi naturelle*.

II. Il n'y a en ceci aucune exception à faire des per-

<small>Deuxième loi de nature, qu'il faut garder les conventions.</small>

<small>Qu'il faut garder sa foi</small>

sonnes avec lesquelles nous contractons, comme si elles ne gardent point leur foi aux autres, ou même n'estiment pas qu'il la faille garder, et sont entachées de quelque autre grand défaut. Car celui qui contracte avec elles, dès là montre que tout ce qu'il y a à reprendre en elles ne lui semble pas digne d'empêcher son action : et ce serait d'ailleurs une chose contre le bon sens, que de faire de gaieté de cœur une formalité inutile. C'est tomber en contradiction que de dire qu'un contrat n'est pas à observer, et ne laisser pas cependant de le faire ; car en contractant on avoue tout le contraire. Mais pour éviter une telle absurdité, il faut ou garder la foi promise à qui que ce soit sans exception, ou ne pas la promettre, c'est-à-dire ou déclarer ouvertement la guerre, ou maintenir une paix assurée et inviolable.

à tous sans exception.

III. Faire une *injure*, c'est proprement fausser sa parole, ou redemander ce qu'on a donné. Elle consiste en quelque action, ou en quelque omission. L'une et l'autre se nomment injustes ; de sorte que le mot d'*injure* signifie la même chose qu'une action ou une omission injuste, et toutes deux emportent une *infraction de quelque accord*. En effet, il semble que ce nom d'injure a été donné chez les Latins à cette sorte d'action ou d'omission, à cause qu'elle est faite *sine jure*, hors de tout droit, dont le transport avait été fait à autrui par celui qui fait, ou qui manque à faire quelque chose. Il y a beaucoup de rapport, à mon avis, entre ce qu'on tient pour *injure* dans le cours de la vie, et ce qu'on nomme *absurde* dans l'École. Car de même qu'on dit, que celui qui est contraint par la force des démonstrations de nier une assertion, qu'il avait auparavant soutenue, est réduit à l'absurde ; celui aussi, qui, par une faiblesse d'esprit, fait, ou laisse à faire une chose qu'il avait promise tout autrement dans son contrat, commet une injure, et ne tombe pas moins que l'autre en cette espèce de contradiction, que l'École a nommée *absurdité*. Car, en accordant qu'une telle action sortira à effet, il a voulu qu'elle se fît : et en ne la faisant pas, il témoigne qu'il veut tout le contraire ; ce qui est vouloir, et ne pas vouloir en même temps, contradiction honteuse et manifeste. Je dirais donc volontiers, que *l'injure est une certaine absurdité qui se commet en la conversation ; tout ainsi que l'absurdité est une espèce d'injure qui se fait en la dispute.*

Ce que c'est qu'injure.

IV. De là il s'ensuit * qu'on ne peut faire tort à une personne, si on n'avait point auparavant *contracté* avec

Qu'on ne peut faire tort qu'à

elle, si on ne lui avait, par quelque pacte, donné ou promis quelque chose. C'est pourquoi on met bien souvent de la différence entre le *dommage* et l'*injure*. Si un maître commande à son valet, qui lui a promis obéissance, de compter quelque argent, ou de faire quelque autre présent à une certaine personne qu'il a envie de gratifier ; lorsque le valet manque à la commission, il cause du dommage à ce troisième-là, et ce n'est qu'à son maître à qui il fait une injure. De même, en une ville, si quelqu'un nuit à un autre avec qui il n'avait point fait de pacte, à la vérité il lui cause du dommage en ce mal qu'il lui fait ; mais l'injure, à parler sainement, redonde sur celui qui a le gouvernement des affaires publiques, et qui y exerce la plus haute magistrature. Car, si celui qui a reçu le dommage se plaignait de l'injure, l'autre pourrait lui répondre « pourquoi vous plaignez-vous de moi ? » Suis-je tenu de faire selon votre fantaisie, plutôt que selon la mienne, puisque je n'empêche pas que vous fassiez à votre volonté, et que la mienne ne vous sert pas de règle ? Qui est un discours auquel je ne trouve rien à redire, lorsqu'il n'est point intervenu de pactes précédents.

celui avec lequel on a contracté.

*[Qu'on ne peut faire tort, *etc.*] « *Le nom d'injustice a une signification relative à la loi ; celui d'injure a du rapport à la loi, et à une certaine personne particulière. Car ce qui est injuste, est tel envers tous. Mais une injure peut toucher un autre, sans me toucher aussi. Elle ne regarde quelquefois aucun particulier, mais seulement le public. Il y en a où le public, ni le particulier, n'ont rien à dire, mais où Dieu seul est offensé. C'est proprement la force du pacte et le transport du droit, qui fait qu'une certaine personne, plutôt qu'une certaine autre, reçoit une injure. De là vient qu'en toutes les villes du monde, la police laisse aux particuliers la liberté de rompre, ou de faire exécuter la teneur des contrats. Mais les dommages publics, les infractions des lois politiques, ne sont pas laissés de même : car les larcins, les meurtres et les autres crimes ne sont pas punis selon la volonté de ceux contre qui ils ont été commis, mais selon les lois établies. De sorte qu'une injure ne peut être faite à quelqu'un, qu'après qu'on lui a cédé quelque droit.* »

Remarque.

V. Ces noms de *juste* et d'*injuste*, comme aussi ceux de *justice* et d'*injustice*, sont équivoques : car ils signifient choses diverses, suivant qu'on les attribue aux personnes ou aux actions. Quand on les applique aux actions justes, juste signifie le même que fait à bon droit, et injuste, tout au contraire de l'équité. Celui qui

Distinction de l'injustice des hommes et des actions.

a fait quelque chose justement est nommé *innocent*, et ne mérite pas pour cela seul le titre de *juste*; comme celui qui a commis une *injustice* est nommé *coupable*, plutôt qu'*injuste*. Mais quand ces termes sont appliqués aux personnes, être juste signifie le même que se plaire aux actions justes, s'étudier à rendre la justice, et l'observer partout ponctuellement. Au contraire, *être injuste* se dit d'une personne qui méprise la justice, et qui ne la mesure pas à ses promesses, mais à sa commodité présente. Par ainsi, il y a différence entre la *justice*, ou l'*injustice*, qui se trouvent en l'âme d'une personne, dans le fonds de ses mœurs, et celles qui se voient dans une action, ou dans une omission mauvaise. Et comme il peut échapper à un homme juste une infinité d'actions injustes, il en peut aussi sortir de justes d'une personne injuste. Cela étant, on peut nommer juste, un homme qui fait des actions justes, à cause que les lois les commandent, et qui n'en commet d'autres que par infirmité. Mais on doit appeler injuste, celui qui n'agit justement que par la crainte qu'il a des peines que les lois imposent et qui, en faisant des actions injustes, suit la pente de ses mauvaises inclinations.

Distinction de la justice en commutative et distributive examinée.

VI. On distingue d'ordinaire la justice des actions en deux espèces, en la *commutative*, et en la *distributive*, dont on dit que la première suit la proportion arithmétique, et l'autre la géométrique : que celle-là se pratique aux échanges, aux ventes, aux achats, aux emprunts, aux restitutions, aux louages, aux arrentements, et en telles autres actions de personnes qui contractent ; là où la *justice commutative* naît de la reddition des choses égales à celles qu'on a reçues. Que celle-ci s'exerce en la juste estimation de la dignité et du mérite des personnes ; de sorte que la *justice distributive* se trouve dans la dispensation des biens et des honneurs, que l'on fait à chacun proportionnément à son mérite. Je reconnais en cela quelque distinction de l'égalité, en sorte qu'il y ait une égalité simplement telle, comme lorsque l'on compare deux choses de même prix entre elles, une livre à douze onces d'argent ; et une autre égalité qui n'est pas tout à fait telle ; par exemple, s'il y a mille écus à distribuer à cent hommes, et qu'on en donne six cents à soixante, et quatre cents aux quarante qui restent, il n'y a pas de l'égalité entre ces deux hommes, et toutefois, à cause qu'il y en a avec ceux à qui il les faut distribuer, l'un en recevra autant que l'autre, d'où la distribution deviendra égale. Cette égalité tombe dans la proportion géométrique. Mais que fait cela au sujet de la justice? Car, ni si je vends ma marchandise le plus haut que je puis, je ne fais tort à personne, à cause que l'acheteur l'a ainsi voulu et me l'a demandée; ni aussi je n'offense personne, si je donne davantage de ce qui m'appartient à celui qui en mérite le moins, pourvu que je donne aux autres ce que je leur ai promis : ce que notre Sauveur confirme en quelque part de l'Évangile. Ce n'est donc pas là une bonne division de la justice, mais de l'égalité. Néanmoins il est peut-être malaisé de nier tout à fait que la justice ne consiste en quelque égalité, c'est-à-dire en ceci seulement, qu'étant tous naturellement égaux, l'un ne s'attribue pas plus de droit qu'il n'en accorde à autrui, s'il ne s'en est acquis, par des pactes préalables, quelque prérogative. Ce que je dis en passant contre cette distinction de la justice, bien qu'elle soit reçue presque de tous universellement; afin que personne ne pense qu'une injure soit autre chose que le violement des pactes et de la foi promise, comme je l'ai définie ci-dessus.

VII. C'est une fort ancienne maxime, qu'*on ne fait point d'injure à celui qui veut la recevoir*. Mais voyons si nous en pourrons découvrir la vérité par nos principes. Je suppose donc que ce que quelqu'un répute à injure, ait été fait de son consentement ; il a permis qu'on ait fait ce que les pactes précédents défendaient de faire. Mais puisqu'il l'a ainsi voulu, le pacte a été annulé (comme il appert de l'article XV du chapitre précédent); donc le droit d'agir, comme il lui a plu, est retourné à celui qui s'en est servi; et, par conséquent, il n'a rien fait contre le droit, ni il n'a point commis d'injure.

<small>Qu'on ne fait point d'injure à celui qui veut la recevoir.</small>

VIII. La troisième *loi de nature* est qu'*on ne permette point que celui qui, s'assurant de notre reconnaissance, a commencé le premier à nous bien faire, reçoive de l'incommodité de sa franchise, et qu'on n'accepte un bienfait qu'avec une disposition intérieure de faire en sorte que le bienfaiteur n'ait jamais de juste sujet de se repentir de sa bénéficence*. Car sans cela, celui qui se mettrait le premier à bien faire aurait peu de raison de prodiguer et de voir périr la plus belle chose du monde, qui est sans doute un bienfait. D'où il s'ensuivrait qu'il ne se trouverait plus de courtoisie parmi les hommes, et que toute l'amitié et la fidélité qui les lient en seraient ôtées; qu'ils

<small>Troisième loi de nature, touchant l'ingratitude.</small>

ne se prêteraient aucune assistance, et qu'il n'y aurait jamais aucun commencement aux civilités réciproques qui les assemblent. Ce qui étant, on demeurerait nécessairement dans l'état de guerre, qui est contre la *loi fondamentale de nature*. Or, d'autant que l'infraction de cette loi n'est pas un violement de sa foi et de ses promesses (car on ne suppose point qu'il en soit intervenu aucunes) elle n'a pas aussi accoutumé d'être nommée *injure* : mais parce que le *bienfait* et la *reconnaissance* ont une relation réciproque, on lui donne le nom d'ingratitude.

Quatrième loi de nature, qu'il faut être accommodant.

IX. La quatrième loi de nature est que *chacun se rende commode et traitable aux autres*. Pour mieux entendre cela, il faut remarquer que les hommes qui doivent entrer en société y apportent une merveilleuse diversité d'esprits, comme leurs affections sont diverses. Il en est de même d'eux, que des pierres qu'on assemble de diverse matière et de diverse figure, pour élever un grand édifice : car tout ainsi qu'une pierre, dont la figure est raboteuse et irrégulière, qui se met en œuvre malaisément, et fait perdre aux autres plus de place qu'elle n'en occupe, si la dureté de sa matière ne permet point qu'elle soit taillée, est enfin rejetée comme malpropre et incommode au bâtiment ; pareillement, un homme, qui, par la rudesse de son esprit, veut retenir des choses qui lui sont superflues, et ôter à autrui ce qui lui serait nécessaire, qui demeure opiniâtre et incorrigible, devient à charge, fâcheux, et incommode à tout le monde, très malpropre à entrer dans la société civile. En effet, puisque ce n'est pas tant seulement avec *juste raison*, mais par quelque *nécessité naturelle*, que chacun s'efforce de tout son possible d'acquérir les choses nécessaires à sa conservation ; s'il se rencontre quelqu'un, qui s'opiniâtre à retenir les superflues, ce sera par sa faute que la guerre en naîtra ; parce que rien ne l'oblige à émouvoir cette dissension. Il choque en ce déraisonnable procédé *la loi fondamentale de nature ;* suivant laquelle je tire cette conclusion, comme démontrée, que chacun doit se rendre souple et maniable aux intérêts d'autrui, qui ne renversent pas les liens propres et nécessaires. Celui qui enfreint cette loi est barbare, ou pour m'expliquer plus doucement, fâcheux, et incommode à la société civile.

Cinquieme loi de nature,

X. La cinquième loi de nature est qu'*il faut pardonner les fautes passées à celui qui s'en repent et qui en demande pardon, en prenant toutefois des assurances pour l'avenir.* Le pardon du passé, ou la rémission de l'offense, n'est autre chose que la paix qu'on accorde à celui qui la demande, plein de repentir d'une action par laquelle il provoquait à la *guerre*. Mais la paix qu'on accorde à une personne qui ne se repent point, c'est-à-dire qui conserve un cœur ennemi, ou qui ne donne point des assurances pour l'avenir, n'est pas tant une paix, qu'un effet honteux de la crainte : et par conséquent, ce n'est pas la nature qui nous l'ordonne. Au reste, celui qui ne veut pas pardonner à une personne qui se repent, et qui lui donne pour l'avenir toutes les assurances qu'il doit désirer, montre en cette obstination que c'est la paix qui lui désagrée. Ce que je tiens entièrement contraire aux lois de la nature.

touchant la clémence.

XI. La sixième loi de nature est qu'*en la vengeance ou imposition des peines il ne faut pas regarder au mal passé, mais au bien à venir*. C'est-à-dire, qu'il n'est permis d'imposer quelque peine, à autre dessein qu'à celui de corriger le coupable, ou de rendre meilleurs ceux à qui le supplice servira d'exemple. Je confirme cela, premièrement de ce que, par la loi naturelle démontrée en l'article précédent, chacun est obligé de pardonner à autrui, pourvu qu'il prenne des précautions pour l'avenir. D'ailleurs, parce que la *vengeance*, lorsqu'elle ne regarde que le temps passé, n'est autre chose qu'un triomphe, et qu'une gloire d'esprit qui n'aboutit à aucune fin (car on ne considère que le passé et la fin doit toujours regarder l'avenir). Or ce qui ne tend à aucune fin certaine, est vain et tout à fait inutile. La vengeance, qui ne regarde pas l'avenir, procède d'une vaine gloire, et s'exerce contre toute raison. Mais d'offenser quelqu'un sans raison, c'est introduire la guerre dans le monde, et renverser *la loi fondamentale de nature*. C'est donc un précepte de la nature, que d'user de prévoyance en la vengeance des injures, sans avoir d'égard au passé ; et l'infraction de cette loi est ce qu'on nomme cruauté.

Sixième loi de nature, que les punitions ne regardent que le temps à venir.

XII. Or, d'autant que sur toutes choses les témoignages de haine et de mépris excitent les disputes et les querelles, en sorte qu'il s'en trouve plusieurs qui aimeraient mieux perdre la vie, et à plus forte raison se priver de la paix, que souffrir une injure ; il s'ensuit que la nature ordonne en sa loi septième, *que personne ne témoigne ou ne donne à connaître à autrui, par aucune de ses actions ou de ses paroles, ni par le rire, le geste, ou la*

Septième loi de nature, contre les outrages.

contenance de son visage, qu'il le hait, ou qu'il le méprise. Le violement de cette loi se nomme outrage. Mais bien qu'il n'y ait rien de si ordinaire que les outrages dont les plus forts offensent les plus faibles ; et que les juges jettent souvent contre les criminels des brocards et des railleries, qui ne font rien à la question, ni à l'exercice de leur judicature, si est-ce que ces personnes-là violent la loi de nature, et doivent être tenues pour *outrageuses.*

Huitième loi de nature, contre l'orgueil.

XIII. Il n'appartient pas à l'état de nature, mais à celui de la politique, de vuider la question de la dignité et du mérite entre deux hommes qui disputent de la préférence, ni même ce n'est pas une chose qui tombe en question dans l'état de nature : car j'ai fait voir ci-dessus, chapitre premier, article III, que naturellement tous les hommes sont égaux entre eux ; et par ainsi, que toute l'inégalité qui règne maintenant parmi eux, et qui se tire des richesses, de la puissance, ou de la noblesse des maisons, vient de la *loi civile.* Je sais bien qu'Aristote, au livre premier de ses politiques, établit comme un fondement de toute cette science, qu'il y a des hommes que la nature a faits dignes de commander, et d'autres qui ne sont propres qu'à obéir : comme si la qualité de maître et de serviteur n'était pas introduite du consentement des hommes, mais par une disposition, ou par une imperfection naturelle. Mais ce fondement, outre qu'il est contre la raison, l'expérience aussi lui est toute contraire. Car il n'y a personne si stupide, qui ne s'estime assez capable de se conduire, et qui aime mieux se laisser gouverner à quelque autre. Et s'il fallait que les plus forts et les plus sages combattissent pour le commandement, je ne sais si ces derniers l'emporteraient. Soit donc que les hommes soient naturellement égaux entre eux, ou qu'ils ne le soient pas, il faut reconnaître une égalité ; parce que s'ils sont inégaux, ils entreront en querelle, et combattront pour le gouvernement, et la nécessité les obligeant enfin de tendre à un accord, en la paix qui se fera ils se tiendront pour égaux. C'est pourquoi j'établis cette maxime comme la huitième loi de nature, *qu'on estime tous les hommes naturellement égaux.* A laquelle loi, l'*orgueil* est tout contraire.

Neuvième loi de nature, touchant la modestie.

XIV. Comme il était nécessaire pour la conservation de chaque particulier qu'il cédât de quelques-uns de ses droits, aussi il n'est pas moins important à ce même dessein qu'il se réserve la possession de certains droits inaliénables : par exemple, celui de défendre sa personne, de jouir de la liberté, de l'air, de l'eau, et de toutes les autres commodités nécessaires à la vie. De même donc que ceux qui font une *paix* entre eux, retiennent quantité de *droits* communs, et en acquièrent de propres, c'est aussi une règle de la nature que je mets au neuvième rang, «*qu'on accorde à tous les autres les privilèges qu'on demande pour soi-même*». Autrement, ce serait en vain qu'on aurait reconnu l'égalité, que nous avons établie en l'article précédent. Car qu'est-ce autre chose, je vous prie, reconnaître, en contractant une société, que les personnes sont égales, que de leur attribuer choses égales; sans laquelle condition rien ne les forçait de se réunir en une société civile ? Or par ces *choses égales*, que je veux qu'on distribue entre des *égaux*, je n'entends que des *proportionnées*. L'observation de cette loi se doit nommer *modestie*, et l'infraction est un certain dérèglement de pensées qui produit l'avarice, l'insolence, et tous ces autres vices qui ne regardent point la mesure et la modération de la modestie.

XV. La dixième loi de nature commande *à chacun de rendre la justice avec une distribution égale de faveur aux deux parties*. Par la loi précédente, il est défendu que nous nous attribuions plus de droit de nature, que nous n'en accordons aux autres. Nous pouvons nous en réserver moins, si bon nous semble, et c'est quelquefois un effet de *modestie*. Mais quand il s'agit de distribuer le droit à autrui, cette loi-ci nous défend de favoriser l'un plus que l'autre : car cela est contre l'égalité naturelle, et l'on fait tort à celui que l'on postpose par ce *mépris* qu'on témoigne de sa personne. Or est-il que cette force d'*outrage* heurte la loi de nature, comme je l'ai déjà prouvé. L'observation de cette loi se nomme équité, et quand on l'enfreint, on tombe dans l'acception des personnes.

<small>Dixième loi de nature, touchant l'équité, ou contre l'acception des personnes.</small>

XVI. Je recueille la loi onzième de cette précédente. *Il se faut servir en commun (s'il se peut) des choses qui ne peuvent pas être divisées, et cela au gré de celui qui en a besoin, si la quantité le permet : mais si elle ne souffre pas que chacun en prenne autant que bon lui semble, il faut qu'on en use avec mesure, et proportionnément au nombre de ceux qui ont à s'en servir*. Car autrement on ne pourrait pas garder cette égalité, laquelle j'ai démontré ci-dessus que la nature nous enseigne.

<small>Onzième loi de nature, touchant ce qu'il faut avoir en commun.</small>

XVII. Pareillement, si la chose dont on a à se servir ne peut être divisée, ni possédée en commun, la douzième loi de nature ordonne *qu'on s'en serve tour à tour*,

<small>Douzième loi de nature, touchant ce</small>

qu'il faut diviser par sort. *ou qu'on la donne, au sort, et que même en l'usage alternatif, on jette le sort à qui en aura le premier la possession.* Car en cette conjoncture aussi, il faut avoir égard à l'égalité, et on ne peut point trouver d'autre moyen de la garder que celui du hasard.

Treizième loi de nature, du droit d'aînesse et de la préoccupation.

XVIII. Or il y a de deux sortes de hasard, l'une est *arbitraire* et l'autre est *naturelle*. Le sort arbitraire est celui qui est jeté du consentement des parties, et qu'on laisse à la conduite de la fortune. Le sort naturel est la *primogéniture*, et la *préoccupation*. De manière que les choses, qui ne peuvent être divisées, ni possédées en commun, doivent demeurer à celui qui s'en est saisi le premier; et par la même raison, les biens d'un père viennent à l'aîné de ses enfants, s'il n'avait auparavant fait transport de ce *droit*. Je mets donc ce *droit d'aînesse* pour la treizième loi de nature.

Quatorzième loi de nature, que les médiateurs de la paix doivent jouir d'une sûreté inviolable.

XIX. La quatorzième loi de nature est *que ceux qui s'entremettent pour procurer la paix, doivent jouir d'une sûreté inviolable*. Car la même raison qui nous persuade la poursuite de quelque fin, nous porte aussi à la recherche de tous les moyens nécessaires à y parvenir. Or la première chose que le bon sens nous dicte est la paix, toutes les autres ne sont que des moyens pour l'acquérir : mais surtout la médiation, et cette sûreté que nous voulons maintenant donner aux médiateurs, comme une prérogative fondée dans l'une des principales lois de nature.

Quinzième loi de nature, qu'il faut établir des arbitres des différends.

XX. Au reste, d'autant qu'il pourrait arriver, que bien que les hommes demeurassent d'accord de toutes ces lois de nature, et tâchassent de les observer, néanmoins des difficultés et des disputes naîtraient tous les jours en ce qui regarde leur usage, et l'application qui s'en doit faire aux occurrences particulières; de sorte que de cette question du droit, si une certaine *action* a été contre la loi, ou non, les parties qui se tiendraient lésées, pourraient en venir aux mains. Pour remédier à cet inconvénient, et conserver le bien de la paix, ne se pouvant choisir une voie plus équitable, il est nécessaire que les deux parties, qui sont en différend, conviennent d'un tiers et s'obligent par des pactes réciproques de se tenir au jugement qu'il prononcera sur la chose controversée ; et cette personne, choisie du commun consentement, se nomme un *arbitre*. Duquel raisonnement je tire cette quinzième règle de la loi de nature, *qu'il faut que les deux parties, qui sont en contestation du droit, se soumettent à l'arbitrage d'une personne tierce et désintéressée.*

XXI. Or dès là que ce juge ou cet arbitre a été choisi des parties pour terminer leur différend, il ne faut point que ce soit l'un des plaidants : car on présume que chacun cherche naturellement ses propres avantages, et ne regarde à la justice que par accident, à cause du bien de la paix ; de sorte qu'il ne pourrait pas si précisément observer cette égalité prescrite par la loi de nature, comme ferait un troisième. D'où s'ensuit cette seizième maxime : *que personne ne doit être juge, ou arbitre de sa propre cause.* Seizième loi de nature, que personne ne peut être juge de sa propre cause.

XXII. J'en tire aussi cette dix-septième loi de nature : *qu'il ne faut point que celui-là soit arbitre, qui a à espérer plus d'avantage, ou de gloire de la victoire de l'une que de l'autre partie.* Car c'est la même raison que j'ai apportée en la loi précédente. Dix-septième loi de nature, que les arbitres ne doivent point espérer de récompense des parties.

XXIII. Mais quand il est question du fait, c'est à l'arbitre qui prête une égale croyance aux parties, qui assurent des choses contradictoires, de ne croire à l'un ni à l'autre. Il faut donc s'en tenir à un troisième, à un quatrième, ou à plusieurs, sur le rapport desquels on prononce du fait, au défaut de preuves plus manifestes. Et ainsi ce sera la dix-huitième loi de nature, *que les juges et les arbitres donnent leur sentence suivant le dire des témoins qui semblent ne favoriser aucune des parties, lorsqu'ils ne découvrent pas des indices du fait plus assurés.* Dix-huitième loi de nature, touchant les témoins.

XXIV. De la définition que j'ai donnée de l'arbitre, il sera très aisé de comprendre *qu'il ne doit être intervenu aucun pacte, ni aucune promesse entre l'arbitre et les parties dont il est juge, par où il soit obligé de prononcer en faveur de l'une d'elles ; ni même par où il se soit obligé en général de régler son jugement à ce qui est de la justice, ou à ce qui lui semble en être.* Il est vrai que l'arbitre s'est obligé par la loi de nature, dont j'ai fait mention en l'article XV, de donner une sentence qu'il estime juste. A laquelle obligation de la loi, le pacte ne peut rien ajouter davantage ; et par conséquent le pacte serait inutile. D'ailleurs, si le juge prononçant un jugement inique, assurait qu'il est très équitable, et si ce prétendu nouveau pacte n'était invalide, la controverse demeurerait indécise après la sentence prononcée, ce qui est directement contraire à la *constitution de l'arbitre,* qui a choisi des parties, en sorte qu'elles se sont obligées réciproquement de ratifier sa Dix-neuvième loi de nature, qu'on ne fait aucun pacte avec un arbitre.

sentence. Ce sera donc ici la dix-neuvième loi de nature *qu'un arbitre doit être libre en son jugement*.

<small>Vingtième loi de nature, contre l'ivrognerie et tout ce qui empêche l'usage de la raison.</small>

XXV. Au reste, vu que les lois de nature ne sont autre chose que des maximes du bon sens; de sorte que si quelqu'un ne tâche de se conserver la faculté de bien raisonner, il ne peut pas les observer; il est manifeste que celui qui fait à escient des choses qui obscurcissent l'usage de la raison, se rend de gaieté de cœur coupable envers les lois de nature. Car il n'importe que quelqu'un manque à son devoir, ou qu'il s'occupe de son bon gré à des choses qui l'empêcheront de le faire. Or est-il que ceux-là pervertissent leur raison, qui font des choses dont ils se troublent la raison, et tirent leur âme de son assiette naturelle, comme il arrive manifestement à ceux qui s'adonnent à l'*ivrognerie*, et qui s'ensevelissent dans le vin et les viandes. Donc l'ivrognerie pèche contre la vingtième loi de nature.

<small>Règle pour connaître d'abord si ce que nous ferons sera contre la loi de nature, ou non.</small>

XXVI. Peut-être que quelqu'un, qui aura remarqué l'artifice avec lequel les règles précédentes sont tirées de cette maxime fondamentale de la raison, qui nous porte naturellement à procurer notre conservation, me dira que la déduction de ces lois est si malaisée, qu'il ne faut pas s'imaginer que le vulgaire les puisse connaître, et que par conséquent elles ne l'obligeront pas. Car les lois n'obligent, et ne sont proprement lois qu'en tant qu'elles sont connues. A cela je répondrai, qu'il est vrai que l'*espérance*, que la *crainte*, la *colère*, l'*avarice*, l'*orgueil*, et les autres perturbations de l'âme empêchent, tandis qu'elles dominent, qu'on ne découvre les lois de nature. Mais au reste qu'il n'y a personne qui n'ait quelquefois de bons intervalles, et qui ne jouisse de quelque sérénité d'esprit. Alors il n'y a rien de si aisé à qui que ce soit, pour si rude et ignorant qu'il puisse être, que de connaître des lois de nature; et cela par une méthode bien courte, c'est qu'on se mette en la place de celui envers lequel on est en doute si l'on observera le droit de nature, et en ce que l'on veut entreprendre qui le touche. Car on remarquera d'abord que les passions, qui poussaient à une action, se mettant dans l'autre bassin de la balance, la tiendraient en équilibre, et empêcheront de passer outre. Cette règle non seulement est aisée, mais il n'y a rien de si connu qu'elle, témoin ce dire si commun, « *qu'il ne faut point faire à autrui ce que nous ne voudrions pas qu'on nous fît à nous-mêmes* ».

<small>Les lois de</small>

XXVII. Or, d'autant que la plupart des hommes, par

un désir déréglé qui les pousse à la recherche de leurs commodités présentes, sont peu propres à observer toutes ces lois de nature, quoiqu'ils les connaissent et les avouent : s'il arrivait que quelques-uns, plus modestes que les autres, s'adonnassent à cette équité, et à cette condescendance que la droite raison leur dicte, sans que les autres fissent le même, ils se conduiraient, à mon avis, fort déraisonnablement : car bien loin de se procurer la paix, ils se précipiteraient inconsidérément dans une ruine certaine, et se donneraient en proie à ceux qui se moquent du bon sens et de la justice. Il ne faut donc pas estimer que la nature, c'est-à-dire la raison, nous oblige à mettre en œuvre* toutes ces maximes, en cet état où les autres hommes méprisent de les pratiquer. Cependant, nous ne laissons pas d'être tenus à conserver une disposition intérieure de les mettre en usage, toutes fois et quantes que leur pratique nous conduira apparemment à la fin qu'elles se proposent. Et ainsi il faut conclure que la loi de nature oblige toujours *devant le tribunal*, comme on parle, *de la conscience :* mais non pas toujours en l'extérieur, si ce n'est lorsque cela peut se faire en toute sûreté, et sans en encourir de danger.

nature n'obligent que devant le tribunal de la conscience.

*[Toutes ces maximes.] *Voire parmi ces lois il y en a, desquelles l'omission en l'état de nature vaut mieux (pourvu qu'elle ait pour but la paix et la conservation propre) que si on les observait ponctuellement. En ces occasions, enfreindre la loi de nature, c'est en être le protecteur. Celui qui emploie toutes sortes de moyens contre ceux qui font le même, qui ôte à ceux qui ravissent, ne fait rien contre la justice. Au contraire, pratiquer en temps de guerre ce qui serait tenu en temps de paix pour une action de modestie et de modération, c'est commettre une lâcheté, et se trahir soi-même. Mais il y a de certaines lois naturelles, dont l'exercice ne cesse point, même en temps de guerre. Car je ne comprends pas à quoi servent à un homme pour le bien de la paix, et pour la conservation propre, l'ivrognerie et la cruauté, je veux dire cette vengeance qui ne regarde pas un bien avenir. En un mot, dans l'état de nature, il ne faut pas mesurer le juste et l'injuste par les actions, mais par le dessein et la conscience de celui qui les pratique. Ce qu'il faut faire nécessairement, ce qu'on fait en désirant la paix, ce à quoi on se résout pour la conservation particulière, est toujours fait avec une grande justice. Hors de là, tous les dommages qu'on cause à un homme sont autant d'enfreintes de la loi de nature, et de péchés contre la majesté divine.*

Remarque.

Qu'on viole quelquefois les lois de nature, par une action que les autres lois permettent.

XXVIII. On peut enfreindre les lois qui obligent la conscience, non seulement par une action qui leur est opposée, mais aussi par une qu'elles permettent, s'il arrive que celui qui la commet ait une opinion contraire. Car encore que l'action soit en elle-même conforme aux lois, il n'en est pas ainsi de la conscience.

Que les lois de nature sont immuables.

XXIX. *Les lois de nature sont immuables et éternelles.* Ce qu'elles ont une fois défendu ne peut jamais devenir licite; et ce qu'elles ont commandé ne peut jamais être défendu. Car il n'arrivera jamais que l'*orgueil,* que l'*ingratitude,* que l'*infidélité* ou l'*injure,* l'*inhumanité* et les *outrages* soient des choses permises, ni que les vertus opposées soient des choses défendues, si vous les prenez pour des dispositions intérieures de l'âme, c'est-à-dire si vous les considérez devant le secret ressort de la conscience, où seulement elles obligent et prennent le titre de lois. Mais bien que les actions puissent être tellement diversifiées par les circonstances et par les lois civiles, que celles qui ont été justes en une saison deviendront injustes en une autre; et que celles qu'on aura tenues en un temps pour raisonnables, seront estimées absurdes en un autre, néanmoins la raison ne change jamais cette dernière fin que nous avons établie de la *paix* et de la *défense,* ni les moyens que nous avons donnés pour y parvenir, c'est à savoir, ces vertus ou habitudes intellectuelles, qui ne peuvent être effacées par la coutume, ni abrogées par la loi civile.

Que celui est juste, qui tâche d'accomplir les lois de nature.

XXX. De tout ce discours il appert, combien les lois naturelles sont aisées à remarquer: car elles ne demandent qu'un simple, mais vrai et constant effort de la connaître. Celui qui le contribue doit être nommé *juste.* Car en ce qu'il tâche de tout son possible, et s'étudie de régler toutes les actions aux *préceptes de nature,* il montre clairement la bonne volonté qu'il a de les accomplir, qui est tout ce à quoi la nature raisonnable nous oblige. Or celui-là mérite le titre de juste, qui a fait tout ce à quoi il était obligé.

Que la loi de nature et la loi morale sont une même chose.

XXXI. Tous les auteurs demeurent d'accord en ce point, que la *loi de nature* est la même que la *loi morale.* Voyons quelles sont les raisons qui prouvent cette vérité. Il faut donc savoir que ces termes de *bien* et de *mal* sont des noms imposés aux choses, afin de témoigner le désir ou l'aversion de ceux qui leur donnent ce titre. Or les appétits des hommes sont très divers, suivant que leurs tempéraments, leurs coutumes, et leurs opinions se rencontrent divers ; comme il est tout manifeste aux choses qui tombent sous les sens, sous le goût, sous l'odorat, ou sous l'attouchement ; mais encore plus en celles qui appartiennent aux actions communes de la vie, en laquelle ce que l'un loue et nomme bon, l'autre le blâme et le tient pour mauvais ; voire, le même homme en divers temps approuve le plus souvent, et condamne la même chose. Mais de cette discordance il est nécessaire qu'il arrive des dissensions, des querelles et des batteries. Les hommes donc demeurent en l'état de guerre, tandis qu'ils mesurent diversement le bien et le mal, suivant la diversité des appétits qui domine en eux. Et il n'y en a aucun qui ne reconnaisse aisément que cet état-là, dans lequel il se voit, est mauvais, et par conséquent que la paix est une bonne chose. Ceux donc qui ne pouvaient pas convenir touchant un bien présent, conviennent en ce qui est d'un autre à venir ; ce qui est un effet de la ratiocination : car les choses présentes tombent sous les sens, mais les futures ne se conçoivent que par le raisonnement. De sorte que la raison nous dictant que la paix est une chose désirable, il s'ensuit que tous les moyens qui y conduisent ont la même qualité, et qu'ainsi la *modestie*, l'*équité*, la *fidélité*, l'*humanité*, la *clémence* (que nous avons démontrées nécessaires à la paix) sont des vertus et des habitudes qui composent les *bonnes mœurs*. Je conclus donc que la loi de nature commande les *bonnes mœurs* et la *vertu*, en ce qu'elle ordonne d'embrasser les moyens de la paix, et qu'à juste titre elle doit être nommée *loi morale*.

XXXII. Mais d'autant que les hommes ne peuvent dépouiller entièrement cet appétit brutal, qui leur fait préférer les biens présents (quoique suivis infailliblement de plusieurs accidents imprévus) aux futurs, il leur arrive qu'encore qu'ils s'accordent tous en la louange des vertus mentionnées, toutefois ils ne demeurent pas d'accord de leur nature, et de ce en quoi chacune d'elles consiste. Car dès qu'une bonne action de quelqu'un déplaît à un autre, celui-ci lui impose le nom du vice auquel elle a quelque rapport : comme au contraire les méchancetés pour lesquelles on a de la complaisance sont revêtues du nom de quelque vertu qui en approche, et qui en a de l'air, s'il le faut ainsi dire. De là vient qu'une même action est louée de ceux-ci, et est nommée vertu, pendant que ces autres lui font le procès et la nomment un vice. Mais ce qui est de plus fâcheux, c'est

D'où vient donc que ce qui a été dit de la loi de nature n'est pas le même que ce que les philosophes enseignent touchant les vertus.

que les philosophes n'ont jusqu'ici point trouvé de remède à ce désordre. Car ne prenant pas garde que la bonté des actions consiste en cet égard, et en cette ordination qu'elles retiennent au bien de la paix ; que la malice au rebours et la défectuosité des actions se trouvent en ce qu'elles tendent à la discorde, ils ont bâti une *philosophie morale*, diverse de la *loi morale*, et toute pleine de honteuses contradictions. Ils ont voulu que la nature des vertus fût posée dans une certaine *médiocrité* entre deux vices extrêmes ; et que les vices logeassent au bout de ces extrémités ; ce qui est évidemment faux. Car on loue la hardiesse, et on la tient pour une vertu sous le nom de *vaillance*, quelque extrême qu'elle puisse être, pourvu que la cause en soit approuvée. Pareillement la quantité de ce qu'on donne, grande, petite ou médiocre, n'est pas ce qui fait la libéralité, mais la cause pour laquelle on l'exerce. Ce n'est pas aussi une injustice, si je donne du mien à un autre plus que je ne dois. Je dis donc que les lois de nature ne sont autre chose que des sommaires et des abrégés de la philosophie morale, de laquelle j'ai touché en cet endroit quelques préceptes, ne m'arrêtant qu'à ceux qui regardent notre conservation contre les dangers qui naissent de la discorde. Mais il y a divers autres préceptes du bon sens outre ceux-ci, desquels se puisent quantité d'autres vertus excellentes. Par exemple, la tempérance est fondée sur une maxime de la droite raison, à cause que par l'intempérance on tombe dans des indispositions, et on abrège le cours de la vie. La vaillance aussi, qui est une faculté de résister puissamment aux dangers présents, auxquels il serait plus malaisé d'esquiver qu'il n'est difficile de les vaincre, est une vertu qui s'appuie toute sur la raison ; car elle sert de moyens pour la conservation de celui qui use de résistance.

Que la loi de nature n'est pas loi à parler proprement, sinon en tant qu'elle est contenue dans la sainte Écriture.

XXXIII. J'avoue cependant que les lois que nous avons nommées de nature, ne sont pas des lois à parler proprement, en tant qu'elles procèdent de la nature et considérées en leur origine. Car elles ne sont autre chose que certaines conclusions tirées par raisonnement touchant à ce que nous avons à faire ou à omettre : mais la *loi*, à la définir exactement, est le discours d'une personne qui avec autorité légitime commande aux autres de faire, ou de ne pas faire quelque chose. Toutefois, les lois de nature méritent d'être nommées proprement des lois, en tant qu'elles ont été promulguées dans les Écritures Saintes avec une puissance divine, comme je le ferai voir au chapitre suivant : or cette sainte Écriture est la voix de Dieu tout-puissant et très juste monarque de l'univers.

Chapitre IV

Que la loi de nature est une loi divine.

Sommaire

I. La loi de nature et morale est la loi divine. II. Ce qui est confirmé en général par l'Écriture. III. Et en particulier eu égard à la loi fondamentale de chercher la paix. IV. Et à cette autre première loi de nature, qui commande d'abolir la communauté des biens. V. Et à la deuxième, de garder la foi promise. VI. Et à la troisième, de la reconnaissance des bienfaits. VII. Et à la quatrième, de la condescendance. VIII. Et à la cinquième, de la miséricorde. IX. Et à la sixième, que les peines regardent seulement l'avenir. X. Et à la septième, contre les outrages. XI. Et à la huitième, contre l'orgueil. XII. Et à la neuvième, touchant la modestie. XIII. Et à la dixième, contre l'acception des personnes. XIV. Et à la onzième, de posséder en commun ce qui ne se peut diviser. XV. Et à la douzième, touchant la division par sort. XVI. Et à la quinzième, touchant le choix d'un arbitre. XVII. Et à la dix-septième, que les arbitres ne doivent point tirer de récompense de leur jugement. XVIII. Et à la dix-huitième, touchant l'usage des témoins. XIX. Et à la vingtième, contre l'ivrognerie. XX. Eu égard aussi à ce qui a été dit, que la loi de nature était éternelle. XXI. Et qu'elles regardaient la conscience. XXII. Qu'elles étaient aisées à observer. XXIII. Enfin eu égard à cette règle, par laquelle on peut connaître d'abord si quelque chose est contre la loi de nature, ou non. XXIV. Que la loi de Christ est la loi de nature.

I. Ce n'est pas sans sujet qu'on nomme la *loi naturelle et morale, divine*. Car la raison, qui n'est autre chose que la loi de nature, est un présent que Dieu a fait immédiatement aux hommes, pour servir de règle à leurs

La loi de nature et morale est la loi divine.

actions. Et les préceptes de bien vivre qui en dérivent, sont les mêmes que la majesté divine a donnés pour lois de son royaume céleste, et qu'il a enseignés en la révélation de la grâce par notre Seigneur Jésus-Christ, par ses saints prophètes, et par les bienheureux apôtres. Je tâcherai donc en ce chapitre de confirmer par des passages de la sainte Écriture les conclusions que j'ai tirées ci-dessus par mon raisonnement touchant la loi de nature.

Ce qui est confirmé en général par l'Écriture.

II. Et tout premièrement je recueillerai les passages dans lesquels il est dit que la loi divine est fondée sur le bon sens et la droite raison. Psal. 37, 30, 31. *La bouche du juste devisera de sapience, et sa langue prononcera ce qui est de droit. La loi de son Dieu est en son cœur.* Jerem. 31, 33. *Je mettrai ma loi au-dedans d'eux, et l'écrirai en leur cœur.* Psal. 19, 8. *La loi de l'Éternel est entière, restaurant l'âme: le témoignage de l'Éternel est assuré, donnant sapience au simple.* 9. *Les commandements de l'Éternel sont droits, réjouissant le cœur : le commandement de l'Éternel est pur, faisant que les yeux voient.* Deut. 30, 11. *Ce commandement ici que je te commande aujourd'hui n'est point trop haut pour toi, et n'en est point loin.* 14. *Car cette parole est fort près de toi, en ta bouche, et en ton cœur, pour la faire.* Psal. 119, 34. *Donne-moi intelligence, et je garderai ta loi, et l'observerai de tout mon cœur.* 105. *Ta parole sert de lampe à mon pied, et de lumière pour mon sentier.* Prov. X. *Des lèvres de l'homme entendu se trouve la sapience. Les sages sont réserve de science. La langue du juste est argent d'élite. Les lèvres du juste en repaissent plusieurs.* En S. Jean, chap. I, Christ le promulgateur de la loi de grâce est nommé la *parole;* et au verset 9, il est dit *la vraie lumière qui illumine tout homme venant au monde.* Toutes lesquelles façons de parler sont des descriptions de la *droite raison,* dont nous avons montré ci-dessus que les maximes étaient des *lois naturelles.*

Et en particulier, eu égard à la loi fondamentale de rechercher la paix.

III. Or que cette loi fondamentale de nature, à savoir, *qu'il faut rechercher la paix,* soit aussi un sommaire de la loi divine, il est tout manifeste par les passages suivants. Rom. 3, 17. *La justice* (qui est un abrégé de la loi) est nommée *la voie de paix.* Psal. 85, 11. *Justice et paix se sont entrebaisées.* Matth. 5, 9. *Bienheureux sont ceux qui procurent la paix; car ils seront appelés enfants de Dieu.* Et S. Paul en l'épître aux Hébreux chap. VI, verset dernier, après avoir dit de Jésus-Christ notre législateur, *qu'il était fait souverain sacrificateur éternelle-*

LA LIBERTÉ 131

ment à la façon de Melchisédech, ajoute ensuite, *que ce Melchisédech était roi de Salem, Sacrificateur du Dieu souverain.* Et au verset 2, il dit *que le premier titre est interprété roi de justice, et puis aussi roi de Salem, c'est-à-dire, roi de paix.* D'où il appert que Christ en son royaume, rassemble en un la paix et la justice. Ps. 33, 15. *Détourne-toi du mal, et fais le bien, cherche la paix et la poursuis.* Isa. 9, 5. *L'enfant nous est né, le fils nous a été donné, et l'empire a été posé sur son épaule, et on appellera son nom l'Admirable, le Conseiller, le Dieu fort et puissant, le père d'Éternité, le prince de Paix.* Isa. 52, 7. *Combien sont beaux sur les montagnes les pieds de celui qui apporte bonnes nouvelles, et qui publie la paix, qui apporte bonnes nouvelles touchant le bien, et qui publie le salut, qui dit à Sion ton Dieu règne.* Luc 2, 14. En la nativité de notre Seigneur, les anges chantent ce cantique, *gloire soit à Dieu, ès cieux très hauts, et en terre, paix envers les hommes de bonne volonté.* En Isa. 53, l'Évangile est nommé la *doctrine de paix;* et au chap. 59, 8, la *justice* est dite le chemin de la paix. *Ils ne connaissent point le chemin de paix, et en leurs caractères il n'y a point de jugement.* Michée 5, 5, parlant du Messie, dit : *il se maintiendra, et gouvernera par la force de l'Éternel, et avec la magnificence du nom de l'Éternel son Dieu. Il sera magnifié jusques aux bouts de la terre, et celui-là sera la paix.* Prov. 31. *Mon fils, ne mets point en oubli mon enseignement, et que ton cœur garde mes commandements, car ils t'apporteront longueur de jours, et années de vie, et prospérité.*

IV. Quant à ce qui touche la première loi, d'ôter la communauté de toutes choses, et d'introduire le *mien* et le *tien,* les discours d'Abraham à Loth nous enseignent combien cette communauté est préjudiciable à la paix, Gen. 13, 8. *Je te prie qu'il n'y ait point de débat entre moi et toi, ni entre mes pasteurs et les tiens. Car nous sommes frères. Tout le pays n'est-il pas à ton commandement? Sépare-toi, je te prie, d'avec moi.* D'ailleurs, tous les passages de l'Écriture sainte où l'invasion du bien d'autrui est défendue : comme, *tu ne tueras point; tu ne déroberas point; tu ne paillarderas point,* prouvent la distinction des biens : car ils supposent *que le droit de tous sur toutes choses est ôté.*

<small>Et à cette autre première loi de nature, qui commande d'abolir la communauté des biens.</small>

V. Les mêmes commandements établissent la deuxième loi de nature qui regardent la foi promise. Car qu'est-ce autre chose, *tu n'envahiras point le bien d'autrui,* que de dire, tu n'envahiras point ce qui a cessé

<small>Et à la deuxième, de garder la foi promise.</small>

d'être à toi par ton contrat? Mais le passage du psaume 15, 5, est formel sur cette matière ; *Éternel*, demande le prophète, *qui est-ce qui séjournera en ton tabernacle?* Et il lui est répondu : *celui qui chemine en intégrité, et que s'il a juré, fût-ce à son dommage, il n'en changera rien.* Prov. 6, 1. *Mon fils, si tu as pleigé quelqu'un envers ton intime ami, ou si tu as frappé en la paume à l'étranger, tu es enlacé par les paroles de ta bouche.*

Et à la troisième, de reconnaissance des bienfaits.

VI. Les passages suivants confirment la troisième loi contre l'ingratitude. Deut. 25, 4. *Tu n'emmuselleras point le bœuf lorsqu'il foule le grain.* Ce que l'apôtre S. Paul applique aux hommes, 1. Cor. 9, 9, et Salomon Prov. 17, 13. *Celui qui rend le mal pour le bien, le mal ne départira point de sa maison.* Et Deut. 20, 10, 11. *Quand tu approcheras d'une ville pour la combattre, tu lui présenteras la paix. Lors si elle te fait réponse de paix, et t'ouvre les portes, tout le peuple qui se trouvera en icelle, te sera tributaire, et te servira.* Prov. 3, 29. *Ne machine point de mal contre ton prochain, vu qu'il habite en assurance avec toi.*

Et à la quatrième, de la condescendance.

VII. Quant à la loi de la condescendance et de la courtoisie, ces commandements divins s'y conforment. Exod. 23, 4, 5. *Si tu rencontres le bœuf de ton ennemi, ou son âne égaré, tu ne faudras point de le lui ramener. Si tu vois l'âne de celui qui te hait, gisant sous son fardeau, tu te déporteras de le lui laisser là, tu le relèveras avec lui.* Vers. 9. *Tu n'opprimeras point l'étranger.* Prov. 3, 30. *N'ayez point de procès sans occasion avec aucun, sinon qu'il t'ait fait le premier quelque mal.* Prov. 12, 26. *Celui-là est juste qui néglige son bien propre pour l'amour de son prochain.* Prov. 15, 18. *L'homme furieux émeut, débat ; mais l'homme tardif à colère apaise la noise.* Prov. 18, 24. *Que l'homme ayant des intimes amis se tienne à leur amitié ; vu qu'il y a tel ami qui est plus conjoint que le frère.* Ce que la parabole du Samaritain, qui eut pitié du Juif blessé par les voleurs, confirme en S. Luc, chap. 10. Et à quoi regarde le commandement de Christ, Matthieu, 5, 39. *Ne résiste point au mal : mais si aucun te frappe en ta joue droite, tourne-lui aussi l'autre, etc.*

Et à la cinquième, de la miséricorde.

VIII. Je n'alléguerai que deux passages d'une infinité qu'il s'en trouve pour confirmation de la cinquième loi. Matth. 6, 15. *Si vous quittez aux hommes leurs offenses, aussi votre père céleste vous quittera les vôtres : mais si vous ne quittez point aux hommes leurs offenses, aussi votre père ne vous quittera point vos offenses ;* et 18, 24. *Seigneur, jusqu'à combien de fois mon frère péchera-t-il contre moi, et je lui pardonnerai? sera-ce bien jusqu'à sept fois?* à quoi Jésus répond : *je ne te dis point jusqu'à sept fois,* mais *jusqu'à sept fois septante fois.* C'est-à-dire, aussi souvent qu'il t'offensera, il faut que tu lui pardonnes.

IX. Les passages, qui commandent d'exercer la miséricorde, servent à confirmer la sixième loi, comme ceux-ci, Matth. 5, 7. *Bienheureux sont les miséricordieux, car miséricorde leur sera faite.* Lévit. 19, 18. *Tu n'useras point de vengeance et ne la garderas point aux enfants de ton peuple.* Il y en a qui estiment que cette loi, non seulement n'est point confirmée par les Saintes Écritures, mais qu'elle y est grandement affaiblie, en ce que les pécheurs y sont menacés d'une mort éternelle après cette vie, lorsqu'il n'y a plus de lieu à la repentance, ni de prétexte à l'exemple. Quelques-uns répondent à cette objection, en disant que Dieu n'étant astreint à aucune loi, peut rapporter tout à sa gloire ; ce qui n'est pas permis aux hommes. Mais il semblerait par là, que Dieu serait bien désireux de gloire, s'il se plaisait à la mort du pécheur pour y satisfaire. La réponse est beaucoup meilleure, que l'institution d'une peine éternelle a été faite avant le péché et à dessein tant seulement de faire à l'avenir appréhender aux hommes de le commettre.

Et à la sixième, que les peines regardent seulement l'avenir.

X. Les paroles de Christ, Matth. 5, 22, prouvent la septième loi contre les outrages, *mais je vous dis, moi, que quiconque se courrouce à son frère sans cause, sera punissable par jugement, et qui dira à son frère, Raca, sera punissable par conseil, et qui lui dira fou, sera punissable par la gêne du feu, etc.* Prov. 10, 18. *Celui qui met en avant choses diffamatoires, est fou.* Prov. 14, 21. *Qui méprise son prochain se fourvoie du droit chemin,* 15, 1. *La douce réponse apaise la fureur.* 12. *Rejette le moqueur et tu te délivreras de noise, les causes des débats sortiront avec lui.*

Et à la septième, contre les outrages.

XI. Les lieux suivants établissent la huitième loi, de reconnaître l'égalité naturelle des hommes et par conséquent de se tenir dans l'humilité. Matth. 5, 3. *Bienheureux sont les pauvres en esprit ; car le royaume des Cieux est à eux.* Prov. 6, 16. *Dieu hait ces six choses, voire sept lui sont en abomination, les yeux hautains, etc.* 16, 5. *L'Éternel a en abomination tout homme hautain de cœur ; de main en main il ne demeurera point impuni.* 11, 2. *L'orgueil est-il venu? aussi est venu l'ignominie : mais la sagesse est avec ceux qui sont modestes.* En Isaïe 40, 3, là où l'avènement du Messie est annoncé, pour préparation à son règne, la

Et à la huitième, contre l'orgueil.

voix de celui qui crie au désert est, *accoûtrez le chemin de l'Éternel, dressez parmi les landes les sentiers de notre Dieu. Toute vallée sera comblée, et toute montagne et coteau seront abaissés.* Ce qui sans doute se rapporte et se doit entendre des hommes, et non pas des montagnes.

Et à la neuvième, touchant la modestie.

XII. Mais cette *équité*, que nous avons mise comme la neuvième loi de nature, et par laquelle il nous est commandé de laisser aux autres les mêmes droits que nous prenons pour nous, ce qui comprend toutes les autres lois particulières; celle-ci, dis-je, se trouve dans ces paroles de Moïse, Lév. 19, 18. *Tu aimeras ton prochain comme toi-même.* Et dans ces autres que notre Sauveur donne pour un sommaire de la loi morale à celui qui lui demandait, Matth. 22, 36. *Maître, lequel est le grand commandement de la loi ? Tu aimeras le Seigneur ton Dieu de tout ton cœur, etc. celui-ci est le premier et le grand commandement. Et le second semblable à icelui-ci est : tu aimeras ton prochain comme toi-même. De ces deux commandements dépendent toute la loi et les prophètes.* Or est-il qu'aimer son prochain comme soi-même n'est autre chose que lui permettre tout ce dont on prend la licence.

Et à la dixième, contre l'acception des personnes.

XIII. La dixième loi défend l'*acception des personnes*, ce que les lieux qui suivent font pareillement, Matth. 5, 45. *Afin que vous soyez enfants de votre père qui est aux Cieux : car il fait lever son soleil sur bons et mauvais et envoie la pluie sur justes et injustes.* Coloss. 3, 11. *Là où il n'y a ni grec, ni juif, ni circoncision, ni prépuce, ni barbare, ni scythe, ni serf, ni franc : mais Christ y est tout en tous.* Act. 10, 34. *En vérité j'aperçois que Dieu n'a point d'égard à l'apparence des personnes.* 2. Chron. 19, 7. *Il n'y a point d'iniquité en l'Éternel notre Dieu, ni acception de personnes.* Ecclés. 35, 16. *Le Seigneur est juge et n'a point d'égard à l'apparence de dehors.* Rom. 2, 11. *Envers Dieu il n'y a point d'égard à l'apparence des personnes.*

Et à la onzième, de posséder en commun ce qui ne se peut diviser.

XIV. Quant à la onzième loi qui ordonne de *posséder en commun les choses qui ne peuvent être divisées*, je ne sais si elle se trouve formellement exprimée dans les Saintes Écritures : mais la pratique en est ordinaire en l'usage des puits, des chemins, des rivières, des choses sacrées, etc. Et les hommes ne sauraient vivre autrement.

Et à la douzième, touchant la division par sort.

XV. J'ai mis pour la douzième loi de nature, que les choses qui ne peuvent être divisées ni possédées en commun, doivent être adjugées à quelqu'un par sort : ce que l'exemple de Moïse confirme amplement au livre des nombres, où la terre promise est partagée par sort

LA LIBERTÉ

aux tribus d'Israël. Et aux Actes 1, les apôtres reçoivent Matthias en leur compagnie, après avoir jeté le sort, et prié en ces termes : *Toi, Seigneur, qui connais les cœurs de tous, montre lequel de ces deux tu as élu;* et au liv. des Prov. 16, 33. *On jette le sort,* dit le sage, *au giron : mais tout ce qui en doit advenir est de par l'Éternel.* Et quant à la treizième loi, la succession était due à Esaü, comme à l'aîné des enfants d'Isaac, s'il n'eût vendu son droit d'aînesse à Jacob son frère, Genès. 25, 30, ou si son père n'en eût disposé autrement.

XVI. Saint Paul écrivant aux Corinthiens, en sa première Épître, ch. VI, reprend les chrétiens de cette ville-là, de ce qu'ils plaidaient entre eux par-devant des juges infidèles et leurs ennemis disant qu'ils commettaient une grande faute de ne pas aimer mieux souffrir quelque injure, ou quelque dommage ; ce qui était pécher contre la loi, que de s'accommoder ensemble par des voies de condescendance réciproque. Mais vous me direz, s'il arrive qu'on soit en différend touchant des choses nécessaires à la vie, que faut-il que l'on fasse ? L'apôtre répondra pour moi au vers. 5. *Je le dis à votre honte : est-il ainsi qu'il n'y ait point de sages entre vous, non pas un seul, qui puisse juger entre ses frères.* Par où il confirme la quinzième loi de nature, à savoir : qu'en des différends inévitables, il faut que les parties choisissent un arbitre, ni l'un ni l'autre ne pouvant être juge en sa propre cause, comme il est porté en la seizième loi.

Et à la quinzième, touchant le choix d'un arbitre.

XVII. Or, que le juge ou l'arbitre doit être incorruptible et ne recevoir aucun présent de sa sentence, suivant la dix-septième loi, il appert des passages, Exod. 23, 8. *Tu ne prendras point de dons : car le don aveugle les clairvoyants et renverse les paroles des justes.* Ecclésiast. 10, 30. *Les dons et présents aveuglent les yeux des sages et sont ainsi qu'un mors en leur bouche, qui les gardent d'user de répréhension.* D'où il s'ensuit que l'arbitre n'est point obligé de considérer une partie plus que l'autre, suivant la loi dix-neuvième. Deut. 1, 17. *Vous n'aurez point d'égard à l'apparence de la personne en jugement, vous aurez autant le petit comme le grand ;* ce que l'on doit conclure pareillement des passages qui sont contre l'acception des personnes.

Et à la dix-septième, que les arbitres ne doivent point tirer de récompense de leur jugement.

XVIII. Qu'en une question du *fait* il faille employer des *témoins,* suivant la dix-huitième loi, l'Écriture en rend des témoignages bien manifestes. Deuter. 17, 6. *On fera mourir celui qui doit mourir sur la parole de deux ou*

Et à la dix-huitième, touchant l'usage des témoins.

de trois témoins. Ce qui est répété au chap. XIX du même livre.

Et à la vingtième, contre l'ivrognerie.

XIX. L'ivrognerie, que j'ai mise parmi les enfreintes de la loi de nature en dernier rang, à cause qu'elle empêche l'usage du bon sens, est pour la même raison défendue dans la Sainte Écriture, Prov. 20, 1. *Le vin est moqueur et la cervoise est mutine, et quiconque excède en iceux n'est pas sage*. Et au chap. 31, 4, 5. *Ce n'est point aux rois de boire le vin, ni aux princes de boire la cervoise, de peur qu'ayant bu, ils n'oublient ce qui est ordonné et qu'ils ne pervertissent le droit de tous les pauvres affligés*. Et pour montrer que le défaut de ce vice consiste formellement en ce qu'il trouble le jugement et empêche l'usage de la droite raison, et non pas en la quantité du vin que l'on prend, Salomon ajoute au verset suivant : *donnez la cervoise à celui qui s'en va périr et le vin à ceux qui ont le cœur outré ; afin qu'il en boive et qu'il oublie sa pauvreté, et ne se souvienne plus de sa peine*. Notre Seigneur défend l'ivrognerie à ses disciples par la même raison, Luc, 21, 34. *Prenez garde à vous-mêmes, que d'aventure vos cœurs ne soient grevés de gourmandise et d'ivrognerie*.

Eu égard aussi à ce qui a été dit, que la loi de nature était éternelle.

XX. Je prouve d'un passage de Saint Matthieu, 5, 18, ce que j'ai dit au chapitre précédent, que *la loi de nature est éternelle*. *En vérité, je vous dis, que jusqu'à ce que le ciel sera passé et la terre, un iota ou un seul point de la loi ne passera* : et du ps. 119, 160. *Toute l'ordonnance de ta justice est à toujours*.

Et qu'elles regardaient la conscience.

XXI. J'ai dit aussi que les lois de nature regardaient la *conscience*, c'est-à-dire qu'elles rendaient juste celui qui tâchait de tout son possible de les accomplir. Et que celui qui aurait ponctuellement observé en l'extérieur tout ce que les lois ordonnent, non parce qu'elles le commandent, mais de crainte de la peine dont elles menacent, ou à cause de la gloire qu'elles promettent, ne laisserait pas d'être véritablement injuste. Ce que je m'en vais confirmer par des passages de la Bible, Isaïe, 55, 7. *Que le méchant délaisse son train et l'homme outrageux ses pensées : et qu'il retourne à l'Éternel, et il aura pitié de lui*, Ezéch. 18, 31. *Jetez arrière de vous vos forfaits, par lesquels vous avez forfait, et vous faites un nouveau cœur et un esprit nouveau ; et pourquoi mourriez-vous, ô maison d'Israël ?* Desquels et semblables lieux on peut aisément entendre, que Dieu ne punira point les actions de ceux qui ont le cœur droit, suivant ce qui est porté en Isaïe 29, 13. *Par quoi le Seigneur dit, pour ce que ce*

LA LIBERTÉ

peuple-ci s'approche de moi de sa bouche et m'honore de ses lèvres : mais il a éloigné son cœur arrière de moi, pourtant voici, etc. Matth. 5, 20. *Car je vous dis, si votre justice ne surpasse celle des Scribes et Pharisiens, vous n'entrerez nullement au royaume des cieux.* Ensuite de quoi, notre Sauveur explique comment c'est qu'on enfreint les commandements de Dieu, non seulement par des actions extérieures, mais aussi par des intérieures dispositions de la volonté. Car les Scribes et les Pharisiens observent étroitement la loi en l'extérieur : mais ce n'était qu'en espérant de la gloire qui leur en revenait, hors de laquelle ils n'eussent point fait de difficulté de l'enfreindre. Il y a une infinité d'autres endroits dans les Saintes Écritures, qui témoignent manifestement que Dieu accepte la volonté pour l'effet, tant aux bonnes qu'aux mauvaises actions.

XXII. Or, que la loi de nature soit aisée à observer, Christ le déclare en S. Matth. 11, 28, 29, 30. *Venez à moi, vous tous qui êtes travaillés et chargés, et je vous soulagerai. Chargez mon joug sur vous, et apprenez de moi que je suis débonnaire et humble de cœur, et vous trouverez repos en vos âmes ; car mon joug est aisé et mon fardeau est léger.*

<small>Qu'elles étaient aisées à observer.</small>

XXIII. Enfin cette méthode par laquelle j'ai dit que chacun peut connaître, si ce qu'il veut faire sera contre la loi de nature ou non, et qui est contenue en cette sentence : *ne fais point à autrui, ce que tu ne voudrais point qu'on te fît,* se trouve presque en mêmes termes en S. Matth. 7, 12. *Toutes les choses que vous voulez que les hommes vous fassent, faites-les leur aussi semblablement.*

<small>Enfin eu égard à cette règle par laquelle on peut connaître d'abord, si quelque chose est contre la nature, ou non.</small>

XXIV. Comme la loi de nature est toute *divine :* aussi la loi de Christ, qui se voit expliquée en S. Matth. chap. 5, 6, 7, est la doctrine que la nature nous enseigne. Je n'en excepte que ce commandement qui défend d'épouser une femme délaissée pour cause d'adultère et que Jésus-Christ apporte en exemple de la loi divine positive, contre les Juifs qui interprétaient mal celle de Moïse. Je dis que toute la *loi* de Christ est expliquée aux chapitres allégués, et non pas toute sa *doctrine :* car je mets de la différence entre ces deux choses ; la *foi* étant une partie de la doctrine chrétienne qui ne peut pas être comprise sous le nom de la *loi*. D'ailleurs les lois sont données pour régler les actions de notre volonté et ne touchent point à nos *opinions*. Les matières de la *foi* et qui regardent la créance, ne sont pas de la juridiction de notre volonté et sont hors de notre puissance.

<small>Que la loi de Christ est la loi de nature.</small>

SECTION DEUXIÈME

L'EMPIRE

Chapitre V

*Des causes et comment se sont formées
les sociétés civiles.*

Sommaire

I. Que les lois naturelles ne sont suffisantes pour l'entretien de la paix. II. Que les lois naturelles se taisent en l'état de nature. III. Que l'assurance qu'on a de vivre suivant les lois de nature, dépend de la concorde de plusieurs personnes. IV. Que cette concorde de plusieurs personnes n'est pas assez ferme pour établir une longue paix. V. Pourquoi c'est que la concorde suffit seule à entretenir un bon ordre parmi quelques animaux irraisonnables, et pourquoi elle n'a pas le même pouvoir parmi les hommes. VI. Qu'il ne suffit pas pour entretenir la paix parmi les hommes d'un simple consentement : mais qu'il leur faut une plus forte union. VII. Ce que c'est que l'union que je désire. VIII. En l'union, le droit commun se donne à un seul. IX. Ce que c'est qu'une société civile. X. Ce que j'entends par une personne civile. XI. Ce que c'est d'avoir la puissance suprême et être sujet. XII. Deux sortes de sociétés civiles : la naturelle et celle que les hommes ont établie.

I. C'est une chose évidente de soi-même, que toutes les actions que les hommes font, en tant qu'hommes, viennent de leur volonté et que cette volonté est gouvernée par l'espérance et par la crainte ; de sorte qu'ils se portent aisément à enfreindre les lois, toutes fois et quantes que, de cette enfreinte, ils peuvent espérer qu'il

<small>Que les lois de nature ne sont pas suffisantes pour l'entretien de la paix.</small>

leur en réussira un *plus grand bien*, ou qu'il leur en arrivera un *moindre mal*. Par ainsi, toute l'espérance que quelqu'un a d'être en sûreté, et de bien établir sa conservation propre, est fondée en la force et en l'adresse, par lesquelles il espère d'éluder ou de prévenir les desseins de son prochain, ce qui prouve que les lois de nature n'obligent pas une personne à les observer incontinent qu'elles lui sont connues, comme si elles lui promettaient toute sorte de sûreté : mais que tandis que nous n'avons point d'autre précaution contre l'invasion d'autrui, nous devons nous tenir sur nos gardes, et jouir de ce *premier droit* que la nature nous donne *sur toutes choses*, et qui nous laisse dans l'*état de guerre* : car il suffit à quelqu'un pour accomplir la *loi de nature*, qu'il ait une disposition intérieure à la paix, lorsqu'il ne tiendra point aux autres qu'elle ne soit entretenue.

Que les lois naturelles se taisent en l'état de nature.

II. C'est un dire commun, que *les lois se taisent là où les armes parlent*, et qui n'est pas moins vrai de la loi de nature, que des lois civiles, si l'on regarde aux actions d'une personne ; plutôt que dans le fonds de son âme, (comme il appert de l'article XXVII du chapitre III), et si l'on considère les hommes en cet état de guerre, où ils sont tous armés naturellement les uns contre les autres. A la vérité, aux guerres qui se font de nation contre nation, il y a quelque réserve à faire ; et on a vu jadis en cette forme de vie, qui n'était que piraterie et brigandage, quelque espèce d'économie qui y était observée. Ces fameux voleurs pratiquaient cela, qu'enlevant tout ce qu'ils rencontraient, ils épargnaient la vie des personnes, et leur laissaient leurs bœufs et leurs instruments d'agriculture. L'état des choses humaines les tirait du blâme d'enfreindre la loi de nature, et ce n'était pas sans quelque gloire qu'ils exerçaient leurs rapines, pourvu qu'ils s'abstinssent des cruautés de la guerre. Toutefois, je n'avance pas cette clause comme si j'estimais qu'en l'état de nature les hommes soient obligés à aucunes lois de douceur et d'humanité ; mais parce que la cruauté étant un effet de la crainte, ceux qui l'exercent effacent toute la gloire de leurs plus belles actions.

Que l'assurance qu'on a de vivre suivant les lois de nature dépend de la concorde de

III. Puis donc qu'il est nécessaire pour l'entretien de la paix, de mettre en usage les *lois de nature*, et que cette pratique demande préalablement des *assurances* certaines, il faut voir d'où c'est que nous pourrons avoir cette *garantie*. Il ne se peut rien imaginer pour cet effet, que de donner à chacun de telles précautions, et de laisser prémunir d'un tel secours, que l'invasion du bien d'autrui soit rendue si dangereuse à celui qui la voudrait entreprendre, que chacun aime mieux se tenir dans l'ordre des lois, que de les enfreindre. Mais il est évident que le consentement de deux ou de trois personnes ne peut pas causer des assurances bien fermes, et telles que nous demandons, à cause que contre une si petite ligue il s'en trouverait aisément une plus forte ennemie, qui oserait tout entreprendre, sur l'espérance qu'elle aurait d'une victoire infaillible. C'est pourquoi il est nécessaire, afin de prendre de meilleures assurances, que le nombre de ceux qui forment une ligue défensive soit si grand, qu'un petit surcroît qui surviendra aux ennemis ne soit pas considérable, et ne leur rende pas la victoire infaillible.

plusieurs personnes.

IV. Mais quelque grand que soit le nombre de ceux qui s'unissent pour leur défense commune, ils n'avanceront guère, s'ils ne sont pas d'accord des moyens les plus propres, et si chacun veut employer ses forces à sa fantaisie. Les avis différents qu'ils apporteront aux délibérations leur serviront d'obstacle. Et bien que quelquefois l'espérance de la victoire, du butin ou de la vengeance, les fasse concourir en la résolution de quelque dessein ; toutefois quand il faudra ensuite en venir à l'exécution, les conseils ne seront pas moins divers que les esprits, l'émulation et l'envie, si ordinaires parmi les hommes, se mettront à la traverse et feront en sorte qu'ils ne se prêteront aucune assistance mutuelle, et qu'à peine ils voudront demeurer en paix entre eux-mêmes, si la crainte de quelque ennemi commun ne fait suspendre l'effet de leur mésintelligence. D'où je tire cette conséquence, que le *consentement* de plusieurs têtes (que je fais consister en cela seulement, qu'ils dirigent toutes leurs actions à une même fin et à un *bien commun*) qu'une ligue simplement défensive, ne donne pas aux confédérés une pleine assurance d'observer entre eux les lois de nature ci-dessus rapportées ; mais qu'il est de besoin qu'il survienne quelque chose de plus pressant, afin que ceux qui auront une fois prêté leur consentement à la paix, et à un secours réciproque pour le *bien public*, n'entrent après cela derechef en dissension, lorsque leur intérêt particulier et celui du public se trouveront contraires. Il faut, dis-je, qu'il y ait quelque crainte qui les empêche de tomber dans ce désordre.

Que cette concorde de plusieurs personnes n'est pas assez ferme pour établir une longue paix.

Pourquoi c'est que la concorde suffit seule à entretenir un bon ordre parmi quelques animaux irraisonnables, et pourquoi c'est qu'elle n'a pas le même pouvoir parmi les hommes.

V. Aristote range parmi les animaux *politiques* et sociables, les hommes, les fourmis, les abeilles, et plusieurs autres qui, bien que privés de l'usage de la raison, par lequel ils se puissent soumettre à la police, et faire des contrats, ne laissent pas en prêtant leur consentement quand il s'agit de fuir ou de poursuivre quelque chose, de diriger leurs actions à une fin commune et de maintenir leur troupe en une si grande tranquillité, qu'on n'y voit jamais arriver de sédition, ni de tumulte. Leurs assemblées pourtant ne méritent point le nom de *sociétés civiles*, et ils ne sont rien moins qu'animaux politiques; car la forme de leur gouvernement n'est que le consentement ou le concours de plusieurs volontés vers un même objet; et non pas (comme il est nécessaire en une véritable société civile) une seule volonté. Il est vrai qu'en ces créatures-là dénuées de raison, et qui ne se conduisent que par les sens et les appétits, ce consentement est si ferme, qu'elles n'ont pas besoin d'autre ciment pour maintenir entre elles la concorde et rendre leur bonne intelligence éternelle. Mais il n'en est pas de même des hommes; car, premièrement, il y a entre eux une certaine dispute d'honneur et de dignité, qui ne se rencontre point parmi les bêtes. Et comme de cette contestation naît la *haine* et l'*envie*, aussi de ces deux noires passions viennent les troubles et les guerres qui arment les hommes les uns contre les autres. Les bêtes n'ont rien à craindre de ce côté-là. Secondement, les appétits naturels des fourmis, des abeilles, et de tels autres animaux, sont tous conformes, et se portent à un bien commun, qui ne diffère en rien de leur bien particulier : mais les hommes ont presque tous ce mauvais génie, qu'à peine estiment-ils qu'une chose soit bonne, si celui qui la possède n'en jouit de quelque prérogative par-dessus ses compagnons, et n'en acquiert quelque degré d'excellence particulière. En troisième lieu, les animaux privés de raison ne voient ou ne s'imaginent pas de voir quelque défaut en leurs polices : mais en une république, pour si petite qu'elle soit, il se trouve toujours diverses personnes qui croient savoir plus que les autres, qui abondent en leur sens, et qui, par leurs innovations, font naître les guerres civiles. En quatrième lieu, quoique les bêtes aient quelque petit usage de la voix pour exprimer leur passions entre elles; si est-ce qu'il leur manque cet art du discours, si nécessaire pour exciter dans l'âme les troubles et les tempêtes.

Elles ne savent pas représenter le bien et le mal plus grands qu'ils ne sont en effet. Mais l'homme a une langue, qui est, à dire le vrai, une trompette de sédition et une allumette de la guerre; ce qui a fait dire à quelqu'un, en parlant de Périclès, qu'il tonnait, qu'il foudroyait et qu'il mettait toute la Grèce en combustion par ses harangues. En cinquième lieu, les bêtes ne font point de distinction entre les *injures* et les *dommages*, c'est pourquoi elles laissent leurs compagnons en repos, pourvu qu'ils ne fassent rien qui les incommode. Mais parmi les hommes, les plus grands perturbateurs de la tranquillité publique, sont ceux qui vivent dans un plus profond loisir : car on ne s'amuse guère à contester du point d'honneur, qu'on n'ait vaincu la faim, la soif et les autres incommodités de la vie. Enfin je dirais que le consentement ou la concorde que nous voyons parmi les bêtes est naturelle; là où celle des hommes est contractée, et par conséquent artificielle. Ce n'est donc pas de merveille s'ils ont besoin de quelque chose de plus pour vivre en paix. D'où je conclus, que le consentement prêté, ou la *société* contractée, sans une puissance supérieure et générale qui tienne les particuliers dans la crainte de la peine, ne suffit point pour donner aux hommes les assurances et les précautions qu'ils doivent avoir avant de venir à l'exercice de la *justice naturelle*, c'est-à-dire des lois de nature que nous avons établies.

VI. Puis donc que la *conspiration* de plusieurs volontés tendantes à une même fin ne suffit pas pour l'entretenement de la paix [6], et pour jouir d'une défense assurée; qu'il faut qu'il y ait *une seule volonté* de tous, qui donne ordre aux choses nécessaires pour la manutention de cette paix et de cette commune défense. Or cela ne se peut faire, si chaque particulier ne soumet sa volonté propre à celle d'un certain autre, ou d'une certaine assemblée, dont l'avis sur les choses qui concernent la paix générale soit absolument suivi et tenu pour celui de

Qu'il ne suffit pas pour entretenir la paix parmi les hommes d'un simple consentement mais qu'il leur faut une plus forte union.

6. Par cet impératif, Hobbes prélude à la *Rechtslehre* en laquelle Kant exprimera l'appel à la raison comme l'impératif catégorique du politique : «*Il faut sortir de l'état de nature.*» Cependant, Kant, apparemment en accord avec Hobbes, lui reprochera son rationalisme empiriste, dans lequel il a manqué totalement, à son dire, le caractère transcendantal du contrat qui ne peut être fondateur de la société civile que parce qu'il est une Idée pure *a priori* de la raison (*Théorie et Pratique*, Section II, *Contre-Hobbes*).

tous ceux qui composent le corps de la république. Je définis ce conseil, une assemblée de plusieurs personnes qui délibèrent de ce qu'il faut faire, ou ne pas faire, pour le bien commun de tous les concitoyens.

Ce que c'est que l'union que je désire.

VII. Cette *soumission de la volonté* de tous les particuliers *à celle d'un homme seul*, ou d'une assemblée, arrive lorsque chacun témoigne qu'il s'oblige à ne pas résister à la volonté de cet *homme* ou de cette *cour*, à laquelle il s'est soumis ; et cela en promettant qu'il ne lui refusera point son secours, ni l'usage de ses moyens contre quelque autre que ce soit (car on ne peut pas se dessaisir du droit naturel de se défendre, ni prêter la main contre soi-même), ce qui se nomme proprement *union*. Or, on entend que ce qui est l'avis de la plus grande partie du *conseil*, soit l'avis de toute l'assemblée.

En l'union le droit commun se donne à un seul.

VIII. Mais bien que la *volonté* ne puisse pas être dite volontaire et qu'elle soit tant seulement le principe des actions auxquelles on donne ce titre (car on ne veut pas vouloir et on ne veut que ce qu'il faut faire) ; et que par conséquent on ne puisse point faire d'accord, ni entrer en délibération des actes de la volonté ; si est-ce que celui qui soumet sa volonté à celle d'un autre, lui fait transport du droit qu'il a sur ses forces et sur ses facultés propres, de sorte que tous les autres faisant la même transaction, celui auquel on se soumet en acquiert de si grandes forces, qu'elles peuvent faire trembler tous ceux qui se voudraient désunir et rompre les liens de la concorde[7] ; ce qui les retient dans le devoir et l'obéissance.

Ce que c'est qu'une société civile.

IX. L'*union* qui se fait de cette sorte, forme le corps d'un État, d'une Société, et pour le dire ainsi, d'une *personne civile*[8] ; car les volontés de tous les membres de la république n'en formant qu'une seule, l'État peut être considéré comme si ce n'était qu'une seule tête ; aussi a-t-on coutume de lui donner un nom propre, et de

---

7. Le contrat qui est générateur de la société civile n'est ni un *pactum associationis* ni un *pactum subjectionis*. Il est, comme le précise le *Léviathan* (chapitre XIV), « la transmission mutuelle » des droits de tous à « un seul » qui sera, *ipso facto*, chargé de les représenter et d'agir en leurs lieu et place (chapitre XVI).

8. La *persona civilis* est, ainsi que le précise le paragraphe suivant, une personne juridique et non une personne physique. Le *Léviathan* donne, au chapitre XVI, une analyse sémantique exemplaire du terme de *personne*.

séparer ses intérêts de ceux des particuliers. De sorte que ni un seul citoyen, ni tous ensemble (si vous en ôtez celui duquel la volonté représente celle de tous les autres) ne doive pas être pris pour le corps d'une ville. Je dirais donc, pour définir l'état d'une ville (ce qui servira pour toutes les autres formes de gouvernements et de sociétés civiles) que c'est une personne dont la volonté doit être tenue, suivant l'accord qui en a été fait, pour la volonté de tous les particuliers, et qui peut se servir de leurs forces et de leurs moyens, pour le bien de la paix, et pour la défense commune.

X. Mais encore que toute sorte d'État soit une *personne civile ;* il n'est pas vrai, réciproquement, que toute sorte de personne civile mérite le nom d'État : car il peut se faire que plusieurs concitoyens forment, avec la permission de leur ville, une société, qui fera, selon mon sens, une nouvelle personne civile, eu égard à certaines affaires dont elle prendra la direction ; comme nous en voyons des exemples aux compagnies des marchands, aux corps des métiers et aux confréries ; mais ce ne seront pourtant pas de nouvelles républiques qui se formeront dans le corps de l'État, à cause que ces compagnies-là ne se sont pas soumises absolument et en toutes choses à la volonté de leur assemblée, mais en quelques-unes seulement que la ville a déterminées ; en sorte que chaque particulier s'est réservé la liberté de tirer sa compagnie en justice devant d'autres juges ; ce qui ne serait pas permis à un sujet de faire contre l'État, ni à un citoyen de pratiquer contre toute sa ville.

Ce que j'entends par une personne civile.

XI. Or en une ville et en toute sorte de république (car ce que je dis d'une ville, je l'entends de toutes les sociétés en général ; mais je me sers de l'exemple d'une ville, par ce qu'elles se sont formées les premières lorsque les hommes ont quitté l'état de nature) cet *homme* ou cette *assemblée*, à la volonté de laquelle tous les autres ont soumis la leur, a la puissance souveraine, exerce l'*empire*, et la suprême domination. Cette *puissance* de commander et ce droit d'empire consiste en ce que chaque particulier a cédé toute sa force et toute sa puissance à cet homme, ou à cette cour, qui tient les rênes du gouvernement. Ce qui ne peut point être arrivé d'autre façon, qu'en renonçant au droit de résister ; car personne ne peut naturellement communiquer sa force à un autre. Cela étant, je nomme *sujets* de celui qui exerce la *souveraineté* tous les citoyens d'une même ville, et

Ce que c'est avoir la puissance suprême, et être sujet.

même les compagnies qui composent une personne civile sous ordonnée.

Deux sortes de sociétés civiles, la naturelle et celle que les hommes ont établie.

XII. J'ai montré assez clairement, par ce que je viens de dire, comment et par quels degrés c'est, que plusieurs personnes sont passées de l'état de nature en la société civile, et ont formé un corps de république pour leur conservation commune, et cela par une crainte mutuelle qu'ils ont eue les uns des autres. Au reste ceux que la crainte fait soumettre, ou ils se rangent sous la puissance de celui qu'ils craignent, ou sous celle de quelque autre duquel ils espèrent la protection. La première façon se pratique par ceux qui sont vaincus en guerre, qui se rendent à leurs ennemis, afin de sauver leur vie ; et l'autre par ceux qui ne sont pas encore vaincus, mais qui craignent de l'être. En la première sorte, l'*origine* de la société est purement *naturelle*, comme ce sont les forces naturelles qui réduisent les plus faibles aux termes de l'obéissance. Mais en l'autre, la société se contracte *par un dessein formé* par la prévoyance et du consentement des parties. D'où naissent deux différentes espèces de *domination*, l'une *naturelle*, comme la *paternelle et despotique* (selon les termes de l'École), et l'autre *instituée et politique*[9]. En celle-là, le souverain s'acquiert des sujets tels qu'il lui plaît. En celle-ci, les sujets établissent un souverain à leur fantaisie, tantôt un homme seul, tantôt un conseil de plusieurs têtes, qui dispose de toutes choses avec une puissance suprême. Je traiterai en premier lieu de l'État qui est d'institution particulière et puis je viendrai à celui qui est établi par l'ordre de la nature.

---

9. Hobbes reprendra cette dichotomie dans le *Léviathan* en distinguant (chapitre XVII, *in fine*) la *République d'acquisition* de la *République d'institution*. Toutefois, c'est la République d'institution qui représente à ses yeux la perfection politique ; aussi bien est-ce à partir d'elle qu'il développe au chapitre XVIII sa théorie de la Souveraineté.

Chapitre VI

Du droit de cette assemblée, ou de cet homme seul, qui exerce une puissance souveraine dans la société civile.

Sommaire

I. Qu'on ne peut attribuer aucun droit à la multitude hors de la société civile, ni lui imputer aucune des actions à laquelle chacun de ceux qui la composent, n'a point prêté un particulier consentement. II. Que le droit que le plus grand nombre a de contraindre le moindre qui n'est pas de son avis, est ce qui donne le premier commencement aux sociétés civiles. III. Que chaque particulier retient le droit de se défendre à sa fantaisie, tandis qu'on n'a pas pourvu à la sûreté. IV. Que la puissance de contrainte est nécessaire pour la sûreté des particuliers. V. Ce que c'est que l'épée de justice. VI. Que l'épée de justice est entre les mains de celui qui a la puissance souveraine. VII. Que le même tient en sa main l'épée de guerre. VIII. Que le même doit être le souverain juge. IX. Que ce même souverain a le droit de faire des lois. X. Qu'il a la nomination des magistrats et des autres officiers de la ville. XI. Que c'est à lui d'examiner les doctrines qui sont enseignées dans l'État. XII. Qu'il doit être injusticiable, quoi qu'il fasse. XIII. Que ces sujets ou concitoyens lui ont donné un commandement absolu, et quelle obéissance on lui doit rendre. XIV. Que le souverain n'est pas tenu aux lois de l'État. XV. Que personne n'a rien de tellement propre qui ne relève du souverain. XVI. Que les lois civiles montrent ce que c'est que le larcin, le meurtre, l'adultère et l'injure. XVII. Opinion de ceux qui voudraient bâtir une ville et fonder une société civile, où il n'y eût personne qui possédât une puissance absolue. XVIII. Quelles sont les marques de la souveraineté. XIX. Que si l'on fait comparaison d'une ville à un homme, celui qui y exerce la puissance souveraine, est à l'égard de cette ville-là, ce qu'est l'âme humaine dans le corps d'une personne. XX. Que la puissance souveraine ne peut pas être révoquée légitimement, quoique ce soit du consentement de ceux qui l'ont établie.

Qu'on ne peut attribuer aucun droit à la multitude hors de la société civile, ni lui imputer aucunes des actions à laquelle chacun de ceux qui la composent, n'a point prêté un particulier consentement.

I. Il faut considérer, dès l'entrée de ce discours, ce que c'est que cette multitude * [10] d'hommes qui se sont assemblés de leur bon gré en un corps de république, car ce n'est pas un certain tout qu'on puisse désigner, comme les choses qui ont l'unité de nombre ; mais ce sont plusieurs personnes dont chacune a son franc arbitre et peut donner son jugement particulier sur les matières proposées. Et bien que, par des contrats particuliers, chacun possède ses *droits* et quelque *propriété* des choses dont il peut s'attribuer la possession ; il n'y a rien pourtant dont toute la multitude puisse dire légitimement, comme si elle était une personne distincte de quelque particulier, cela m'appartient plutôt qu'à un autre. Il n'y a aucune action qui doive être attribuée à la multitude comme sienne propre : mais si elle a été faite du consentement de tous ou de plusieurs, l'action ne sera pas comptée pour une seule, et il y aura autant d'actions qu'il y a eu de personnes. Car, encore qu'on ait accoutumé de dire en une grande sédition, que le peuple d'une ville a pris les armes, il n'est pourtant vrai que de ceux qui ont effectivement les armes en main, et de ceux qui leur adhèrent : à cause que la ville, qui, toute en corps, est considérée comme une seule personne, ne peut pas prendre les armes contre soi-même. Quand donc la multitude a fait quelque chose, il faut entendre comme si elle avait été faite par chacun de ceux qui composent cette multitude. Mais si parmi ce nombre il s'est trouvé quelque particulier qui n'a point prêté son consentement, ni sa main à une action, il ne faut pas qu'elle lui soit imputée. D'ailleurs une multitude qui n'est pas encore réunie en une seule personne, en la manière que j'ai dite, demeure dans l'état de nature, où toutes choses appartiennent à tous, où la distinction du *mien* et du *tien* n'est pas reçue, et où le *domaine* et la *propriété* sont des façons de parler inconnues ; et cela d'autant qu'on ne trouve pas encore cette sûreté, de laquelle j'ai montré ci-dessus, que la précaution était absolument nécessaire, afin de pouvoir mettre en usage ce que les lois de nature ordonnent.

Remarque.   * [Multitude, *etc.*] « *La science du pouvoir que la ville a*

---

10. Ce paragraphe qui distingue la multitude qui gouverne et la multitude gouvernée est complété, chapitre XII, § 8, par la discrimination fondamentale que Hobbes établit entre *multitude* et *peuple*, cf. p. 222.

L'EMPIRE

sur les citoyens ne peut être bien connue, si l'on n'explique la différence qu'il y a entre la multitude qui gouverne et la multitude qui est gouvernée. Car la nature de la société civile est telle que cette même multitude, dont l'assemblage forme une ville, commande et qu'elle est aussi soumise au commandement. Mais cela en divers égards. Ce que je croyais d'avoir assez clairement expliqué en ce premier article. Toutefois les objections auxquelles je m'en vais répondre me font paraître du contraire : tellement que j'ai pensé, que je ne ferais point mal d'éclaircir un peu mes sentiments.

« *Le nom de multitude étant un terme collectif signifie plusieurs choses ramassées, et ainsi une multitude d'hommes est le même que plusieurs hommes. Ce même mot étant du nombre singulier, signifie une seule chose, à savoir, une seule multitude. Mais ni en l'une ni en l'autre façon on ne peut concevoir que la multitude n'ait de la nature qu'une seule volonté, car chacun de ceux qui la composent a la sienne propre. On ne doit donc pas lui attribuer aucune action quelle qu'elle soit; par conséquent, la multitude ne peut pas promettre, traiter, acquérir, transiger, faire, avoir, posséder, etc. s'il n'y a en détail autant de promesses, de traités, de transactions, et s'il ne se fait autant d'actes qu'il y a de personnes. De sorte que la multitude n'est pas une personne naturelle. Mais si les membres de cette multitude s'accordent et prêtent l'un après l'autre leur consentement, à ce que de là en avant la volonté d'un certain homme particulier, ou celle du plus grand nombre, soit tenue pour la volonté de tous en général; alors, la multitude devient une seule personne qui a sa volonté propre, qui peut disposer de ses actions, telles que sont, commander, faire des lois, acquérir, transiger, etc. Il est vrai, qu'on donne à cette personne publique le nom de peuple, plutôt que celui de multitude. Nous devons donc distinguer en cette manière; quand nous disons que le peuple veut, commande, ou fait quelque chose, il faut entendre que c'est la ville qui agit par la volonté d'un seul homme, ou par les volontés unies de plusieurs personnes qui ne peuvent pas être recueillies que dans une assemblée légitime. Mais quand nous disons qu'une multitude, grande ou petite, a fait quelque chose sans la volonté de cet homme, ou de cette assemblée qui a le commandement, le peuple qui a pris cette licence n'est pas cette personne publique qui peut tout d'une autorité souveraine; ce n'est pas au corps de la ville que cette action doit être attribuée, ce n'est pas d'une seule volonté qu'elle procède, mais de la conspiration et du dérèglement de quelques personnes séditieuses. D'où l'on peut voir la différence que je mets entre cette multitude que je nomme le peuple, qui se gouverne régulièrement par l'autorité du magistrat, qui compose une personne civile, qui nous représente tout le corps du public, la ville, ou l'État, et à qui je ne donne qu'une volonté ; et cette autre multitude qui ne garde point d'ordre, qui est comme une hydre à cent têtes, et qui doit ne prétendre dans la république qu'à la gloire de l'obéissance. »*

Que le droit que le plus grand nombre a de contraindre le moindre qui n'est pas de son avis, est ce qui donne le premier commencement aux sociétés civiles.

II. Il faut remarquer ensuite, qu'afin de donner commencement à une société civile, chaque particulier d'entre la multitude doit demeurer d'accord avec ses compagnons, qu'une proposition étant faite dans l'assemblée, l'avis du plus grand nombre sera tenu pour la volonté de tous en général ; autrement, il n'arriverait jamais qu'une multitude, où les esprits et les génies se rencontrent si différents, prît quelque résolution. Mais encore que quelques-uns ne veuillent pas prêter leur consentement, les autres ne laisseront pas sans eux de représenter le corps entier de la république ; de sorte qu'elle retiendra contre eux son ancien et originaire droit, je veux dire le *droit de guerre*, pour les contraindre et les traiter en ennemis.

Que chaque particulier retient le droit de se défendre à sa fantaisie, tandis qu'on n'a pas pourvu à sa sûreté.

III. Or, d'autant que nous avons dit au chapitre précédent, article VI, qu'il était requis pour la sûreté des hommes, outre le consentement, aussi une sujétion des volontés, touchant les choses qui sont nécessaires pour la paix et pour la défense ; et que toute l'essence d'une ville, ou d'une société publique consistait en cette *union* et en cette *sujétion ;* voyons en cet endroit, quelles sont les choses qui sont nécessaires pour la paix et pour la défense commune, parmi celles que l'on a accoutumé de proposer, de traiter et de résoudre dans les assemblées, où la plus grande voix forme une conclusion générale. Il est surtout nécessaire à la paix, que chacun soit tellement à couvert de la violence des autres, qu'il puisse vivre en repos et sans être en crainte perpétuelle, lorsqu'il ne fera tort à personne. A la vérité, il est impossible et on ne met point aussi en délibération de protéger les hommes contre toutes sortes d'injures qu'ils se peuvent faire les uns aux autres, car on ne saurait empêcher qu'ils ne s'entrebattent quelquefois et ne s'entretuent ; mais on peut mettre si bon ordre, qu'il n'y ait pas sujet de craindre que cela arrive. La sûreté publique est la fin pour laquelle les hommes se soumettent les uns aux autres, et si on ne la trouve, on ne doit point supposer qu'une personne se soit soumise, ni qu'elle ait renoncé au droit de se défendre comme bon lui semblera. On ne doit pas donc s'imaginer que quelqu'un se soit obligé à un autre, ni qu'il ait quitté son droit sur toutes choses, avant qu'on ait pourvu à sa sûreté et qu'on l'ait délivré de tout sujet de crainte [11].

IV. Il ne suffit pas pour avoir cette assurance, que chacun de ceux qui doivent s'unir comme citoyens d'une même ville, promette à son voisin, de parole, ou par écrit, qu'il gardera les lois contre le meurtre, le larcin et autres semblables : car qui est-ce qui ne connaît la malignité des hommes et qui n'a fait quelque fâcheuse expérience du peu qu'il y a à se fier à leurs promesses, quand on s'en rapporte à leur conscience et quand ils ne sont pas retenus dans leur devoir par l'appréhension de quelque peine ? Il faut donc pourvoir à la sûreté par la *punition* et non pas par le seul lien des *pactes* et des contrats. Or, on a usé d'une assez grande précaution, lorsqu'il y a de telles peines établies aux offenses, que manifestement on encourt un plus grand mal par la transgression de loi, que n'est considérable le bien auquel on se porte à travers l'injustice et la désobéissance. Car, tous les hommes en sont là logés, qu'ils choisissent par une nécessité de nature ce qui leur semble être de leur bien propre, de sorte que, comme de deux biens ils préfèrent le meilleur, aussi de deux maux ils prennent toujours le moindre.

Que la puissance de contraindre est nécessaire pour la sûreté des particuliers.

V. On suppose qu'on donne à quelqu'un le droit de punir une offense, lorsqu'on s'accorde à ne prêter point secours à celui auquel on veut imposer quelque peine. Or, je nommerai ce *droit*-là l'*épée de justice*. Les hommes gardent assez, pour la plupart, ces conventions-là, si ce n'est lorsqu'il s'agit de leur punition, ou de celle de leurs parents.

Ce que c'est que l'épée de la justice.

VI. D'autant donc qu'il est nécessaire pour la sûreté de chaque particulier et ainsi pour le bien de la paix publique, que ce droit de se servir de l'épée, en l'imposition des peines, soit donné à un seul homme ou à une assemblée, il faut nécessairement avouer que celui qui exerce cette magistrature, ou le conseil qui gouverne avec cette autorité, ont dans la ville une *souveraine puissance* très légitime. Car, celui qui peut infliger des pei-

Que l'épée de justice est entre les mains de celui qui a la puissance souveraine.

---

11. La sûreté et la sécurité publiques sont, pour Hobbes, la forme la plus importante du « bien commun ». Elles constituent ce qu'il appelait, dès 1640, le *« comfort of life »*.

nes telles que bon lui semble, a le droit de contraindre les autres à faire tout ce qu'il veut : ce que j'estime le plus absolu de tous les empires, et la plus haute de toutes les souverainetés.

Que le même tient en sa main l'épée de la guerre.

VII. Mais on avancerait fort peu par la bonne intelligence et la paix intérieure, si les confédérés ne pouvaient pas se défendre contre ceux qui ne sont pas entrés dans leur alliance ; et il ne serait pas possible de se garantir des attaques des étrangers, si les forces n'étaient bien unies ; voilà pourquoi il me semble *nécessaire*, pour la conservation des particuliers, qu'il y ait une certaine *assemblée*, ou bien un *homme seul*, auquel l'on donne la puissance d'armer et de convoquer, selon les occasions et la nécessité de la défense publique, le nombre de citoyens qu'il faudra pour résister aux forces ennemies, et auquel on laisse la liberté de traiter et de faire la paix toutes fois et quantes qu'il le jugera nécessaire. Il faut donc concevoir que tous les habitants d'une ville, ou tous les sujets d'un royaume ont conféré ce *droit de guerre et de paix* à un seul homme, ou à un certain conseil ; et que ce droit, que je puis nommer l'*épée de guerre*, appartient au même homme, ou à la même cour qui tient l'*épée de justice*. Car, personne ne peut contraindre les autres à prendre les armes ni à soutenir les frais de la guerre, qui n'ait le droit de punir les réfractaires. Et ainsi je conclus que, suivant la constitution essentielle de l'État, les deux épées de guerre et de justice sont entre les mains de celui qui y exerce la *souveraine puissance*.

Que le même doit être le souverain juge.

VIII. Or, d'autant que ce *droit du glaive* n'est autre chose que l'autorité de se servir de l'épée quand on le jugera nécessaire ; il s'ensuit que celui qui le manie doit juger du temps et de la manière à laquelle il faut le mettre en usage. Car, si la puissance de déterminer là-dessus était donnée à une certaine personne et si celle d'exécuter la résolution était laissée à quelque autre, on résoudrait quelquefois en vain ce qu'on ne pourrait pas exécuter de soi-même ; ou si un autre l'exécutait, ce dernier n'aurait plus le droit du glaive et il ne serait que le ministre des volontés d'autrui. D'où je tire cette conclusion, qu'en une ville, le jugement et les délibérations dépendent de celui qui y tient *les épées de guerre et de justice*, c'est-à-dire de celui qui en possède la *souveraineté*.

Que ce

IX. Au reste, vu qu'il n'est pas moins important au

bien de la paix et que c'est une plus grande sagesse de prévenir les querelles que de les apaiser ; et d'autant aussi que toutes les disputes naissent des différentes opinions que les hommes ont sur les questions du *mien* et du *tien*, du *juste* et de l'*injuste*, de l'*utile* et de l'*inutile*, du *bien* et du *mal*, de l'*honnête* et du *déshonnête*, et de choses semblables que chacun estime à sa fantaisie ; c'est à la même souveraine puissance à donner à tous les particuliers des règles générales, et à prescrire de certaines mesures publiquement reçues, par lesquelles chacun puisse savoir ce qui lui appartient, et le discerner du bien d'autrui, connaître le juste et l'injuste, ce qu'il faut nommer honnête ou déshonnête, bien ou mal, et en un mot, se résoudre sur ce qu'on doit faire ou éviter dans le cours de la vie civile. Or, ces règles et ces mesures sont ce qu'on nomme *les lois civiles*, c'est-à-dire les lois qui ont été établies par tout le corps de la république, ou des commandements qui ont été faits par celui qui gouverne l'État. Car, les lois civiles (pour en donner une définition) ne sont autre chose que des ordonnances et des édits que le souverain a publiés, pour servir dorénavant de règle aux actions des particuliers.

même souverain a le droit de faire des lois.

X. D'ailleurs, à cause que toutes les affaires d'une ville concernant la paix ou la guerre ne peuvent pas être gouvernées par un seul homme, ou par une seule assemblée, sans l'aide de quelques ministres et officiers subalternes ; et pour ce, que l'entretien de la paix et de la défense commune demande que l'on prenne soigneusement garde à ce que ceux qui doivent juger les procès, veiller sur les desseins des voisins, conduire les armées, pourvoir aux nécessités publiques, s'acquittent fidèlement de leurs devoirs ; il semble fort raisonnable de laisser le choix de telles personnes et de les faire dépendre de celui qui a une puissance souveraine sur les affaires de la paix et de la guerre.

Qu'il a la nomination des magistrats et des autres officiers de la ville.

XI. Il est certain aussi que toutes les actions volontaires tirent leur origine et dépendent nécessairement de la volonté : or, la volonté de faire ou de ne pas faire une chose, dépend de l'opinion qu'on a, qu'elle soit bonne ou mauvaise, et de l'espérance ou de la crainte qu'on a des *peines* ou des *récompenses ;* de sorte que les actions d'une personne sont gouvernées par ses opinions particulières. D'où je recueille par une conséquence évidente et nécessaire, qu'il importe grandement à la paix générale de ne laisser proposer et introduire aucunes opi-

Que c'est à lui d'examiner les doctrines qui sont enseignées dans l'État.

nions ou doctrines qui persuadent aux sujets qu'ils ne peuvent pas en conscience obéir aux lois de l'État, c'est-à-dire aux ordonnances du prince ou du conseil à qui on a donné la puissance souveraine, ou qu'il leur est permis de résister aux lois, ou bien qu'ils doivent appréhender une plus grande peine s'ils obéissent, que s'ils s'obstinent à la désobéissance. En effet, si la loi commande quelque chose sur peine de mort naturelle, et si un autre vient la défendre sur peine de mort éternelle, avec une pareille autorité, il arrivera que les coupables deviendront innocents, que la rébellion et la désobéissance seront confondues, et que la société civile sera toute renversée. Car, nul ne peut servir à deux maîtres; et on ne doit pas moins craindre, voire on doit plutôt obéir à celui qui menace d'une mort éternelle, qu'à celui qui n'étend pas les supplices au-delà de cette vie. Il s'ensuit donc que le droit de juger des opinions ou doctrines contraires à la tranquillité publique, et de défendre qu'on les enseigne *, appartient au *magistrat* ou à la *cour*, à qui on a donné l'autorité suprême.

Remarque. * [Appartient au magistrat, *etc.*] « *Il n'y a presque aucun dogme touchant le service de Dieu, ni touchant les sciences humaines, d'où il ne naisse des dissensions, puis des querelles, des outrages, et d'où peu à peu les guerres ne se forment. Ce qui n'arrive point à cause de la fausseté des dogmes; mais parce que tel est le naturel des hommes, que se flattant de l'opinion de quelque sagesse, ils voudraient bien que tous les autres eussent d'eux la même estime. On ne peut pas empêcher la naissance de ces disputes, mais elles peuvent être tenues dans l'ordre, et c'est aux souverains d'empêcher qu'elles ne troublent la tranquillité publique. Je n'entends point parler en cet endroit des doctrines de cette nature. Mais il y en a desquelles les peuples étant imbus, ils estiment qu'on peut et même qu'on doit désobéir à l'État et aux souverains; de ce rang, je mets les doctrines qui enseignent formellement, ou qui par des conséquences plus obscures, commandent indirectement d'obéir à d'autres personnes qu'à celles à qui on a donné la souveraine puissance. Je ne feindrai point de dire que, lorsque je formais mon raisonnement, j'avais en la pensée cette autorité que plusieurs donnent au pape dans les royaumes qui ne lui appartiennent point, et que quelques évêques veulent usurper dans leurs diocèses hors de l'Église romaine; et que je voulais réfréner la licence que j'ai vu prendre à quelques sujets du tiers état sous prétexte de religion. Car, y a-t-il eu jamais aucune guerre civile dans la* *chrétienté, qui n'ait tiré son origine de cette source, ou qui n'en ait été entretenue? J'ai donc laissé à la puissance civile le droit de juger si une doctrine répugne à l'obéissance des citoyens; et si elle y répugne, je lui ai donné l'autorité de défendre qu'elle soit enseignée. En effet, puisque tout le monde accorde à l'État de juger quelles sont les choses qui peuvent contribuer à son repos et à sa défense, et qu'il est manifeste que les opinions que j'ai touchées nuisent ou servent beaucoup à l'un et à l'autre; il s'ensuit nécessairement, que c'est au public à juger de ce qui en est, c'est-à-dire, à celui qui gouverne seul la république, ou à l'assemblée qui exerce une puissance souveraine.»*

XII. Enfin, de ce que chaque particulier a soumis sa volonté à la volonté de celui qui possède la puissance souveraine dans l'État, en sorte qu'il ne peut pas employer contre lui ses propres forces; il s'ensuit manifestement que le souverain doit être injusticiable, quoi qu'il entreprenne. Car, tout ainsi que naturellement on ne peut pas punir quelqu'un, si on n'a pas des forces suffisantes pour en être le maître, on ne peut point aussi punir quelqu'un légitimement, si on n'a pas à cela assez de forces légitimes.

<small>Qu'il doit être injusticiable quoi qu'il fasse.</small>

XIII. Les raisonnements que j'ai formés jusqu'ici, montrent très évidemment qu'en une cité parfaite, (c'est-à-dire en un État bien policé, où aucun particulier n'a le *droit* de se servir de ses forces comme il lui plaira pour sa propre conservation, ce que je dirais en autres termes, où *le droit du glaive privé* est ôté) il faut qu'il y ait une certaine personne qui possède une puissance suprême, la plus haute que les hommes puissent raisonnablement conférer et même qu'ils puissent recevoir. Or, cette sorte d'autorité est celle qu'on nomme *absolue* *; car celui qui a soumis sa volonté à la volonté de l'État, en sorte qu'il peut faire toutes choses impunément, et sans commettre d'injustice, *établir des lois, juger les procès, punir les crimes, se servir*, ainsi que bon lui semble, *des forces et des moyens d'autrui*; de vrai, il lui a donné le plus grand empire qu'il soit possible de donner. Je pourrais confirmer cela par l'expérience de toutes les républiques anciennes et modernes. Car, encore qu'on doute quelquefois quel *homme* ou quelle *assemblée* c'est, qui a dans un État la puissance souveraine, si est-ce qu'elle est toujours employée, hormis en temps de sédition et de guerre civile, où cette puissance est divisée. J'ai souvent remarqué que les séditieux qui déclament

<small>Que ses sujets ou concitoyens lui ont donné un commandement absolu, et quelle obéissance on lui doit rendre.

* *Voyez* p. 157.</small>

contre la puissance absolue, ne se mettent point tant en peine pour l'abolir, que pour la transférer à quelques autres personnes. Car, s'ils voulaient l'ôter tout à fait, ils détruiraient entièrement la société civile, et rappelleraient la première confusion de toutes choses. Ce droit absolu du souverain demande une obéissance des sujets telle qu'il est nécessaire au gouvernement de l'État c'est-à-dire, telle que ce ne soit pas en vain qu'on ait donné à celui qui commande la puissance souveraine. Je nommerais volontiers cette obéissance, bien qu'en certaines occurrences elle puisse justement être refusée néanmoins à cause qu'elle ne peut pas être rendue plus entière, une *obéissance simple*. L'obligation qu'on a à la rendre ne vient pas immédiatement de cette convention par laquelle nous avons transporté tous nos droits à la ville d'où nous sommes citoyens, mais médiatement, à cause que, sans l'obéissance, le droit d'empire serait inutile, et par conséquent sans elle la société n'eût pas été formée. C'est autre chose, si je dis que je vous donne la puissance de commander tout ce qu'il vous plaira; et si je promets que je ferai tout ce que vous commanderez : car vous me pourriez commander telle chose, que j'aimerais mieux mourir que la faire. Comme donc personne n'est obligé de consentir à sa mort, moins encore est-il tenu de vouloir ce qui lui semble pire que la mort même. Si vous me commandiez de me tuer, je ne serais pas tenu à vous obéir, quelque puissance que je vous aie donnée; et encore que je refuse, votre empire n'en est pas moins absolu : car vous en trouverez assez d'autres qui exécuteront votre sentence; outre que je n'avais pas promis de vous obéir en ce que je vous refuse. De même, si le souverain commande à quelqu'un qu'il le tue, cet autre ne doit pas lui obéir, pour ce qu'il n'est pas concevable qu'il se fût obligé à cela en se soumettant à lui. Pareillement, je dis qu'un enfant ne doit point exécuter à mort son père, encore qu'il soit coupable, et condamné par les lois; car il s'en trouvera assez d'autres qui feront cet office; et un homme d'honneur mourra plutôt que de vivre infâme, et haï comme le bourreau de celui qui l'avait mis au monde. Il y a une infinité de cas semblables, où l'on peut refuser d'obéir, sans contrevenir pourtant à la puissance absolue : car en tous ceux qu'on peut alléguer, on n'ôte pas au souverain le pouvoir de faire mourir ceux qui lui désobéissent. Mais celui qui en use, bien qu'il se serve du droit qu'on lui a donné, ne laisse pas d'exercer une cruauté, de s'écarter du bon sens, de contrevenir aux lois de nature et de pécher devant Dieu [12].

*[Absolue] « *L'État populaire demande ouvertement un empire absolu, et les citoyens n'y résistent pas : car les plus grossiers reconnaissent une forme de ville en une assemblée de plusieurs personnes, et s'imaginent que les choses s'exécutent par de prudentes délibérations. Mais, si l'on regarde de bien près, on trouvera que le gouvernement d'une ville n'est pas moins monarchique que démocratique, et que les rois les plus absolus ont leurs conseillers, desquels ils prennent les avis, et auxquels ils donnent leurs arrêts à vérifier, quoiqu'ils ne leur laissent pas la liberté de les révoquer. Il est vrai que c'est une chose moins évidente, et que plusieurs conçoivent malaisément, que tout l'État est compris dans la personne du roi. Ce qui donne lieu aux objections suivantes qu'ils forment contre la puissance absolue. Premièrement ils disent que, si quelqu'un avait cette autorité, la condition des sujets serait très misérable ; car ils pensent qu'il ravirait, pillerait, tuerait, et s'imaginent qu'ils sentent déjà ces extorsions et ces violences. Mais, d'où leur viennent ces appréhensions ? qui obligerait le souverain à en user de la sorte ? Ce ne serait pas sa puissance ; car elle ne serait rien sans la volonté. Mais voudrait-il bien ruiner tout le peuple pour enrichir quelques favoris ? Certainement il le pourrait sans faire tort à personne, quoique ce ne fût pas injustement, ni sans violer les lois de nature, et offenser Dieu : aussi pour empêcher cette pratique, les peuples font prêter serment aux princes, comme pour s'assurer d'eux en quelque sorte. Mais, encore que le souverain peut avec justice, ou en méprisant son serment, en user ainsi ; toutefois je ne vois point quel dessein il aurait en ruinant les sujets, vu que cela retomberait sur lui-même, et empirerait sa condition propre. J'avoue qu'il se peut rencontrer des princes de mauvais naturel. Mais je veux qu'on ne donne à un tel qu'une puissance limitée, et autant qu'il lui en faut pour la défense de ses sujets, ce que l'intérêt de chaque*

Remarque.

---

12. L'absolutisme de Hobbes exprime une conception légaliste des mœurs — *Lex mensura morum*, dit le *De Homine* (XIII, § 9) — en laquelle le Souverain est bien, en raison de la puissance même qu'il a reçue, au-dessus des lois — *ex lege* — mais demeure soumis, en raison de la téléologie rationnelle qui contient la nécessité de la société civile, aux *dictamina* des lois de nature. Cf. *Léviathan*, chapitre XXVI, dans lequel Hobbes montre que « la loi de nature et la loi civile se contiennent l'une l'autre, et sont d'égale étendue ».

particulier demande qu'on lui accorde: n'y aura-t-il pas ensuite les mêmes inconvénients à craindre? Car, celui qui aura assez de force pour tenir tout un peuple sous sa protection, n'en aura-t-il pas assez pour opprimer sa liberté? Il n'y a donc rien en cela de dur, et dont on ne doive supporter l'incommodité [13]. *On ne doit se plaindre que du malheur, ou de la bigarrerie des affaires humaines, qui ne permettent point qu'on goûte aucun bien si épuré, que la douceur n'en soit gâtée par quelque mélange d'amertume. Et le mal qu'il y a en cela est d'autant plus supportable, qu'il vient de la faute des sujets, plutôt que de celle de l'empire. Car, si les hommes savaient se gouverner eux-mêmes* [14], *et s'ils vivaient selon les lois de nature, ils n'auraient que faire de politique; l'ordre des États ne leur serait point nécessaire, et il ne faudrait point les tenir dans le devoir par une autorité publique.*

« *On objecte en deuxième lieu, qu'il n'y a aucun empire absolu dans la chrétienté. Ce qui est faux. Car toutes les monarchies, et tous les autres États le sont. Mais, bien que ceux qui ont la puissance souveraine ne fassent pas tout ce qui leur plaît et qu'ils jugent de l'utilité publique; toutefois ce n'est pas tant manque de droit, que pour ce qu'ils connaissent le naturel des peuples, et qu'ils savent qu'étant attachés à leurs petits intérêts, et celui du public ne les touchant guère, ce ne serait pas sans danger qu'on les voudrait contraindre à faire leur devoir. De sorte que c'est une sage conduite aux princes, que de s'abstenir quelquefois d'user de leur puissance et de permettre certaines choses, sans pourtant relâcher de leur droit.* »

Que le souverain n'est

XIV. On ne peut pas se donner quelque chose à soi-même, parce qu'il est à présupposer qu'on la pos-

---

13. Le citoyen qui obéit aux lois du Souverain n'est pas opprimé; il n'est pas esclave. Une telle affirmation prélude à la thèse célèbre de Spinoza et de Rousseau selon laquelle l'homme est plus libre dans la Cité, sous les lois, que dans la nature, sans les lois.

Un tel argument suffit à montrer que, contrairement à ce qu'ont soutenu bien des commentateurs, Hobbes n'est pas le défenseur d'un État « totalitaire », oppressif et policier.

14. Il y a en cette remarque une indication intéressante de la « psychologie » ou, plus généralement, de l'anthropologie hobbienne : le pessimisme qu'affiche Hobbes à l'égard de la nature humaine signifie bien que l'homme est un être déchu et qu'il n'échappera à l'anomie mortelle de son état naturel qu'en refaisant l'homme par un artifice dont il est le seul maître.

sède avant qu'on se la donne. On ne peut point aussi se faire plaisir à soi-même ; car en ce cas-là, celui qui obligerait et celui qui demeurerait obligé, étant une même personne, et l'un pouvant être délivré par l'autre de son obligation, ce serait en vain qu'on se serait obligé soi-même ; pour ce qu'on se ferait quitte quand on voudrait, et celui qui a cette puissance de se délivrer, est de là effectivement libre. D'où il appert, qu'une cité n'est point sujette aux lois civiles ; car les *lois civiles* sont les ordonnances de la ville, auxquelles si elle était liée, elle serait obligée à soi-même. De même, la ville ne peut pas s'obliger à un de ses bourgeois ; car il peut la délivrer de son obligation quand il lui plaira ; or est-il qu'il le veut toutes fois et quantes que la ville le désire : (car la volonté des particuliers est comprise dans la volonté du public) donc la ville est dégagée quand il lui plaît de l'être ; et par conséquent elle est déjà effectivement libre. Or la volonté de cet homme, ou de ce conseil, qui a la puissance souveraine, est tenue pour la volonté de toute la ville, et celle-ci enferme les volontés de tous les particuliers. D'où je conclus que le souverain n'est point attaché aux *lois civiles* (car il serait obligé à soi-même) ni ne peut point être obligé à aucun de ses concitoyens.

<small>pas tenu aux lois de l'État.</small>

XV. Mais d'autant que, comme il a été prouvé ci-dessus, avant l'établissement de la société civile *toutes choses appartiennent à tous* et que personne ne peut dire qu'une chose est *sienne* si affirmativement, qu'un autre ne se la puisse attribuer avec même droit (car là où tout est commun, il n'y a rien de propre) il s'ensuit que la propriété des choses a commencé lorsque les sociétés * civiles ont été établies [15] ; et que ce qu'on nomme *propre* est ce que chaque particulier peut retenir à soi sans

<small>Que personne n'a rien de tellement propre, qui ne relève du souverain.

* *Voyez* p. 160.</small>

---

15. Le droit naturel que tout individu a sur toutes choses — *jus omnium in omnia* — n'est pas un droit de propriété. De façon générale (cf. VI, § 1), il n'y a pas de droit, au sens juridique du terme, dans l'état de nature. Le *Léviathan* dira : « Là où il n'y a point de République, il n'y a point de propriété » (chap. XV) parce que « est attaché à la Souveraineté l'entier pouvoir de prescrire les règles par lesquelles chacun saura de quels biens il peut jouir et quelles actions il peut accomplir sans être molesté par les autres sujets » (chap. XVIII).

Pufendorf se fera sur ce point le critique véhément de Hobbes : « Rien de plus faux, écrit-il, que ce que Hobbes suppose ici, que les questions qui regardent le Mien et le Tien soient uniquement du ressort des Lois civiles proprement ainsi nom-

contrevenir aux lois, et avec la permission de la ville, c'est-à-dire de celui à qui on a commis la puissance souveraine. Cela étant, chaque particulier peut bien avoir en propre quelque chose à laquelle aucun de ses concitoyens n'osera toucher et n'aura point de droit, à cause qu'ils vivent tous sous les mêmes lois; mais il n'en peut pas avoir la propriété en telle sorte qu'elle exclue toutes les prétentions du législateur et qu'elle empêche les droits de celui qui juge sans appel de tous les différends et dont la volonté a été faite la règle de toutes les autres. Mais encore qu'il y ait quantité de choses que la ville permet à ses habitants, et suivant lesquelles on peut quelquefois agir contre le public et tirer en cause le souverain; néanmoins cette action n'est pas tant du *droit civil* que de l'*équité naturelle*; et on ne met pas tant en question, quel a été le *droit**, comme quelle a été la *volonté* de celui qui commande; de sorte qu'il en sera fait lui-même le juge, et on suppose que l'équité de la cause lui étant connue, il ne peut pas prononcer un jugement inique.

*Voyez p. 161

Remarque.

*[Lorsque les sociétés, etc.] « *L'objection qu'on m'a faite, qu'avant la fondation des villes, les pères de famille jouissaient de quelques biens en propriété, est de nulle considération, parce que j'avais dit que les familles étaient comme de petites républiques. En effet, les fils de famille y ont la propriété des biens que le père leur a donnée, distincte de celle de leurs frères, mais non pas de la propriété de leur* mées; *et que dans l'état de nature, il n'y ait point de propriété des biens. Il est vrai que la possession de ce qui appartient à chacun est beaucoup plus assurée dans les sociétés civiles, où l'on jouit de ses biens à l'abri du secours de plusieurs personnes jointes ensemble, et de la protection des juges communs, établis par autorité publique, que dans l'état de nature, où chacun n'a que ses propres forces pour se défendre contre les insultes d'un injuste ravisseur. Mais cela n'empêche pas la formation des Sociétés civiles*» *Jus naturae et gentium*, Livre VIII, chap. I, § 3.

Hobbes — qui a pu retenir la leçon de Bodin (*Les Six Livres de la République*, Livre I, chap. II) remarquant que lorsque le mien et le tien ne sont pas nettement distingués, la santé de la République est dangereusement menacée — et Pufendorf représentent deux tendances juridiques opposées: tandis que Pufendorf reste fidèle au *jusnaturalisme*, Hobbes s'oriente délibérément vers le *positivisme juridique*, ouvrant ainsi toute grande la voie que suivront Kant et Kelsen.

père. Mais divers pères de famille qui ne reconnaissent point un père ni un maître commun, gardent encore le droit universel sur toutes choses et demeurent dans l'état de nature. »

*[Quel a été le droit, etc.] « Quand on permet à un sujet d'agir par les lois contre son souverain ; on ne recherche pas, en cette action, si le souverain a droit de posséder la chose dont on est en question ; mais s'il a témoigné par ses lois précédentes qu'il a voulu la posséder : car la loi déclare la volonté du souverain. Comme donc il y a deux occasions pour lesquelles l'État peut demander de l'argent à un particulier, à savoir, par manière de tribut, ou en paiement d'une dette ; on ne peut point intenter action sur le premir sujet ; car ce n'est pas à un bourgeois de s'enquérir si la ville a le droit de faire quelque imposition. Mais en l'autre cas, il est permis d'agir contre la ville, parce qu'elle ne prétend point ôter le sien à personne par quelque petite finesse. Elle agit plus noblement et n'a pas besoin de chercher de prétexte. Ceux donc qui m'ont objecté en cet endroit que, par mes maximes, il serait aisé à un prince d'acquitter ses dettes, n'ont pas bien compris le sens de mes paroles. »

Remarque.

XVI. Le *larcin*, le *meurtre*, l'*adultère* et toutes sortes d'*injures* sont défendus par les lois de nature. Mais ce n'est pas la loi de nature qui enseigne ce que c'est qu'il faut nommer larcin, meurtre, adultère, ou injure en un citoyen. C'est à la *loi civile* qu'il faut s'en rapporter. Car ce n'est pas larcin, que d'ôter simplement à quelqu'un ce qu'il possède, mais bien quand on ôte à autrui ce qui lui appartient. Or, c'est à la loi civile à déterminer ce qui est à nous et ce qui est à autrui. Pareillement, tout homicide n'est pas meurtre, mais bien quand on tue celui que la loi civile défend de faire mourir. Ni ce n'est pas un adultère que de coucher avec une femme, mais seulement d'avoir à faire à une que les lois civiles défendent d'approcher. Enfin, c'est faire tort à quelqu'un que de lui fausser parole, lorsque ce qu'on lui avait promis était chose licite : car, si on n'avait point droit de contracter, il ne s'est point fait de transaction de droits en ce qu'on a avancé ; c'est pourquoi on ne fait point d'injure à une personne quand on lui manque de parole en une telle occasion. Ce que j'ai montré au chapitre II, article XVII. Or, il dépend de la loi civile de définir quelles sont les choses dont nous pouvons contracter. Ce qui me fait dire que la république de Lacédémone, permettant à la jeunesse de dérober, pourvu qu'elle ne fût pas prise sur le fait, ne faisait autre chose qu'établir

Que les lois civiles montrent ce qu'est le larcin, le meurtre, l'adultère, et l'injure.

une loi par laquelle ce qu'on aurait pris subtilement ne serait plus censé le bien d'autrui. Ainsi les meurtres qui se commettent à la guerre, ou en se défendant, sont estimés légitimes. Et ce qu'on nomme mariage en une ville, est en quelque autre tenu pour un adultère. Les pactes qui font le mariage en une personne n'ont pas quelquefois la même vigueur à l'égard de quelque autre : parce que celui à qui la ville (je veux dire ce personnage, ou cette assemblée qui gouverne l'État) a défendu de contracter, n'a plus cette puissance et par conséquent ses pactes sont invalides, ce qui l'empêche d'accomplir un légitime mariage. Or, les contrats illicites de cette sorte, n'acquièrent aucune force par les serments, ni par la vertu du sacrement *, dont on prétend de les confirmer : car ces choses ne renforcent point les pactes comme je l'ai fait voir au chapitre II, article XXII. Il faut donc que la *loi civile*, c'est-à-dire les édits de celui qui exerce la souveraineté dans l'État, nous apprennent ce que c'est que larcin, que meurtre, qu'adultère, et en un mot ce que c'est qu'injure.

Remarque. * [Par les serments, ni par la vertu du sacrement.] «*Ce n'est point ici le lieu, ni mon dessein de disputer si le mariage est un sacrement, au sens que les théologiens le prennent. Je dis tant seulement, qu'un contrat de cohabitation légitime entre homme et femme, tel que la loi civile permet, soit qu'il soit un vrai sacrement, ou qu'il ne le soit point, ne laisse pas d'être un mariage légitime : et qu'au contraire une cohabitation défendue par la loi n'est pas un mariage, à cause que c'est l'essence du mariage qu'il soit un contrat légitime. En divers pays, comme chez les Juifs, les Grecs et chez les Romains, les mariages ne laissaient pas d'être légitimes, quoiqu'ils pussent être dissous. Mais, parmi les nations qui ne permettent point ce contrat, qu'à condition qu'il sera indissoluble, le mariage ne peut jamais être dissous ; et la raison en est, que l'État l'a voulu ainsi, plutôt qu'à cause que le mariage est un sacrement. De sorte qu'il peut bien appartenir aux ecclésiastiques de régler dans le mariage ce qui concerne la cérémonie des noces, la bénédiction, et par manière de dire, la consécration des mariés qui se fait au Temple ; mais tout le reste, à savoir de prescrire les conditions du mariage, d'en limiter le temps, de juger des personnes qui le peuvent contracter, est de la juridiction de la loi civile et dépend des ordonnances publiques.*»

Opinion de ceux qui
XVII. La plupart des hommes supportent si impatiemment la *souveraineté* et la *puissance absolue*, que

L'EMPIRE 163

même les noms leur en sont odieux. Ce qui arrive en partie, faute de bien connaître le naturel des hommes et de bien entendre les lois de nature ; en partie aussi par le défaut de ceux qui, élevés au commandement, abusent de l'autorité qu'on leur a donnée et ne s'en servent que pour assouvir leurs passions déréglées. De sorte que quelques-uns croyant d'éviter la puissance souveraine, pensent qu'il suffit pour établir une bonne police, que les citoyens étant demeurés d'accord en leur assemblée de certains articles, ils en commandent l'observation et tiennent la main à ce que les contrevenants soient punis. Qu'à cet effet, et pour se défendre de leurs ennemis, il leur suffit d'imposer un certain revenu limité, à condition que s'il n'est bastant, on l'augmentera en une nouvelle assemblée. Mais n'est-il pas bien aisé de remarquer qu'en cette sorte de république, l'assemblée, qui a fait cette ordonnance, a eu une *puissance absolue* ? D'ailleurs je dirai que, si cette assemblée demeure toujours debout, ou est convoquée de temps en temps, à certain jour et en certain lieu, c'est une *puissance perpétuelle*. Et si en se séparant elle est entièrement dissoute ; ou la société civile est aussi rompue et on retombe dans l'état de guerre ; ou bien il demeure encore sur pied quelque puissance pour faire observer les lois, ce qui ne peut pas être sans qu'il reste quelque titre de souveraineté. Car là où il se trouve une autorité légitime assez grande pour contraindre tout un peuple à l'obéissance, il y doit avoir une puissance telle qu'on n'en peut pas donner une plus absolue.

voudraient bâtir une ville et fonder une société civile, où il n'y eût personne qui possédât une puissance absolue.

XVIII. Il est donc manifeste qu'en toute société civile il se trouve un certain homme, ou bien une certaine cour et assemblée, qui a sur les particuliers une aussi grande et aussi juste puissance, que chacun en a hors de la société sur sa propre personne ; ce qui revient à une *autorité souveraine et absolue*, aussi vaste et étendue que les forces de la république le permettent. Car, si la puissance de la république était limitée d'ailleurs, il faudrait de nécessité que ce fût par une puissance supérieure ; d'autant que celui qui prescrit des bornes est plus puissant que celui auquel elles sont prescrites. Mais je demanderai, si cette dernière autorité qui fait la loi à l'autre, n'en reconnaît point elle-même au-dessus de soi ; et enfin, je remonterai jusqu'à une puissance suprême qui ne reçoit point de limites étrangères. Or, si elle est départie à plusieurs personnes, je nomme leur

Quelles sont les marques de la souveraineté.

assemblée *la cour souveraine*, ou si elle est donnée à un homme, qui seul exerce la plus haute magistrature, il mérite le titre de *prince* et de *souverain* de l'État. Les marques de cette souveraineté sont le *pouvoir de faire et d'abroger des lois*, de déclarer la *guerre* et de conclure la *paix*, connaître et *juger* directement ou indirectement tous les *procès;* élire tous les *officiers, magistrats* et *conseillers*. En un mot, je reconnais pour souverain d'une ville celui qui peut légitimement faire ce qu'il n'appartient à aucun citoyen, ni même à plusieurs en corps, d'entreprendre. Car l'État seul a le pouvoir de faire ce à quoi ni un particulier, ni une faction n'ont aucun droit de penser. Je tiens donc que celui qui use légitimement de ce pouvoir de l'État, en est le *souverain*.

Que si l'on fait comparaison d'une ville à un homme, celui qui y exerce la puissance souveraine est à l'égard de cette ville-là, ce qu'est l'âme humaine dans le corps d'une personne.

XIX. Presque tous ceux qui comparent l'État et les sujets à un homme et à ses membres disent que le *souverain* est dans la république, ce qu'est la tête au corps d'une personne. Mais j'aimerais mieux dire ensuite de mes raisonnements, que cette puissance souveraine (soit qu'elle se rassemble toute en un seul homme, ou qu'elle soit distribuée à une cour) est dans l'État comme son âme, plutôt que comme la tête de son corps. Car l'âme est ce qui donne à l'homme la faculté de vouloir et de refuser; de même que le souverain est celui duquel dépend la volonté de toute la république. Mais je comparerais à la tête le conseil, ou le premier ministre, duquel le souverain se sert au gouvernement de l'État et dont il prend l'avis aux affaires importantes; car, c'est à la tête à donner conseil et à l'âme de commander.

Que la puissance souveraine ne peut pas être révoquée légitimement, quoique ce soit du consentement de ceux qui l'ont établie.

XX. Peut-être que quelqu'un voudra inférer du raisonnement que je vais mettre ensuite, que la *souveraineté* peut être ôtée à celui qui l'exerce, du consentement unanime de tous les sujets. La souveraineté a été établie par la force des pactes que les sujets ont faits entre eux : or, comme toutes les conventions empruntent leur force de la volonté de ceux qui contractent, elles la perdent aussi du consentement de ces mêmes personnes : mais, encore que ce raisonnement fût véritable, je ne vois pas bien quel juste sujet il y aurait de craindre pour les souverains. Car, puisqu'on suppose que tous les particuliers se sont obligés mutuellement les uns aux autres, s'il arrive qu'un seul d'entre eux soit d'avis contraire, tous les autres ensemble ne devront point passer outre. Ce serait faire tort à une personne, que de conclure contre son avis ce qu'on s'est obligé par un pacte exprès de ne conclure point sans elle. Or, il est presque impossible que tous les sujets, jusqu'au dernier, conspirent contre leur souverain, et s'accordent tous, sans aucune exception, à le dégrader. Il n'a donc pas à craindre qu'il puisse être légitimement dépouillé de son autorité. Toutefois, si l'on accordait ceci, que le droit des souverains dépend de la seule convention que les sujets ont faite entre eux, il leur pourrait aisément arriver d'être démis de leur charge sous quelque prétexte de justice. Car, il y en a plusieurs qui estiment qu'en une assemblée légitime de tout le peuple, ou en une délibération séditieuse, la plus grande voix le doit emporter, c'est-à-dire, que le consentement du plus grand nombre doit être pris pour celui de tous en général. Mais cela est faux : car, ce n'est pas une chose naturelle, que de faire passer la plus grande opinion pour la volonté de toute une assemblée, et encore moins dans un tumulte. Ce procédé vient de l'institution politique, et n'a lieu que lorsque la cour ou le prince souverain convoquant une assemblée de tous ses sujets, ordonne, à cause de leur trop grand nombre, que quelques députés parleront pour tous et que leurs voix seront recueillies, afin de prendre leurs sages avis. Car, il ne faut pas s'imaginer que le souverain ait fait venir ses sujets pour disputer avec eux de ses droits et de la puissance, si ce n'est qu'ennuyé des affaires, il déclare ouvertement qu'il a dessein de quitter l'empire. Or, d'autant que plusieurs sont dans cette erreur, qu'ils prennent l'avis du plus grand nombre, ou même celui de quelques-uns seulement, l'opinion desquels ils approuvent, pour le consentement de tout l'État en général ; il pourrait, dis-je, sembler à ceux-là, que la puissance souveraine peut être légitimement supprimée, pourvu que cela arrive dans une grande assemblée, en comptant les suffrages des particuliers. Mais bien que la souveraineté ait été établie par les conventions que les particuliers ont faites les uns avec les autres ; si est-ce que le droit de l'empire ne dépend pas de cette seule obligation : car on s'oblige réciproquement à celui qui le possède. Et on suppose, que chaque particulier, contractant avec son voisin, a tenu ce langage : «*Je transfère mon droit à celui-ci, à condition que vous lui tranfériez aussi le vôtre.*» Après quoi, le droit que chacun avait d'user de ses forces pour son bien propre, demeure transféré tout entier pour l'intérêt commun à cette personne, ou à cette cour à laquelle on a transmis la souveraineté. De sorte qu'outre les conventions mutuelles des particuliers entre eux, il se fait une donation de droit, laquelle on est obligé de faire valoir au souverain. Et ainsi la puissance souveraine est appuyée de deux côtés, de l'obligation des sujets les uns envers les autres, et de celle dont ils s'obligent directement à la république. Cela étant, je conclus que le peuple, pour en si grand nombre qu'il s'assemble et qu'il conspire contre le souverain, n'a point droit de lui ôter sa puissance, s'il ne consent lui-même à ce qu'elle lui soit ôtée.

Chapitre VII

Des trois sortes de gouvernement, démocratique, aristocratique et monarchique.

Sommaire

I. Qu'il y a trois sortes d'États, la démocratie, l'aristocratie et la monarchie. II. Que l'oligarchie n'est pas une sorte d'État distincte de l'aristocratie et que l'anarchie ne forme point du tout de république. III. Que la tyrannie n'est pas une sorte d'État diverse de la monarchie légitime. IV. Qu'il ne se trouve point d'État où les trois sortes de gouvernement soient mêlées. V. Que l'État populaire ne subsiste point, si on n'établit certain temps et certain lieu aux asssemblées publiques. VI. Qu'en la démocratie, il faut que la convocation des États arrive fort souvent, ou qu'aux intervalles d'une assemblée à l'autre, on donne à quelqu'un la puissance souveraine. VII. En la démocratie, les particuliers promettent les uns aux autres d'obéir à l'État: mais l'État ne s'oblige à personne. VIII. Comment se forme l'aristocratie. IX. Qu'en l'aristocratie, les principaux de l'État ne font aucuns pactes, et ne s'obligent en rien au peuple, ni à aucun particulier. X. Que la convocation réglée des États est nécessaire à l'établissement, ou à la confirmation de ceux qui gouvernent les affaires publiques. XI. De la manière en laquelle se forme la monarchie. XII. Que le monarque ne s'oblige à personne, et ne se soumet à aucunes conditions en recevant l'empire. XIII. Que le monarque est toujours en état d'exercer toutes les fonctions requises à la souveraine puissance. XIV. Quelle sorte de péché se commet, lorsque l'État ne fait pas bien son devoir envers les particuliers, ou quand les sujets ne s'acquittent pas du leur envers la république et qui sont ceux qui commettent ce crime. XV. Que le monarque à qui on n'a point limité le temps de son règne, peut choisir un successeur. XVI. Des monarques dont le règne est limité. XVII. Qu'on ne doit point supposer que le monarque, qui retient le droit de souveraineté, se soit dessaisi par aucune sienne promesse du droit qui regarde les moyens nécessaires à la conservation de l'empire. XVIII. Par quels moyens un sujet est quitte de son obéissance.

I. J'ai parlé jusqu'ici en général de cette sorte de société, que j'ai nommée politique et *instituée*; il faut maintenant que j'en traite en détail et plus particulièrement. La différence des gouvernements est prise de la différence des personnes auxquelles on commet la puissance souveraine. Or cette puissance est commise, ou à un *seul homme*, ou à une seule *cour*, c'est-à-dire à un conseil de plusieurs personnes. Derechef, ce *conseil*, ou il est composé de tous les citoyens d'une ville, en sorte qu'il n'est pas jusqu'au moindre artisan qui n'ait voix délibérative et qui ne puisse intervenir, s'il lui plaît, en la résolution des plus grandes affaires ; ou bien il n'y en entre qu'une partie. D'où se forment trois sortes d'États ; l'une en laquelle la puissance souveraine est donnée à une assemblée, où chaque bourgeois a droit de suffrage, et que l'on nomme *démocratie*; la deuxième, en laquelle cette même puissance est laissée à un conseil, auquel n'entrent pas tous les sujets : mais quelques-uns tant seulement, et on la nomme *aristocratie*; la troisième, en laquelle toute l'autorité est conférée à une seule personne et à laquelle on donne le titre de *monarchie*. En la première espèce, c'est le *peuple* qui gouverne ; en la deuxième, ce sont les nobles ou les *principaux* de l'État, et en la dernière, *le monarque* tient les rênes de l'empire [16].

Qu'il y a trois sortes d'États, la démocratie, l'aristocratie, et la monarchie.

16. La trilogie énoncée par Hobbes n'a évidemment rien de nouveau et il sait fort bien que Platon (*La République*, VIII, 544a sqq. — il est vrai que Platon distingue cinq formes de gouvernement : l'autocratie, la timocratie, l'oligarchie, la dé-

Que l'oligarchie n'est pas une sorte d'État distincte de l'aristocratie et que l'anarchie ne forme point du tout de république.

II. Quelques vieux auteurs politiques ont voulu introduire trois autres espèces de gouvernements opposées à celles que je viens d'établir ; à savoir, l'*anarchie* ou la confusion, qu'ils opposaient à la démocratie ; l'*oligarchie* ou le gouvernement de peu de personnes, qu'ils opposaient à l'aristocratie et la *tyrannie* dont ils faisaient opposition à la monarchie. Mais ce ne sont pas là trois sortes de gouvernements séparés : car, après tout, ce ne sont que trois noms différents que leur donnent ceux à qui la forme de l'État déplaît, ou qui en veulent aux personnes qui gouvernent. En effet, plusieurs ont cette coutume, de n'exprimer pas tant seulement les choses par les noms qu'ils leur donnent : mais de témoigner, aussi par même moyen, la passion qui règne dans leur âme et de faire connaître en même temps l'amour, la haine ou la colère qui les anime. D'où vient que l'un nomme anarchie, ce que l'autre appelle démocratie ; qu'on blâme l'aristocratie en la nommant une oligarchie ; et qu'à celui auquel on donne le titre de roi quelque autre impose le nom de tyran. De sorte que ces noms outrageux ne marquent pas trois nouvelles sortes de république : mais bien les divers sentiments que les sujets ont de celui qui gouverne. Et qu'ainsi ne soit, vous voyez premièrement que l'anarchie est opposée d'une même façon à toutes les sortes de gouvernement ; vu que ce mot signifie une confusion qui, ôtant toute sorte de régime, ne laisse aucune forme de république. Comment donc se pourrait-il faire que ce qui n'est point du tout une ville, en fût pourtant une espèce ? En après, quelle différence y a-t-il, je vous prie, entre l'oligarchie qui signifie le gouvernement d'un petit nombre de personnes et l'aristocratie qui signifie celui des principaux, ou des plus gens de bien de l'État ? On ne peut alléguer si ce n'est, que selon la diversité des goûts et des jugements des hommes, ceux qui paraissent les meilleurs aux uns semblent les pires de tous aux autres.

Que la tyrannie n'est pas une sorte d'État

III. Mais il est plus malaisé de persuader que la *royauté* et la *tyrannie* ne sont pas deux diverses sortes de gouvernement, parce que la plupart de ceux qui ap-

mocratie, la tyrannie) et surtout Aristote (*La Politique*, IV, 1286 b : « Il faut absolument que le maître soit ou un seul individu, ou une minorité, ou enfin la foule des citoyens ») et Bodin (*Les Six Livres de la République*, p. 252 sqq.) ont imposé de façon indiscutable leur classification logique du politique.

prouvent la domination d'un seul et la préfèrent à celle de plusieurs, n'estiment pas pourtant que l'État soit bien gouverné, s'il n'est régi à leur fantaisie. Mais il faut que ce soit par raisonnement, et non pas avec passion que nous recherchions la différence qu'il y a d'un roi à un tyran. Je dis donc en premier lieu, qu'ils ne diffèrent pas en ce que la puissance de celui-ci soit plus grande que celle de l'autre : car, il ne peut pas y avoir dans le monde une autorité plus grande que la souveraine : ni en ce que la puissance de l'un soit bornée et que celle de l'autre ne reçoive aucunes limites ; car, celui dont l'autorité serait bornée ne serait point roi, mais sujet de celui qui aurait borné sa puissance. Enfin, la différence ne peut pas être tirée de la manière de s'emparer du gouvernement ; car, si quelqu'un prend l'autorité souveraine en un État populaire, ou en une aristocratie, du consentement de tous les particuliers, il devient monarque légitime ; mais, s'il la veut usurper sans le consentement du peuple, il est ennemi et non pas tyran de la république. Ils ne diffèrent donc qu'en l'exercice de leur empire ; de sorte que le monarque, qui gouverne bien l'État, mérite le titre de roi ; et celui qui maltraite son peuple s'acquiert le nom de tyran. Et il en faut revenir là, que le roi légitime n'est nommé tyran par le peuple, si ce n'est lorsqu'il abuse de la puissance qui lui a été donnée, et lorsqu'on estime qu'il exerce mal sa charge. Donc que la royauté et la tyrannie ne sont pas deux diverses espèces de gouvernement politique : mais on donne à un même monarque tantôt le nom de *roi* par honneur, tantôt celui de *tyran* par outrage. Or, ce que nous rencontrons si souvent dans les auteurs grecs et latins des invectives contre les tyrans, vient de ce qu'autrefois ces nations ont été des républiques populaires ou aristocratiques, ce qui a donné aux auteurs une telle aversion de la tyrannie, qu'ils en ont haï la royauté, avec laquelle ils l'ont confondue.

IV. Il y en a qui estiment qu'il est nécessaire, à la vérité, qu'il y ait une puissance souveraine dans l'État : mais que si on la donnait tout entière à un seul homme ou à une seule cour, tous les sujets deviendraient esclaves. Pour éviter cet inconvénient, ils disent qu'on pourrait établir une forme de gouvernement mixte, diverse de celles qu'on nomme d'ordinaire monarchie, démocratie et aristocratie mixtes, suivant que l'une ou l'autre de ces trois espèces y domine. Et qu'on pourrait faire,

diverse de la monarchie légitime.

Qu'il ne se trouve point d'État où les trois sortes de gouvernement soient mêlées.

par exemple, que la nomination des magistrats, la déclaration de la guerre ou de la paix, fussent en la puissance du *roi;* que les *grands* exerçassent la justice; que les impositions et le maniement des finances appartinssent au *peuple,* et que *tous ensemble* en corps eussent le droit de faire des lois. Cette sorte d'État ferait, au dire de ces messieurs, une monarchie mêlée. Mais quand bien cela se pourrait, ainsi qu'ils le désignent, je ne vois pas que la liberté des particuliers en fût mieux établie : car, tandis qu'ils seront tous de bonne intelligence, la sujétion de chacun d'eux sera aussi grande qu'elle le peut être; et s'ils tombent en discorde, il en naitra une guerre civile, qui introduira derechef le droit du glaive particulier, c'est-à-dire, l'état de nature, cette malheureuse liberté pire que toutes les servitudes. Cependant je crois que j'ai suffisamment démontré au chapitre précédent, articles VI, VII, VIII, IX, X, XI et XII, que la puissance souveraine ne pouvait point être divisée*.

Remarque.

*[Ne pouvait point être divisée.] «*Presque tous avouent que l'autorité suprême ne doit point être divisée, mais qu'il la faut modérer et lui donner quelques limites. Cela va bien : mais s'ils entendent quelque division par ce tempérament qu'ils conseillent, c'est mal à propos qu'ils veulent user de distinction. De moi, je souhaiterais passionnément que non seulement les rois, mais aussi tous les parlements et toutes les cours qui prennent une autorité souveraine, voulussent s'abstenir de leurs malversations et se régler pour faire leur devoir aux lois naturelles et divines. Mais nos donneurs de distinctions prétendent que les souverains soient tenus en bride par quelques autres, ce qui ne se peut faire sans communiquer à ces derniers une partie de la puissance absolue, et par ce moyen, on divise plutôt qu'on n'apporte du tempérament à la souveraineté.*»

Que l'État populaire ne subsiste point, si on n'établit certain temps et certain lieu aux assemblées publiques.

V. Voyons maintenant ce que font ceux qui dressent un État de quelque sorte que ce soit. Ceux qui se sont assemblés pour former une société civile, ont dès là commencé une *démocratie;* car, en ce qu'ils se sont assemblés de leur bon gré, on suppose qu'ils se sont obligés à consentir à ce qui sera résolu par le plus grand nombre. Ce qui est proprement un gouvernement populaire, tandis que l'assemblée subsiste, ou qu'on assigne le temps et le lieu pour la convoquer; et ce conseil-là retient une puissance absolue, dont la volonté est réputée comme celle de tous les particuliers. Or, en l'assemblée dont nous parlons, chacun a droit de donner son suffrage, par conséquent elle est une juste *démocratie*, suivant la définition qui en a été mise au premier article de ce chapitre. Mais, si l'assemblée se dissout, et si l'on se sépare avant que de désigner le temps et le lieu où se fera une nouvelle convocation, on tombe dans l'*anarchie*, et on retourne à l'état auquel on était avant qu'on se fût assemblé, c'est-à-dire à l'état de guerre perpétuelle de tous contre tous. Le *peuple* donc ne garde point la puissance souveraine, si ce n'est tandis qu'il convient du temps et du lieu, auquel tous ceux qui voudront, se pourront trouver derechef à une nouvelle assemblée ; car, si cela n'est déterminé, les particuliers ne sauraient se rencontrer et ils se diviseraient en diverses factions. D'ailleurs, le peuple ne constituerait plus cette personne publique dont je parlais tantôt ; mais il deviendrait une multitude confuse, à qui on ne pourrait attribuer aucun droit ni aucune action. Il y a donc deux choses qui établissent une démocratie, l'indiction [17] perpétuelle des assemblées, d'où se forme cette personne publique que j'ai nommée le *peuple* et la pluralité des voix, d'où se tire la *puissance souveraine*.

VI. De plus, il ne suffit pas au peuple, afin qu'il retienne une autorité suprême, que le temps et le lieu de la convocation des États soient déterminés, si les intervalles d'une assemblée à l'autre ne sont si courts, qu'il ne puisse point survenir entre deux d'accident capable de mettre la république en danger, faute d'une puissance absolue ; ou si on ne laisse cependant à un homme seul, ou à une certaine cour, l'usage de cette souveraineté empruntée. Car, si on ne le pratique de la sorte, on ne donne pas assez ordre à la défense et à la paix des particuliers ; et ainsi la société civile se dément et se bouleverse, vu que chacun, faute de trouver son assurance en l'autorité publique, est obligé de travailler à sa propre défense, par tous les moyens que sa prudence lui suggère.

VII. La démocratie n'est pas établie par des conventions que chaque particulier fasse avec le peuple, mais par des pactes réciproques qu'on fait les uns avec les autres. Il appert du premier, en ce que pour faire un accord, il faut qu'il y ait préalablement des personnes avec qui on traite : or, avant que la société civile soit

Qu'en la démocratie, il faut que la convocation des États arrive fort souvent, ou qu'aux intervalles d'une assemblée à l'autre, on donne à quelqu'un la puissance souveraine.

En la démocratie, les particuliers promettent les uns aux autres d'obéir à l'État, mais

17. Le terme latin est *indictio* et désigne la convocation, à jour fixe, de certaines assemblées.

formée, le *peuple* ne subsiste pas encore en qualité d'une certaine personne, mais comme une multitude détachée ; de sorte qu'en cet état, un particulier n'a point pu traiter avec le peuple. Mais après que la société est établie, ce serait en vain qu'un particulier traiterait avec l'État, parce qu'on suppose que la volonté du peuple enferme celle d'un simple sujet, qui a résigné tous ses intérêts au public ; et que le peuple demeure effectivement libre, ayant le pouvoir de se dégager quand il lui plaît de toutes ses obligations passées. On peut inférer ce que je dis ensuite, que chaque particulier traite avec chacun des autres, de ce que la société civile serait très mal fondée, si les particuliers n'étaient liés à aucuns pactes qui les obligeât à faire ou à omettre ce que l'État ordonnerait. Puis donc que ces derniers pactes sont supposés nécessaires en l'érection d'une république, et qu'il ne s'en fait aucuns autres entre les particuliers et le peuple, comme je viens de le prouver ; il s'ensuit qu'il ne se traite qu'entre les particuliers, à savoir chaque bourgeois promettant à soumettre sa volonté à celle du plus grand nombre, mais à condition que les autres en feront de même, comme si chacun disait à son voisin : « Je transfère mon droit à l'État pour l'amour de vous, afin que vous lui résigniez le vôtre pour l'amour de moi ».

l'État ne s'oblige à personne.

Comment se forme l'aristocratie.

VIII. L'*aristocratie,* c'est-à-dire la cour des nobles ou des principaux de l'État, qui gouverne avec une puissance absolue, tire son origine de la démocratie qui lui a fait transaction de son droit. En quoi on suppose que certains personnages de réputation, ou de naissance illustre, ou que quelque autre qualité rend remarquable, sont proposés au peuple qui, donnant ses suffrages, les élit à la pluralité des voix ; de sorte qu'après cette élection tout le droit du peuple ou de l'État passe à eux ; et leur conseil de peu de personnes a la même autorité qu'avait auparavant l'assemblée générale de tous les membres de la république. Ce qui étant, il appert que le peuple qui leur a transféré sa puissance, ne subsiste plus comme s'il représentait une seule personne.

Qu'en l'aristocratie, les principaux de l'État ne font aucuns pactes, et ne s'obligent en rien au

IX. Or, de même qu'en la démocratie, le peuple n'est obligé à rien, aussi en l'aristocratie le conseil d'État demeure entièrement libre. Car, puisque les particuliers ne traitant pas avec le peuple, mais seulement entre eux, se sont obligés à tout ce que le peuple voudra ; ils sont tenus de ratifier la transaction de l'autorité publique que ce même peuple a faite aux principaux de l'État. Et il ne faut pas penser que cette assemblée des notables, ou cette cour des nobles, quoique choisie par le peuple, se soit obligée à lui en aucune chose ; car, dès qu'elle a été érigée, le peuple a été dissout, comme j'ai dit, et ne subsiste plus en cet égard de personne publique ; ce qui ôte en même temps toute sorte d'obligation personnelle. *peuple, ni à aucun particulier.*

X. L'*aristocratie* a cela aussi de commun avec la *démocratie*. Premièrement, que si on n'assigne un certain lieu et un certain temps, auquel l'assemblée des principaux de l'État se tienne, ce n'est plus une cour ni un corps qui représente une seule personne, mais une multitude déjointe qui n'a aucun droit de puissance souveraine ; secondement, que si le temps d'une convocation à l'autre est trop long, l'autorité absolue ne peut pas subsister sans une certaine personne qui l'exerce. Ce que je pourrais confirmer par les mêmes raisons que j'ai alléguées au cinquième article. *Que la convocation réglée des États est nécessaire à l'établissement ou à la confirmation de ceux qui gouvernent les affaires publiques.*

XI. La *monarchie* tire son origine, de même que l'aristocratie, de la puissance du peuple qui résigne son droit, c'est-à-dire l'autorité souveraine, à un seul homme. En laquelle transaction il faut s'imaginer qu'on propose un certain personnage célèbre et remarquable par-dessus tous les autres, auquel le peuple donne tout son droit à la pluralité des suffrages ; de sorte qu'après cela il peut légitimement faire tout ce que le peuple pouvait entreprendre auparavant. Et cette élection étant conclue, le peuple cesse d'être une personne publique et devient une multitude confuse ; d'autant qu'il ne formait un corps régulier qu'en vertu de cette souveraine puissance dont il s'est dessaisi. *Et la manière en laquelle se forme la monarchie.*

XII. D'où je recueille cette conséquence, que le *monarque* ne s'est obligé à personne en considération de l'empire qu'il en a reçu : car il l'a reçu du peuple, qui cesse d'être une *personne* dès qu'il a renoncé à la puissance souveraine ; et la personne étant ôtée de la nature des choses, il ne peut point naître d'obligation qui la regarde. Ainsi donc les sujets doivent rendre toute sorte d'obéissance à leur roi, en vertu seulement du contrat par lequel ils se sont obligés d'obéir à tout ce que le peuple ordonnera, puisque cette promesse comprend l'obéissance que ce même peuple commande ensuite de rendre au monarque qu'il met sur le trône. *Que le monarque ne s'oblige à personne, et ne se soumet à aucunes conditions en recevant l'empire.*

XIII. La *royauté* est différente de l'*aristocratie* et du *gouvernement populaire*, en ce que ces deux dernières sortes ne demandent que certain temps et certain lieu où *Que le monarque est toujours en état d'exer-*

l'on prenne les résolutions publiques, c'est-à-dire, où l'on exerce actuellement la puissance souveraine; mais la royauté délibère et conclut en tous temps et en tous lieux, sans jamais interrompre le cours de sa charge. La cause de cette différence est prise de ce que ni le *peuple*, ni les *principaux de l'État* ne sont pas un corps naturel, mais un tout composé de l'assemblage de plusieurs parties détachées. Là où le *monarque* étant un en nombre, se trouve toujours en état d'exercer les fonctions de l'empire.

<small>cer toutes les fonctions requises à la souveraine puissance.</small>

<small>Quelle sorte de péché se commet, lorsque l'État ne fait pas bien son devoir envers les particuliers, ou quand les sujets ne s'acquittent pas du leur envers la république, et qui sont ceux qui commettent ce crime.</small>

XIV. Au reste, parce que j'ai montré ci-dessus aux articles VII, IX, XII, que ceux qui gouvernent la république ne sont obligés par aucuns pactes à personne, il s'ensuit qu'ils ne peuvent point faire d'injure aux particuliers. Car l'injure, suivant que je l'ai définie au troisième chapitre, n'est autre chose que l'enfreinte des pactes accordés; de sorte que là où il n'y en a eu aucuns, il ne peut y avoir d'injure. Cependant le peuple, les nobles et le roi peuvent pécher en diverses façons contre les lois de nature, comme en cruauté, en injustice, en outrages, et en s'adonnant à tels autres vices qui ne tombent point sous cette étroite signification d'injure. Mais, si un sujet n'obéit pas à l'État, non seulement il commet une injure contre son autorité, mais aussi il offense tous ses concitoyens; parce qu'ayant convenu avec eux d'obéir à la puissance souveraine, il reprend, sans leur en demander congé, le droit dont il s'était dessaisi. Au demeurant, s'il se résout quelque chose contre une loi de nature dans une assemblée populaire, ou dans une congrégation des principaux de la république, ce n'est pas l'État, c'est-à-dire la *personne civile* qui pèche; mais les particuliers qui ont opiné en cette mauvaise délibération: pour ce, qu'à bien considérer la source de cette action, les péchés qui se commettent sont des dérèglements de la volonté naturelle, dont il se peut faire une désignation particulière, plutôt que de la volonté politique qui tient de l'artifice et ne se recueille que par le raisonnement. Autrement, il faudrait que ceux-là aussi fussent coupables à qui la délibération aurait déplu. Mais en la monarchie, si le roi délibère quelque chose contre les lois de nature, il pèche tout le premier, parce qu'en lui la volonté civile et la naturelle sont une même chose.

<small>Que le monarque à qui on n'a point</small>

XV. Le peuple qui veut choisir un *roi*, peut lui donner la souveraineté simplement, sans restriction ni limitation de temps, ou bien en le lui limitant. S'il la donne de la première sorte, on suppose qu'elle demeure au roi toute telle que le peuple la possédait auparavant. De même donc que le *peuple* a eu le droit d'élire un monarque, le roi a celui de se choisir un successeur ; de sorte que le roi à qui la souveraineté a été absolument donnée, a le droit non seulement de la possession, mais aussi de la succession, c'est-à-dire il peut mettre celui que bon lui semble en sa place.

limité le temps de son règne, peut choisir un successeur.

XVI. Mais si le commandement n'a été donné au *roi* que pour un certain temps, il faut considérer quelques autres circonstances outre celle de la transaction. Premièrement, il faut savoir si le *peuple*, en lui donnant la souveraineté, ne s'est point réservé le droit d'assigner le temps et le lieu à de nouvelles assemblées. S'il a retenu cette puissance, il faut remarquer en deuxième lieu, s'il a gardé par même moyen le pouvoir de s'assembler avant que le temps qu'il a laissé au roi pour exercer la royauté, soit expiré. Tiercement, si le peuple a entendu que la convocation se fît lors seulement que ce roi à temps le trouverait bon. Cela étant, supposons, je vous prie, que le peuple ait donné la souveraineté à un certain homme à vie seulement, et qu'après cette donation, il se soit séparé sans résoudre où c'est qu'on ferait après la mort du roi une nouvelle assemblée. Il est manifeste qu'en ce cas-là, suivant le cinquième article de ce chapitre, le peuple n'est plus une personne, mais est une multitude détachée, en laquelle il est permis également à un chacun de choisir le temps et le lieu qu'il lui plaira, ou même de s'emparer de la domination, comme la nature donne à tous les hommes d'égales prétentions. Le roi donc, qui a reçu de cette sorte le royaume, est obligé par la *loi de nature*, contenue au huitième article du troisième chapitre, et qui enseigne de *ne pas rendre le mal pour le bien*, en reconnaissance du bienfait dont il est redevable au public, d'empêcher que la société civile ne soit dissoute après sa mort et de marquer le lieu et le jour auxquels on s'assemblera pour lui choisir un successeur, ou bien d'en nommer un lui-même tel qu'il jugera être de l'utilité publique. Quoi donc qu'un monarque n'ait la souveraineté qu'à vie seulement, il ne laisse pas de l'avoir absolument et de pouvoir disposer de la succession. En deuxième lieu, si l'on suppose que le peuple, après avoir élu un roi à temps, a convenu aussi du jour et de la ville où après son décès il s'assem-

Des monarques dont le règne est limité.

blera, afin de procéder à une élection nouvelle : certainement je dis qu'après la mort du roi, l'autorité souveraine retourne au peuple par son ancien droit et non pas par quelque nouvel acte ; car, pendant tout ce qui s'est écoulé de temps entre deux, la souveraineté ne laissait pas d'appartenir au peuple comme son domaine, quoique l'usage ou l'exercice en fût permis à ce roi temporaire, qui n'était (afin que je m'en explique en termes du droit) que possesseur *usufructuaire* de l'empire. Mais le monarque que le peuple a élu de cette sorte, et avec cette prévoyance touchant l'indiction d'une assemblée, n'est pas à parler proprement un monarque, non plus que les dictateurs n'étaient pas des rois chez les Romains, mais le premier ministre de l'État ; aussi le peuple peut le dégrader, même avant que le terme de son ministère soit expiré, comme autrefois on le pratiqua à Rome, lorsque Minutius, de simple chevalier qu'il était, fut donné pour collègue au dictateur Quintus Fabius Maximus. Et il me semble qu'en voici la raison. C'est qu'on ne peut pas feindre que cette personne ou cette assemblée, qui retient toujours une puissance prochaine et immédiate à agir, se réserve l'empire, en sorte qu'elle ne puisse pas le reprendre effectivement lorsqu'elle le voudra ; car, qu'est autre chose l'empire, si ce n'est le droit de commander toutes fois et quantes que cela est possible par les lois de la nature. Enfin, si le *peuple* se sépare après l'élection d'un *roi temporaire* avec cette déclaration, qu'il ne lui sera pas permis dorénavant de former une nouvelle assemblée sans la permission de leur nouveau monarque, on suppose que cette personne publique qui constituait le peuple est dissoute, et que le roi est absolu ; d'autant que les particuliers n'ont pas la puissance de faire renaître le corps de la république, si le prince n'y donne son consentement. Et il n'importe qu'il eût promis de convoquer de temps en temps les États, puisque la personne à qui il aurait fait cette promesse, ne revient à la nature des choses que quand bon lui semble. Ce que je viens de dire sur les quatre cas que j'ai proposés, d'un peuple qui choisit un roi temporaire, recevra beaucoup d'éclaircissement si je compare le peuple à un monarque absolu qui n'a point d'héritier légitime. Car le peuple est seigneur des particuliers, en sorte qu'il ne peut point avoir d'héritier autre que celui qu'il nomme lui-même. D'ailleurs les intervalles des assemblées politiques peuvent être comparés au temps du sommeil d'un monarque, car en l'un et en l'autre l'*acte* du commandement cesse, quoique la *puissance* demeure. Enfin, la rupture d'une assemblée irrévocable est une espèce de mort du peuple; comme en un homme, c'est mourir que d'entrer dans un si profond somme qu'on ne s'en éveille jamais. De même donc qu'un *roi* qui n'a aucun héritier, s'il donne, en s'endormant d'un somme éternel, c'est-à-dire, lorsqu'il s'en va mourir, le gouvernement de son royaume à une personne qui le doive régir jusqu'à tant qu'il s'éveille, il lui en laisse évidemment la succession. Ainsi le *peuple*, qui en élisant un roi temporaire, s'est ôté la puissance de convoquer une nouvelle assemblée, a donné au prince la domination sur la république. Mais au reste comme le roi, qui s'endormant pour faire un petit somme, laisse à un autre l'administration de son royaume, la reprend dès qu'il s'éveille; de même le peuple, se réservant en l'élection d'un roi temporaire, le droit de former en certain lieu et à certain jour une autre assemblée, recouvre au jour préfixé l'usage de la souveraineté. Et comme un roi, qui a donné l'administration de ses affaires à quelque autre pendant qu'il veille, peut la lui ôter quand bon lui semble : ainsi le peuple, qui a le droit de s'assembler pendant le règne d'un monarque temporaire, peut en tout temps lui ôter la couronne. En un mot, le roi qui commet le gouvernement de son royaume à un sien ministre pendant qu'il doit dormir et qui après cela ne peut point s'éveiller, si celui qu'il a substitué ne le veut, perd la vie et la royauté tout ensemble; de même le peuple qui s'est établi un monarque temporaire et qui ne s'est pas réservé la liberté de convoquer de nouveaux États sans son ordre, a perdu entièrement sa puissance, a dissipé ses propres forces, s'est déchiré soi-même, et la souveraineté demeure irrévocablement à celui auquel il l'a donnée.

XVII. Si un roi a promis à quelqu'un de ses sujets, ou à plusieurs ensemble, quelque chose qui le peut empêcher d'exercer une puissance souveraine, cette *promesse* ou ce pacte est nul, encore qu'il l'ait confirmé par serment. Car le pacte est une transaction de certain droit, qui (suivant ce que j'ai dit au quatrième article du second chapitre), demande des marques suffisantes de la volonté du transacteur, et si l'acceptant témoigne valablement de sa part qu'il reçoit la fin qu'on lui promet, il déclare par-là qu'il ne renonce point aux moyens néces-

Qu'on ne doit point supposer que le monarque, qui retient le droit de souveraineté, se soit dessaisi par aucune sienne promesse, du

saires. Mais celui qui a promis une chose requise à une autorité suprême et qui néanmoins retient cette autorité pour soi-même, il fait assez connaître que sa promesse a été conditionnelle, à savoir, en cas qu'il n'y allât point du droit de la souveraineté. Donc la promesse est nulle et demeure invalide, toutefois et quantes qu'il appert qu'on ne la peut pas exécuter sans lésion de la majesté royale.

XVIII. Nous avons examiné comment c'est que les hommes se sont obligés, par un instinct naturel, d'obéir à une puissance souveraine qu'ils ont établie par leurs conventions mutuelles. Il faut maintenant que nous voyions de quelle façon ils peuvent être délivrés du lien de cette obéissance. Cela peut arriver, premièrement, par une *renonciation*, c'est-à-dire lorsqu'un prince ne transfère pas à un autre son droit de souverain, mais tout simplement le rejette et l'abandonne. Car, ce qu'on néglige de la sorte, et qu'on laisse à l'abandon, est exposé au premier venu, et on introduit derechef le droit de nature, par lequel chaque particulier peut donner ordre comme il lui plait à sa conservation propre. Secondement, si les ennemis s'emparent de l'État sans qu'on puisse résister à leur *violence*, le souverain voit périr devant ses yeux toute son autorité : car ses sujets ayant fait tous les efforts qui leur ont été possibles pour empêcher qu'ils ne vinssent entre les mains de leurs ennemis, ils ont accompli la promesse réciproque qu'ils s'étaient jurée d'une parfaite obéissance ; et même j'estime que les vaincus sont obligés de tâcher soigneusement de tenir la parole qu'ils ont donnée pour garantir leur vie. En troisième lieu, s'il ne paraît aucun successeur en une monarchie (car le peuple, ni les principaux de l'État, ne peuvent point défaillir dans les deux autres sortes de gouvernement) les sujets sont quittes de leur serment de fidélité : car, on ne peut pas s'imaginer que quelqu'un soit obligé, si l'on ne sait à qui, pour ce qu'il serait impossible d'acquitter son obligation. Et voilà les trois moyens par lesquels les hommes se retirent de la sujétion civile et acquièrent cette brutale, mais toutefois naturelle liberté, qui donne à tous un pouvoir égal sur toutes choses. Je nomme cette liberté farouche et brutale ; car, en effet, si l'on compare l'état de nature à l'état politique, c'est-à-dire la liberté à la sujétion, on trouvera la même proportion entre elles, qu'il y a entre le dérèglement des appétits et la raison, ou, si je l'ose dire, entre les bêtes et les hommes raisonnables. Ajoutez à cela, que les particuliers peuvent être délivrés légitimement de la sujétion, par la volonté et sous le bon plaisir de celui qui gouverne absolument, pourvu qu'ils sortent des limites de son royaume : ce qui peut arriver en deux façons, à savoir, par permission, lorsqu'on demande et qu'on obtient congé d'aller demeurer ailleurs, ou quand on fait commandement de vider le royaume, comme à ceux que l'on bannit. En l'une et en l'autre de ces rencontres, on est affranchi des lois de l'État que l'on quitte, à cause qu'on s'attache à celles d'une nouvelle république.

Chapitre VIII

Du droit des maîtres sur leurs esclaves.

Sommaire

I. Ce que c'est que maître et esclave. II. Distinction entre les esclaves desquels on ne se défie point, et lesquels on laisse jouir de la liberté naturelle, et ceux qu'on tient en prison ou à la chaine. III. L'obligation d'un esclave naît de ce que son maître lui a accordé la liberté de son corps. IV. Que les esclaves qu'on tient enchainés ne sont obligés à leur maître par aucuns pactes. VI. Que le maître peut vendre ou aliéner par testament son esclave. VII. Que le maître ne peut point commettre d'injure contre son esclave. VIII. Que celui qui est maître du maître, est maître des esclaves. IX. Par quels moyens les esclaves sont affranchis. X. Que la seigneurie sur les bêtes est du droit de nature.

I. J'ai traité aux deux chapitres précédents de la domination *instituée* et politique, c'est-à-dire de la société civile qui a été bâtie du consentement de plusieurs personnes, qui se sont obligées les unes aux autres par des contrats et par une fidélité mutuelle qu'elles se sont promise. Il reste que je dise quelque chose de la domination *naturelle*, nommée despotique en termes de l'Ecole, comme si l'on disait *seigneuriale*, et de laquelle on acquiert l'usage par les forces et la puissance naturelle. Et d'abord il faut rechercher par quels moyens

Ce que c'est que maitre et esclave.

c'est qu'on obtient le droit de seigneurie sur une personne. Car, ce droit étant acquis, on exerce une certaine espèce d'empire, et le maître devient un petit monarque. Vu que la royauté n'est autre chose qu'une domination plus étendue, et qu'une seigneurie sur un grand nombre de personnes : de sorte qu'un *royaume* est comme une famille fort ample, et une *famille* est comme un petit royaume. Afin donc que je prenne mon raisonnement du plus haut que je pourrai, il faut que nous rebroussions vers le premier état de nature et que nous considérions les hommes comme s'ils ne faisaient maintenant que de naître, et comme s'ils étaient sortis tout à coup de la terre, ainsi que des potirons [18]. De cette façon, ils n'auront aucune obligation les uns aux autres et nous trouverons ensuite qu'il n'y a que trois moyens par lesquels on puisse acquérir domination sur une personne. Le premier est lorsque quelqu'un, pour le bien de la paix et pour l'intérêt de la défense commune, s'est mis de son bon gré sous la puissance d'un certain homme, ou d'une certaine assemblée, après avoir convenu de quelques articles qui doivent être observés réciproquement. C'est par ce moyen que les sociétés civiles se sont établies et j'en ai traité déjà assez au long. Je passe donc au deuxième, qui arrive lorsque quelqu'un étant fait prisonnier de guerre, ou vaincu par ses ennemis, ou se défiant de ses forces, promet, pour sauver sa vie, de servir le vainqueur, c'est-à-dire de faire tout ce que le plus fort lui commandera. En laquelle convention, le bien que reçoit le vaincu, ou le plus faible, est la vie, qui, par le droit de la guerre, et en l'état naturel des hommes, pouvait lui être ôtée ; et l'avantage qu'il promet au vainqueur, est son service et son obéissance. De sorte qu'en vertu de ce contrat, le vaincu doit

18. Cette formule imagée montre que, selon Hobbes, le critère de l'humaine nature n'est pas naturel ; l'homme est l'artisan, le fabricant de sa propre humanité.

Il convient aussi, en cette phrase, de remarquer l'emploi du «*comme si*» : il indique clairement que l'état de nature ne désigne pas, pour Hobbes, un fait historique, mais une hypothèse de travail dont la valeur est strictement opératoire. Le chapitre XIII du *Léviathan*, qui traite de «la condition naturelle des hommes», met en évidence la fonction méthodologique de ce concept polémique «d'état de nature» rigoureusement construit par une procédure déductive à partir de l'observation des mœurs humaines.

au victorieux tous ses services et une obéissance absolue, si ce n'est en ce qui répugne aux lois divines. La raison pour laquelle j'étends si avant les devoirs de cette obéissance est, que celui qui s'est obligé d'obéir à une personne, sans s'être informé de ce qu'elle lui commandera, est obligé absolument et sans restriction à tout ce qu'elle voudra tirer de son service. Or, je nomme *serf* ou *esclave*, celui qui est obligé de cette sorte, et *seigneur* ou *maître* celui à qui on est obligé pareillement. En troisième lieu, on acquiert droit naturel sur une personne par la génération ; de quoi je parlerai, avec l'aide de Dieu, au chapitre suivant.

II. On ne doit point supposer que tous les prisonniers de guerre à qui on a laissé la vie sauve ont traité avec leur vainqueur : on ne se fie pas tellement à tous, qu'on leur laisse assez de liberté naturelle pour s'enfuir, pour refuser leur service, ou pour brasser, s'ils veulent, quelque entreprise contre leur maître. Aussi on les tient enfermés en des prisons, et s'ils travaillent, ce n'est qu'en quelque lieu bien assuré, ou sous la chaîne, comme les *forçats* dans les galères, qui ne représentent peut-être pas mal cette sorte d'esclaves, que les anciens nommaient *Ergastulos*, et dont on se servait à divers ouvrages, comme il se pratique encore aujourd'hui aux villes d'Alger et de Tunis, en la côte de Barbarie. Et de vrai, notre langue met beaucoup de différence entre un *serviteur*, un *valet*, un *serf* et un *esclave*. J'eusse employé le mot de *domestique*, qui est d'une signification générale, si je n'eusse pensé que celui d'*esclave* exprimait mieux la privation de liberté, qui est ici supposée.

Distinction entre les esclaves, desquels on ne se défie point et lesquels on laisse jouir de la liberté naturelle, et ceux qu'on tient en prison ou à la chaîne.

III. L'obligation d'un *esclave* envers son *maître*, ne vient donc pas de cela simplement qu'il lui a donné la vie, mais de ce qu'il ne le tient point lié, ni en prison ; car, toute obligation naît d'un pacte, et le pacte suppose qu'on se fie à une personne, comme il a été dit au neuvième article du second chapitre, où j'ai défini que le pacte était une promesse de celui auquel on se fie. Il y a donc, outre le bénéfice accordé, la fiance que le maître prend en celui à qui il laisse la liberté de sa personne ; de sorte que si l'esclave n'était attaché par l'obligation de ce tacite contrat, non seulement il pourrait s'enfuir, mais aussi ôter la vie à celui qui lui a conservé la sienne.

L'obligation d'un esclave naît de ce que son maître lui a accordé la liberté corporelle.

IV. Ainsi les *esclaves* qui souffrent cette dure servitude qui les prive de toute liberté, et qu'on tient enfermés dans les prisons, ou liés de chaînes, ou qui travail-

Que les esclaves qu'on tient enchaînés ne sont

lent en des lieux publics par forme de supplice, ne sont pas ceux que je comprends en ma définition précédente ; parce qu'ils ne servent pas par contrat, mais de crainte de la peine. C'est pourquoi ils ne font rien contre les lois de nature, s'ils s'enfuient, ou s'ils égorgent leur maître. Car celui qui lie un autre, témoigne par-là qu'il ne s'assure point de son prisonnier par quelque obligation plus forte que les chaînes.

Que les esclaves n'ont pas la propriété de leur bien contre leurs maîtres.

V. Le maître donc n'a pas moins de droit et de domination sur l'esclave qu'il laisse en liberté, que sur celui qu'il tient à la cadence : car il a sur l'un et sur l'autre une puissance souveraine ; et il peut dire de son esclave, aussi bien que de toute autre chose qui est à lui : « cela m'appartient ». D'où s'ensuit, que tout ce qui appartenait à l'esclave avant la perte de sa liberté, appartient au maître ; et que tout ce que l'esclave acquiert, il l'acquiert à son maître. Car celui qui dispose légitimement d'une personne, peut disposer de tout ce dont cet homme-là avait la disposition. Il n'y a donc rien que l'esclave puisse retenir comme sien propre au préjudice de son maître. Toutefois, il a, par la dispensation de son maître, quelque propriété et domination sur les choses qui lui ont été données, et il en peut retenir et défendre la possession contre tous ses compagnons de service. De la même sorte que j'ai fait voir ci-dessus, qu'un particulier n'avait rien qui fût proprement sien contre la volonté de l'État, ou de celui qui le gouverne ; quoique à l'égard de ses concitoyens, il puisse dire de quantité de choses qu'elles lui appartiennent.

Que le maître peut vendre ou aliéner par testament son esclave.

VI. Or, d'autant que l'esclave et tout ce qui est à lui appartient au maître, et que chacun, suivant le droit de nature, peut disposer de son bien comme bon lui semble, le maître pourra vendre, engager et léguer par testament le droit qu'il a sur son esclave.

Que le maître ne peut point commettre d'injure contre son esclave.

VII. De plus, comme j'ai fait voir tantôt, qu'en la société qui est d'institution politique, celui qui gouverne absolument ne peut point commettre d'injure envers son sujet, il est vrai aussi que l'esclave ne peut point être offensé par son maître, à cause qu'il lui a soumis sa volonté ; si bien que tout ce que le maître fait, se doit supposer du consentement de l'esclave. Or, est-il qu'on ne fait point d'injure à celui qui est content de la recevoir.

Que celui qui est maître du maî-

VIII. Mais, s'il arrive que le maître devienne esclave par captivité, ou par une servitude volontaire, cet autre, en la puissance duquel il tombe, acquiert la domination sur les esclaves du premier, aussi bien que sur sa personne. Il est vrai que sa juridiction regarde l'un directement et les autres médiatement ; mais elle est sur tous également haute et souveraine. Car ils appartiennent par un même droit à ce nouveau maître, et le subalterne ne peut point disposer de ceux qui étaient autrefois ses esclaves, que suivant la volonté de celui qui en a la haute domination. C'est pourquoi, s'il y a eu des républiques où les maîtres avaient une puissance absolue sur leurs esclaves, ils la tiraient du droit de nature, et elle était tolérée plutôt qu'établie par la loi civile.

tre, est maître des esclaves.

IX. Les esclaves sont délivrés de servitude, par les mêmes moyens que les sujets sont retirés de la sujétion en la république. Premièrement, si le maître les affranchit ; car il peut rendre le droit que l'esclave lui avait donné. Cette sorte d'affranchissement se nommait autrefois *manumission*. Ce qui ne se rapporte pas mal à la permission que l'État donne à un bourgeois d'aller demeurer en un autre pays. En deuxième lieu, si le maître chasse son esclave ; ce qui ressemble fort bien à l'exil dont on bannit les habitants d'une ville et qui a le même effet que la manumission, mais non pas si bonne grâce ; car en l'une on donne la liberté comme un excellent bienfait et en l'autre on la rend par forme de supplice. Toutefois, en ces deux façons d'affranchir, on renonce à la *domination*. En troisième lieu, si un esclave est fait prisonnier de guerre, cette nouvelle servitude abolit l'ancienne : car ils sont comptés parmi le butin aussi bien que toutes les autres choses ; et le nouveau maître doit se les conserver par une nouvelle protection de leurs personnes. En quatrième lieu, l'esclave recouvre la liberté, s'il ne voit point de successeur à son maître qui meurt sans héritiers et sans faire testament, car on n'est point obligé, si on ne sait envers qui il faudra s'acquitter de son obligation. Enfin l'esclave qu'on maltraite, qu'on met dans les liens et auquel on ôte la liberté corporelle qu'on lui avait promise, est délivré de l'obligation qui suppose une espèce de contrat. Car le contrat est nul, si on ne se fie à celui avec qui on contracte, et on ne peut pas manquer à la fidélité de laquelle on n'a pas été estimé que nous fussions capables. Mais le maître, qui vit lui-même sous la servitude d'autrui, ne peut point affranchir les esclaves, en sorte qu'ils ne soient plus sous la puissance d'une plus haute domination : car alors les

Par quels moyens les esclaves sont affranchis.

esclaves ne sont pas à lui, comme il a été dit, mais à celui qu'il reconnaît en un degré plus élevé pour son propre maître.

<small>Que la seigneurie sur les bêtes est du droit de nature.</small>

X. Le droit sur les *bêtes* s'acquiert de la même façon que sur les hommes, à savoir par la force et par les puissances naturelles. Car, si en l'état de nature il était permis aux hommes (à cause de la guerre de tous contre tous) de s'assujettir et de tuer leurs semblables toutes fois et quantes que cela leur semblerait expédient à leurs affaires ; à plus forte raison, la même chose leur doit être permise envers les bêtes, dont ils peuvent s'assujettir celles qui se laissent apprivoiser et exterminer toutes les autres en leur faisant une guerre perpétuelle. D'où je conclus que la domination sur les bêtes n'a pas été donnée à l'homme par un privilège particulier du droit divin positif, mais par le droit commun de la nature. Car, si on n'eût joui de ce dernier droit avant la promulgation de la Sainte Écriture, on n'eût pas eu celui d'égorger quelques animaux pour se nourrir. En quoi la condition des hommes eût été pire que celle des bêtes, qui nous eussent pu dévorer impunément, sans qu'il nous eût été permis de leur rendre la pareille. Mais, comme c'est par le droit de nature que les bêtes se jettent sur nous lorsque la faim les presse ; nous avons aussi le même titre de nous servir d'elles et, par la même loi, il nous est permis de les persécuter.

Chapitre IX

Du droit des pères et des mères sur leurs enfants et du royaume patrimonial.

Sommaire

I. Que la puissance paternelle ne vient point de la génération. II. Que la domination sur les enfants appartient à celui qui les a le premier en sa puissance. III. Que la seigneurie sur les enfants appartient originellement à la mère. IV Qu'un enfant exposé appartient à celui qui l'élève. V. Que les enfants appartiennent au souverain. VI. En un mariage où le mari et la femme sont égaux, les enfants appartiennent à la mère, si la loi civile, ou quelque contrat particulier n'en ont autrement ordonné. VII. Les enfants ne sont pas moins sous la puissance de leurs pères, que les esclaves sous celle de leurs maîtres, et les sujets sous celle de l'État. VIII. De l'honneur que l'on doit à ses parents et à ses maîtres. IX. En quoi consiste la liberté, et la différence qu'il y a entre les bourgeois et les esclaves. X. Qu'au règne patrimonial on a le même droit sur les inférieurs, qu'en un État d'institution politique. XI. Que la question du droit de la succession n'a lieu qu'en la monarchie. XII. Que le monarque peut disposer par testament, de la souveraineté. XIII. Qu'il la peut vendre, ou la donner. XIV. Qu'il est toujours à présumer que le roi, qui meurt sans faire testament, veut que son royaume demeure monarchie. XV. Et qu'un de ses enfants lui succède. XVI. Et que ce soit un fils plutôt qu'une fille. XVII. Et l'aîné, plutôt que le cadet. XVIII. Ou son frère, plutôt qu'aucun autre, s'il n'a point d'enfants. XIX. Que de la même sorte que l'on succède à un royaume, l'on succède au droit de la succession.

I. *Socrate est homme, donc il est animal* ; l'argument est bon et la force en est très évidente, parce qu'il n'est nécessaire pour connaître la vérité de cette conclusion, que de bien entendre la signification de ce terme homme, dans la définition duquel entre le nom d'animal et que chacun peut assez suppléer de soi-même cette proposition, *l'homme est un animal*, qu'on laisse sous-entendue. Mais en cet enthymème, *Sophronisque est père de Socrate, donc il en est seigneur* ; la conséquence est fort bonne, quoiqu'elle ne soit pas des plus manifestes, à cause que la qualité de *seigneur* et de *maître* n'est pas exprimée en la définition de *père*, et qu'il est besoin de montrer leur connexion, afin que la conséquence de l'enthymème paraisse toute évidente. Il faut donc que je travaille à éclaircir cette matière et que je traite en ce chapitre, peut-être assez curieusement, de cette puissance domestique ; à l'avantage de laquelle je soutenais tantôt, qu'un père de famille est un petit roi dans sa maison. Tous ceux qui ont tâché d'appuyer la puissance des *pères* sur les enfants, n'ont jusqu'ici apporté aucune autre raison de cette autorité, que l'ordre de la *génération* : comme si c'était une chose assez évidente d'elle-même, que tout ce que nous avons engendré nous appartient. C'est à peu près comme si quelqu'un estimait

Que la puissance paternelle ne vient point de la génération.

qu'il suffit de voir et de définir un triangle, pour connaître d'abord et pour en inférer, sans faire d'autre raisonnement, que ses trois angles sont égaux à deux droits. D'ailleurs, la *domination,* c'est-à-dire la *puissance souveraine*, étant indivisible, suivant laquelle maxime on dit qu'un valet ne peut point servir à deux maîtres ; et le concours de deux personnes, à savoir du mâle et de la femelle, étant nécessaire à la génération, il est impossible qu'elle seule communique l'autorité dont nous recherchons la vraie et la parfaite origine. Poussons donc plus avant cette recherche et voyons si nous en viendrons à bout par notre diligence.

<small>Que la domination sur les enfants, appartient à celui qui les a premier en sa puissance.</small>

II. Il faut pour accomplir ce dessein que nous retournions à l'état de nature, où règne l'égalité naturelle et où tous les hommes d'âge mûr sont estimés égaux. En cet état-là, le droit de nature veut que le vainqueur soit maître et seigneur du vaincu. D'où s'ensuit, que par le même droit, un *enfant* est sous la domination immédiate de celui qui le premier le tient en sa puissance. Or, est-il que l'enfant qui vient de naître est en la puissance de sa mère, avant qu'en celle d'aucun autre, de sorte qu'elle le peut élever ou l'exposer, ainsi que bon lui semble et sans qu'elle en soit responsable à personne.

<small>Que la seigneurie sur les enfants appartient originellement à la mère.</small>

III. Si donc elle l'élève, elle entend que c'est sous cette condition (car l'état de nature est un état de guerre) qu'étant devenu homme fait, il ne se rendra pas son ennemi, c'est-à-dire, qu'il demeurera dans l'obéissance. En effet, puisque c'est par une nécessité naturelle que nous nous portons à vouloir ce qui nous paraît être de notre bien et de notre utilité, on ne doit pas concevoir que quelqu'un ait donné la vie à un autre si absolument, que l'âge et les forces lui étant accrues, il puisse devenir ennemi de son protecteur sans commettre de perfidie. Or, je tiens pour ennemi celui qui n'obéit point à un autre auquel il n'a point droit de commander. Et de cette façon, en l'état de nature, une femme dès qu'elle est accouchée, acquiert le titre de *mère* et de *maîtresse* de son enfant. Ce qu'on peut alléguer en cet endroit, que cet honneur n'appartient pas à la mère, mais au père, qui mérite bien mieux la seigneurie à cause de l'excellence de son sexe, ne me semble pas d'assez forte considération ; car, au contraire, je trouve qu'il n'y a pas une telle disproportion entre les forces naturelles du mâle et de la femelle, que notre sexe puisse dominer sur l'autre sans rencontrer de la résistance. Ce que l'expérience a confirmé autrefois au gouvernement des amazones, qui ont conduit des armées et disposé de leurs enfants avec une puissance absolue. Et de notre temps n'avons-nous pas vu les plus grandes affaires de l'Europe régies par des femmes, je dis même en des États où elles n'avaient pas accoutumé d'être souveraines. Mais aux lieux où elles le sont suivant les lois, j'estime que c'est à elles, et non pas à leurs maris, de disposer de leurs enfants par droit de nature : car la souveraineté (comme j'ai montré ci-dessus) les dispense de l'observation des lois civiles. Ajoutez à cela qu'en l'état de nature on ne peut point savoir qui est le père d'un enfant, si ce n'est par la disposition de la mère, de sorte qu'étant à celui que bon lui semble, il est tout premièrement à elle. Donc la domination originelle sur les enfants appartient à la mère ; et parmi les hommes, aussi bien que parmi les autres animaux, cette maxime des jurisconsultes, *partus ventrem sequitur*, que le fruit suit le ventre, doit être reçue.

IV. Mais la domination passe de la mère aux autres en diverses manières : premièrement si elle se sépare de son droit, ou si elle l'abandonne en *exposant* son fruit. Alors celui qui le retire et l'élève, entre dans ce même droit et prend l'autorité de la mère ; car, en l'exposition que la mère a faite, elle a comme ôté la vie qu'elle avait donnée pendant sa grossesse et renversé toute l'obligation qu'elle s'était acquise. L'enfant doit tout à celui qui l'a recueilli, tant ce qu'il eût dû à sa mère en qualité de fils, qu'à ce qu'il doit à un maître en qualité d'esclave. Et encore que la mère puisse redemander son enfant en l'état de nature où nous la supposons et où toutes choses sont communes, elle n'a pourtant aucun droit particulier sur lui et il ne peut pas avec raison se donner à elle en se soustrayant à celui auquel il est déjà obligé de la vie.

Qu'un enfant exposé appartient à celui qui l'élève.

V. En deuxième lieu, si la mère a été faite prisonnière de guerre, l'enfant qui naîtra d'elle appartient au vainqueur ; car celui qui a puissance sur le corps d'une personne, a puissance sur tout ce qui lui appartient, comme il a été dit au chapitre précédent, art. V. En troisième lieu, si la mère est bourgeoise d'une certaine ville, celui qui en est souverain étend sa seigneurie sur tout ce qui naîtra d'elle ; car l'enfant ne peut pas être moins sujet que sa mère. En quatrième lieu, si par le contrat de mariage, la femme s'oblige de vivre sous la

Que les enfants appartiennent au souverain.

puissance de son mari, les enfants communs seront sous la domination paternelle, à cause que cette même domination était déjà sur la mère. Mais, si une femme a des enfants de son sujet, elle en aura préalablement la domination, parce qu'autrement elle perdrait sa souveraineté. En un mot, en tous les mariages où une partie se soumet à l'autre, les enfants appartiennent à celle qui tient le dessus.

En un mariage où le mari et la femme sont égaux, les enfants appartiennent à la mère, si la loi civile ou quelque contrat particulier n'en ont ordonné autrement.

VI. Au reste, si en l'état de nature, l'homme et la femme se joignent sans se soumettre à la puissance l'un de l'autre, les enfants qui en proviendront appartiendront à la mère, pour les raisons que j'ai déduites au troisième article, si quelque condition préalable ne l'empêche; car rien ne s'oppose à ce qu'une mère contracte et dispose de ses droits ainsi que bon lui semblera, comme nous voyons qu'il est arrivé chez les amazones, qui, s'approchant de leurs voisins, stipulaient de leur renvoyer les mâles qu'elles concevraient et de retenir les filles chez elles. Mais en une république autrement policée, quand l'homme et la femme se joignent par contrat, les enfants qui en proviennent appartiennent au père; à cause que tous ces États-là sont gouvernés par des hommes et que par conséquent l'empire domestique est entre les mains du père, plutôt que de la mère de famille. Or ce contrat, quand il est fait selon les lois civiles, se nomme *mariage*. Tout autre accouplement est une espèce de concubinage, dans lequel les enfants demeurent en la puissance du père ou de la mère, suivant que les statuts et les coutumes du lieu sont diverses.

Les enfants ne sont pas moins sous la puissance de leurs pères que les esclaves sous celle de leurs maitres, et les sujets sous celle de l'État.

VII. D'autant que par le troisième article, *la mère est originellement maîtresse de ses enfants*, et ensuite le père, ou quelque autre que ce soit qui prend son droit d'elle; il demeure manifeste que les enfants ne sont pas moins sujets à ceux qui les nourrissent et qui les élèvent, que les esclaves à leurs maîtres, ou que les particuliers à l'État; et que les pères et les mères ne peuvent point faire de tort à leurs enfants, tandis qu'ils vivent sous leur puissance. Aussi un enfant est délivré de la sujétion de ses parents par les mêmes moyens que les sujets ou les esclaves sont délivrés de celle de leur maître ou de leur prince; car l'*émancipation* est même chose que la *manumission*. Et l'*abdication* répond à l'*exil* et au *bannissement*.

De l'honneur que l'on doit à

VIII. Un fils émancipé, ou un esclave affranchi, craignent moins qu'auparavant celui qu'ils voient dépouillé de la puissance de père ou de maître et l'honorent beaucoup moins, eu égard à l'honneur interne et véritable. Car l'honneur et la révérence intérieure qu'on porte à une personne n'est autre chose qu'une certaine estime qu'on fait de sa puissance ; c'est pourquoi on honore toujours moins ceux qui ne peuvent guère et qui ne sont pas en grande considération. Mais il ne faut pas penser que celui qui a émancipé ou affranchi un sien fils, ou un sien esclave, ait eu dessein de se l'égaler, en telle sorte qu'il doive perdre la mémoire du bienfait et marcher de pair avec lui. Il faut toujours supposer que celui qu'on tire de la sujétion, soit un enfant, ou un esclave, ou une colonie entière, promet de nous rendre tous les signes externes desquels les personnes inférieures ont accoutumé d'honorer leurs supérieurs. D'où je recueille, que le commandement d'honorer son père et sa mère est une des lois de nature, non seulement à cause de la gratitude à laquelle il se rapporte, mais aussi en vertu d'une paction secrète.

ses parents et à ses maîtres.

IX. Quelle est donc, me dira quelqu'un, la différence qu'il y a entre un homme libre, un bourgeois et un esclave ? Car je ne sache point qu'aucun auteur, ancien ni moderne, ait assez expliqué ce que c'est que *liberté* et *servitude*. Communément on tient que la liberté consiste à pouvoir faire impunément tout ce que bon nous semble et que la servitude est une restriction de cette liberté. Mais on le prend fort mal de ce biais-là ; car, à ce compte, il n'y aurait personne libre dans la république, vu que les États doivent maintenir la paix du genre humain par l'autorité souveraine, qui tient la bride à la volonté des personnes privées. Voici quel est mon raisonnement sur cette matière : je dis que la liberté n'est autre chose que l'absence de tous les empêchements qui s'opposent à quelque mouvement [19] ; ainsi l'eau qui est enfermée dans un vase n'est pas libre, à cause que le vase l'empêche de se répandre et, lorsqu'il se rompt, elle recouvre sa liberté. Et de cette sorte une personne jouit

En quoi consiste la liberté et la différence qu'il y a entre les bourgeois et les esclaves.

---

19. Notons ici la définition de type mécaniste que donne Hobbes du mot de liberté. De même, dans le *Léviathan*, chapitre XXI, Hobbes écrit : « Les mots de *Liberty* et de *Freedom* désignent proprement l'absence d'opposition (j'entends par opposition : les obstacles extérieurs au mouvement), et peuvent être appliqués à des créatures sans raison, ou inanimées, aussi bien qu'aux créatures raisonnables. »

de plus ou de moins de liberté, suivant l'espace qu'on lui donne; comme dans une prison étroite, la captivité est bien plus dure qu'en un lieu vaste où les coudées sont plus franches. D'ailleurs, un homme peut être libre vers un endroit et non pas vers quelque autre; comme en voyageant on peut bien s'avancer et gagner pays; mais quelquefois on est empêché d'aller à côté par les haies et par les murailles dont on a garni les vignes et les jardins. Cette sorte d'empêchement est extérieure et ne reçoit point d'exception; car les esclaves et les sujets sont libres de cette sorte, s'ils ne sont en prison ou à la chaîne. Mais il y a d'autres empêchements que je nomme arbitraires et qui ne s'opposent pas à la liberté du mouvement absolument, mais par accident, à savoir parce que nous le voulons bien ainsi et qu'ils nous font souffrir une privation volontaire. Je m'explique par un exemple : celui qui est dans un navire au milieu de la mer, peut se jeter du tillac dans l'eau s'il lui en prend fantaisie; il ne rencontre que des empêchements arbitraires à la résolution de se précipiter. La liberté civile est de cette même nature et paraît d'autant plus grande que les mouvements peuvent être plus divers, c'est-à-dire que plus on a de moyens d'exécuter sa volonté. Il n'y a aucun sujet, aucun fils de famille, aucun esclave, que les menaces du magistrat, du père, ou du maître, pour si rigoureuses qu'elles soient, empêchent de faire tout ce qu'il jugera à propos pour la conservation de sa vie ou de sa santé. Je ne vois donc pas pourquoi c'est qu'un esclave se plaint en cet égard de la perte de sa liberté, si ce n'est qu'on doive réputer à grande misère d'être retenu dans le devoir et d'être empêché de se nuire à soi-même; car, n'est-ce pas à condition d'obéir qu'un esclave reçoit la vie et les aliments, desquels il pouvait être privé par le droit de la guerre, ou que son infortune et son peu de valeur méritaient de lui faire perdre ? Les peines dont on l'empêche de faire tout ce qu'il voudrait, ne sont pas des fers d'une servitude mal aisée à supporter, mais des barrières très justes qu'on a mises à sa volonté. Par ainsi, la servitude ne doit pas paraître si fâcheuse à ceux qui en considéreront bien la nature et l'origine. Elle est d'ailleurs si nécessaire et si ordinaire dans le monde, qu'on la rencontre dans les États les plus libres. Mais, de quel privilège donc, me direz-vous, jouissent les bourgeois d'une ville ou les fils de famille, par-dessus les esclaves? C'est qu'ils ont de plus honorables emplois et qu'ils possèdent davantage de choses superflues. Et toute la différence qu'il y a entre un homme libre et un esclave [20] est que celui qui est *libre* n'est obligé d'obéir qu'au public et l'*esclave* doit obéir aussi à quelque particulier. S'il y a quelque autre liberté plus grande, qui affranchisse dès l'obéissance aux lois civiles, elle n'appartient pas aux personnes privées et est réservée au souverain.

X. Le père de famille, les enfants et les serviteurs de la maison, réunis en une personne civile par la force de l'autorité paternelle, sont ce qui forme le corps d'une famille. Mais si elle s'augmente par la multiplication d'une féconde lignée et par l'acquisition de quantité de serviteurs, en sorte qu'elle ne puisse pas être vaincue sans le hasard d'une bataille, elle mérite d'être nommée un *royaume patrimonial*. Or, ce royaume, bien qu'acquis avec violence, et que différent de la monarchie instituée, en son origine et en la manière de son établissement, si est-ce qu'étant une fois établi, il a toutes les mêmes propriétés et prérogatives, le droit de l'empire est égal en l'un et en l'autre, et il n'est pas besoin de rien ajouter ici séparément, car ce que j'ai dit sert à tous les deux.

Qu'au règne patrimonial on a le même droit sur les inférieurs qu'en un État d'institution politique.

XI. Voilà en peu de mots par quel droit les souverainetés ont été établies, il me faut maintenant montrer sous quels titres s'en fait la continuation, c'est-à-dire, d'où dépend ce qu'on nomme le *droit de succession*. En l'État populaire, comme la puissance souveraine réside dans le peuple, et comme ce corps est immortel, il n'y faut point chercher de successeur ; ni aussi dans l'État aristocratique, où dès qu'un des membres meurt, un autre est substitué en sa place, ne se rencontrant jamais que tous viennent à faillir en même temps ; de sorte que la question du droit de succession regarde uniquement la monarchie absolue. Je dis absolue, parce que ceux dont le commandement est limité, ne méritent pas le

Que la question du droit de la succession n'a lieu qu'en la monarchie.

---

20. On trouvera chez Kant une distinction similaire, quoique plus nuancée, entre le citoyen (*Staatsbürger*) et le bourgeois (*Stadtbürger*) : le premier, en tant qu'il est *citoyen actif*, sert l'État et son service le fait libre ; le second, qui est un *citoyen passif*, obéit à l'État et se met au service d'un maître qui est membre de l'État (*Théorie et pratique*, Section II et *Doctrine du Droit*, § 46, Remarque).

Notons qu'il n'y a chez Hobbes aucune trace d'une dialectique du maître et de l'esclave (ou du serviteur) telle qu'on la trouve dans la philosophie de Hegel.

titre de monarques et ne sont, en effet, que les premiers *ministres* de la république.

Que le monarque peut disposer par testament de la souveraineté.

XII. Or, premièrement si le roi s'est institué un successeur par testament, celui qu'il a désigné succédera à la couronne. En voici la raison. Si le peuple l'avait institué, n'aurait-il pas tout le même droit qu'avaient les communes dans l'État, comme il appert du chap. VII, art. XI? Mais, de même que le peuple a pu choisir le roi, le roi a droit de se choisir un successeur. Ce qui n'a pas moins de lieu au royaume patrimonial, qu'en la monarchie instituée. Si bien que tout roi, quel qu'il soit, peut en son testament se nommer un successeur à la couronne.

Qu'il la peut vendre ou la donner.

XIII. Mais ce dont on peut faire transport à un autre par testament, n'a-t-on pas droit d'en faire donation, ou de le vendre dès son vivant? Certes, celui à qui le roi transmet sa royauté, ou en pur don, ou par manière de vente, reçoit fort légitimement le sceptre.

Qu'il est toujours à présumer que le roi qui meurt sans faire de testament, veut que son royaume demeure monarchie.

XIV. Que si le roi avant de mourir n'a point déclaré sa volonté touchant un successeur, ni par testament, ni en aucune autre façon, il faut supposer premièrement, qu'il n'a pas eu intention de laisser tomber l'État en anarchie, qui est une confusion où la ruine du peuple est inévitable, à cause de la guerre perpétuelle; et que d'ailleurs, il ne l'aurait pas pu faire sans enfreindre les lois de nature, qui l'obligeaient en conscience à procurer la paix par toutes sortes de moyens; outre que s'il eût eu ce mauvais désir, il ne lui était pas mal aisé de le faire paraître. J'ajoute que, comme un père de famille ayant droit de disposer de ses biens, témoigne assez, en toute sa conduite, qu'il a eu la volonté d'instituer un héritier; aussi on doit penser que le roi n'a pas voulu soustraire ses sujets de la domination monarchique, puisqu'au contraire c'est la forme de gouvernement qu'il a approuvée par son exemple, et contre laquelle il n'a dit ni fait aucune chose qui tende à son préjudice.

Et qu'un de ses enfants lui succède.

XV. Au reste, parce que les hommes, poussés d'une nécessité naturelle, souhaitent davantage du bien à ceux desquels ils peuvent retirer de l'honneur et de la gloire, et que la puissance de nos enfants est ce qui, après notre mort, contribue davantage à ce dessein, il n'y a point de doute qu'un père préfère l'utilité de ses enfants, et bute à leur avancement plutôt qu'à celui d'aucun autre. Cela suppose que la volonté d'un père qui est décédé sans faire de testament, a été qu'un de ses enfants lui succédât, pourvu qu'il n'ait point donné de signes plus évidents du contraire, telle que pourrait être la coutume après une longue suite de successions ; car le roi qui ne fait point de mention de successeur en la disposition de ses affaires, témoigne par son silence qu'il approuve les coutumes du royaume.

XVI. Or, d'entre les enfants, on préfère les fils aux filles ; premièrement à cause, peut-être, qu'ils sont d'ordinaire (mais non pas toujours) plus propres aux grandes entreprises, surtout à celles de la guerre ; d'ailleurs, à cause que cela ayant passé en coutume, il ne faut pas aller à l'encontre : de sorte qu'il faut interpréter la volonté du père en faveur des mâles, si quelque circonstance particulière ne détourne cette favorable interprétation. *Et que ce soit un fils plutôt qu'une fille.*

XVII. Mais, d'autant que le royaume est indivisible, si les enfants sont plusieurs et égaux, l'aîné jouira de la prérogative de la succession ; car, si l'âge apporte quelque différence entre eux, certainement celui qui est le plus âgé doit être estimé le plus capable, comme ayant eu plus de loisir de former son jugement et sa prudence. La nature nous mène là et il n'y a point d'autre route à prendre. Car, en cette égalité de plusieurs frères, on ne peut laisser au sort le choix d'un successeur. Mais c'est une espèce de sort naturel que celui de la naissance. Et si l'aîné ne se prévaut de l'avantage que la nature lui donne, à quelle autre sorte de hasard est-ce qu'on s'en rapportera ? Or, ce que je dis ici en faveur de l'aîné des mâles, fait aussi pour l'aînée des filles. *Et l'aîné plutôt que le cadet.*

XVIII. Si le roi ne laisse point d'enfants, le royaume est dévolu pour les mêmes raisons à ses frères, ou à ses sœurs ; car, comme ce sont les personnes qui le touchent de plus près, on suppose que l'affection seconde les mouvements de la nature, et qu'ainsi elle favorise les frères avant les sœurs et les aînés avant les cadets. Il y a les mêmes raisons qu'au sujet des enfants. *Ou son frère, plutôt qu'aucun autre, s'il n'a point d'enfants.*

XIX. Au reste, de la même façon que l'on succède à un royaume, l'on succède au droit de la succession. Car, le fils aîné qui meurt avant son père, est censé transmettre son droit de primogéniture et de succession à ses enfants, si le père n'en a ordonné autrement ; voilà pourquoi les neveux et les nièces seront premiers que leurs oncles en la succession de leur grand-père. C'est ainsi que les choses doivent aller, si la coutume du lieu ne l'empêche ; or la coutume garde sa force, si l'on ne lui a formé aucune opposition. *Que de la même sorte que l'on succède à un royaume, l'on succède au droit de la succession.*

Chapitre X

Comparaison des trois sortes de gouvernements et des incommodités qui se rencontrent en chaque espèce.

Sommaire

I. Comparaison de l'état de nature avec l'état politique, ou de société civile. II. Que le souverain et les sujets sont exposés aux mêmes commodités et incommodités. III. Éloge de la royauté. IV. Que le gouvernement monarchique n'est pas moins équitable, en ce qu'un seul a plus de puissance que tous les autres. V. Réfutation de l'opinion de ceux qui disent que le maître avec ses serviteurs ne peut pas former une espèce de société civile. VI. Que les exactions sont plus grandes et plus rudes en l'État populaire, que sous un roi. VII. Que les gens de bien ont moins à craindre sous la domination royale, que dans un État populaire. VIII. Que chaque particulier ne jouit pas de moins de liberté sous un roi, que dans une république. IX. Qu'il n'y a rien d'incommode pour les particuliers de n'assister pas tous aux délibérations publiques. X. Que les délibérations sur des choses importantes à l'État, passent mal aisément par les avis des grandes assemblées, à cause de l'impertinence de la plupart de ceux qui peuvent assister. XI. Et à cause de l'éloquence. XII. Et à cause des factions. XIII. Et à cause de l'instabilité des lois. XIV. Et à cause que le secret y manque. XV. Que ces inconvénients se rencontrent en l'État populaire, à cause que les hommes se plaisent naturellement à faire gloire de leur esprit. XVI. Des incommodités qui se rencontrent dans le gouvernement d'un roi mineur. XVII. Que la puissance des généraux d'armée est une marque de l'excellence de la domination royale. XVIII. Que la meilleure forme de gouvernement est celle où les sujets sont le patrimoine du souverain. XIX. Que l'aristocratie est d'autant meilleure, qu'elle approche davantage de la monarchie, et d'autant pire que plus elle s'en éloigne.

Comparaison de l'état de nature avec

I. Les discours précédents font assez voir ce que c'est qu'État populaire, aristocratie et royauté. Il faut maintenant que je tâche de découvrir, par la comparaison que j'en puis faire, quel de ces trois est le plus propre au dessein d'entretenir la paix parmi les hommes qui entrent en société, et de quel c'est qu'ils tirent plus d'avantages, de douceur et de commodités dans le cours de la vie civile. Et d'abord, faisons réflexion, je vous prie, sur les avantages et sur les incommodités qui se trouvent généralement en toute sorte de république, de peur que quelqu'un ne pense que le plus expédient serait de vivre chacun à sa fantaisie, sans se soumettre à aucune forme de police. Il est vrai que hors de la société civile chacun jouit d'une liberté très entière, mais qui est infructueuse, parce que comme elle donne le privilège de faire tout ce que bon nous semble, aussi elle laisse aux autres la puissance de nous faire souffrir tout ce qu'il leur plaît. Mais dans le gouvernement d'un État bien établi, chaque particulier ne se réserve qu'autant de liberté qu'il lui en faut pour vivre commodément, et en une parfaite tranquillité, comme on n'en ôte aux autres que ce dont ils seraient à craindre. Hors de la société, chacun a tellement droit sur toutes choses, qu'il ne s'en peut prévaloir et n'a la possession d'aucune; mais dans la république, chacun jouit paisiblement de son droit particulier. Hors de la société civile, ce n'est qu'un continuel brigandage et on est exposé à la violence de tous ceux qui voudront nous ôter les biens et la vie; mais dans l'État, cette puissance n'appartient qu'à un seul. Hors du commerce des hommes, nous n'avons que nos propres forces qui nous servent de protection, mais dans une ville, nous recevons le secours de tous nos concitoyens. Hors de la société, l'adresse et l'industrie sont de nul fruit : mais dans un État, rien ne manque à ceux qui s'évertuent. Enfin, hors de la société civile, les passions règnent, la guerre est éternelle, la pauvreté est insurmontable, la crainte ne nous abandonne jamais, les horreurs de la solitude nous persécutent, la misère nous accable, la barbarie, l'ignorance et la brutalité nous ôtent toutes les douceurs de la vie; mais dans l'ordre du gouvernement, la raison exerce son empire, la paix revient au monde, la sûreté publique est rétablie, les richesses abondent, on goûte les charmes de la conversation, on voit ressusciter les arts, fleurir les sciences, la bienséance est rendue à toutes nos actions et nous ne vivons plus ignorants des lois de l'amitié.

l'état politique, ou de société civile.

II. Aristote, au septième livre de ses politiques, cha- *Que le sou-*

verain et les sujets sont exposés aux mêmes commodités et incommodités.

pitre XIV, dit qu'il y a deux sortes de gouvernements, dont l'un regarde l'avantage du *souverain* et l'autre celui des *sujets*. Comme s'il y avait deux espèces de républiques, l'une en laquelle les peuples sont maltraités et l'autre en laquelle ils respirent un air plus libre et une douceur plus grande : mais il se faut bien donner garde de lui accorder cette prétendue distinction. Car les commodités et les incommodités qui naissent du bon ou du mauvais gouvernement, sont communs au souverain et aux sujets. Les inconvénients qui arrivent à quelque particulier par son infortune, par sa sottise, par sa négligence, par sa paresse, ou par ses débauches, peuvent bien être séparées des incommodités de celui qui gouverne l'État, et ce ne sont pas les défauts du gouvernement public, puisqu'ils peuvent arriver partout également. Mais, s'ils se rencontrent dès la première fondation de l'État, quoique ce soient des fautes dans le gouvernement, ils seront communs au public et ne seront pourtant pas affectés aux particuliers, comme aussi les avantages s'y partagent entre les sujets et le souverain. Or, le premier et le plus grand avantage qui se recueille de la société civile, est la paix et la défense qui protège également tous les membres de l'État : car, les grands et les petits, ceux qui commandent et ceux qui obéissent, sont pour la défense de leur vie sous la protection de leurs concitoyens, qui ont promis de se prêter un secours réciproque ; ils sont tous exposés au plus grand des malheurs et au pire de tous les inconvénients qui accueillent un État, à savoir à l'anarchie, car le prince ne se trouve pas moins que le plus simple bourgeois enveloppé dans les désordres d'un tumulte et d'une confusion populaire. D'ailleurs, si le souverain exige de ses sujets de telles sommes d'argent, qu'il ne leur en reste pas assez pour l'entretien de leurs familles, cette incommodité ne touche pas moins le prince qu'eux-mêmes ; à cause qu'il ne peut pas conserver sans eux ses finances ni sa propre personne. Mais, si les impositions que le prince est obligé de faire sur son peuple ne passent pas ce qui est nécessaire pour l'administration des affaires publiques, c'est de l'intérêt commun qu'on les supporte, car il y va de la paix et de la défense commune. Et je ne puis pas concevoir comment c'est qu'en remplissant les coffres de l'épargne, les personnes privées en souffrent de l'incommodité, pourvu qu'on n'épuise pas entièrement leurs bourses et que leurs facultés ne soient pas tellement affaiblies, que leur industrie ne puisse plus fournir à l'entretenement de leur corps parmi quelque satisfaction d'esprit qui adoucisse les amertumes de la vie. Car cette sorte d'incommodité n'épargnerait pas celui qui gouverne, et ne viendrait pas de la mauvaise institution ou de quelque défaut fondamental en l'État (vu qu'en tout gouvernement les peuples peuvent être opprimés), mais de la mauvaise administration d'une république bien ordonnée.

III. Or, que la royauté soit la meilleure des trois sortes de gouvernements, on ne le peut mieux démontrer qu'en faisant un parallèle des avantages et des incommodités qui se trouvent en l'État populaire, en l'aristocratique et au monarchique. Je laisse à part que l'univers est régi par la majesté divine comme par un souverain monarque; que les anciens préférant cette sorte de gouvernement, ont établi leur Jupiter le roi des dieux; qu'au commencement des peuples et des nations (comme parle Justin) la volonté des princes servait de loi; que l'empire paternel institué de Dieu, en la création du monde. était un gouvernement monarchique; que les autres formes de républiques en sont dérivées et se sont faites du débris de la royauté par l'artifice * de quelques personnes adroites qui se sont prévalues des désordres et de la sédition; que le peuple de Dieu, sous le Vieil Testament, a été gouverné par des rois. Car, bien que toutes ces considérations nous doivent faire grandement estimer la royauté, si est-ce que ce ne sont pas des raisons convaincantes; et je ne dois pas agir par témoignages et par exemples dans un ouvrage où je ne veux employer que la force du raisonnement.

Éloge de la royauté.

* [Par l'artifice, etc.] « *Il semble que c'est à cela que les anciens ont regardé en la fable qu'ils ont forgée de Prométhée. Ils racontent que Prométhée, ayant dérobé un rayon du soleil, forma un homme de boue; à cause de quoi Jupiter le condamna à souffrir qu'un vautour lui déchirât éternellement les entrailles. N'est-ce point-là une image de l'esprit humain que ce brouillon de Prométhée nous représente, et qui ayant pris à tâche d'imiter les lois et la justice de l'État monarchique, déroba comme un feu sacré, qu'il divertit de sa céleste origine, et lequel il communiqua çà bas à la multitude, à la lie du peuple, qui en fut animée; car ce rayon de majesté forma de cette masse confuse une personne civile, à laquelle on donna ensuite les noms d'aristocratie ou d'État populaire, suivant la façon dont elle est gouvernée. Cepen-*

Remarque.

dant les auteurs et les fauteurs de cette entreprise, au lieu qu'ils eussent pu vivre en repos et en sûreté sous la domination naturelle de leurs rois, ont encouru ce supplice légitimement dû à leur inquiétude et à leurs innovations, qu'ils se sont vus exposés, comme en spectacle, sur un lieu élevé, à mille cuisants soucis, à des défiances continuelles, à des remords de conscience, ou à des agitations d'esprit insurmontables. »

Que le gouvernement monarchique n'est pas moins équitable, en ce qu'un seul a plus de puissance que tous les autres.

IV. Il y en a à qui le gouvernement d'un seul déplaît pour cette seule raison, que toute l'autorité est renfermée dans une personne : comme si c'était une chose fort injuste de voir que, parmi un grand peuple, il se trouve un homme élevé à un tel degré de puissance, qu'il ait droit lui seul de disposer de tous les autres, comme bon lui semble. Ces gens voudraient bien, s'ils pouvaient, se soustraire à l'empire de Dieu, dont le gouvernement est monarchique. Mais il n'est pas mal aisé de remarquer, que c'est l'envie qui les fait parler de la sorte, et le désir que chacun d'eux aurait de posséder ce qui n'est qu'à un seul. Ils ne trouveraient pas moins inique le gouvernement de peu de personnes, s'ils n'espéraient pas d'en être : car, s'il est injuste que l'autorité ne soit pas également partagée à tous, le gouvernement des nobles ou des principaux de l'État, donne sujet à la même plainte. Mais pour ce que j'ai fait voir dès l'entrée, que l'égalité est un état de guerre irréconciliable et que l'inégalité a été sagement introduite du consentement universel, elle n'a plus rien d'injuste, et celui qui a davantage que les autres, n'a que ce qu'on lui a donné libéralement. Les incommodités donc qui se rencontrent au gouvernement d'un seul, ne viennent pas de l'*unité,* mais du particulier défaut de celui en qui toute la puissance de l'État est réunie. Mais recherchons plus exactement lequel de ces deux gouvernements, d'un seul homme, ou de plusieurs, travaille davantage les peuples ?

Réfutation de l'opinion de ceux qui disent, que le maître avec les serviteurs, ne peut pas former une espèce de société civile.

V. Toutefois, il me faut auparavant rejeter l'opinion de ceux qui nient absolument qu'il se forme aucune espèce de société civile des serviteurs soumis à un même maître, quelque grande que puisse être sa famille. Au cinquième chapitre, article IX, je définis la ville une personne composée d'un certain nombre d'hommes, et dont la volonté est tenue, suivant les conventions qu'ils ont faites, pour la volonté de tous en général, de sorte que cette personne publique peut employer les moyens et se servir des forces de chaque particulier pour le bien de la paix et de la défense commune. J'établis et je fais résulter une seule personne en ce même endroit, de ce que la volonté de plusieurs est contenue éminemment en celle d'une seule tête. Or, est-il que la volonté de l'esclave est contenue dans la volonté de son maître, (comme je l'ai fait voir au huitième chapitre, article V) de sorte qu'il peut se servir, comme bon lui semble, de ses forces et de ses facultés. Il s'ensuit donc qu'il se forme d'un maître et de ses serviteurs une espèce de république. Et on ne peut point alléguer de raison à l'encontre, qui ne renverse pareillement la société composée d'un père et de ses enfants : car, les esclaves tiennent lieu d'enfants au maître qui n'en a point, ils font comme eux sa gloire et son appui et ils ne sont pas moins sujets à leur maître que les enfants à leur père. Ce que j'ai déduit assez clairement au lieu allégué.

VI. Entre les incommodités qu'il y a à souffrir du gouvernement d'un seul, celle-ci n'est pas mise des dernières, que le roi, outre l'argent qu'il exige nécessairement de ses sujets pour les dépenses publiques, comme pour les gages des officiers de l'État, pour le bâtiment des forteresses, pour le paiement des garnisons, pour subvenir aux frais de la guerre, pour entretenir avec splendeur la maison royale, peut, si bon lui semble, exiger d'autres sommes inconsidérément, dont il enrichit ses enfants, ses plus proches parents, ses favoris, et même ses flatteurs. Il faut avouer que c'est là une chose bien fâcheuse ; mais qui se rencontre en toute sorte de gouvernement et qui me semble plus supportable dans un royaume que dans un État populaire. Car, comme le roi est unique, le nombre de ceux qu'il veut enrichir ne peut pas être bien grand. Là où dans un État populaire, autant qu'il y a de personnes puissantes, c'est-à-dire autant qu'il y a de *harangueurs* qui savent cajoler le peuple (or, le nombre n'en est jamais petit et il s'en élève tous les jours qui s'exercent à ce métier) il y en a autant qui tâchent d'avancer et d'enrichir leurs enfants, leurs alliés, leurs amis et leurs flatteurs ; en effet, chacun d'eux désire, non seulement de bien établir sa famille en la rendant illustre et opulente, mais de se faire des créatures. Le *roi* peut contenter la plupart du temps ceux qu'il affectionne et ceux qui le servent, qui sont peu en nombre, par divers moyens qui ne s'exercent point aux dépens du peuple, comme en leur donnant des charges militaires ou des offices de judicature ; mais en

Que les exactions sont plus grandes et plus rudes en l'État populaire que sous un roi.

la démocratie, où il faut rassasier quantité de nouveaux affamés qui naissent tous les jours, il est bien difficile qu'on s'en acquitte sans l'oppression du peuple. Le roi, bien qu'il puisse avancer quelquefois des personnes indignes, si est-ce que le plus souvent il ne veut pas le faire ; mais, en un État populaire, ces harangueurs et nouveaux tribuns du peuple prennent à tâche d'avancer des personnes de néant ; car, c'est leur intérêt d'empêcher que les charges ne se perpétuent dans les familles anciennes, et d'abaisser le crédit des bonnes maisons, formidable à la république, aussi bien qu'à leur autorité particulière.

Que les gens de bien ont moins à craindre sous la domination royale que dans un État populaire.

VII. La royauté a ceci d'incommode en l'opinion de diverses personnes, que la crainte de la mort y est continuelle, parce que chacun peut s'imaginer qu'il est toujours à deux doigts de sa ruine, lorsqu'il pense que le souverain, non seulement peut ordonner les punitions que bon lui semble, à quelques fautes que ce soit, mais que même il peut maltraiter ses sujets innocents, poussé d'un mouvement de colère, ou de quelque autre passion déréglée. Certainement, c'est là un fâcheux inconvénient, lorsqu'il arrive en quelque sorte de gouvernement que ce soit. Je dis lorsqu'il arrive, car il ne suffit pas qu'il puisse arriver, s'il ne se fait sentir effectivement. Mais, c'est encore un défaut de celui qui gouverne, plutôt que du gouvernement et on ne doit pas imputer les actions d'un Néron comme essentielles à la monarchie. Toutefois, j'ose bien dire qu'il y a beaucoup moins de personnes innocentes condamnées par un homme seul, que par tout un peuple. D'autant que les rois ne font du mal et n'exercent de cruauté que contre ceux qui les inquiètent par des conseils hors de saison, qui usent contre eux de paroles injurieuses, ou qui s'opposent directement à leur volonté. Et ils n'en viennent guère à cette rigueur que pour se mieux assurer de la puissance absolue qu'ils veulent avoir incontestablement sur leurs sujets. De sorte que sous le règne d'un Néron ou d'un Caligula, il n'y a que ceux de sa connaissance, que les courtisans, ou que quelques personnes en charge éminente, qui puissent être injustement persécutés ; et même, il faut qu'ils concourent à ses désirs, ou que leur fortune donne par hasard quelque obstacle à ses desseins ; car s'ils le choquent à son escient et le provoquent par quelque offense préméditée, je ne trouve rien d'injuste en la peine qui leur est imposée. Ainsi en l'État monarchique celui qui veut se tenir caché est hors de danger, quel que soit celui qui règne, car il n'y a que les ambitieux qui en pâtissent. Mais, sous la domination populaire, il y peut avoir autant de Nérons, qu'il se trouve d'*orateurs* qui savent flatter le peuple, chacun d'eux ayant autant de puissance que toute la multitude laquelle il persuade. En effet, nous voyons que cette sorte de gens se prête l'épaule tour à tour, qu'aujourd'hui on soustrait à la justice un assassin, afin que le lendemain on sauve quelque autre criminel et que le peuple souffre bien davantage de ces cruelles charités, que d'une punition un peu trop sévère. D'ailleurs, comme la puissance des particuliers doit être retenue dans quelques bornes, si elle passe au-delà, elle devient suspecte et dangereuse à l'État, c'est pourquoi les souverains sont obligés quelquefois de la circonscrire et d'empêcher que le public n'en reçoive du dommage. Suivant laquelle maxime, tantôt ils retranchent des trop grandes richesses de leurs sujets, tantôt ils diminuent leur autorité et il s'en est vu à qui ils ont fait le procès, et à qui ils ont fait perdre la tête, parce que leur grandeur leur était suspecte. Mais cela n'arrive pas moins dans les États populaires, que dans la monarchie. Témoin l'*ostracisme*, duquel on bannissait pour cinq ans à Athènes les principaux de la république, sans autre prétexte que celui de leur trop grande puissance ; et témoin encore cette plus grande sévérité des Romains, qui condamnaient à la mort leurs plus fidèles citoyens, nonobstant tous les services rendus, dès qu'ils voyaient que par quelque largesse ils affectaient de gagner les bonnes grâces du peuple, comme s'ils avaient prétendu à la souveraineté. Certes, la démocratie et la royauté ne sont pas moins coupables l'une que l'autre, et cependant elles ne sont pas dans la même réputation ; parce que c'est le peuple qui dispense la louange et le blâme sans beaucoup de considération du mérite, et en approuvant ce qu'il voit faire au plus grand nombre. D'où vient qu'en deux occurrences toutes semblables il accuse le roi d'envie, et loue la politique de l'État ; il croit que l'un voit de mauvais œil la vertu des grands, et que l'autre s'oppose judicieusement à leur trop grande puissance · c'est la même action, ce sont les mêmes maximes, et toutefois le vulgaire n'en tire pas les mêmes conséquences, et ne les rapporte pas à mêmes causes.

VIII. Il y en a qui estiment la royauté plus incom- Que chaque

<small>particulier ne jouit pas de moins de liberté sous un roi, que dans une république.</small>

mode que le gouvernement populaire, à cause qu'en celle-là, il se trouve moins de liberté qu'en celui-ci. Mais, si par ce mot de liberté, ils entendent parler d'une exemption de la sujétion qui est due aux lois, c'est-à-dire aux ordonnances publiques, il n'y a aucune sorte d'État, non pas même la démocratie, où elle se rencontre. Et si l'on met la liberté au petit nombre des lois, ou en ce que peu de choses sont défendues, lesquelles il importait absolument d'être prohibées pour la conservation de la paix ; je soutiens que l'État populaire ne jouit point de plus de franchise que la monarchie, et que l'une ne s'accorde pas moins que l'autre avec cette sorte de liberté. Car, bien qu'on grave sur les tours et sur les portes des villes en gros caractères le nom de liberté, elle ne regarde pourtant pas les particuliers, mais le corps de la cité ; et n'appartient pas davantage à une ville républicaine, qu'à telle autre qui est dans le cœur du royaume. Mais d'ordinaire, quand les particuliers ou les sujets demandent la liberté, ils entendent par ce mot la domination ou la souveraine puissance, à quoi pourtant leur ignorance fait qu'ils ne prennent pas garde. Car, si chacun laissait aux autres, ainsi que les lois de nature l'exigent, la liberté qu'il désire pour soi-même, on reviendrait en l'état de nature, où toutes choses sont permises à tous et duquel, si l'on connaissait la misère, on l'éviterait, comme un état de liberté pire que la plus dure des sujétions politiques. Que si l'on souhaite d'être libre pendant que tous les autres sont asservis, qu'est-ce autre chose que prétendre à la domination ? Vu que celui qui est libre devient aisément le maître de tous ceux qui sont liés. Donc la liberté des particuliers n'est pas plus grande en l'État populaire que dans le monarchique. Ce qui impose au vulgaire est, que tous participent également aux charges publiques et à l'autorité du commandement ; car, là où le peuple gouverne, chaque particulier participe au droit de l'empire, en tant qu'il est membre de l'État ; et les charges publiques sont également participées, en tant que chacun a voix délibérative en l'élection des magistrats et des autres officiers de la république. Et c'est ce qu'Aristote même a voulu dire, nommant la liberté au lieu de l'empire, au sixième livre de ses politiques, chap. II. *En l'État populaire*, dit-il, *on suppose qu'on y jouit de liberté. Ce qu'on tient communément, comme s'il n'y avait personne de libre hors de cet État.* Ce qui montre en passant, que les sujets qui se plaignent

L'EMPIRE 203

de la perte de leur liberté, sous la domination d'un monarque légitime, n'ont point d'autre véritable cause de leur indignation, que le désir qu'ils auraient d'être employés au gouvernement de l'État.

IX. Mais peut-être que quelqu'un dira, que l'État populaire est de beaucoup préférable au monarchique pour cette considération, qu'en celui-là, où tous se mêlent des affaires publiques, on donne à chacun le moyen de faire paraître sa prudence, son adresse et son éloquence dans les plus difficiles et importantes délibérations ; ce qui chatouille bien fort tous ceux qui possèdent, ou qui croient de posséder en quelque degré éminent ces belles qualités ; à cause que les hommes sont naturellement désireux de la gloire, et se piquent de celle de l'esprit plus que de toutes les autres. Mais sous une monarchie, ce chemin à la gloire et aux dignités est fermé à la plupart des personnes privées. Or, n'est-ce pas-là, je vous prie, une très grande incommodité de cette sorte de gouvernement ? Je vous dirai ce que j'en pense. Voir préférer l'opinion de tel, que nous méprisons, à la nôtre ; souffrir qu'on se moque, en notre présence, de notre sagesse ; sur le hasard d'une vaine gloire, faire des inimitiés certaines (car cela est infaillible, soit qu'on nous surmonte, ou que nous l'emportions) ; haïr et être haï à cause de la dissemblance des opinions ; découvrir à chacun, sans qu'il en soit de besoin et sans fruit, ce que nous avons dans l'âme ; négliger nos affaires domestiques : c'est ce que j'estime de véritables incommodités. Mais de n'être pas dans une continuelle dispute d'esprit et de suffisance, bien que ceux qui ont la langue bien pendue s'y plaisent, ce n'est pas un grand inconvénient ; si ce n'est qu'on veuille dire, que parmi les gens d'épée, c'est une fâcheuse mortification aux vaillants que de les empêcher de se battre tous les jours, parce qu'ils trouvent du divertissement aux querelles.

Qu'il n'y a rien d'incommode pour les particuliers de n'assister pas tous aux délibérations publiques.

X. D'ailleurs, il y a diverses raisons qui me font estimer que les délibérations que l'on prend en de grandes assemblées, valent moins que celles où l'on ne recueille les sentiments que d'un petit nombre de personnes choisies. L'une de mes raisons est que, pour bien délibérer de tout ce qui est de l'intérêt public, il faut connaître non seulement les affaires du dedans, mais aussi celles du dehors. Et pour ce qui regarde le dedans de l'État, il faut savoir, par exemple, d'où c'est qu'il tire les moyens de sa subsistance

Que les délibérations sur des choses importantes à l'État passent mal aisément par les avis des grandes assemblées, à

et de sa défense, quels sont les lieux propres à recevoir de garnison ; où se doivent faire les levées des soldats et où ils se peuvent entretenir ; comment sont portés les sujets envers leur prince, envers l'État, ou envers ceux qui gouvernent et mille choses semblables. Pour ce qui est des affaires étrangères, il ne faut pas ignorer quelle est et en quoi consiste la force des États voisins ; quels avantages, ou quels désavantages nous en retirons ; de quelle affection ils sont portés pour nous et comment ils vivent entre eux, et quels desseins ils font. Or, d'autant que cela vient à la connaissance de fort peu de personnes, dans une grande foule de peuple, à quoi peut servir tout ce nombre d'ignorants et d'incapables de bon conseil, qu'à donner par leurs sots avis des empêchements aux mûres délibérations ?

cause de l'impertinence de la plupart de ceux qui y peuvent assister.

Et à cause de l'éloquence.

XI. Une autre raison pourquoi une grande assemblée est moins propre aux délibérations est, que chacun de ceux qui opinent est obligé d'user d'un long discours pour expliquer sa pensée, et de l'orner le plus qu'il pourra par son bien dire, afin de la rendre plus agréable à ceux qui l'écoutent et de conserver sa réputation. Or, est-il que c'est le métier de l'éloquence de faire paraître le bien et le mal, l'utile et le dommageable, l'honnête et le déshonnête, plus grands qu'ils ne sont en effet, et de faire passer pour juste ce qui ne l'est point, toutes fois et quantes que l'orateur estime que cela sert à son intention. Et c'est ce qu'on nomme persuader, et d'où l'on prise les personnes éloquentes. En effet, bien que l'orateur fasse semblant de vouloir raisonner, il ne s'en acquitte qu'à demi, et la plupart de ses raisonnements peu solides sont établis sur de faux principes, qui n'ont que quelque apparence, et sur des opinions vulgaires, qui sont presque toutes fausses ; aussi il ne se propose pas de pénétrer dans la nature des choses, mais d'accommoder son discours aux passions de ceux qu'il veut émouvoir. D'où il arrive que les jugements ne se forment guère sur les maximes du bon sens et de la droite raison ; mais sortent en désordre, poussés d'un aveugle mouvement de l'âme. En quoi il faut que j'excuse l'*orateur* et que j'avoue que ce défaut est de l'*éloquence* plutôt que de lui en particulier. Car les rhétoriciens nous apprennent que l'éloquence ne regarde pas à la vérité comme à son but (si ce n'est par accident), mais à la victoire ; et que sa profession n'est pas d'enseigner les hommes, mais de les persuader.

XII. La troisième raison pour laquelle j'estime qu'il soit moins utile de délibérer en une grande assemblée est que, de là, se forment des *factions* dans l'État, et des factions, naissent les séditions et les guerres civiles. Car, lorsque deux orateurs, d'égale réputation, se rencontrent à soutenir des opinions diverses, celui qui succombe prend en haine celui qui emporte le dessus, et en même temps tous ceux qui se laissaient toucher aux raisons de son adversaire, comme s'ils avaient méprisé les siennes. Ensuite de quoi il tâche de faire mal réussir les délibérations et ne se soucie point qu'elles tournent en dommage de la république ; parce qu'il lui semble que par ce moyen il recouvre en quelque sorte son honneur, et diminue la gloire de son antagoniste. D'ailleurs, lorsque les suffrages n'ont pas été tellement inégaux, qu'il ne reste encore quelque espérance aux vaincus de pouvoir faire qu'en une autre assemblée, revoyant l'affaire, si l'on gagne quelques personnes, on prendra une nouvelle délibération ; alors, dis-je, les principaux du parti s'assemblent et consultent en particulier, comment c'est qu'ils pourront faire changer la résolution précédente ; ils font dessein de se trouver tous des premiers en la prochaine assemblée ; disposent de l'ordre dont on traitera les matières, afin qu'on remette sur le tapis les conclusions passées et qu'on les révoque, comme cela n'est pas mal aisé, en l'absence de quelques-uns de ceux qui les avaient données. Or, cette industrie et cette diligence qu'ils apportent à former un corps qui représente de nouveau tout le peuple, c'est ce qu'on doit nommer *faction*. Mais quand la faction qui a eu moins de suffrages est la plus forte, ou à peu près égale, ce qu'on n'a pu obtenir par adresse et par les charmes de l'éloquence, on tâche de le recouvrer par les armes, et l'on en vient à une guerre civile. Vous me direz que cela n'arrive pas nécessairement ni fort souvent ; mais pourquoi ne dites-vous aussi avec la même probabilité que les grands orateurs ne sont pas nécessairement désireux de la gloire et que leurs opinions ne sont pas bien souvent différentes en de grandes affaires ?

Et à cause des factions.

XIII. De ces inconvénients que je viens d'alléguer, il s'ensuit que les lois sont fort incertaines, parce que leur promulgation étant accordée aux assemblées populaires, elles peuvent changer, non seulement quand les affaires changent de face, et quand les esprits prennent de nouvelles impressions, mais aussi suivant qu'il se rencontre

Et à cause de l'instabilité des lois.

à la cour plus ou moins de personnes qui grossissent tantôt une faction, et tantôt l'autre : de sorte que les lois sont flottantes en ces assemblées-là, et agitées comme sur une mer au gré des ondes.

Et à cause que le secret y manque.

XIV. En quatrième lieu, les délibérations des grandes assemblées ont ceci d'incommode, que les desseins de la république auxquels le secret est le plus souvent très nécessaire, sont éventés et portés aux ennemis avant qu'on les puisse exécuter ; si bien que les étrangers ne sont pas moins informés que le peuple qui gouverne, de ce qu'il peut et de ce qu'il ne peut point, ou de ce qu'il veut, et de ce qu'il désapprouve.

Que ces inconvénients se rencontrent en l'État populaire, à cause que les hommes se plaisent naturellement à faire gloire de leur esprit.

XV. Ces incommodités qui se rencontrent aux délibérations des grandes assemblées font voir que la monarchie vaut mieux que le gouvernement populaire, en ce que, dans la démocratie, les affaires importantes sont plus souvent commises à cette sorte d'assemblées, que dans un royaume et que cette pratique peut mal aisément être changée. Car, au reste, il n'y a aucune raison pourquoi on n'aimerait mieux s'occuper à ses affaires domestiques que se rompre la tête après celles du public ; si ce n'était qu'au maniement de ces dernières, on a plus de sujet d'exercer sa dextérité et son éloquence, et de s'acquérir une haute réputation de sagesse et de prudence, de quoi les ambitieux remportent une merveilleuse satisfaction, surtout lorsque, de retour chez eux, ils peuvent se vanter auprès de leurs amis, de leurs parents et de leurs femmes, des heureux succès de leurs entreprises ; comme nous lisons de Marcus Coriolanus, qui n'avait point de plus solide plaisir, après ses grands exploits en la conduite des armées, que de voir sa mère ravie d'entendre ses louanges. Mais, si sous une démocratie, le peuple voulait laisser les délibérations touchant la guerre et la paix et la promulgation des lois, à un seul homme, ou à un conseil de fort peu de personnes, se contentant de la nomination des magistrats et des autres officiers, c'est-à-dire, ne se réservant que l'autorité sans se mêler du ministère, il faudrait avouer qu'en ce cas-ci, la démocratie et la monarchie seraient en ce point égales.

Des incommodités qui se rencontrent dans le gouvernement d'un roi mineur.

XVI. Les avantages et les incommodités qui se rencontrent en une sorte de gouvernement plus qu'en l'autre ne viennent pas de ce qu'il vaut mieux commettre l'empire ou l'administration des affaires publiques à un seul plutôt qu'à plusieurs, ou à plusieurs plutôt qu'à un seul. Car, l'empire consiste en la *puissance* et l'administration en l'*acte* du gouvernement; or, la *puissance* est égale en quelque sorte d'État que ce soit; et il n'y a de différent que les actes, c'est-à-dire que les *mouvements* et les *actions* de la république, suivant qu'elles procèdent des délibérations de plusieurs ou de peu de personnes, des sages ou des impertinents. D'où l'on peut concevoir que les avantages ou les désavantages du gouvernement ne doivent pas être attribués à celui qui tient dans l'État la souveraine puissance, mais à ceux qui en sont les ministres; de sorte que rien n'empêche qu'une monarchie ne soit bien gouvernée, quoiqu'une femme ou qu'un enfant soient assis sur le trône, pourvu que ceux du ministère, desquels ils se servent, soient bien capables des affaires. Et ce que l'on dit communément : *Malheur au royaume dont le roi est un enfant*, ne signifie point que la condition d'une monarchie soit pire que celle d'un État populaire; mais, au contraire, que les incommodités d'un royaume ne sont que par accident; d'autant que sous le règne d'un enfant, il arrive quelquefois que plusieurs poussés par l'ambition, se fourrent à toute force dans les conseils publics, ce qui cause dans l'État une espèce d'administration démocratique, d'où naissent tous les malheurs et toutes les calamités qui, la plupart du temps, accompagnent le gouvernement populaire.

XVII. Or, entre les preuves que la plus absolue monarchie est la meilleure de toutes les sortes de gouvernement, c'en est ici une très évidente, que non seulement les rois, mais aussi les républiques populaires et aristocratiques, donnent des généraux à leurs armées lorsque quelque guerre survient, et laissent leur puissance aussi absolue qu'elle le peut être (sur quoi il faut remarquer en passant, qu'un roi ne peut point donner à un général plus de puissance sur son armée, qu'il n'en exerce lui-même sur ses sujets). Donc, en un camp, la monarchie est la plus excellente de toutes les sortes de gouvernements. Mais, que sont autre chose plusieurs républiques, qu'autant de grandes armées, qui demeurent campées dans un pays, enfermées d'une large circonvallation et fortifiées sur la frontière par des garnisons et des places, où l'on est toujours en arme contre ses voisins? Or, comme ces républiques voisines demeurant en cette posture ennemie, ne sont point soumises à une commune puissance; la paix dont elles jouissent quelquefois n'est qu'une espèce de trêve, et leur

Que la puissance des généraux d'armées est une marque de l'excellence de la domination royale.

état doit être tenu pour le vrai état de nature, qui est celui de guerre perpétuelle.

Que la meilleure forme de gouvernement est celle où les sujets sont le patrimoine du souverain.

XVIII. Après tout, puisqu'il était nécessaire pour notre conservation d'être soumis à un prince ou à un État, il est certain que notre condition est beaucoup meilleure quand nous sommes sujets d'une personne à qui il importe de nous bien conserver. Or, cela arrive quand les sujets sont du patrimoine et de l'héritage du souverain car, chacun est assez porté naturellement à bien garder ce dont il hérite. Et de vrai, les richesses d'un prince ne consistent pas tant à l'étendue de ses terres et en l'argent de ses coffres, qu'au nombre et en la valeur de ses sujets ; ce qu'on peut remarquer en ce qu'on achète bien plus chèrement la seigneurie d'une petite ville fort marchande et fort peuplée, que celle d'un pays désert, ou de toute une province déshabitée ; aussi on amasse plutôt de l'argent avec des personnes industrieuses et de courage, qu'on ne recouvre avec tout l'or du monde des hommes de mérite. Et à peine trouvera-t-on un exemple d'un prince qui ait privé un sien sujet de ses biens ou de sa vie par un simple abus de son autorité et sans qu'il lui en eût donné occasion.

Que l'aristocratie est d'autant meilleure, qu'elle approche davantage de la monarchie et d'autant pire, que plus elle s'en éloigne.

XIX. Jusqu'ici je n'ai fait comparaison qu'entre la monarchie et l'État populaire, et je me suis tu de l'aristocratie. Mais de tout ce que j'ai dit des deux précédentes sortes de gouvernements, il semble que l'on peut conclure, touchant cette troisième, que celle qui est héréditaire dans certaines familles, que celle qui se contente de l'élection de ses magistrats et qui laisse les délibérations à un petit nombre de personnes capables, en un mot, que celle qui approche davantage de la royauté et qui s'éloigne le plus du gouvernement populaire, est la meilleure de toutes, la plus commode aux particuliers, la plus avantageuse au public, la plus noble et la plus fermement établie.

Chapitre XI

Passages et exemples de la Sainte Écriture qui semblent favoriser ce que nous venons de dire [21].

Sommaire

I. Que le commencement de la société civile instituée vient du consentement du peuple. II. Que les jugements et les guerres dépendent de la volonté des souverains. III. Qu'on ne peut point avec justice punir les souverains. IV. Que ce n'est pas une république, mais une anarchie, où il n'y a point de souveraine puissance. V. Que les esclaves doivent à leurs maîtres, et les enfants à ceux qui les ont mis au monde, une obéissance absolue. VI. Que l'empire absolu se prouve par des passages très évidents du Vieil et du Nouveau Testament.

I. Au sixième chapitre et en l'article II, j'ai tiré l'origine de la société civile, que je nomme d'institution politique, du consentement de la multitude, et j'ai dit qu'après que tous ou que le plus grand nombre a consenti, tous ceux qui apportent quelque répugnance, doivent être tenus pour ennemis de l'État. Tel fut le commencement du règne de Dieu sur le peuple juif établi par Moïse. *Si vous écoutez ma voix, etc. vous me ferez un royaume de sacrificateurs, etc. Moïse vint, et ayant assemblé les plus anciens du peuple, etc. et tout le peuple répondit d'une voix commune: nous ferons tout ce que le Seigneur a dit.* Tel aussi fut le commencement de la puissance de Moïse, qui fut comme vice-roi de ce peuple sous la majesté divine. *Tout le peuple voyait les lampes et entendait la voix, etc. et disait à Moïse: parle à nous et nous t'écouterons.* Le règne de Saül commença de la même manière. *Mais voyant* (est-il dit, 1. Sam. 12. 12.) *que*

Que le commencement de la société civile instituée vient du consentement du peuple.

---

21. Se rapporter aux Textes sacrés afin de donner une caution aux thèses avancées n'est pas un procédé qu'utiliserait Hobbes pour échapper au reproche d'athéisme que ses détracteurs lui adressent. C'est une pratique courante chez la plupart des auteurs du temps. Citons par exemple Bodin: *Les Six Livres de la République*, Grotius: *De jure belli ac pacis*; Pufendorf: *Jus naturae et gentium*... chez qui cette pratique est fréquente.

Nabas, roi des enfants de Hammon, venait à l'encontre de vous, vous m'avez dit: non, mais un roi régnera sur nous; combien que l'Éternel votre Dieu fût votre roi. Maintenant donc voici le roi que vous avez choisi, lequel vous avez demandé. Et comme tous ne prêtaient pas leur consentement, mais la plus grande partie *(car il y eut des méchants garnements)* est-il dit au chap. x, vers. 27. *(qui dirent comme nous délivrerait celui-ci? Et le méprisèrent, et ne lui apportèrent point de présents);* ceux qui n'avaient pas consenti étaient recherchés et mis à mort comme traîtres et ennemis de l'État. *Qui est-ce,* dit le peuple à Samuel, *qui dit, Saül régnera-t-il sur nous? Baillez-nous ces hommes-là et nous les ferons mourir;* 1. Sam. 11. 12.

<small>Que les jugements et les guerres dépendent de la volonté des souverains.</small>

II. Au même chapitre et en l'article VI et VII, j'ai fait voir que le jugement des causes civiles et criminelles en l'administration de la justice, et que la résolution et la conduite de la guerre, étaient entre les mains de celui qui, dans l'État, tient l'autorité souveraine, comme entre celles du roi dans la monarchie. Je le confirme par le jugement du peuple même. *Et nous ferons aussi comme toutes les nations, et notre roi nous jugera, et fortifiera devant nous, et conduira nos guerres;* 1. Sam. 10. 20. Et par le témoignage du roi Salomon, en ce qui regarde les jugements, et le discernement de toutes les choses dont on peut disputer, si elles sont bonnes ou mauvaises. *Donne donc à ton serviteur un cœur qui s'entende à juger ton peuple, en discernant entre le bien et le mal;* 1. Rois 3. 9. Et d'Absalom, *Regarde, ta cause est bonne et droite; mais tu n'as personne qui t'oye de par le roi;* 2. Sam. 15, 3.

<small>Qu'on ne peut point avec justice punir les souverains.</small>

III. Que les rois ne puissent point être châtiés par leurs sujets, comme je l'ai fait voir ci-dessus au sixième chapitre, article XII, le roi David nous le confirme, qui, étant recherché de Saül pour être fait mourir, s'abstint pourtant de le tuer et défendit très expressément à Abifay de porter sa main sur cette sacrée personne. *Ne le tue point,* dit-il, *car, qui est-ce qui oserait étendre sa main sur l'oint du Seigneur et demeurer innocent?* Et ayant lui-même osé couper un pan de la manteline de Saül, il en fut touché en son cœur et dit à ses gens: *je ne m'advienne de par l'Éternel que je commisse un tel cas contre mon Seigneur, l'oint de l'Éternel, mettant ma main sur lui; car il est l'oint de l'Éternel;* 1. Sam. 23. 7. Et enfin, par l'exemple de cet Amalekite, que David fit mourir en sa présence, parce qu'il avait tué Saül, 2. Sam. 1. 15.

<small>Que ce n'est</small>

IV. Ce qui est dit au Livre des juges, chapitre XVII.

6. *En ce temps-là il n'y avait point de roi en Israël, un chacun faisait ce qui lui semblait être droit;* (comme si le Saint Esprit voulait donner à entendre, que hors de la *monarchie,* il n'y a qu'*anarchie* et confusion de toutes choses) pourrait être apporté pour une preuve de l'excellence de la royauté par-dessus toutes les autres sortes de gouvernements, si ce n'est qu'en ce passage par le mot de roi, il se peut entendre, non seulement une personne seule, mais aussi une certaine cour, pourvu qu'en l'une ou en l'autre on trouve la souveraineté. Et quoiqu'on le prenne en ce dernier sens, il ne laisse pas de montrer, ce à quoi je me suis occupé dans tout le sixième chapitre, que s'il n'y a dans l'État une puissance souveraine et absolue, toutes choses seront permises, et chacun fera ce que bon lui semble : ce qui ne saurait compatir avec la conservation du genre humain ; et partant la loi de nature demande que la société civile ne demeure point sans quelque autorité suprême.

pas une république, mais une anarchie, où il n'y a point de souveraine puissance.

V. J'ai dit au huitième chapitre, article VII et VIII, que les serviteurs doivent une obéissance simple et absolue à leurs maitres, et les enfants à ceux qui leur ont donné la vie, chapitre IX, article VII. S. Paul est en cela de mon sentiment, Coloss. 3. *Serviteurs, obéissez en toutes choses à ceux qui sont vos maîtres selon la chair, ne servant point à l'œil, comme voulant complaire aux hommes, mais en simplicité de cœur, craignant Dieu.* Et parlant des enfants : *enfants, obéissez à vos pères et mères en toutes choses; car cela est plaisant au Seigneur.* Or, comme par cette simple obéissance que j'exige, j'entends qu'on fasse toutes les choses qui ne sont point contraires à la loi de Dieu, il faut aussi, dans les passages de saint Paul que je viens d'alléguer, après le mot de toutes choses, suppléer la même exception.

Que les esclaves doivent à leurs maitres et les enfants à ceux qui les ont mis au monde, une obéissance absolue.

VI. Mais, afin que je ne sois pas obligé d'éplucher par le menu tout le droit des souverains, je produirai ici seulement les passages qui établissent en bloc et d'un seul trait toute leur puissance; tels que sont ceux qui commandent aux sujets de rendre à leurs princes légitimes une simple et absolue obéissance. Je commencerai donc par le Nouveau Testament. *Les Scribes et les Pharisiens sont assis sur la chaire de Moïse, faites tout ce qu'ils vous commanderont.* Remarquez, je vous prie, ces paroles. *Faites,* dit le Seigneur, *toutes choses,* c'est-à-dire, rendez une obéissance simple et absolue. Et pourquoi ? A cause que les Pharisiens et les Scribes sont assis sur la

Que l'empire absolu se prouve par des passages très évidents du Vieil et du nouveau Testament.

chaire de Moïse. Il ne dit pas sur celle d'Aaron, qui était sacrificateur; mais sur celle de Moïse, qui était un prince séculier, tenant en main l'épée de la justice. En l'Épître aux Romains, chapitre XIII. *Que toute personne soit sujette aux puissances supérieures; car il n'y a point de puissance sinon de par Dieu, et les puissances qui sont en État sont ordonnées de Dieu. Par quoi qui résiste à la puissance, résiste à l'ordonnance de Dieu et ceux qui y résistent feront venir condamnation sur eux-mêmes, etc.* Puis donc que les puissances qui gouvernaient le monde du temps de saint Paul, étaient établies de Dieu, et que tous les rois d'alors exigeaient de leurs sujets une entière obéissance, il s'ensuit qu'une telle autorité est ordonnée de Dieu même. *Rendez-vous donc sujets à tout ordre humain* (dit l'Apôtre S. Pierre, 1. Épit. 2. 13.) *pour l'amour de Dieu: soit au roi, comme à celui qui est par-dessus les autres, soit aux gouverneurs, comme à ceux qui sont envoyés de par lui, pour exercer vengeance sur les malfaiteurs et à louange de ceux qui font bien; car telle est la volonté de Dieu.* Et derechef S. Paul écrivant à Tite, chap. III. 1. *Admoneste-les qu'ils soient soumis aux principautés et puissances.* A quels princes donc? N'est-ce pas à ceux de ce temps-là qui exigeaient de leurs sujets une obéissance simple et absolue? Et pour venir à l'exemple du Seigneur Jésus, à qui, par droit héréditaire, comme descendant de David, le royaume des juifs était dû, il ne laissait pas, vivant en personne privée, de payer le tribut à César, et de dire qu'il lui appartenait en effet. *Rendez,* dit-il, *à César ce qui appartient à César et à Dieu ce qui appartient à Dieu,* Matth. 22. 21. Et quand ce grand Sauveur a voulu agir en roi, il a bien témoigné par la majesté de ses commandements, qu'il demandait une obéissance tout entière: *Allez,* dit-il à ses disciples, *en la bourgade qui est vis-à-vis de vous et incontinent vous trouverez une ânesse attachée et son poulain avec elle; détachez-les et me les amenez; que si quelqu'un vous dit quelque chose, vous direz que le Seigneur en a affaire.* Il en use de la sorte en qualité de souverain et de roi des Juifs. Or, quel empire y a-t-il plus absolu que celui où l'on peut ôter à un sujet son bien propre, sans alléguer d'autre prétexte que cette raison, *Le seigneur en a affaire?* Les passages du Vieil Testament ne sont pas moins évidents sur cette question, Deuter. 5. 27. *Approche-toi, et écoute tout ce que l'Éternel notre Dieu dira, puis tu nous rediras tout ce que l'Éternel notre Dieu t'aura dit, et nous l'orrons et le ferons.* Ce mot de *Tout* exprime une entière obéissance : derechef le peuple parlant à Josué, dit : *tout ce que tu nous as commandé, nous le ferons, et partout où tu nous enverras, nous irons. Tout ainsi que nous avons obéi à Moïse, ainsi t'obéirons-nous ; seulement que l'Éternel ton Dieu soit avec toi, comme il a été avec Moïse. Tout homme qui rebellera à ton commandement, et n'obéira point à tes paroles en tout ce que tu commanderas, sera mis à mort.* Jos. 1. 16. La parabole de l'épine contenue au 9. des Juges ne doit pas être oubliée : *en après tous les arbres dirent à l'épine, viens çà, toi, et règne sur nous. Et l'épine répondit aux arbres : si c'est en sincérité que vous m'oignez pour roi sur vous, venez et vous retirez sous mon ombre, sinon que le feu sorte de l'épine, et dévore les cèdres du Liban.* Desquelles paroles le sens est, qu'il faut acquiescer à ce que disent ceux que nous avons établis sur nous pour rois légitimes, si nous ne voulons être consumés par l'embrasement d'une guerre civile. Mais, la puissance royale est plus particulièrement décrite de Dieu même, parlant par la bouche de Samuel son prophète : *déclare au peuple, comment le roi qui régnera sur eux les traitera, etc. Ce sera ici le traitement que vous fera le roi qui régnera sur vous. Il prendra vos fils et les ordonnera sur ses chariots, etc. Il prendra aussi vos filles pour en faire des parfumeuses, des cuisinières et des boulangères. Il prendra aussi vos champs, vos vignes et vos lieux où sont vos bons oliviers, et les donnera à ses serviteurs, etc.* I. Sam. 8. N'est-ce pas là une puissance bien absolue ? Et toutefois, c'est là une description que Dieu fait des droits de la royauté. Il semble que personne n'était exempt de cette parfaite obéissance ; non pas même le souverain sacrificateur, dont la charge était parmi les Juifs si éminente. Car, en cet endroit, où le roi Salomon parle au sacrificateur Abiathar de cette façon impérieuse : *va-t'en en Hanathoth en ta possession, car tu es homme digne de mort ; toutefois je ne te ferai point mourir ce jourd'hui, d'autant que tu as porté l'arche du Seigneur l'Éternel devant David mon père, et d'autant que tu as été affligé en tout ce en quoi mon père a été affligé. Ainsi Salomon débouta Abiathar à ce qu'il ne fût plus sacrificateur de l'Éternel,* 1, Rois 2. 26. Nous ne remarquons pas que cette action ait été déplaisante à Dieu, Salomon n'en est point repris et nous ne lisons point qu'alors Dieu témoignât de ne pas agréer cette sacrée et royale personne, à qui il départait si libéralement les dons d'une sagesse extraordinaire.

Chapitre XII

*Des causes internes d'où peut venir la désunion
de la société civile.*

Sommaire

I. Que c'est une opinion séditieuse d'estimer qu'il appartient à chacun de juger de ce qui est bien, ou de ce qui est mal. II. Que c'est une opinion séditieuse d'estimer que les sujets peuvent faillir en obéissant à leurs princes. III. Que c'est une opinion séditieuse d'estimer qu'il doit être permis de tuer un tyran. IV. Que c'est une opinion séditieuse d'estimer que même ceux qui ont la puissance souveraine sont sujets aux lois civiles. V. Que c'est une opinion séditieuse d'estimer que l'autorité souveraine peut être partagée. VI. Que c'est une opinion séditieuse d'estimer que la foi et la sainteté ne peuvent pas être acquises par étude et par raisonnement, mais qu'elles sont infuses et inspirées toujours d'une façon surnaturelle. VII. Que c'est une opinion séditieuse d'estimer que chaque particulier a la propriété de son bien, ou une seigneurie absolue. VIII. Qu'ignorer la différence qu'il y a entre le peuple et la multitude, dispose les esprits à la sédition. IX. Que de trop grandes exactions d'argent, quoique justes et nécessaires, disposent à la sédition. X. Que l'ambition dispose les esprits à la sédition. XI. Que l'espérance du succès dispose à la sédition. XII. Que l'éloquence est la seule vertu nécessaire pour émouvoir une sédition et qu'à cela il n'est pas besoin de quelque sagesse. XIII. Comment c'est que la sottise du vulgaire et l'éloquence des ambitieux concourent à la ruine des États.

Que c'est une opinion séditieuse d'estimer qu'il appartient à chacun de juger de ce qui est bien, ou ce qui est mal.

I. Jusqu'ici, nous avons tâché de montrer quelles ont été les causes et sous quelles conditions la société civile a été établie et quels sont les droits de ceux qui commandent sur leurs sujets. Il faut maintenant faire voir quelles sont les causes qui tendent à la ruine des États, c'est-à-dire, quelles sont les causes des séditions qui les détruisent : en quoi j'aurai soin de garder ma brièveté ordinaire. Or, comme au mouvement des corps naturels il y a trois choses à considérer, à savoir, la *disposition intérieure*, qui les rend propres au mouvement; l'*agent externe*, par lequel un certain et déterminé mouvement est produit en effet; et l'*action même*. Aussi, en un État où le peuple fait du tumulte, il se rencontre trois choses dignes de considération. Premièrement, les *doctrines* et les *affections* contraires à la paix, d'où les esprits des particuliers reçoivent des dispositions séditieuses; en second lieu, quels sont *ceux qui sollicitent* à prendre les armes et à la dissension, qui assemblent et qui conduisent les peuples déjà disposés à la révolte. Et enfin, la manière en laquelle cela se fait, ou la *faction* elle-même. Mais, entre les opinions ou les maximes qui disposent à la sédition, l'une des principales est celle-ci, *qu'il appartient à chaque particulier de juger de ce qui est bien, ou de ce qui est mal*. J'avoue et je pense que je l'ai prouvé au premier chapitre, article IX, qu'en l'état de nature où chacun vit avec un droit égal et où l'on ne s'est point soumis par quelques pactes à la domination d'autrui, que cette proposition peut être reçue, mais en l'état politique elle est très fausse. Car j'ai fait voir au chapitre VI, art. IX, que les règles du bien et du mal, du juste et de l'injuste, de l'honnête et du déshonnête, étaient de la loi civile; et partant qu'il faut tenir pour bien ce que le législateur a ordonné et pour mal ce qu'il a défendu. Or, toujours le législateur est celui qui a la souveraine puissance dans l'État, c'est-à-dire, le roi dans une monarchie. Ce que j'ai confirmé au chapitre XI, article VI, par les paroles de Salomon. Car, s'il fallait suivre comme bien et fuir comme mal ce qui semblerait tel aux particuliers, à quoi faire, dirait-il : *tu donneras à ton serviteur un cœur intelligent, afin qu'il puisse juger ton peuple et discerner entre le bien et le mal?* Puis donc que c'est aux rois à discerner entre le bien et le mal, ce sont des discours fort injustes, quoique fort ordinaires, *Que le roi est celui qui fait mieux que les autres*, qu'il ne faut point obéir au roi s'il ne commande des choses justes et semblables. Avant qu'il y eut des gouvernements dans le monde, il n'y avait ni juste, ni injuste, parce que la nature de ces choses est relative au commandement qui les précède, et que toute action est de soi-même indifférente. Sa justice ou son injustice viennent du droit de celui qui gouverne : de sorte que les rois légitimes rendent une chose juste en la commandant, ou injuste, lorsqu'ils en font défense. Et les personnes privées, en voulant prendre connaissance du bien et du mal, affectent de devenir comme des rois, commettent un crime de lèse-majesté et tendent à la ruine de l'État [22]. Le plus ancien des commandements de Dieu est celui que nous lisons au deuxième chapitre de la Genèse, vers. 15. *Tu ne mangeras point de l'arbre de science de bien et de mal;* et la plus ancienne des tentations du diable fut celle-ci, au chapitre suivant : *vous serez comme des dieux, sachant le bien et le mal.* Aussi le premier reproche que Dieu fait à l'homme est : *qui t'a montré que tu étais nu, si ce n'est que tu as mangé de l'arbre duquel je t'avais défendu de manger?* Comme s'il disait, d'où as-tu jugé que la nudité en laquelle il m'avait plu de te créer, est honteuse, si ce n'est que tu te veux arroger la connaissance de l'honnête et du déshonnête ?

Que c'est une opinion séditieuse d'estimer que les sujets peuvent faillir en obéissant à leurs princes.

II. Un péché est ce que l'on fait contre sa conscience : car en le faisant on méprise la loi. Mais il faut user de distinction. Je suis coupable d'un péché, lorsqu'en le commettant j'ai cru que je deviendrais coupable ; mais quand j'ai pensé qu'un autre en porterait la coulpe, j'ai pu le faire en certaine rencontre sans me rendre criminel. Car, si l'on me commande de faire une chose, dont celui qui la commande sera coupable, pourvu que j'obéisse à mon légitime Seigneur, je ne pèche point en la faisant. Ainsi, si je prends les armes par le commandement de l'État, quoique j'estime que la guerre est injuste, je ne pécherai point, mais je serais criminel si je refusais de les prendre, parce que je m'attribuerais la connaissance de ce qui est juste et de ce qui est injuste, que je dois laisser à l'État. Ceux qui ne prendront pas garde à cette distinction, tomberont dans la nécessité de pécher toutes fois et quantes qu'on leur commandera quelque chose d'illicite, ou qui leur paraîtra telle : car ils agiront contre leur conscience s'ils obéissent, ou contre le droit s'ils sont réfractaires. S'ils trahissent leur conscience, ils feront voir qu'ils ne craignent guère les peines de la vie à venir et s'ils se bandent contre le droit, ils renverseront en tant qu'en eux est la société humaine et la vie civile, qui est l'âme du siècle où nous sommes. Cette opinion donc, *que*

22. L'opposition si radicale qu'établit Hobbes en ce paragraphe de synthèse entre l'état de nature — qui est, selon lui a-social — et la société civile — car il n'y a pas de société naturelle — révèle à la fois combien il a été marqué par les dissensions et les désordres de l'Angleterre de son temps et quelle espérance de paix et de bonheur il attache à l'institution de la *Res publica*.

les sujets pèchent, lorsqu'ils font les commandements de leur prince qui leur semblent injustes, est erronée et se doit mettre au nombre de celles qui choquent le respect et l'obéissance politique. Or, elle dépend de cette erreur originelle que j'ai combattue en l'article précédent, à cause que par le jugement que nous donnons sur le bien et le mal, nous faisons que notre obéissance et que notre désobéissance deviennent des péchés.

III. La troisième maxime séditieuse est un rejeton de la même racine, *qu'il est permis de tuer un tyran* [23]. Voire il se trouve aujourd'hui dans le monde quelques théologiens qui soutiennent, et c'était jadis l'opinion de tous les sophistes, de Platon, d'Aristote, de Cicéron, de Sénèque, de Plutarque et des autres fauteurs de l'anarchie grecque et romaine, que non seulement il est licite, mais que c'est une chose extrêmement louable. Or, par le nom de tyran, ils entendent, non seulement les rois, mais tous ceux qui gouvernent les affaires publiques en quelque sorte d'État que ce soit. Car, à Athènes, Pisistrate ne fut pas le seul qui eut en main la puissance souveraine, mais aussi les trente tyrans qui dominèrent tous ensemble après lui et à chacun desquels on donna cet éloge. Au reste, voici quel est mon raisonnement : celui que vous permettez de tuer comme un tyran, ou il avait droit de commander, ou il ne l'avait pas : s'il s'était assis sur le trône sans juste titre, c'était un usurpateur que vous avez eu raison de faire mourir, et vous ne devez pas nommer sa mort un tyrannicide, mais la défaite d'un ennemi. S'il avait droit de commander, et si l'empire lui appartenait, je vous ferai la demande que Dieu fit à Adam : *qui vous a montré que c'était un tyran, n'est-ce point que vous avez mangé de l'arbre dont je vous avais défendu de manger ?* Car, pourquoi nommez-vous tyran celui que Dieu vous a donné pour roi, si ce n'est à cause que vous voulez vous arroger la connaissance du bien et du mal, quoique vous soyez une personne privée, à qui il n'appartient pas d'en juger ? On peut aisément concevoir combien cette opinion est pernicieuse aux États, en ce que par elle, quelque roi que ce soit, bon ou mauvais, est exposé au jugement et à l'attentat du premier assassin qui ose le condamner.

Que c'est une opinion séditieuse d'estimer qu'il doit être permis de tuer un tyran.

---

23. Qu'il soit permis et même requis de tuer un tyran, telle est la thèse que soutenaient en particulier les Monarchomaques, au lendemain de la Saint-Barthélemy.

Que c'est une opinion séditieuse d'estimer que même ceux qui ont la puissance souveraine sont sujets aux lois civiles.

IV. La quatrième maxime contraire à la politique, est de ceux qui estiment *que même ceux qui ont la puissance souveraine sont sujets aux lois civiles*. J'ai fait assez voir sa fausseté ci-dessus, au sixième chapitre, art. XIV, de ce que l'État ne peut pas s'obliger à soi-même, ni à aucun particulier. Je dis à soi-même : car ce n'est jamais qu'à un autre à qui on s'oblige. J'ajoute, ni à un particulier, parce que les volontés de tous les citoyens sont comprises dans celle de la république; de sorte que si l'État veut se déclarer quitte de toute obligation, il faut que les particuliers y consentent et par conséquent il en est délivré. Or, ce que je dis, et ce qui est vrai, en parlant de l'État, n'est pas moins vrai en parlant de cet homme, ou de cette assemblée qui exerce la souveraine puissance : car c'est elle qui compose l'État, dont l'être ne subsiste qu'en l'exercice de la souveraine puissance. Mais, que cette opinion soit incompatible avec l'essence de l'État, il appert de ce que par elle la connaissance du juste et de l'injuste, c'est-à-dire le jugement de ce qui est contre les lois civiles, retournerait aux personnes privées : ce qui ferait cesser l'obéissance des sujets, quand il leur semblerait que ce qu'on a commandé est contre les lois et ce qui arrêterait toute la puissance de contraindre; accident tout à fait ruineux à l'essence d'une république. Cependant une si grande erreur ne manque pas de partisans considérables, du nombre desquels sont Aristote, et plusieurs autres, qui estiment, qu'à cause de l'infirmité humaine, il faut laisser aux lois seules toute la souveraine puissance de l'État. Mais, il me semble que ces gens-là ont peu profondément considéré la nature des États, quand ils ont pensé de laisser aux lois mêmes la puissance coactive, l'interprétation des ordonnances et la promulgation des édits, d'où dépend toute l'autorité nécessaire au corps de la république. Et bien qu'un particulier puisse plaider contre l'État et le tirer en justice; cela pourtant n'a lieu, que lorsqu'il ne s'agit pas de savoir quelle est son autorité, mais de l'interprétation de quelqu'une de ses lois. Comme s'il est question de la vie d'un criminel, on ne s'informe pas si l'État, de sa puissance absolue, a droit de le faire mourir, mais s'il le veut par une certaine loi dont on est en controverse; et il le veut si la loi a été enfreinte, mais il ne le veut point si elle n'a pas été violée. Ce n'est donc pas une preuve suffisante de l'obligation que l'État a envers ses lois, de ce qu'un particulier peut intenter action contre lui, et le tirer en justice. Au contraire, il appert que l'État n'est point obligé par ses lois, de ce que personne ne s'oblige à soi-même. Ainsi les lois sont faites pour Titus et pour Caïus et non pas pour le corps de l'État ; quoique la vanité des jurisconsultes ait gagné ceci sur les esprits du vulgaire, qu'on pense que les lois dépendent de leur prudence et non pas de l'autorité publique.

V. En cinquième lieu, c'est une opinion séditieuse d'estimer, *que la puissance souveraine peut être partagée*, et je n'en sache aucune de plus pernicieuse à l'État [24]. Mais on en fait de différents partages : car il y en a qui la divisent en sorte qu'ils laissent l'autorité suprême sur les choses qui regardent la tranquillité publique, et les commodités de la vie présente au magistrat, ou au bras séculier ; mais pour celles qui touchent le salut de l'âme,

Que c'est une opinion séditieuse d'estimer que l'autorité souveraine peut être partagée.

---

24. En pensant aux guerres civiles qui, nées des rivalités entre la Couronne et le Parlement, déchirent l'Angleterre de son époque, Hobbes estime qu'instituer simultanément deux ou plusieurs puissances souveraines introduit nécessairement dans la société civile un facteur de dissension. Dans le *Léviathan* (chapitre XXIX) il dira : « Qu'est-ce en effet que diviser le pouvoir d'une République si ce n'est le dissoudre et le mettre en danger ? » Tout se passe alors comme si plusieurs forces étaient en présence et, comme en l'état de nature, devaient immanquablement se faire la guerre. Le parlementarisme anglais, en révélant une souveraineté diffuse et toujours soumise à contrôle, signifie l'altération de l'état civil, sa dégradation et sa rechute dans un état quasi naturel où l'affrontement des forces est violence. La souveraineté est entière et une ou n'est pas concevable. Elle est un tout indissociable ou n'est pas. Le pouvoir civil est par essence et doit être concrètement monolithique. Si, *pratiquement*, il n'est pas le tout du pouvoir, il est voué au naufrage. C'est donc que Sir Ed. Coke et Thomas Smith, en vantant les mérites de la *mixed monarchy*, donc, du parlementarisme anglais, ont tort. L'histoire anglaise, avec ses inévitables guerres civiles, le montre clairement. D'ailleurs, *théoriquement*, pareil régime est un défi à la logique et aux lois mathématiques de la mécanique politique. En 1640, Hobbes écrit : « Diviser et partager entre plusieurs la puissance souveraine, c'est introduire l'état de guerre et par conséquent le droit du glaive privé » (*De corpore politico*, 2ᵉ partie, chap. I, § 16). Aussi Hobbes condamne-t-il la doctrine des « parties de la souveraineté », qu'exposait Grotius en 1625 (*De jure belli ac pacis*, Livre I, chap. III, § 1) sans la prendre exactement à son compte mais sans la réfuter non plus. Cette doctrine, que défendront plus tard Barbeyrac et Burlamaqui, à qui répugnent les excès toujours possibles dans l'exercice du pouvoir absolu,

ils en donnent la puissance à quelque autre. Sur quoi il arrive, à cause qu'il faut être par-dessus toutes choses juste, c'est-à-dire, homme de bien, afin de parvenir au salut éternel, que les particuliers mesurant la justice, non comme ils doivent, aux lois civiles, mais aux commandements et aux dogmes de ceux qui sont, à l'égard de l'État, des personnes privées ou étrangères : il arrive, dis-je, que les sujets refusent, par une crainte superstitieuse, de rendre à leurs princes l'obéissance qu'ils leur doivent, et que cette crainte les fait tomber dans l'inconvénient qu'ils veulent éviter. Or, qu'y a-t-il, je vous prie, de plus pernicieux à la société civile, que de faire peur aux hommes de tourments éternels pour les détourner de l'obéissance due à leurs princes, c'est-à-dire, pour les empêcher d'obéir aux lois et d'être justes. Il s'en trouve d'autres qui veulent partager la souveraineté en cette sorte. Ils donnent le commandement absolu en ce qui concerne la paix et la guerre à un seul, qu'ils nomment monarque, et lui ôtent le maniement des finances, dont ils commettent la direction à certains autres. Or, comme les finances sont les nerfs de la guerre et de la paix, ceux qui font ce partage prétendu n'avancent rien du tout : car ceux qui manient l'argent ont véritablement l'autorité souveraine, et l'autre n'en a qu'un vain titre ; et cette division va à la ruine de l'État, vu que s'il était de besoin de prendre les armes, on ne saurait faire la guerre, ni entretenir la paix sans argent.

Que c'est une opinion séditieuse d'estimer que la foi et la sainteté ne peuvent pas être ac-

VI. On enseigne communément, *que la foi et la sainteté ne peuvent pas être acquises par étude et par raisonnement : mais qu'elles sont infuses et inspirées toujours d'une façon surnaturelle.* Si cela était vrai, je ne sais pourquoi c'est que l'on nous ferait rendre raison de notre foi ; ou pourquoi c'est que l'on ne tiendrait pas pour prophètes

est, aux yeux de Hobbes, contradictoire en soi : elle dénature l'état civil et débouche sur la mort de l'État.

Remarquons que Pufendorf estime, comme Hobbes, que la souveraineté est indivisible en son principe : elle est, dit-il, « quelque chose de simple et d'indivisible » (*Jus naturae et gentium*, livre VII, chapitre IV, § 1). Comme Hobbes, il accepte qu'elle s'exerce en de multiples secteurs ; mais, par sa nature propre, elle englobe la totalité de ces secteurs et cette totalité, qui ne saurait être multipliée, est un tout qui ne peut être partagé sans être dénaturé. Hobbes et Pufendorf, sur ce point, pressentent une vision « organique unitaire » de la personnalité politique du Souverain.

tous ceux qui sont vraiment chrétiens, ou pourquoi c'est que chacun ne jugerait pas de ce qu'il a à faire, et de ce qu'il a à éviter par sa propre inspiration, plutôt que par les commandements de ceux qui gouvernent, et par les maximes du bon sens, ou de la droite raison. Mais on retombe par ce précipice dans l'erreur de vouloir faire connaitre un particulier du bien et du mal, ce que l'on ne saurait introduire sans une ruine totale de la société civile. Cependant, cette opinion est si fort étendue dans la chrétienté, que le nombre de ceux qui sont apostats de la raison naturelle, et qui ont renoncé au sens commun, est presque infini. Or, cette erreur est née de certains fanatiques écervelés qui, à force de lire la Sainte Écriture, en ont retenu quantité de passages, lesquels ils enfilent dans leurs sermons hors de propos et sans aucune suite, de sorte qu'encore que leur discours ne signifie rien, les idiots ne laissent pas de s'imaginer qu'il y a là-dedans une éloquence divine ; car il semble, je ne sais comment, qu'il y a quelque chose de divin aux paroles dont on ne voit point la raison, et alors celui qui parle paraît inspiré divinement.

quises par étude et par raisonnement : mais qu'elles sont infuses et inspirées toujours d'une façon surnaturelle.

VII. *Le septième dogme contraire au bien de l'État est, que chaque particulier a la propriété de son bien et une seigneurie absolue sur ce qui est de son domaine.* J'entends une propriété telle que non seulement elle exclut le droit de tous autres, mais aussi celui de l'État, en ce qui regarde la chose dont il s'agit. Cela ne peut pas être vrai, car celui qui reconnaît un seigneur au-dessus de soi, ne peut pas avoir un domaine absolu, comme je l'ai prouvé au huitième chapitre, art. V. Or, est-il que l'État est, selon l'accord passé, au-dessus de tous les particuliers. Avant qu'on se fût rangé sous le joug de la société civile, personne ne jouissait d'aucune propriété de droit, et toutes choses appartenaient à tous. D'où est-ce donc que vous avez recouvré cette propriété, si ce n'est de l'État ? Et d'où l'a eu l'État, si ce n'est que chaque particulier lui a cédé son droit ? Vous lui avez donc transféré le vôtre : de sorte que votre domaine et votre propriété est telle et ne dure qu'autant qu'il plait à la république. Comme dans une famille les enfants n'ont en leur particulier, que ce que le père veut leur laisser ; mais, la plupart des hommes, je dis même de ceux qui font profession d'une prudence civile, raisonnent autrement. Nous sommes, disent-ils, naturellement égaux : il n'y a aucune raison pourquoi quelqu'un m'ôte mon bien avec

Que c'est une opinion séditieuse d'estimer que chaque particulier a la propriété de son bien ou une seigneurie absolue.

plus de titre, que moi à lui le sien. Nous savons assez qu'on a besoin quelquefois d'argent pour la défense publique ; mais, que ceux qui l'exigent nous en fassent voir la nécessité, et nous le contribuerons volontiers. Ceux qui tiennent ce langage, ne savent pas qu'en la fondation de l'État on a fait ce qu'ils veulent que l'on fasse de nouveau : et parlant comme s'ils vivaient au milieu d'une multitude débandée, et parmi une troupe de sauvages, où il n'y a pas encore de société civile dressée, ils renversent en tant qu'en eux est celle qui est déjà toute faite.

Qu'ignorer la différence qu'il y a entre le peuple et la multitude dispose les esprits à la sédition.

VIII. Enfin, c'est une erreur contraire au gouvernement politique et surtout au monarchique, que ce que les hommes ne mettent pas assez de différence entre le *peuple* et la *multitude*. Le peuple est un certain corps, et une certaine personne, à laquelle on peut attribuer une seule volonté, et une action propre[25] : mais il ne se peut rien dire de semblable de la multitude. C'est le peuple qui règne en quelque sorte d'État que ce soit : car, dans les monarchies mêmes, c'est le *peuple* qui commande, et qui veut par la volonté d'un seul homme. Les particu-

25. La distinction fondamentale qu'établit Hobbes entre la *multitude* et le *peuple* le conduit parfois à utiliser la formule lapidaire : *Rex est populus* qui montre sans ambages que, selon le philosophe, la souveraineté, loin d'être l'attribut essentiel du Prince, réside dans la nation elle-même. La formule enveloppe l'idée de *représentation* qui, explicitement, sera le fil conducteur de la dialectique qui s'instaure, comme le montre le chapitre XVI du *Léviathan*, entre l'auteur de l'autorité souveraine (le *peuple*) et l'acteur de cette souveraineté (la *persona civilis* chargée, par la stipulation pour autrui qu'implique le contrat, d'agir aux lieu et place du peuple).
Le problème n'est pas pour Hobbes, toutefois, d'établir la supériorité du peuple sur les rois comme l'ont fait les Monarchomaques et tout particulièrement, en France, au lendemain de la Saint-Barthélemy, François Hotman dans sa *Franco-Gallia* (1573) et Du Plessis Mornay, dans ses *Vindiciae contra Tyrannos* (1579). En Écosse, l'ouvrage de Buchanan, *De jure regni apud Scotos*, publié en 1579, avait également montré que, pour faire un roi, il faut le consentement volontaire de tous les sujets. Hobbes admet parfaitement cette idée. Mais, à la différence de Buchanan, il ne proclame pas la nécessité pour le peuple de dominer et, plus encore, de contrôler, les rois. A la critique buchanienne de la monarchie qui a toujours propension à verser dans la tyrannie, il substitue l'idée originale de la dialectique de l'auteur et de l'acteur dans l'exercice du pouvoir souverain.

liers et les sujets sont ce qui fait la multitude. Pareillement en l'État populaire et en l'aristocratique, les habitants en foule sont la multitude, et la cour ou le conseil, c'est le peuple. Dans une monarchie, les sujets représentent la multitude et le roi (quoique ceci semble fort étrange) est ce que je nomme le *peuple*. Le vulgaire, et tous ceux qui ne prennent pas garde que la chose est ainsi, parlent toujours du peuple, c'est-à-dire, de l'État, comme d'une grande foule de personnes, disent que le royaume s'est révolté contre le roi (ce qui est impossible), ou que le peuple veut et ne veut pas, ce qui plaît ou déplaît à quelques sujets mutins qui, sous ce prétexte d'être le peuple, excitent les bourgeois contre leur propre ville et animent la multitude contre le peuple. Et voilà des opinions desquelles les sujets étant imbus, ils en sont plus disposés à émouvoir quelque sédition ; or, comme, en toute sorte d'État, il faut que celui, ou ceux qui en sont les souverains, conservent soigneusement leur autorité, ces mauvaises maximes sont naturellement criminelles de lèse-majesté, et tendent à la désunion de la société civile.

IX. De toutes les choses du monde, il n'y en a aucune qui abatte davantage l'esprit des hommes, et qui leur cause de plus sensibles déplaisirs, que la pauvreté ; soit qu'elle fasse manquer de commodités nécessaires à l'entretien de la vie, ou qu'elle soustraie celles qui servent à soutenir le rang et la dignité des conditions. Et bien qu'il n'y ait personne qui ne sache que les moyens se doivent acquérir par l'industrie et se conserver par le bon ménage ; toutefois, il est ordinaire à ceux qui se trouvent dans la disette de rejeter sur le mauvais gouvernement de l'État la faute de leur fainéantise et de leur prodigalité, comme si les malheurs du temps et les trop grandes exactions publiques étaient cause de leur misère particulière. Cependant les hommes doivent considérer, que non seulement ceux qui n'ont aucun patrimoine, sont obligés de travailler pour vivre, mais aussi de combattre pour avoir le moyen de travailler. Quand les Juifs, du temps d'Esdras, rebâtissaient les murailles de Jérusalem, ils avaient la truelle en une main et l'épée en l'autre. Ainsi en toute sorte d'État, il faut penser que la main qui tient l'épée est le roi, ou la cour souveraine, et qu'elle ne doit pas moins être nourrie que celle dont chaque particulier bâtit sa fortune privée. Or, que sont autre chose les impôts et les tributs, que le salaire de

Que de trop grandes exactions d'argent, quoique justes et nécessaires, disposent à la sédition

ceux qui sont en armes, et qui veillent pour la tranquillité publique, de peur que l'industrie de ceux qui travaillent ne soit interrompue par l'incursion des ennemis : de sorte que la plainte de ceux qui imputent leur pauvreté aux subventions pour les nécessités publiques, n'est pas moins injuste, que s'ils se plaignaient que leur ruine vient de ce qu'il leur faut payer leurs dettes. Mais la plupart ne pensent pas à cela ; et il leur arrive, comme à ceux qui sont pressés de cette maladie que les médecins nomment l'*incube* et qui, provenant d'intempérance ou de replétion, ne laisse pas de faire imaginer aux malades que quelqu'un leur tient le pied sur le ventre et qu'il y a un grand fardeau qui les accable. Or, il est assez manifeste de soi-même, que ceux à qui il semble que toutes les surcharges et foules publiques tombent sur eux, inclinent à la sédition ; et que ceux-là se plaisent aux brouilleries, qui ne trouvent pas bien leur compte en l'état présent des affaires.

Que l'ambition dispose les esprits à la sédition.

X. Il y a une autre maladie de l'âme qui est dangereuse à l'État et qui attaque ceux qu'un emploi considérable n'occupe point dans le grand loisir dont ils jouissent. En effet, tous les hommes aspirent naturellement aux honneurs et à se rendre remarquables : mais ceux-là principalement ont ce désir, qui ne sont pas obligés de divertir leurs soins à la recherche des choses nécessaires à la vie. Car, à faute de meilleure occupation, ils emploient une partie du temps à discourir en compagnie des affaires publiques et l'autre, à lire en leur particulier les historiens, les orateurs, les poètes, les politiques et tels autres auteurs, dont la lecture est aisée et divertissante. Or, cela les remplit de grandes pensées, et il n'y en a pas un qui ne s'estime pourvu d'assez d'esprit et de savoir pour manier les plus importantes affaires de l'État. Et parce qu'ils se trompent fort souvent en cette bonne opinion d'eux-mêmes, ou que quand bien ils seraient effectivement ce qu'ils croient d'être, ils ne peuvent pas tous être avancés en charges publiques, et il faut nécessairement que plusieurs demeurent derrière. Ceux-ci donc estimant qu'on leur fait grand tort, ne souhaitent rien davantage, mus d'envie contre ceux qui leur ont été préférés, et espèrent de se tirer par ce moyen de la presse, que de voir mal réussir les affaires ; et ainsi ce n'est pas de merveille, si cette sorte de gens épie les occasions de trouble et tient les oreilles ouvertes aux moindres bruits qui s'élèvent.

XI. Il ne faut pas que j'oublie parmi les dispositions séditieuses l'*espérance de vaincre*. Car, que les hommes soient, autant que vous voudrez, imbus des opinions contraires à la paix et au gouvernement de la république ; et que ceux qui gouvernent présentement les aient le plus maltraités du monde ; toutefois s'il n'y a aucune apparence d'être les plus forts, ou si elle n'est pas assez bien établie, il n'arrivera de leur part aucune révolte, ils dissimuleront et aimeront mieux endurer ce mauvais État, qu'un pire. Or, pour leur faire concevoir cette espérance de demeurer victorieux, il leur faut quatre choses préalables, le *nombre*, les *moyens*, l'*assurance mutuelle* et les *chefs*. Car, de résister au magistrat sans être en grand nombre, ce n'est pas émouvoir une sédition, mais se jeter dans le désespoir. Par les moyens, j'entends les armes, les munitions de guerre et de bouche et tout ce sans quoi le grand nombre ne peut rien entreprendre ; comme aussi tous ces moyens ne servent à rien, si dans le grand nombre on ne s'assure les uns des autres ; et si l'on ne se range sous un chef auquel on veuille obéir, non par obligation qu'on y ait à cause qu'on s'est soumis à son empire (car, en ce chapitre, j'ai supposé que cette sorte de personnes séditieuses ne savent pas si elles sont obligées au-delà de ce qui leur semble bon et juste pour leur particulier intérêt), mais parce que ce chef est estimé vaillant et grand capitaine et qu'il est poussé d'une même passion de vengeance. Si ces quatre circonstances favorisent des personnes ennuyées de l'état présent des affaires, et qui se rendent juges du droit de leurs actions, il ne leur manque plus qu'un homme turbulent, haut à la main, et factieux, qui donne le premier branle au trouble et à la sédition.

<small>Que l'espérance du succès dispose à la sédition.</small>

XII. Salluste nous dépeint Catilina, qui fut, à mon avis, l'homme du monde le plus propre à émouvoir des séditions, comme ayant *assez d'éloquence, mais peu de sagesse*. Auquel endroit il sépare judicieusement la sagesse de l'éloquence, donnant cette dernière à un homme né à troubler le monde, comme une pièce fort nécessaire à ce mauvais dessein ; et réservant l'autre pour ceux qui ne pensent qu'au bien de la paix. Or, il y a de deux sortes d'*éloquence,* l'une qui explique clairement et également les pensées et les conceptions de l'âme ; et qui se tire en partie de la considération des choses mêmes, et en partie d'une connaissance exacte de la force des paroles en leur propre signification ; l'autre qui

<small>Que l'éloquence est la seule vertu nécessaire pour émouvoir une sédition, et qu'à cela il n'est pas besoin de quelque sagesse.</small>

émeut les affections de l'âme (comme l'*espérance*, la *crainte*, la *pitié*, la *colère*) et que l'on emprunte de l'usage métaphorique des paroles, qui est d'un merveilleux effet pour le mouvement des passions. La première bâtit son discours sur de vrais principes, et l'autre sur les opinions reçues, quelles qu'elles soient. Celle-là se nomme logique, et celle-ci rhétorique. L'une se propose la vérité pour sa fin et l'autre la victoire. L'une et l'autre a son usage. La première, dans les délibérations et la seconde, dans les exhortations. Car la logique ne doit jamais être séparée du bon sens et de la sagesse; mais la rhétorique s'en éloigne presque toujours. Au reste, que cette puissante éloquence peu soucieuse de la vérité et de la connaissance des choses, c'est-à-dire, qui n'a guère d'affinité avec la sagesse, soit le vrai caractère de ceux qui excitent la populace aux remuements, on le peut recueillir de cela même qu'ils osent entreprendre. Car ils ne pourraient pas abreuver le peuple de cette absurdité d'opinions contraires à la paix et à la société civile, s'ils n'en étaient imbus les premiers; ce qui marque une ignorance dont un homme sage serait incapable. En effet, quelle sagesse médiocre peut-on attribuer à un homme qui ignore d'où c'est que les lois puisent leur force; quelles sont les règles du juste et de l'injuste, de l'honnête et du déshonnête, du bien et du mal; ce qui cause et ce qui conserve ou qui détruit la paix parmi le genre humain; quelle différence il y a entre le mien et le tien; et enfin ce qu'il voudrait qu'on fît à lui-même, pour le pratiquer envers les autres? Mais, ce qu'ils peuvent mettre en furie leurs auditeurs, dont la tête était déjà mal faite; ce qu'ils peuvent faire paraître le mal qu'ils endurent pire qu'il n'est et en faire imaginer à ceux qui n'en souffrent point du tout; ce qu'ils peuvent les remplir de belles espérances et leur aplanir les précipices, sans aucune apparence de raison, c'est une faculté qu'ils doivent à cette sorte d'éloquence qui ne représente pas les choses telles qu'elles sont et qui, ne se proposant que d'émouvoir des tempêtes dans l'âme, fait sembler toutes choses à ceux qui écoutent, telles qu'elles sont dans le cerveau de celui qui parle, et qui est le premier dans l'agitation.

Comment c'est que la sottise du vulgaire et l'éloquence

XIII. Plusieurs, même de ceux qui ne sont pas mal affectionnés au bien de l'État, contribuent quelquefois beaucoup à disposer les esprits des peuples aux séditions, en ce qu'ils enseignent à la jeunesse dans les écoles, qu'ils prêchent dans les chaires publiques, des doctrines conformes aux opinions que j'ai touchées. Il est vrai qu'en cela ils pèchent par ignorance, plutôt que par malice destinée. Mais, ceux qui veulent mettre en œuvre ces dispositions, butent à cela comme au plus prompt moyen de contenter leur ambition, premièrement, de faire conspirer et d'unir en une faction tous ces esprits mal affectionnés au gouvernement; puis de se rendre les chefs du parti, ou de s'y acquérir un grand crédit. Ils forment la faction en se portant pour entremetteurs et interprètes des conseils et des actions de chacun, et en nommant des personnes, et assignant des lieux où l'on se puisse assembler et entrer en délibération des moyens par lesquels on réformera le gouvernement de l'État selon la fantaisie ou l'intérêt des particuliers. Et afin qu'ils puissent dominer sur leurs compagnons, il faut qu'ils cabalent dans la faction, c'est-à-dire, qu'ils tiennent à part des assemblées secrètes avec quelques-uns de leur confidents, où ils conviennent de ce qu'ils auront à proposer en l'assemblée générale, de l'ordre des matières, des personnes qui agiront les premières et de l'adresse avec laquelle on gagnera les plus puissants, et ceux qui sont dans le parti en plus haute réputation parmi le vulgaire. Après quoi, lorsque leur cabale est assez forte et qu'ils en sont les maîtres par leur éloquence, ils excitent toute la faction à prendre les armes; ainsi ils oppriment quelquefois la république tout à coup, à savoir lorsqu'il n'y a point de factions contraires, ou ils la déchirent par des guerres civiles. Car la folie et l'éloquence concourent à la subversion des États, de la même façon que les filles de Pelée, roi de Thessalie, conspirèrent dans la fable avec cette fameuse Médée contre leur propre père. Ces mal avisées voulant faire rajeunir ce vieillard décrépit, le mirent en pièces par le conseil de Médée, le firent bouillir dans une chaudière et s'attendirent après cela, inutilement, de le voir revivre. Le vulgaire n'est pas moins fou que ces malheureuses filles de Pelée, lorsque, voulant renouveler le gouvernement de l'État à la persuasion de quelque ambitieux (qui se sert de son éloquence comme Médée se servait de sa magie), après avoir divisé et déchiré la république, le plus souvent il la consume plutôt qu'il ne la réforme, par un embrasement inextinguible.

des ambitieux concourent à la ruine des États.

Chapitre XIII

Des devoirs de ceux qui exercent une puissance souveraine.

Sommaire

I. Que l'on peut avoir le droit de puissance souveraine sans l'exercer. II. Que le salut du peuple est la loi suprême. III. Que les souverains doivent regarder à l'utilité commune de plusieurs et non à celle de quelque particulier. IV. Que par le salut on entend toutes les commodités de la vie. V. Que c'est une question difficile, si les rois sont obligés de travailler au salut de l'âme de leurs sujets, selon que leur propre conscience le leur enseigne. VI. En quoi consiste le salut du peuple. VII. Que les espions sont nécessaires pour le salut du peuple. VIII. Qu'il est nécessaire aussi pour la défense du peuple d'avoir en temps de paix des soldats, des armes, de l'argent et des forteresses. IX. Qu'il est important à la conservation de la paix de faire bien instruire les sujets en la politique. X. Que c'est une chose inutile à la conservation de la paix publique, de faire porter les charges également à tous les sujets. XI. Qu'il dépend de l'équité naturelle, que les taxes soient mises à raison de la dépense que l'on fait, et non pas du bien que l'on possède. XII. Qu'il est important pour entretenir la paix de tenir bas les ambitieux. XIII. Et de dissiper les factions. XIV. Que pour enrichir les sujets il importe de faire des lois qui favorisent le luxe des artisans, et qui modèrent la superfluité des dépenses. XV. Qu'il ne faut pas prescrire plus de lois que n'en demande le bien des sujets et de l'État. XVI. Que les peines ne doivent pas être infligées au-delà de ce que les lois les ont établies. XVII. Qu'il faut rendre justice aux sujets contre les juges corrompus.

Que l'on peut avoir le droit de puissance souveraine sans l'exercer.

I. Les discours précédents font voir quels sont les devoirs des sujets en chaque sorte de gouvernement, et quelle puissance les souverains ont sur eux : mais ils ne disent pas quels sont les devoirs de ceux qui gouvernent, ni comment ces derniers se doivent comporter envers leurs sujets. Sur quoi il faut distinguer entre le *droit*, et l'*exercice* de la souveraineté ; car ces deux choses peuvent être séparées, comme, par exemple, lorsque celui qui a le droit de juger des différends et de se trouver aux délibérations, ne veut pourtant pas assister au jugement des procès, ni entrer en toutes les consultes. Ainsi, il arrive souvent que les rois se trouvent incapables du maniement des affaires par l'incommodité de l'âge, ou qu'ils en donnent la conduite à d'autres (quoiqu'elle ne soit pas trop pesante pour eux), parce qu'ils estiment qu'elles seront mieux entre leurs mains et que, se contentant du choix de quelques ministres et conseillers fidèles, ils exercent par eux la puissance souveraine. Et en cette conjoncture, où le *droit* et l'*exercice* sont choses séparées, le gouvernement des États a bien du rapport à celui du monde, où Dieu, le premier moteur, laisse agir ordinairement les causes secondes et ne change point l'ordre des effets de la nature. Mais, lorsque celui qui a le droit de régner, veut assister en personne à tous les jugements, à toutes les consultes et à toutes les actions publiques, l'administration des affaires serait telle que, si Dieu voulait, contre l'ordre de nature, s'occuper lui-même immédiatement de tout. Je traiterai donc sommairement en ce chapitre des devoirs de ceux qui administrent d'eux-mêmes le droit qu'ils ont d'une puissance souveraine, ou qui empruntent ce droit du souverain dont ils sont les ministres. Car ceci n'est pas mon dessein, de descendre aux particularités qui se rencontrent dans les gouvernements de divers princes, dont les droits peuvent être différents ; et il faut laisser cela aux politiques pratiques qui enseignent la conduite particulière de chaque sorte de république.

II. Or, tous les devoirs de ceux qui gouvernent, sont compris dans cette seule maxime, *que le salut du peuple doit être la loi suprême* [26] ; car encore que ceux qui exercent la souveraine puissance parmi les hommes, ne puissent pas être soumis aux lois, qui sont, à parler proprement, la volonté de plusieurs personnes ; parce que c'est une chose contradictoire que d'être souverain, et néanmoins soumis à autrui, c'est pourtant de leur devoir d'écouter la droite raison, et d'obéir toujours le plus qu'ils peuvent à la loi de nature, que je ne sépare point

Que le salut du peuple est la loi suprême.

---

26. La formule *Salus populi suprema lex* apparaît dans tous les traités politiques de Hobbes : cf. *De corpore politico*, IX, § 3 ; *Léviathan*, chapitres XXX et XLVI.

de la morale et de la divine. Et d'autant que les États ont été établis pour le bien de la paix et qu'on recherche la paix pour y trouver la conservation de la vie en tous ses avantages, le prince qui se servirait de son autorité à autre fin que pour le salut de son peuple, contreviendrait aux maximes de la tranquillité publique, c'est-à-dire à la loi de nature fondamentale. Or, comme cette considération du salut du peuple, ou du bien public, leur dicte la loi par laquelle les princes connaissent leur devoir ; aussi elle leur enseigne un art en la pratique duquel ils trouvent les premiers leur compte ; car la puissance des sujets est celle de l'État et par conséquent de celui qui gouverne.

Que les souverains doivent regarder à l'utilité commune de plusieurs et non à celle de quelque particulier.

III. Sous ce nom de *peuple,* en cette maxime dont je viens de traiter, je n'entends point une certaine personne civile, à savoir l'État qui gouverne, mais la *multitude* qui est régie. Car l'institution de la république n'est pas tant pour elle-même, que pour le bien de ses sujets. Et toutefois, il ne faut pas avoir égard à l'avantage de quelque particulier : car le souverain, en tant que tel, ne pourvoit point autrement au salut du peuple que par les lois qui sont générales ; de sorte qu'il s'acquitte de son devoir, toutes fois et quantes qu'il fait tout son possible par ses utiles et salutaires constitutions, à ce que plusieurs jouissent d'une entière et longue prospérité, et qu'il n'arrive du mal à personne, que par sa propre faute, ou par quelque accident imprévu. Au reste, il est quelquefois expédient au salut de plusieurs, qu'il arrive du mal aux méchants.

Que par le salut on entend toutes les commodités de la vie.

IV. Mais, par ce terme de *salut,* il ne faut pas entendre la simple conservation de la vie telle quelle, mais d'une vie autant qu'il se peut heureuse. Car les hommes ne se sont assemblés de leur bon gré en des sociétés civiles d'*établissement politique,* qu'afin d'y pouvoir vivre le plus agréablement que le permet notre condition humaine. Si bien que ceux qui gouvernent en cette sorte de société, pécheraient contre la loi de nature (car ils trahiraient la confiance qu'ont eue en eux ceux qui leur ont commis l'administration de la souveraine puissance), s'ils ne tâchaient, autant que les lois le leur permettent, de donner ordre à ce que leurs sujets jouissent abondamment de tous les biens que les nécessités de la vie exigent, ou même qui ne servent qu'à la rendre plus agréable. Et quant aux princes qui ont conquis leurs royaumes à la pointe de leurs épées, ils doivent tous désirer que leurs sujets soient capables de les servir, tant des forces de leur corps, que de celles de leur esprit ; de sorte qu'ils seraient contre leur propre dessein et s'éloigneraient de leur but, s'ils ne tâchaient de leur procurer, non seulement ce qui leur est nécessaire pour vivre, mais ce dont ils ont besoin pour se fortifier et redresser leur courage.

V. Or, tous les princes croient qu'il importe grandement, surtout au salut éternel, quelles opinions on a de la divinité, et quel culte on lui rend. Ce qui étant supposé, on peut mettre en question, si les souverains, soit un seul, ou plusieurs qui gouvernent l'État, ne pèchent point contre la loi de nature, s'ils ne font proposer et enseigner à leurs sujets la doctrine et le culte qu'ils estiment nécessaires au salut éternel, et s'ils n'empêchent l'exercice des religions contraires ? Il est certain qu'en cela ils trahissent leur propre conscience et qu'ils veulent en tant qu'en eux est par cette connivence, la mort éternelle de leurs vassaux. Car, si leur volonté n'y condescendait pas, je ne vois point de raison pourquoi ils permettraient (vu qu'étant souverains on ne peut les contraindre) qu'on enseignât et qu'on fît des choses dont ils estiment qu'une damnation éternelle se doit ensuivre. Mais, je ne veux pas me mêler de soudre cette difficulté.

Que c'est une question difficile, si les rois sont obligés de travailler au salut de l'âme de leurs sujets, selon que leur propre conscience le leur enseigne.

VI. Les commodités des sujets qui ne regardent que la vie présente, peuvent être réduites sous quatre genres. 1. Qu'ils soient protégés contre les ennemis de dehors. 2. Que la paix soit entretenue au-dedans. 3. Qu'ils s'enrichissent autant que le permet la sûreté publique. 4. Qu'ils jouissent d'une innocente liberté. Car ceux qui gouvernent l'État, ne peuvent point contribuer davantage à la félicité publique, que d'éloigner les troubles des guerres civiles ou étrangères, afin que chacun puisse jouir en repos des biens qu'il s'est acquis par son industrie.

En quoi consiste le salut du peuple.

VII. Deux choses sont nécessaires à la défense du peuple : d'être *averti* et de se *prémunir*. Car l'état des républiques entre elles est celui de nature, c'est-à-dire un état de guerre et d'hostilités ; et si elles cessent quelquefois de combattre, ce n'est que pour reprendre haleine et cet intervalle n'est pas une véritable paix : car cependant les ennemis se regardent l'un l'autre avec fierté, observent leurs visages et leurs actions et ne mettent pas tant leur assurance sur les traités, que sur la

Que les espions sont nécessaires pour le salut du peuple.

faiblesse et sur les desseins de leur partie. Ce qui se pratique fort justement par le droit de nature, comme je l'ai fait voir au deuxième chapitre, art. X, d'autant que les pactes sont invalides en l'état de nature, toutes fois et quantes qu'il y a sujet à une juste crainte. Il est donc nécessaire à la défense de la république, en premier lieu, qu'il y ait des personnes qui tâchent de découvrir tous les conseils et toutes les entreprises qui peuvent nuire à l'État; car, les *espions* ne sont pas moins importants aux souverains, que les rayons de lumière à l'âme humaine pour le discernement des objets visibles; de sorte que nous pouvons dire de cette vue politique, bien mieux que de la naturelle, que les espèces intentionnelles des objets extérieurs sont portées à l'âme (c'est-à-dire, aux premiers ministres de la puissance souveraine) par l'air, d'une façon imperceptible; et qu'ainsi les espions ne sont pas moins nécessaires au bien public, que les rayons de la lumière à la conservation des hommes. Je pourrais les comparer aussi aux toiles d'araignées, dont les filets déliés, tendus çà et là, avertissent ce petit animal des mouvements du dehors, pendant qu'il demeure couché dans sa petite caverne : car, je dirais, que ceux qui gouvernent les affaires publiques, ne seraient pas moins ignorants de ce qu'il faudrait faire pour la défense de leurs sujets, sans le secours des espions, que ces mêmes araignées ignoreraient le temps auquel elles doivent accourir, si leurs filets ne les avertissaient de se mettre en campagne.

Qu'il est nécessaire aussi pour la défense du peuple d'avoir en temps de paix des soldats, des armées, de l'argent, et des forteresses.

VIII. Il est requis en suite à la défense du peuple, *qu'il se prémunisse*. Or c'est se prémunir que de faire provision de soldats, d'armes, de vaisseaux, de forteresses et d'argent, avant que le temps presse et que le péril soit imminent. Car, il est trop tard, si même il n'est impossible, de lever des soldats et d'apprêter des armes, après que l'on a reçu quelque défaite. Pareillement de ne tracer des fortifications et de ne mettre des garnisons aux places frontières, qu'après une invasion de l'ennemi; c'est faire comme ces paysans, dont parle Démosthène, qui, ignorants de l'escrime, ne portent le bouclier qu'aux endroits où quelque blessure les avertit qu'il eût fallu le mettre. Et ceux qui estiment qu'on est assez à temps d'imposer des deniers pour l'entretien des soldats et pour les autres dépenses de la guerre, lorsque le danger commence de paraître, ne considèrent pas bien la difficulté qu'il y a de tirer tout à coup de si grandes sommes d'argent de la bourse des avares : car ce qu'on a mis une fois en ligne de compte, et ce dont on a fait état comme de son bien propre, est une chose à laquelle on n'ose plus toucher; et la plupart croient qu'on leur fait une injuste violence, quand on les oblige d'en contribuer une petite partie pour l'usage du public. Ce qui vient des foraines et des autres fermes dans les coffres de l'épargne, ne peut pas fournir en une nécessité pressante tout le fonds qu'il faut pour une prompte défense de l'État : de sorte qu'il faut avoir en temps de paix fait une bonne provision de finances. Puis donc qu'il importe si fort au bien des peuples de découvrir les desseins des ennemis, de tenir des armes et des places en bon état, d'avoir de l'argent tout prêt; et que les princes sont obligés, par la loi de nature, de faire tous leurs efforts à procurer le bien de leurs sujets, il s'ensuit que non seulement il leur est permis d'envoyer des espions, d'entretenir des soldats, de réparer des places et d'exiger les hommes nécessaires à toutes ces dépenses, mais qu'il ne leur est pas licite de négliger ces choses. A quoi on peut ajouter, qu'il leur est aussi permis d'employer tous les moyens d'adresse ou de force pour diminuer la puissance des étrangers qui leur est suspecte. Car ceux qui gouvernent sont obligés d'empêcher, de tout leur possible, que les maux qu'ils craignent n'arrivent à l'État.

IX. Or pour l'entretien de la paix au-dedans de l'État, plusieurs choses sont requises, comme il y en a plusieurs qui concourent (ainsi que je l'ai fait voir au chapitre précédent) à la troubler. J'ai montré en cet endroit-là, qu'il y a des choses qui disposent les esprits à la sédition et qu'il y en a d'autres qui les émeuvent et les excitent, c'est-à-dire, qui mettent ces dispositions en œuvre. Et entre celles qui disposent les esprits, j'ai donné le premier rang à certaines mauvaises doctrines. C'est donc du devoir des souverains de les arracher des esprits et d'y jeter de meilleures semences. Or doutant que les opinions ne s'insinuent pas dans l'âme par l'autorité de celui qui commande, mais par l'adresse de celui qui les enseigne; et qu'elles n'ont pas besoin de menaces pour être persuadées, mais de raisons, claires et fortes; il faut établir des lois qui aillent au-devant de ce mal et qui attaquent les erreurs mêmes, plutôt que ceux qui les embrassent. Mais ces erreurs que j'ai dites au chapitre précédent, incompatibles avec le repos de l'État, se glissent dans les esprits du vulgaire, en partie par l'élo-

Qu'il est important à la conservation de la paix de faire bien instruire les sujets en la politique.

quence des prédicateurs qui les sèment du haut de leurs chaires, en partie par les entretiens ordinaires des personnes qui ont eu le moyen de s'adonner aux études et qui en ont été abreuvées dès leur jeunesse, par leurs maîtres dans les académies publiques. C'est pourquoi si quelqu'un voulait à son tour introduire de plus saines doctrines dans l'État, il devrait commencer par la réformation des *Académies*. Ce serait là qu'il faudrait jeter les vrais fondements de la politique sur des démonstrations infaillibles et dont la jeunesse étant une fois imbue, elle pourrait ensuite instruire le vulgaire en public et en particulier. Ce qu'aussi elle ferait d'autant plus volontiers et avec plus de vigueur, qu'elle serait plus assurée de la vérité de ce qu'elle dit et de la solidité de ce qu'elle enseigne. Car, puisque la coutume fait recevoir certaines propositions, dont on nous a battu les oreilles dès notre enfance, quoiqu'elles soient fausses, et aussi peu intelligibles que si l'on en avait tiré les paroles au hasard, les rangeant en l'ordre qu'elles sortiraient de l'urne ; combien plus de force aurait cette même coutume de persuader aux hommes des doctrines véritables, conformes à la raison et à la nature des choses ? J'estime donc que c'est du devoir des souverains de faire dresser de vrais éléments de la doctrine civile, et de commander qu'on les enseigne en toutes les Académies de l'État.

Que c'est une chose utile à la conservation de la paix publique de faire porter les charges également à tous les sujets.

X. J'ai fait voir qu'en second lieu la fâcherie qu'on a de se voir pauvre dispose merveilleusement les esprits à la sédition ; or, bien que la pauvreté vienne souventes fois du luxe et de la paresse des particuliers, on l'impute pourtant à ceux qui gouvernent l'État, comme si l'on était épuisé par leurs impositions. A la vérité, il peut arriver quelquefois que cette plainte n'est pas tout à fait injuste, à savoir quand les charges publiques ne sont pas portées également par le peuple : car le fardeau qui serait léger, si tous ensemble le soutenaient, devient pesant et insupportable à ceux qui le supportent, lorsque plusieurs s'en soustraient. Et d'ordinaire ce n'est pas tant de sa pesanteur dont on se fâche, que de l'inégalité de la peine. Car on dispute fort ambitieusement de cette dispense et ceux qui en jouissent sont enviés des autres, qui se tiennent beaucoup moins heureux. Afin donc d'ôter ce sujet de plainte, il importerait à la tranquillité publique, et par conséquent, il serait du devoir des magistrats, de faire supporter également les charges publiques. D'ailleurs, vu que ce que les sujets contribuent pour le public n'est autre chose que le prix dont ils achètent la paix, il serait raisonnable, que ceux qui participent également au bien de la paix contribuassent également de leurs moyens ou de leur travail pour le bien de la république. C'est une loi de nature (suivant l'art. XV du chapitre III) que chacun se montre équitable à tous en distribuant la justice aux autres ; de sorte que cette même loi oblige les souverains, de départir également sur leurs sujets les taxes et les impositions qu'il faut accorder aux nécessités publiques.

XI. Or, j'entends ici par cette égalité, non qu'une égale somme d'argent soit exigée de chacun, mais que le fardeau soit supporté également, je veux dire, qu'il y ait de la proportion entre les charges que l'on paie, et les bénéfices que l'on retire. Car, encore que tous jouissent également de la paix, ils n'en ont pas tous un égal avantage ; vu l'inégalité des biens et des revenus que chacun possède ; outre que les uns dépensent plus que les autres. Sur quoi il se peut former cette question, si les particuliers doivent contribuer au public à raison de leur gain, ou à raison de leur dépense, c'est-à-dire, si les taxes doivent être faites en sorte que chacun paie selon ses facultés, ou si chacun doit être taxé à proportion de sa dépense. Mais, si nous considérons que là où les taxes sont faites à proportion des facultés, ceux qui ont gagné également ne jouissent pas d'un égal revenu ; parce que l'un peut conserver avec épargne, ce que l'autre dissipe bientôt par ses débauches ; et qu'ainsi, quoiqu'ils jouissent en commun du bénéfice de la paix, ils ne supportent point toutefois également les charges publiques. D'autre côté, si nous regardons que là où les moyens sont taxés, chacun en dépensant son bien paie imperceptiblement en cette prodigalité ce qu'il doit à l'État, même pour ce qu'il n'a pas et dont il était redevable au public ; il n'y aura plus de doute que la première façon de mettre des impositions est contre l'équité et par conséquent contre le devoir des souverains ; mais que la dernière est fort raisonnable et s'accorde fort bien avec leur devoir.

Qu'il dépend de l'équité naturelle que les taxes soient mises à raison de la dépense que l'on fait et non pas du bien que l'on possède.

XII. En troisième lieu, j'ai dit que l'*ambition* était une maladie de l'âme très nuisible à la tranquillité publique. Car il y en a qui, s'estimant plus sages que les autres et plus propres au maniement des affaires que ceux qui sont en charge dans l'État, comme ils ne peuvent pas faire voir par de bons services, combien leur

Qu'il est important pour entretenir la paix de tenir bas les ambitieux.

vertu serait utile au public, ils tâchent, en nuisant, de se rendre considérables. Or, d'autant que l'ambition et le désir des honneurs ne peuvent pas être arrachés de l'esprit des hommes, ceux qui gouvernent la république ne doivent pas travailler à cela. Mais, ils peuvent par une invariable application des peines et des récompenses, faire en sorte que les hommes sachent que le blâme du gouvernement n'est pas le chemin aux honneurs et qu'on n'y monte pas par des factions, ou par quelque petite réputation qu'on sème parmi le peuple, mais par des moyens tout contraires. Ceux-là sont vraiment gens de bien qui gardent les ordonnances de leurs ancêtres, qui obéissent aux lois et à l'équité. Si donc nous voyions ceux-ci avancés aux honneurs par les souverains et que par une judicieuse et constante pratique les factieux demeurassent dans le mépris, ou chargés de quelque punition exemplaire, il y aurait plus de presse et on trouverait plus de gloire à obéir qu'à nuire. Il est vrai que quelquefois il arrive qu'il faut flatter un sujet insolent à cause de sa puissance, de même qu'un cheval indompté : mais comme un bon écuyer ne le caresse que pour le monter et en sait bien chenir dès qu'il est dans la selle ; aussi le souverain n'use de soumission envers un sujet, que lorsqu'il appréhende qu'il ne le désarçonne. Mais, je parle ici de ceux dont la puissance est entière et absolue et je dis que leur devoir est de bien entretenir leurs sujets qui se tiennent dans l'obéissance et de mettre les séditieux sous le joug le plus qu'il leur est possible ; car, sans cela, il n'y a pas moyen de maintenir l'autorité publique, ni de conserver le repos des citoyens.

Et de dissiper les factions.

XIII. Mais, si c'est du devoir des souverains de tenir en bride les factieux, ce l'est encore davantage de dissiper les factions. Je nomme *faction* une troupe de mutins qui s'est liguée par certaines conventions, ou unie sous la puissance de quelque particulier, sans l'aveu et l'autorité de celui, ou de ceux qui gouvernent la république. De sorte que la faction est comme un nouvel État qui se forme dans le premier : car tout de même que la première union des hommes les a tirés de l'état de nature pour les ranger sous le gouvernement d'une police, la faction les soustrait à celle-ci par une nouvelle union des sujets entièrement irrégulière. Selon cette définition, une multitude de sujets, qui se sont obligés d'obéir absolument à quelque prince étranger, ou à quelque particulier, ou qui ont fait ligue défensive contre tous autres, sans en excepter leurs souverains, mérite d'être nommée une faction. Même un trop grand crédit parmi le peuple, si la réputation d'une personne est telle qu'on en peut au besoin dresser une armée, et qu'il faille que le public prenne de ce particulier des otages, ou quelque autre assurance, enferme une espèce de faction dans l'État. Il faut dire le semblable des richesses si elles sont immodérées, parce que toutes choses leur obéissent. S'il est donc vrai (comme il n'en faut pas douter) que l'état naturel des diverses sociétés civiles entre elles est un état de guerre, les princes qui laissent naître ou croître une faction dans leurs royaumes, font le même que s'ils y recevaient les ennemis. Ce qui est contre le bien des sujets et par conséquent contre les lois de nature.

XIV. Deux choses sont nécessaires à enrichir les particuliers, le *travail* et l'*épargne* ; à quoi contribue aussi ce qui provient naturellement de l'*eau* et de la *terre*. Il se peut ajouter un quatrième revenu, à savoir de la *guerre*, où quelques-uns font leurs affaires parmi une infinité d'autres qui s'y ruinent : mais, on ne doit faire fonds que des deux premiers moyens. Car, une ville bâtie au milieu de la mer, dans une île qui n'est pas plus grande que l'enceinte des maisons, où il n'y a ni pêche ni labourage, ne peut s'enrichir que du seul trafic et de la manufacture. Il est vrai que si elle avait un grand territoire, les habitants en deviendraient plus riches, ou n'en vaudraient pas moins, quoiqu'ils y fussent en plus grand nombre. Le quatrième moyen, qui est celui des armes, a bien été autrefois mis entre les arts lucratifs, mais sous le titre de brigandage, et de piraterie ; et il n'a été ni injuste ni déshonnête, tandis que le genre humain a demeuré dispersé en familles, avant que la société civile fût établie : car, qu'est autre chose le brigandage, que la guerre d'une petite troupe ? Aussi dans les armées, quand des parties sortent pour aller au pillage, on dit en termes de milice, qu'elles vont à la petite guerre. Et de grandes villes, comme celles de Rome et d'Athènes, ont tellement accru le domaine de leur république par le butin de leurs armées, par les contributions, et par les conquêtes, que non seulement, elles n'ont pas eu besoin d'exiger aucune taille des citoyens, mais qu'elles leur ont distribué de grosses sommes d'argent par tête, et assigné des terres en partage. Toutefois, il ne faut point mettre cette sorte d'accroissement de richesses en ligne

Que pour enrichir les sujets il importe de faire des lois qui favorisent le gain des artisans et modèrent la superfluité des dépenses.

de compte. Car, l'art militaire, en ce qui concerne le gain qu'on y fait, est comme un jeu de hasard, où quantité de personnes se ruinent et fort peu en profitent. N'y ayant donc proprement que ces trois moyens, le *revenu* de la terre et de l'eau, le *travail* et l'*épargne*, qui servent à enrichir les particuliers, les souverains ne doivent s'amuser qu'au règlement de ceux-ci. Au premier seront utiles les lois, qui favorisent les arts par lesquels on améliore le revenu des terres, des étangs, des mers et des rivières, tels que sont la pêche et l'agriculture. Au deuxième, servent toutes les lois qui empêchent la fainéantise et qui excitent l'industrie des hommes, ou qui relèvent et mettent en honneur l'art de naviguer (par lequel les commodités de tout le monde sont apportées en une ville, sans qu'elles coûtent presque que la peine de les aller quérir), les mécaniques (sous lesquelles je comprends toutes les diverses industries des artisans) et les sciences mathématiques, qui sont la source et des arts mécaniques et de la navigation. Au troisième moyen, serviront les lois qui restreignent les dépenses excessives de la bouche et des vêtements, et en général de toutes les choses qui se consument par l'usage. Or, comme de telles lois mènent aux fins susdites, c'est aussi du devoir des souverains de les établir.

Qu'il ne faut pas prescrire plus de lois que n'en demande le bien des sujets et de l'État.

XV. La liberté des sujets ne consiste pas en ce qu'ils soient exempts des lois de l'État, ou que les souverains ne puissent pas établir telles lois que bon leur semble. Mais, parce que tous les mouvements et toutes les actions des particuliers, ne peuvent jamais être tellement réglées, ni leur variété si limitée, qu'il n'en demeure presque une infinité qui ne sont ni commandées, ni défendues et que les lois laissent au franc arbitre des hommes, chacun est libre à leur égard, et la liberté de laquelle on jouit de ce côté-là, est cette partie du droit de nature, à laquelle les lois n'ont pas encore touché, et dont il nous reste l'usage. Sur quoi il m'est venu souvent en la pensée, que comme l'eau qui croupit dans les bords d'un étang se corrompt, ou si d'autre côté elle n'est retenue, elle se répand et coule par tout autant d'ouvertures qu'elle rencontre. Ainsi les sujets d'un État, s'ils ne se mancipaient jamais à des choses contraires aux lois, ils s'engourdiraient ; et s'ils les choquaient en toutes leurs actions, ils passeraient à une trop grande licence : mais tant plus de choses il y a que les lois laissent indéterminées, d'autant plus étendue est la liberté dont ils jouissent. L'une et l'autre de ces extrémités est vicieuse : car les lois n'ont pas été inventées pour empêcher toutes les actions des hommes ; mais afin de les conduire, de même que la nature n'a pas donné des bords aux rivières pour en arrêter, mais pour en diriger la course. La mesure de cette liberté doit être prise sur le bien des sujets et sur l'intérêt de l'État. C'est pourquoi j'estime que c'est une chose particulièrement contraire au devoir des souverains et de tous ceux qui ont droit de donner des lois, d'en établir plus qu'il n'en est absolument de besoin pour l'intérêt des particuliers, et pour celui de la république. Car les hommes ayant accoutumé de délibérer de ce qu'ils doivent faire, ou ne pas faire, plutôt en consultant leur raison naturelle, que par la science des lois ; lorsque celles-ci sont en trop grand nombre pour se bien souvenir de toutes et que quelques-unes défendent ce à quoi la raison ne touche point directement ; il faut de nécessité qu'ils tombent insciemment et sans aucune mauvaise intention, dans les lois, comme dans des pièges qui ont été dressés à cette innocente liberté, que les souverains doivent conserver à leurs sujets suivant les règles de la nature.

XVI. C'est une des grandes parties de la liberté innocente de la société civile et un point nécessaire à chaque citoyen pour bien et heureusement vivre, qu'il n'y ait aucunes peines à craindre, si ce n'est celles que l'on peut prévoir et attendre. Ce qui s'observe lorsque les lois n'en imposent aucunes, ou quand on n'en exige pas de plus grandes que celles qui ont été une fois établies. Lorsqu'elles ne sont pas définies par les lois, celui qui les transgresse le premier doit attendre une peine indéfinie, ou arbitraire, et le prévenu est tourmenté d'une crainte indéterminée de même que son supplice. Or, la loi de nature commande à ceux qui ne sont pas soumis aux lois civiles (suivant ce que j'ai dit au chap. III, art. II), et par conséquent aux souverains, de ne pas regarder en la punition des crimes le mal passé, mais le bien à venir ; de sorte que les peines arbitraires, qui ne se mesurent pas à l'utilité publique, sont injustes. Mais lorsque les peines sont définies, soit par une loi formelle, qui dise en termes exprès, *que celui qui agira ainsi sera puni de cette sorte;* ou par la pratique, qui sans loi prescrite, a permis au commencement l'infliction d'une peine arbitraire, mais qui, après le supplice du premier coupable, est devenue déterminée (car l'équité naturelle ordonne

Que les peines ne doivent pas être infligées au-delà de ce que les lois les ont établies.

que ceux qui faillent également soient également punis); en cette rencontre, dis-je, c'est une chose contraire à la loi de nature, que d'exiger un supplice plus rude que la loi ne l'a défini. Car la fin de la punition n'est pas de contraindre la volonté de l'homme, mais de la corriger, et de la rendre telle que la désire celui qui a imposé la peine. Et la délibération n'est autre chose que l'action de mettre, comme dans une balance, les avantages et les inconvénients de ce que nous voulons entreprendre, après quoi celui des bassins l'emporte nécessairement où le poids des raisons le fait incliner. Si donc le législateur ordonne à un certain crime quelque supplice, dont la crainte ne soit pas capable d'empêcher l'envie qu'on a de le commettre, il faut lui imputer et rejeter sur le souverain l'excès du désir qui prévaut par-dessus la crainte de la peine ; et ainsi, s'il prend une plus grièved punition de l'offense, qu'il ne l'a ordonnée par ses lois, il punit en autrui sa propre faute.

Qu'il faut rendre justice aux sujets contre des juges corrumpus.

XVII. C'est aussi une des choses qui regarde l'innocente et nécessaire *liberté* des sujets de laquelle nous parlons, que chacun puisse jouir, sans aucune appréhension, des droits que les lois lui accordent. Car, ce serait en vain qu'elles distingueraient le *mien* et le *tien*, si elles le laissaient derechef confondre par des faux jugements, par des larcins et par des brigandages. Or, tout cela peut arriver là où les juges sont corruptibles. Car, la crainte qui détourne les hommes de mal faire, ne vient pas de ce qu'il y a des peines établies : mais de ce qu'on les exige et qu'on les fait sentir aux coupables. En effet, comme l'on juge de l'avenir par le passé, l'on n'attend guère ce que l'on voit arriver rarement. Si donc les juges, subornés par des présents, gagnés par faveur, ou touchés de pitié, se laissent corrompre et relâchent des peines que les lois ordonnent, donnant par ce moyen espérance aux méchants de demeurer impunis; les gens de bien seront continuellement exposés aux voleurs, aux assassins et aux imposteurs ; on ne pourra plus avoir de commerce, on n'osera se remuer, la société civile sera dissoute ; et chacun reprendra l'ancien droit de se protéger comme bon lui semble. De sorte que la loi de nature commande aux souverains, non seulement d'administrer eux-mêmes la justice, mais aussi d'y obliger, sous de grièves punitions, les juges subalternes; et ainsi d'ouvrir les oreilles aux plaintes des particuliers et d'établir des grands jours, lorsqu'il en est de besoin, c'est-à-dire, d'envoyer des commissaires ou des intendants, qui prennent connaissance des déportements des juges ordinaires.

Chapitre XIV

Des lois et des offenses.

Sommaire

I. Quelle différence il y a entre la loi et le conseil. II. Comment elle diffère du pacte. III. Et comment elle diffère du droit. IV. Division des lois en divines et humaines, et des divines en naturelles et positives; et des naturelles en celles de chaque homme particulier et celles des nations. V. Division des lois humaines, c'est-à-dire, civiles, en sacrées et séculières. VI. Autre division des lois civiles en distributives et vindicatives. VII. Que la distributive et la vindicative ne sont pas deux espèces de lois différentes; mais deux diverses parties. VIII. Qu'à toute loi il faut sous-entendre une peine apposée. IX. Que les commandements du Décalogue, touchant l'honneur dû aux parents, le meurtre, l'adultère, le larcin et le faux témoignage, sont des lois civiles. X. Qu'il est impossible de rien ordonner par la loi civile de contraire à la loi de nature. XI. Qu'il est essentiel à la loi qu'elle et le législateur soient connus. XII. Comment on connaît le législateur. XIII. Que pour connaître la loi, la promulgation et l'interprétation sont nécessaires. XIV. Division de la loi civile, en écrite et non écrite. XV. Que les lois naturelles ne sont pas des lois écrites; et que, ni les réponses des jurisconsultes, ni la coutume, ne sont pas d'elles-mêmes des lois, mais par le consentement du souverain. XVI. Qu'est-ce que signifie le mot de péché, en sa plus large signification. XVII. Définition du péché. XVIII. Différence entre le péché d'infirmité et de malice. XIX. Sous quel genre de péché est réduit l'athéisme. XX. Qu'est-ce que crime de lèse-majesté. XXI. Que par crime de lèse-majesté, on enfreint les lois de nature et non pas les lois civiles. XXII. C'est pourquoi il est punissable par le droit de la guerre et non pas par le droit de la souveraineté. XXIII. Que la distinction de l'obéissance en active et passive est mauvaise.

Quelle différence il y a entre la loi et le conseil.

I. La *loi* est confondue quelquefois par ceux qui épluchent moins scrupuleusement la signification des mots avec le *conseil*, et quelquefois aussi avec le *pacte*, et avec le *droit*. Ceux-là confondent la loi avec le conseil, qui estiment que c'est le devoir d'un monarque, non seulement d'écouter ses conseillers, mais de leur obéir; comme si c'était une chose inutile de prendre conseil, si on ne le suit. Mais la distinction entre le conseil et la loi doit être prise de la différence qu'il y a entre un conseil, et un commandement. Or, le *conseil* est une espèce d'ordonnance à laquelle toute la raison pourquoi nous obéissons se tire de la chose même qui est ordonnée. Là où le *commandement* est une ordonnance à laquelle toute la raison d'obéir se tire de la volonté de celui qui commande. Car, à parler proprement, on ne dit point : «je le veux et je l'ordonne ainsi», si on n'ajoute ensuite, «tel est notre plaisir». Puis donc que l'on n'obéit pas aux lois à cause de la chose même qui y est commandée, mais en considération de la volonté du législateur, la loi n'est pas un conseil, mais un édit ou une ordonnance; et je la définis de cette sorte. *La loi est une ordonnance de cette personne (soit d'un seul homme qui gouverne, ou d'une cour) dont le commandement tient lieu de raison suffisante pour y obéir.* Ainsi les commandements de Dieu sont ses lois à l'égard des hommes; ceux de l'État à l'égard des sujets; et en général tout ce que les plus forts ordonnent à ceux qui étant les plus faibles ne peuvent point résister, prend à leur égard la forme de loi. D'où je conclus que la loi et le conseil sont différents en diverses façons. Car celle-là appartient à celui qui a puissance sur ceux auxquels elle est donnée; et ce dernier est d'une personne qui n'a aucune autorité sur celui lequel il conseille. On est obligé de faire par devoir ce que la loi commande; mais on a son franc arbitre en ce que le conseil ordonne. Celui-ci tend à la fin et se propose d'avancer les desseins de ceux auxquels on le donne : mais la loi ne vise qu'au but de celui qui commande. On ne se mêle de conseiller que ceux qui désirent d'entendre quelques avis; mais souvent on impose des lois à ceux qui sont bien marris de les recevoir. Enfin, nous pouvons remercier et démettre de leur charge ceux qui nous conseillent, lorsque bon nous semble :

mais le droit de faire des lois n'est pas ôté au législateur au gré de ceux qui les reçoivent.

II. Ceux-là confondent la *loi* avec le *pacte*[27], qui estiment que les lois ne sont autre chose, que des conclusions reçues, ou des façons de vivre déterminées par le commun consentement des hommes. Aristote est de ceux-là quand il définit la loi de cette sorte : *La loi est une conclusion prise et arrêtée du commun consentement de tout le public, enseignant de quelle façon il se faut comporter en chaque occurrence.* Mais cette définition ne regarde pas tant la loi en général, comme la loi civile en particulier. Car, il est bien manifeste que les lois divines, ni les naturelles ne sont pas venues du consentement des hommes, vu que si cela était, elles pourraient être abrogées par ce même consentement ; et toutefois elles sont immuables. Je passe plus avant et je dis que cette définition d'Aristote n'est pas une bonne définition de la loi civile, car en cet endroit-là, par le public ou l'État, on entend une personne civile, qui n'a qu'une seule volonté, ou une multitude de personnes dont chacune a l'usage de sa volonté particulière. Si c'est au premier sens qu'on le prenne, ces termes, du *commun consentement*, sont hors de saison ; car une personne seule n'a pas un consentement commun et il ne fallait pas ajouter *enseignant*, mais plutôt *commandant* de quelle façon il se faut comporter en chaque rencontre ; car l'État commande à ses sujets ce qu'elle leur enseigne. Il a donc entendu par le public, une multitude de personnes qui d'un commun consentement désignent par écrit, et confirment par leurs suffrages, la manière en laquelle ils auront à vivre dorénavant. Or, que sont autre chose ces formules qu'ils se prescrivent, que des pactes mutuels qu'ils se font, et qui n'obligent personne, ni ne sont des lois, qu'après l'établissement d'une puissance souveraine, qui contraigne ceux qui viendraient à les enfreindre et qui en mépriseraient la promulgation ? De sorte que, selon la définition d'Aristote, les lois ne seraient autre chose que des nues et invalides conventions, dont la force ne sortirait à effet que lorsque l'État recouvrerait l'usage de son autorité suprême, et qui ne seraient

Comment elle diffère du pacte.

---

27. Du *pacte* à la *loi*, il y a toute la différence de la liberté naturelle en laquelle s'exprime la *volonté individuelle*, à la sujétion civile en laquelle s'exprime la *volonté de la République* (ou du corps public).

érigées en vraies lois que quand il plairait au souverain. Il a donc confondu les pactes avec les lois ; ce qu'il ne devait pas faire, car le pacte est une promesse et la loi est un commandement ; en un pacte l'on dit, *je ferai* en une loi l'on *ordonne* de faire : par les contrats * nous sommes obligés ; et par les lois nous sommes attachés à notre obligation. Le contrat oblige de soi-même ; mais la loi n'oblige qu'en vertu du pacte général de rendre obéissance. C'est pourquoi en une convention, avant que de s'obliger, on détermine ce qu'il faut faire ; mais en une loi l'obligation précède, c'est-à-dire, l'on promet d'obéir avant que l'on sache ce qu'il faudra faire. Ce qui me persuade qu'Aristote eût mieux fait de définir la loi civile de cette sorte : *la loi civile est une conclusion définie par la volonté de l'État, commandant ce qu'il faut faire ;* ce qui tombe dans la définition que j'ai apportée ci-dessus chapitre VI, article IX, à savoir, que *les lois civiles sont des ordonnances ou des édits que le souverain a publiés pour servir dorénavant de règle aux actions des particuliers.*

Remarque.

* [Par les contrats nous, *etc.*] *Il a semblé à quelques-uns que ces deux diverses façons de parler :* Nous sommes obligés, *etc.* Nous sommes attachés à notre obligation, *recevaient un même sens et qu'ainsi, je ne faisais que me servir de deux expressions pour signifier une seule chose. Il faut donc que je tâche de m'expliquer plus clairement. Quand un homme est obligé par contrat, il doit faire ce qui y est contenu à cause de sa promesse, mais quand la loi nous attache à notre obligation, c'est qu'elle use de menace et nous force par la crainte de la peine à faire notre devoir.*

Et comment elle diffère du droit.

III. Ceux-là confondent la loi avec le droit, qui continuent à faire ce que le droit divin permet, quoique la loi civile le défende. A la vérité, celle-ci ne peut pas permettre ce que l'autre défend, ni interdire ce dont elle accorde la permission. Mais rien n'empêche que la loi civile ne défende ce qui est permis par le droit divin ; car les lois subalternes et inférieures peuvent restreindre la liberté que les plus hautes ont laissée, quoiqu'elles ne puissent pas l'élargir. Or, est-il que la liberté naturelle que les lois ont laissée, plutôt qu'établie, est un droit : car, sans elles, cette liberté demeurerait tout entière ; mais la loi naturelle et la divine lui ont donné la première restriction ; les lois civiles la restreignent encore davantage ; et ce que celles-ci omettent, peut derechef être limité par les constitutions particulières des villes et des républiques. Il y a donc une grande différence entre la loi et le droit ; la loi est un lien, le droit est une liberté, et ce sont choses diamétralement opposées.

IV. Toute *loi* peut être divisée, premièrement, à raison de ses divers auteurs, en *divine* et en *humaine*. La divine est de deux sortes, comme c'est en deux manières qu'il a plu à Dieu de faire connaître aux hommes sa volonté ; la *naturelle ou morale* et la *positive*. La loi naturelle est celle que Dieu a déclarée à tous les hommes par sa parole éternelle créée dans eux-mêmes, c'est-à-dire, par leur raison naturelle. Et c'est celle que j'ai tâché de découvrir par mes méditations en ce petit ouvrage. La loi positive est celle que Dieu nous a fait annoncer par la bouche des prophètes, en laquelle dispensation, il s'est accommodé aux hommes et a traité avec nous en homme. Je mets sous ce genre toutes les lois que Dieu donna autrefois aux Juifs, touchant leur gouvernement politique et le service divin ; et on les peut nommer des lois divines civiles, parce qu'elles étaient particulières au peuple d'Israël, de l'État duquel il lui plaisait de prendre la conduite. Derechef, la loi naturelle se peut diviser en naturelle à *tous les hommes* du monde, qui étant seule en l'usage, se nomme proprement la *loi de nature* ; et en naturelle aux *États*, que l'on peut nommer la *loi des gens*, mais d'ordinaire on lui donne le titre de *droit des gens*. Les préceptes de l'un et de l'autre sont les mêmes ; toutefois, parce que les républiques étant une fois établies, prennent la forme de personnes particulières, la loi que nous appelons naturelle, en parlant des hommes en particulier, appliquée aux États, aux peuples, et aux nations, reçoit la qualité de droit des gens. De sorte que tous ces éléments que je viens de donner de la loi et du droit de nature, étant rapportés à l'usage des États et des nations entières, peuvent servir d'éléments aux lois ou aux droits des gens, dont parlent les jurisconsultes et les politiques.

Division des lois en divines et humaines ; et des divines en naturelles et positives ; et des naturelles en celles de chaque particulier et celles des nations.

V. Toute loi humaine est civile : car, hors de la société, l'état des hommes est celui d'une hostilité perpétuelle ; à cause qu'on n'y est point sujet à autrui, et qu'il n'y a point d'autre loi que ce que la raison naturelle dicte, dont on ne se sert comme de loi divine. Mais dans une république, il n'y a que l'État, c'est-à-dire, le prince, ou la cour souveraine, qui tienne rang de législateur. Au reste, ces *lois civiles* peuvent être divisées suivant la diverse matière dont elles traitent, en *sacrées* et *séculières*, ou profanes, et qui regardent le temporel.

Division des lois humaines, c'est-à-dire civiles, en sacrées et profanes.

Les sacrées sont celles qui concernent la religion, c'est-à-dire les cérémonies et le culte divin (à savoir en quelle manière et quelles personnes, quelles choses, ou quels lieux il faut consacrer; quelles doctrines il faut enseigner publiquement touchant la divinité; en quels termes et avec quelles cérémonies il faut concevoir et faire les prières et choses semblables); et elles ne se trouvent définies par aucune loi divine positive; car les lois civiles sacrées qui règlent les choses saintes, sont lois humaines et se nomment aussi *ecclésiastiques*. Mais les séculières ont accoutumé de retenir le nom général de lois civiles; d'où vient la différence du droit civil, et du droit canon.

Autre division des lois civiles en distributives et vindicatives.

VI. Derechef, la loi civile a deux parties, à raison de deux offices du législateur, dont l'un est de *juger*, et l'autre de *contraindre* à acquiescer au jugement, à savoir la *distributive* et la *vindicative* ou peinaire. La distributive est celle par laquelle on rend à chacun ce qui lui appartient, c'est-à-dire, qui établit des règles sur toutes choses par le moyen desquelles nous sachions ce qui est à nous et ce qui est à autrui; afin qu'on ne nous empêche pas de jouir du nôtre et que nous laissions réciproquement aux autres ce qu'ils doivent posséder; comme aussi afin que personne ne puisse prétendre ignorer ce qu'il lui est licite ou illicite de faire ou d'omettre. La partie vindicative touche le criminel, et définit les peines dues à ceux qui transgressent les lois.

Que la distributive et la vindicative ne sont pas deux espèces de lois différentes, mais deux diverses parties.

VII. Au reste, la distributive et la vindicative ne sont pas deux espèces de lois, mais deux parties d'une seule loi. En effet, si une loi ne dit autre chose que ceci, par exemple, *que ce que vous aurez pris en mer dans vos filets soit à vous*, elle parle inutilement. Car bien qu'un autre vous ôte ce que vous aviez pris, il ne laisse pas d'être encore à vous; à cause qu'en l'état de nature, où toutes choses sont communes à tous, ce qui est vôtre, est aussi à autrui; de sorte que la loi n'a que faire de vous dire que quelque chose vous appartient, parce qu'elle vous appartenait avant qu'elle le dît et qu'après la promulgation de la loi, la chose ne laisse pas de continuer à vous appartenir, quoiqu'un autre la possède. La loi donc ne sert à rien, si elle n'entend et ne fait en sorte que vous puissiez posséder et jouir du vôtre comme et quand il vous plaira, à l'exclusion de tous les autres qui y auraient des prétentions ou qui voudraient vous empêcher Car c'est ce qui est requis à la propriété des biens; nor que quelqu'un s'en puisse servir, mais qu'il s'en puisse servir seul; à savoir, en donnant l'ordre que personne n'y apporte de l'empêchement. Or, ce serait en vain que l'on voudrait établir ce bon ordre, si l'on ne faisait appréhender des peines à la désobéissance; et par conséquent, la loi aurait peu d'effet, si elle ne comprenait l'une et l'autre parties, celle qui défend de commettre des offenses, et celle qui punit ceux qui les commettent. La première, que je nomme *distributive,* enferme une défense, d'où, en termes du palais, elle se peut dire *prohibitoire* et parle à tous en général. La seconde qu'on nomme *vindicative,* et qui ordonne des peines, porte un commandement particulier aux officiers et ministres de la justice.

VIII. D'où l'on peut aussi comprendre qu'à toute loi civile il y a une peine explicitement, ou implicitement annexée. Car là où la peine n'est définie, ni par écrit, ni par aucun exemple de la punition de quelque coupable, on sous-entend que la peine doit être arbitraire, à savoir dépendante de la volonté du législateur, c'est-à-dire, du souverain. En effet, la loi serait nulle, si elle pouvait être impunément violée.

Qu'à toute loi il faut sous-entendre une peine apposée.

IX. Or, d'autant que l'on doit aux civiles, ce que chacun a son droit propre et séparé de celui des autres, et que ce sont elles qui défendent d'envahir le bien d'autrui, il s'ensuit que ces commandements, *tu ne refuseras point à ton père et à ta mère l'honneur que les lois te prescrivent de lui rendre; tu ne tueras point celui que les lois défendent de tuer; tu éviteras les embrassements illicites; tu ne prendras point le bien d'autrui contre la volonté du légitime possesseur; tu ne frustreras point les lois et les jugements par un faux témoignage,* sont des lois civiles. Les lois naturelles ordonnent les mêmes choses, mais implicitement, car elles commandent (comme il a été dit chapitre III, article II) de garder des pactes, et ainsi d'obéir quand on a promis obéissance et de s'abstenir du bien d'autrui quand les lois civiles ont défini ce qui appartient à chacun. Or est-il que tous les sujets promettent (selon l'article XIII du chapitre VI) par l'établissement de la république d'obéir aux ordonnances du souverain, c'est-à-dire aux lois civiles, même avant qu'on peut les enfreindre; car la loi naturelle obligeait en l'état de nature, auquel premièrement rien n'était à autrui (pour ce que la nature a donné toutes choses à tous) et dans lequel par conséquent il était impossible

Que les commandements du Décalogue, touchant l'honneur dû aux parents, le meurtre, l'adultère, le larcin et le faux témoignage sont des lois civiles.

d'envahir le bien d'un autre ; d'ailleurs, où toutes choses étaient communes, c'est pourquoi il n'y avait point d'embrassement qui ne fût permis ; en troisième lieu, où il y avait un état de guerre perpétuelle, ce qui autorisait le meurtre ; en quatrième, où chacun pouvait régler toutes choses à sa fantaisie et ainsi déterminer l'honneur qu'il devait à ses parents ; enfin, où il ne se rendait point de jugements publics et où par conséquent les témoins ni faux ni véritables n'étaient point en usage.

Qu'il est impossible de rien ordonner par la loi civile de contraire à la loi de nature.

X. Vu donc que l'obligation à observer ces lois est plus ancienne que leur promulgation, comme étant comprise dans la constitution de l'État, en vertu de la particulière loi de nature qui défend de fausser sa foi, il est vrai que la loi de nature commande l'observation de toutes les lois civiles. Car, lorsqu'on est obligé d'obéir, même avant qu'on sache ce qui sera enjoint, on est tenu de rendre une obéissance générale en toute sorte de choses. D'où il s'ensuit, qu'aucune loi civile, qui ne choque point l'honneur et le respect dû à la divinité (car les États ne sont point libres ni souverains, ni ne sont point dits faire des lois à l'égard de Dieu) ne peut être contre la loi de nature. Pour ce qu'encore que cette dernière défende le larcin, l'adultère, etc., toutefois, si la loi civile commande de se saisir de quelque chose, cette invasion ne doit point être estimée un larcin ou un adultère, etc. En effet, lorsque les Lacédémoniens permirent autrefois à leurs enfants, sous certaines conditions, de prendre le bien d'autrui, ils ordonnèrent que ce qui aurait été pris ne serait plus à autrui, mais à celui qui s'en serait accommodé ; de sorte que la pratique d'une telle adresse n'était pas comptée parmi les larcins : ainsi la conjonction de divers sexes, permise suivant les lois de quelques infidèles, était parmi eux un mariage légitime.

Qu'il est essentiel à la loi, qu'elle et le législateur soient connus.

XI. Il est nécessaire à l'essence de la loi, que les sujets sachent deux choses. Premièrement, quelle est cette personne, ou cette cour souveraine, à qui le droit de faire des lois appartient. Secondement, qu'est-ce que la loi dit. Car, celui qui n'a jamais su à qui, ni à quoi il est obligé, ne peut obéir et par conséquent demeure comme s'il n'était pas tenu à obéir. Je ne dis pas qu'il soit nécessaire à l'essence de la loi, que telle ou telle chose soit perpétuellement connue et présente à la pensée, mais seulement qu'elle l'ait une fois été et si, après cela, un sujet vient à oublier le droit du législateur, ou le sens de la loi, cet oubli n'empêche point qu'il ne soit tenu à obéir ; parce que la mémoire ne lui eût pas manqué, si sa volonté eût été bonne, et s'il eût été disposé intérieurement à l'obéissance que la loi naturelle lui ordonne et laquelle personne ne peut prétendre ignorer.

XII. La connaissance du législateur dépend du sujet ou du citoyen même ; car le droit de faire des lois ne peut être conféré à personne sans son consentement et sans une convention expresse ou sous-entendue. Elle est expresse lorsque les citoyens dès le commencement établissent entre eux une forme de gouvernement de la république, ou quand ils promettent de se soumettre au commandement d'un certain homme ; elle est au moins sous-entendue, quand ils se servent du bénéfice de l'empire ou des lois de quelque autre État pour leur protection et leur conservation contre les violences étrangères. En effet, lorsque nous demandons pour notre intérêt que nos concitoyens obéissent au commandement de quelque autre puissance que celle de notre État propre, par cette demande, nous avouons que sa puissance est légitime. C'est pourquoi l'on ne peut jamais prétendre cause d'ignorance du pouvoir de faire des lois ; vu que chacun doit savoir ce qu'il a fait lui-même.

Comment on connaît le législateur.

XIII. Mais la connaissance des *lois* dépend du législateur qui en doit faire la *promulgation*, sans laquelle ce titre ne leur conviendrait pas. Car, la loi est un commandement du législateur ; or, un commandement est la déclaration de la volonté de quelqu'un. Ce n'est donc pas une loi si la volonté du législateur n'est pas déclarée ; ce qui se pratique en la promulgation. Cependant en la promulgation on doit être certain de deux choses, premièrement que celui ou ceux qui la font ont eux-mêmes le *droit* de dresser des lois, ou qu'ils l'empruntent de ceux ou de celui à qui il appartient ; et en deuxième lieu, on doit entendre le *sens* de la loi. Or, le premier point, à savoir que les lois promulguées partent du souverain, ne peut être connu exactement et d'une science infaillible, que de ceux-là tant seulement qui les lui ont entendues prononcer ; il faut que tous les autres s'en rapportent à eux et les croient ; il est vrai que les raisons de croire sont si fortes, que l'incrédulité en cette rencontre est presque impossible. Car, en un État populaire, où chacun a droit de se trouver, si bon lui semble, à la constitution des lois, les absents doivent

Que pour connaître la loi, la promulgation et l'interprétation sont nécessaires.

ajouter foi à ceux qui ont été présents. Mais dans les monarchies et dans les États aristocratiques, parce qu'il y en a peu à qui il soit permis d'entendre en présence la volonté du roi, ou des principaux de l'État, il est nécessaire qu'on donne le pouvoir à ce petit nombre de la faire savoir à tous les autres, c'est-à-dire d'en faire la promulgation. Et ainsi nous recevons comme arrêts et *édits* du prince, ce qui nous est donné pour tel de vive voix, ou par écrit, par ceux dont la charge est de nous les faire savoir. Ayant donc plusieurs occasions de croire aux édits qui courent, comme si l'on a vu que le prince, ou la cour souveraine s'est servie toujours auparavant de tels conseillers, de tels secrétaires, de tels hérauts, de tels sceaux, et de telles autres raisons pour déclarer sa volonté ; si l'on remarque qu'elle n'a jamais révoqué leur autorité ; qu'on a puni comme infracteurs des lois ceux qui n'ont pas voulu ajouter foi à cette sorte de promulgation ; si après tout cela, dis-je, quelqu'un obéit aux édits publiés de cette façon, il est digne d'excuse par tout le monde ; et non seulement cela, mais s'il refusait d'obéir, parce qu'il refuserait de croire que les édits sont véritables, il mériterait d'encourir une punition exemplaire. Mon raisonnement est, que c'est un signe manifeste, et une assez évidente déclaration de la volonté du souverain, que d'avoir permis que toutes ces circonstances se soient toujours observées en la publication de ses édits. J'excepte toutefois s'il se rencontrait quelque chose, dans la loi ou dans l'édit, qui fût contraire ou qui dérogeât à son autorité souveraine : car, il ne serait pas croyable qu'il voulût se porter préjudice ; ni qu'ayant toujours la volonté de régner, il permît que sa puissance fût ravalée par ses ministres. Quant à ce qui regarde le sens de la loi, il faut, lorsqu'on en doute, s'en informer des magistrats auxquels le souverain a commis la connaissance des causes et le droit de juger les procès des particuliers. En effet, prononcer un arrêt et donner une sentence pour terminer un différend, n'est autre chose qu'interpréter et faire l'application des lois aux particulières occurrences où elles viennent en usage. Au reste, nous savons qui sont ceux à qui cette dernière charge a été commise, de la même façon que nous connaissons ces autres, du ministère desquels le législateur se sert en la promulgation de ses lois.

Division de la loi civile   XIV. On peut diviser d'une autre sorte la loi civile en deux espèces, suivant deux diverses façons d'en faire la promulgation ; à savoir en *loi écrite* et en *loi non écrite*. Par la *loi écrite*, j'entends celle qui a besoin de la parole, ou de quelque autre signe de la volonté du législateur, pour acquérir force de loi. Car, toute sorte de loi, en sa nature et à raison du commencement de sa durée, est aussi vieille que le genre humain, et par conséquent plus ancienne que l'invention des lettres et de l'art de l'écriture. Il n'est donc pas nécessaire à la loi écrite qu'elle soit enregistrée, mais seulement qu'elle soit publiée de vive voix cette dernière condition est seule de son essence et l'autre ne sert qu'à en conserver, ou à en rappeler le souvenir ; vu qu'auparavant que les lettres fussent inventées pour le soulagement de la mémoire, on avait coutume de chanter les lois mises en vers pour cet usage. La *loi non écrite* est celle qui n'a besoin d'autre promulgation que de la voix de la nature, ou de la raison naturelle ; et de ce rang sont toutes les lois qui de là se nomment les lois de nature. Car, encore que ces dernières soient distinguées de la civile, en tant qu'elles étendent leur juridiction sur la volonté, toutefois eu égard aux actions extérieures, elles touchent à la loi civile. Par exemple celle-ci : *tu ne convoiteras point*, qui ne règle que l'action intérieure de l'âme, est une loi purement naturelle ; mais celle-ci : *tu ne déroberas point*, est et naturelle et civile tout ensemble. Et de vrai, étant impossible de prescrire des lois tellement générales, que tous les procès qui, peut-être, sont innombrables, en puissent être décidés, il est à présumer qu'en tous les cas que la loi écrite a oubliés, il faut suivre la *loi de l'équité naturelle*, qui ordonne de rendre à des égaux choses égales. A quoi la loi civile s'accorde, quand elle commande de punir ceux qui, à leur escient, transgressent par quelque mauvaise action la justice des lois naturelles.

XV. Cela étant expliqué de la façon que je viens de faire ; il appert premièrement, que les lois naturelles, bien qu'elles aient été décrites dans les livres des philosophes, ne doivent pas être pourtant nommées des lois écrites ; et que les raisonnements des jurisconsultes ne sont pas des lois, faute d'autorité souveraine, ni aussi les *réponses des prudents*, c'est-à-dire des juges, si ce n'est en tant que le consentement du souverain les a faites passer en coutume ; car, alors, il les faut tenir pour des lois, non à cause de la coutume en elle-même (dont la force n'établit pas une loi), mais ensuite de la volonté du souverain, que l'on recueille de ce qu'il a permis à un

en écrite et non écrite.

Que les lois naturelles ne sont pas des lois écrites, et que ni les réponses des jurisconsultes, ni la coutume ne sont pas d'elles-mêmes des lois ; mais par le consente-

252   LE CITOYEN

ment du souverain. Qu'est-ce que signifie le mot de péché en sa plus large signification.

arrêt juste, ou injuste, de se fortifier par la coutume.

XVI. Un *péché* en sa plus étendue signification comprend toute *action,* toute *parole* et tout *mouvement de la volonté* contraire à la droite raison ; car, chacun cherche, dans son raisonnement, des moyens de parvenir à la fin qu'il s'est proposée. Si donc il raisonne bien (c'est-à-dire si, commençant par des principes fort évidents, il forme son discours d'un tissu de conséquences toujours nécessaires), il ira le droit chemin, ou autrement il s'égarera ; je veux dire, qu'il fera, qu'il dira, ou qu'il tâchera de faire quelque chose de contraire à sa fin propre : ce qui arrivant, on pourra bien dire qu'il a erré en son raisonnement, mais à l'égard de l'action qu'il a faite et de sa volonté, il faudra avouer qu'il a péché, à cause que le *péché* suit l'*erreur,* de même que la *volonté* suit l'*entendement.* Et voilà la plus générale acception de ce terme, qui comprend toute action imprudente, soit qu'elle choque les lois, comme celle de renverser la maison d'autrui, soit qu'elle ne les attaque point, comme celle de bâtir sa propre maison sur le sable.

Définition du péché.

XVII. Mais lorsqu'il est question des lois, le mot de *péché* a une signification plus étroite et ne regarde pas toute action contraire au bon sens : mais seulement celles que l'on blâme, d'où vient qu'on le nomme *mal de coulpe.* Et bien qu'une chose soit exposée au blâme, il ne s'ensuit pas tout aussitôt qu'elle soit dès là un péché, ni qu'on la doive nommer une coulpe ; mais si c'est avec raison, qu'elle soit blâmée. Il faut donc rechercher ce que c'est que blâmer raisonnablement, ou au rebours blâmer hors de raison. Les hommes sont de cette nature, que chacun nomme *bien* ce qu'il désirerait qu'on lui fît et *mal* ce qu'il voudrait éviter ; de sorte que suivant la diversité de leurs affections, il arrive que ce que l'un nomme bien, l'autre le nomme mal ; et qu'une même personne prend des sentiments contraires en fort peu de temps, ou qu'elle approuve en soi et qualifie bonne, une chose qu'elle blâme et veut faire passer pour mauvaise en autrui. Car au fond, nous mesurons tous le bien et le mal de quelque chose, au plaisir ou à la douleur qui nous en reviennent présentement, ou que nous en attendons. Et d'autant que nous voyons de mauvais œil les bons succès de nos ennemis, à cause qu'ils augmentent leurs honneurs, leurs richesses et leur puissance, et ceux de nos égaux, parce que nous leur disputons le rang, ils nous paraissent mauvais, et le sont en effet à notre égard ; d'ailleurs pour ce que les hommes ont de coutume de tenir pour méchants, c'est-à-dire d'imputer quelque coulpe à ceux desquels ils reçoivent du dommage, il ne peut être autrement, qu'on ne définisse ce qui est blâmable, ou ce qui ne l'est pas, par le consentement de ceux à qui mêmes choses ne plaisent, ou ne plaisent pas. On peut à la vérité convenir en certaines choses générales et les nommer tous d'une voix des péchés, comme l'adultère, le larcin, et semblables ; de même que si l'on disait, que tous nomment une malice à quoi ils donnent un nom qui d'ordinaire se prend en mauvaise part. Mais nous ne recherchons pas en cet endroit, si le larcin, par exemple, est un péché, nous demandons comment c'est qu'il le faut nommer et ainsi de toutes les autres choses de cette nature. Si donc parmi une telle diversité d'opinions, il ne faut pas juger de ce qui est à blâmer raisonnablement, par la raison de l'un, plutôt que par celle de l'autre, vu l'égalité de la nature humaine ; et s'il n'y a aucune raison en usage dans le monde que celle des particuliers et celle de l'État, il s'ensuit que c'est conformément à cette dernière qu'il faut définir quelles sont les choses qui méritent véritablement d'être blâmées. De sorte qu'un péché, une coulpe, une faute, ou une offense, se peut définir en cette manière, ce que quelqu'un a fait, a omis, a dit, ou a voulu contre la raison de l'État, c'est-à-dire contre les lois.

XVIII. Cependant il n'y a rien de plus certain que l'on peut transgresser les lois par infirmité humaine, quoique au fond on désire de les observer ; mais cela n'empêche pas qu'on ne blâme avec raison et qu'on ne nomme une offense une telle action comme contrevenante à la justice. Il y a des personnes qui méprisent les lois toutes fois et quantes qu'il y a apparence de gain et d'impunité, et qui ne s'empêchent de les enfreindre par aucun scrupule de conscience, quelque promesse ou quelque parole qui ait été donnée ; ce ne sont pas les actions tant seulement de cette sorte de gens qui contreviennent aux lois, leur esprit est le premier dans le dérèglement : mais ceux qui ne pèchent que par infirmité, même lorsqu'ils faillent, ne méritent pas de perdre le titre de gens de bien ; là où les autres ne laissent pas d'être des méchants, encore qu'ils ne commettent point de crime. Or, quoique l'un et l'autre, l'âme et l'action, répugnent aux lois, on distingue néanmoins par divers

Différence entre le péché d'infirmité et celui de malice.

noms ces répugnances. Car, l'irrégularité de l'action se nomme *injustice*, et celle de l'esprit est proprement *malice et méchanceté*. La première est une infirmité qui vient ensuite de quelque perturbation de l'âme, dans laquelle le plus souvent on n'est pas à soi-même ; mais la dernière est une malice concertée, l'âme y agit sans trouble, et sait bien ce qu'elle fait.

ἀδίκημα. κακία.

XIX. Or, s'il n'y a point d'offense qui ne soit contre quelque loi, ni aucune loi qui ne soit un commandement du souverain ; et s'il n'y a point de souverain à qui nous n'ayons donné sa puissance par notre consentement, comment dira-t-on que celui-là pèche qui nie l'existence ou la providence de Dieu, ou qui vomit contre lui quelque autre blasphème ? Car, il alléguera qu'il n'a jamais soumis sa volonté à celle de Dieu, duquel même il n'a pas cru l'existence. Et que quand bien son opinion serait fausse, et du rang des offenses, elle ne saurait pourtant être comprise que parmi les péchés d'imprudence, ou d'ignorance, qu'on ne peut pas punir légitimement. Il me semble que ce discours ne doit être reçu qu'avec restriction et qu'on n'en peut accorder tout au plus que cette partie, à savoir que ce péché d'athéisme, quoiqu'il soit le pire et le plus pernicieux de tous, doit être rapporté aux péchés d'imprudence* ; mais c'est une chose absurde de penser que cette imprudence, ou que cette ignorance le rende excusable. Il est vrai qu'un athée n'est point puni, ou de Dieu immédiatement, ou des rois que Dieu a établis au-dessous de sa majesté, en qualité de sujet, parce qu'il n'a pas observé les lois, mais comme un ennemi qui n'a pas voulu les recevoir ; c'est-à-dire, il est puni par le droit de la guerre comme les géants le furent autrefois dans la fable, lorsqu'ils voulurent monter au ciel, et s'en prendre aux Dieux. Car, ceux-là sont ennemis, qui ne dépendent pas l'un de l'autre, ou qui ne sont pas soumis à un même souverain.

Sous quel genre de péché est réduit l'athéisme.

Remarque.

* [Rapporté aux péchés d'imprudence.] « *Plusieurs ont trouvé à redire ce que j'avais rapporté l'athéisme à l'imprudence, et non pas à l'injustice : même quelques-uns ont pris cela, comme si je ne m'étais pas montré assez âpre adversaire des athées. Ils m'ont objecté ensuite, qu'ayant dit en quelque endroit que l'on peut savoir par les lumières de la raison naturelle que Dieu est, je devais avouer que les athées pèchent du moins contre la loi de nature et qu'ainsi ils ne sont pas coupables seulement d'imprudence, mais aussi d'injustice. De moi je suis si ennemi des athées, que j'ai recherché*

L'EMPIRE

fort soigneusement et ai désiré passionnément de trouver quelque loi par laquelle je puisse les condamner d'injustice : mais n'en découvrant aucune, je me suis mis ensuite à rechercher de quel nom Dieu nommait des personnes qui lui sont si exécrables. Or, voici comment Dieu parle de ces impies, l'insensé a dit en son cœur, que Dieu n'est point ; de sorte que j'ai mis leur péché sous le genre que Dieu même l'a rangé. Après cela, j'ai fait voir que les athées étaient ennemis de Dieu et j'estime que ce terme d'ennemi emporte quelque chose de plus atroce que celui d'injuste. Enfin, je confirme que pour ce sujet, ils sont justement punis de Dieu et des puissances souveraines ; si bien que je n'excuse ni n'exténue point ce crime. Quant à ce que j'ai dit, que l'on peut savoir par raisons naturelles que Dieu existe, il ne le faut pas prendre, comme si je pensais que tous peuvent atteindre à cette connaissance ; si ce n'est qu'on estimât qu'il s'ensuit, à cause qu'Archimède a trouvé par raison naturelle la proportion que la sphère a au cylindre, que qui que ce soit du vulgaire peut découvrir la même démonstration. Je dis donc, qu'encore que quelques-uns puissent connaître par la lumière naturelle que Dieu est, toutefois ceux-là ne le peuvent point comprendre, qui sont plongés dans les délices, qui s'occupent continuellement à la recherche des honneurs, ou des richesses, qui n'ont pas accoutumé de bien conduire leur raison, qui n'en savent pas l'usage, ou qui ne se soucient pas de s'en servir, et enfin, qui sont entachés de quelque folie, du nombre desquels sont les athées et les impies. »

XX. Pour ce qu'en vertu du contrat, par lequel les citoyens se sont obligés l'un à l'autre d'obéir à l'État, c'est-à-dire à la souveraine puissance (soit qu'elle soit recueillie en une seule personne, ou qu'elle soit communiquée à un conseil) et de lui rendre une obéissance absolue et générale, telle que je l'ai ci-dessus représentée, naît une obligation particulière de garder toutes et chacune des lois civiles, que ce pacte comprend toutes ensemble ; il est manifeste que le sujet qui renonce à cette générale convention de l'obéissance, renonce en même temps à toutes les lois de la société civile. Ce qui est un crime d'autant plus énorme que quelque autre offense particulière, que l'habitude de faillir perpétuellement est bien moins pardonnable qu'une simple commission de quelque faute. Et c'est là proprement le péché qu'on nomme *crime de lèse-majesté*, que je définis une action ou un discours par lequel un citoyen ou un sujet déclare, qu'il n'a plus la volonté d'obéir au prince

Qu'est-ce que crime de lèse-majesté.

ou à la cour que l'État a élevée à la souveraineté, ou dont il lui a commis l'administration. Cette mauvaise volonté se manifeste par les actions, lorsqu'un sujet fait violence, ou tâche de la faire à la personne du souverain ou de ses ministres, comme il arrive aux traîtres et aux assassins, et à ceux qui prennent les armes contre l'État, ou qui pendant la guerre se jettent dans le parti des ennemis. Elle paraît dans les paroles, lorsqu'on nie directement qu'on soit tenu en son particulier à cette obéissance, ou que les autres y soient obligés, soit que l'on ôte tout à fait cette obéissance, comme font ceux qui diraient simplement, absolument et universellement, qu'il ne faut obéir à personne, ne réservant que l'obéissance que nous devons à Dieu, soit qu'on en retranche une partie, comme si l'on disait, que le souverain n'a pas droit de dénoncer la guerre quand bon lui semble, de faire la paix, de lever des soldats, d'établir les impôts, d'élire des magistrats, de donner des lois, de terminer les différends, d'exercer la justice, et de faire les autres fonctions sans l'exercice desquelles il ne peut y avoir de société civile. Ces actions et ces discours, ou de semblables, sont des crimes de lèse-majesté, non en vertu de la loi civile, mais à cause de la naturelle. Il peut bien être qu'une chose qui n'était pas crime de lèse-majesté, avant que la loi civile fût publiée, le devienne après sa promulgation. Par exemple, si la loi déclare qu'on tiendra pour un signe de renonciation à l'obéissance publique (c'est-à-dire en autres termes, pour un crime de lèse-majesté) si quelqu'un entreprend de battre de la monnaie, ou de contrefaire le sceau de l'État; celui qui après cette déclaration s'émancipe de faire l'une ou l'autre de ces choses défendues, devient criminel de lèse-majesté tout de même qu'aux autres chefs de désobéissance. Toutefois il pèche un peu moins, parce qu'il ne transgresse pas d'un seul coup toutes les lois et qu'il n'en attaque que quelqu'une en particulier. Car encore que la loi nomme crime de lèse-majesté ce qui ne l'est pas en effet, et qu'elle veuille le rendre par là odieux, ou attirer sur lui un plus rigoureux supplice; si est-ce qu'elle ne peut pas faire que le péché en soit plus grand et plus énorme.

Que par le crime de lèse-majesté on enfreint les droits de

XXI. L'offense qui est un crime de lèse-majesté, selon la loi de nature, doit être une transgression de cette même loi, et non pas de la civile. Car, puisqu'on est obligé à une obéissance civile (par le moyen de laquelle la loi civile acquiert toute sa force), avant que les lois civiles soient établies, et que le crime de lèse-majesté, naturellement, n'est autre chose qu'une enfreinte de cette obligation ; il s'ensuit que ce crime doit transgresser une loi préalable ou plus ancienne que la civile, à savoir la naturelle qui nous défend de fausser la foi donnée et de contrevenir aux traités. Que si quelque prince souverain dressait une loi civile en cette forme : *tu ne te rebelleras point*, il n'avancerait rien, car, si les sujets n'étaient auparavant obligés à l'obéissance, c'est-à-dire à éviter la rébellion, toutes les lois seraient invalides ; or, une obligation qui prétend de nous lier à une chose à laquelle nous étions déjà obligés, est entièrement superflue. nature et non pas les lois civiles.

XXII. D'où je tire cette conséquence, que les rebelles, les traîtres et les autres convaincus de crime de lèse-majesté, ne sont pas punis par le droit civil, mais par le droit de nature, c'est-à-dire non en qualité de mauvais citoyens, mais comme ennemis de l'État et que la justice ne s'exerce pas contre eux par le droit de la souveraineté, mais par celui de la guerre. C'est pourquoi il est punissable par le droit de la guerre et non pas par le droit de la souveraineté.

XXIII. Il y en a qui croient qu'on expie les péchés contre la loi civile, quand la peine est définie par la loi, si on la souffre volontiers ; et que ceux qui y ont satisfait par leur supplice, ne sont plus coupables devant Dieu pour avoir transgressé la loi de nature (bien qu'il soit vrai qu'on enfreint la civile en transgressant cette dernière qui en commande l'observation) ; comme si la loi ne défendait pas l'action, mais proposait seulement la peine en forme de récompense et vendait à ce prix-là la permission de mal faire. Par la même raison, ils pourraient inférer aussi, qu'aucune transgression de la loi n'est péché ; mais que chacun doit jouir légitimement de la liberté qu'il a achetée à ses propres dépens. Sur quoi il faut savoir que les termes de la loi peuvent être interprétés en deux sens. En l'un, comme contenant deux parties (ainsi qu'il a été dit en l'article VII), à savoir la prohibitoire qui défend absolument, *tu ne feras point une telle chose ;* et la vindicative, *celui qui fera une telle chose encourra une telle peine*. En l'autre, la loi ne contient qu'un sens conditionnel, par exemple : *vous ne ferez point une telle chose, si vous ne voulez encourir une telle punition*. Et ainsi elle ne défend pas simplement, mais conditionnellement. Si on l'interprète de la première façon, celui qui commet l'action pèche, parce qu'il fait Que la distinction de l'obéissance en active et passive est mauvaise.

ce que la loi a défendu. Mais en l'autre il ne demeure point coupable, pour ce qu'on n'a pas défendu la chose à celui qui en accomplit la condition : au premier sens, la défense s'adresse à tout le monde ; mais au dernier, elle ne regarde que ceux qui se soustraient à la peine. Au premier sens, la partie vindicative de la loi n'oblige point le coupable, mais bien le magistrat à en prendre vengeance ; au deuxième, le criminel est obligé de procurer lui-même sa punition ; ce qu'il ne lui est pas bien possible d'exécuter, si les peines sont grièves ou capitales. Il dépend du souverain de déterminer en quel de ces deux sens il faut prendre la loi. Lors donc qu'on est en doute de son interprétation, puisque nous sommes assurés qu'on ne pèche point en s'abstenant d'une certaine action, ce sera un péché que de la commettre, quelque explication que l'on puisse ensuite donner à la loi. Car, doutant si une action est mauvaise, et pouvant vous en abstenir, c'est témoigner quelque mépris de la loi que de se hasarder de la faire ; et ainsi, par l'article XXVIII du chapitre III, ce sera un péché contre la loi de nature. C'est pourquoi j'estime fort inutile la distinction de l'obéissance en active et passive, comme s'il était possible d'expier par des peines que les hommes ont inventées, ce qui est péché contre la loi de nature, qui est celle de Dieu même ; ou comme si ceux-là ne faillaient point, qu'ils faillent à leur propre dommage.

SECTION TROISIÈME

LA RELIGION

Chapitre XV

Du règne de Dieu par la nature.

Sommaire

I. Proposition des matières suivantes. II. Sur quelles personnes c'est que Dieu est dit régner. III. Il y a trois sortes de paroles de Dieu : la *raison*, la *révélation*, la *prophétie*. IV. Il y a deux sortes de règnes de Dieu, le *naturel* et le *prophétique*. V. Que le droit par lequel Dieu règne est pris de sa toute-puissance. VI. Cela est confirmé par la Sainte Écriture. VII. Que l'obligation d'obéir à Dieu naît de l'imbécillité humaine. VIII. Que les lois de Dieu, dans le règne par la nature, sont celles qui ont été rapportées ci-dessus, chap. II et III. IX. Ce que c'est qu'honneur et culte. X. Que le culte consiste aux paroles ou aux actions. XI. Et qu'il y en a de naturel et d'arbitraire. XII. De *commandé* et de *volontaire*. XIII. Quelle est la fin et le but du culte. XIV. Quelles sont les lois naturelles touchant les attributs de Dieu. XV. Quelles sont les actions par lesquelles le culte se rend naturellement. XVI. Que dans le règne de Dieu par la nature, l'État peut instituer un culte divin tel que bon lui semble. XVII. Que Dieu régnant par la seule nature, c'est à l'État, c'est-à-dire à cette personne ou à cette cour qui a, après Dieu, l'autorité suprême, d'être interprète de toutes les lois. XVIII. Solution de quelques doutes. XIX. Ce que c'est que *péché*, et *crime de lèse-majesté divine* dans le règne de Dieu par la nature.

260   LE CITOYEN

Proposition des matières suivantes.

I. Que l'état de nature, c'est-à-dire d'une liberté absolue, telle qu'est celle de ceux qui ne gouvernent point et qui ne sont sous aucun gouvernement, soit une anarchie, et un état de guerre et d'hostilité ; que les maximes par lesquelles on évite un si fâcheux état soient les lois de nature ; qu'aucun État ne puisse point subsister sans une souveraine puissance ; qu'il faille obéir absolument à ceux qui l'exercent, c'est-à-dire en tout ce qui ne répugne point aux commandements de Dieu, c'est ce qu'aux chapitres précédents j'ai démontré, ce me semble, assez clairement et par la raison et par des témoignages de la Sainte Écriture. Il reste un point seulement pour avoir une entière connaissance de tous les devoirs de la société civile : que nous sachions quelles sont les lois ou les commandements de Dieu. Car, autrement, nous ne pourrions point savoir, si ce qui nous est commandé de faire par l'autorité souveraine du magistrat n'est point contraire à la loi divine. D'où il arriverait nécessairement, ou que par une trop grande obéissance au bras séculier et à la puissance temporelle, nous serions rebelles envers la majesté divine, ou que par la crainte d'offenser Dieu, nous tomberions dans la félonie et mépriserions les ordonnances de l'État. Afin donc d'éviter ces deux écueils, il est nécessaire que nous connaissions quelles sont les lois divines ; mais parce que la connaissance des lois dépend de celle du royaume, il faut qu'au reste de cet ouvrage nous parlions du règne de Dieu.

Sur quelles personnes c'est que Dieu est dit régner.

II. Le prophète royal David au psaume 97. verset 1. dit : *l'Éternel règne, que la terre s'en égaie* ; et au psaume 99. verset 1. le même psalmiste ajoute : *l'Éternel règne, que les peuples tremblent, il est assis entre les chérubins, que la terre soit ébranlée*. En dépit que les hommes en aient, Dieu est roi de toute la terre, et bien qu'il s'en trouve de si insolents qu'ils nient son existence ou sa providence, leur témérité pourtant ne peut pas le chasser de son trône. Mais quoique Dieu gouverne tellement les hommes par sa providence, qu'aucun ne saurait rien exécuter contre sa volonté ou sans permission, ce n'est pas néanmoins en cela qu'il est dit régner proprement et en une signification exacte ; car ce n'est pas le gouvernement qui s'exerce en *agissant* qu'on nomme régner, mais celui qui se pratique de bouche par l'autorité des *commandements*, et par la crainte des *menaces*. De sorte que dans le règne de Dieu on ne doit pas mettre au rang de ses sujets les corps inanimés, ni les choses privées de raison, encore qu'elles soient soumises à la puissance divine ; à cause qu'elles ne sont pas capables de recevoir les commandements, ni d'entendre les menaces que Dieu leur ferait. On en doit aussi exclure les athées qui ne croient pas l'existence de la divinité, et ces autres qui, après l'avoir admise, lui ôtent le gouvernement des choses du monde ; car, encore que malgré qu'ils en aient, Dieu les gouverne par sa puissance, toutefois ils ne reconnaissent point ses ordres et ne craignent point ses menaces. Mais ceux-là seulement sont sous le règne de Dieu, qui lui laissent la conduite de toutes choses, qui avouent qu'il a donné des ordonnances aux hommes et qui confessent qu'il a établi des peines à ceux qui les transgressent. Tous les autres doivent être tenus pour ses ennemis et ne peuvent point être honorés du titre de ses sujets.

III. Cependant l'on ne peut pas dire que quelqu'un règne par l'autorité de ses édits, s'il ne les déclare ouvertement à ceux qu'il gouverne : car, les commandements des souverains servent de loi aux sujets ; et les lois ne sont point dignes de ce nom auguste, si elles ne sont clairement promulguées, en sorte qu'on n'en puisse pas prétendre cause d'ignorance. Les hommes publient leurs lois par l'entremise de la parole, ou de vive voix et n'ont point d'autre moyen de signifier en général leur volonté. Mais Dieu publie les siennes en trois façons. Premièrement, par le *secret instinct de la droite raison*. Secondement, par une *révélation immédiate*, ou qui se fait par une voix surnaturelle qu'on entend, ou par une vision qui surprend la vue, ou par des songes mystérieux, ou par une inspiration divine dont l'âme se trouve subitement remplie. En troisième lieu, par la bouche de quelque saint personnage, que Dieu recommande par-dessus les autres et fait connaître digne de foi par les vrais miracles qu'il lui donne d'opérer. Or, celui duquel il plaît à la sagesse divine de se servir en cette sorte pour être l'interprète de sa volonté envers les autres hommes, est nommé *prophète*. Comme ces trois diverses manières peuvent être nommées la *triple parole de Dieu*, à savoir la parole de la raison, la parole des sens, et la parole des prophètes : à quoi répondent trois façons, desquelles nous sommes dits entendre la voix de Dieu, le raisonnement, les sens et la foi. Celle des sens, que je nomme la parole sensible de la divinité, s'est fait entendre à peu

Il y a trois sortes de parole de Dieu : la raison, la révélation, la prophétie.

de personnes et Dieu n'a guère parlé par cette révélation aux hommes que seul à seul, et en déclarant choses diverses à diverses personnes, car il n'a promulgué en cette sorte à aucun peuple les lois touchant son règne.

Il y a deux sortes de règnes de Dieu, le naturel et le prophétique.

IV. Or, suivant la différence qu'il y a entre la parole de Dieu raisonnable et la parole prophétique, on attribue à Dieu deux sortes de règnes : le *naturel*, dans lequel il gouverne par les lumières du bon sens et qui s'étend généralement sur tous ceux qui reconnaissent la puissance divine, à cause de la nature raisonnable commune à tous les hommes et le *prophétique*, dans lequel Dieu règne aussi par la parole prophétique, mais qui est particulier, à cause que Dieu n'a pas donné à tous des lois positives, mais tant seulement à un peuple particulier et à certaines personnes qu'il avait choisies.

Que le droit par lequel Dieu règne est pris de sa toute-puissance.

V. Au règne de nature, Dieu tire tout son droit de régir les hommes et de punir ceux qui enfreignent ses lois de sa seule puissance à laquelle il n'y a pas moyen de résister. Car, tout droit sur autrui vient de la *nature*, ou de quelque *pacte*. Au sixième chapitre, j'ai fait voir l'origine de ce droit de régner par la vertu du contrat ; et il naît de la nature, en cela même qu'elle ne l'ôte point, vu que la nature laissant à tous un droit égal sur toutes choses, celui que chacun a de régner sur tous les autres, est aussi ancien que la nature. Mais la cause pourquoi il a été aboli n'a point été autre que la crainte mutuelle, comme je l'ai démontré au chapitre II, art. III, la raison en effet nous dictant, qu'il fallait quitter ou relâcher de ce droit pour la conservation du genre humain ; d'autant que l'égalité des hommes entre eux à l'égard de leurs forces et puissances naturelles était une source de guerre inévitable et que la ruine du genre humain s'ensuivait nécessairement de la continuation de cette guerre. Que si quelqu'un surpassait tellement les autres en puissance, qu'ils ne pussent pas, quoique ligués tous ensemble, lui résister, il n'y eût eu aucune raison pourquoi il se fût départi du droit que la nature lui avait donné. Il lui fût donc demeuré inaliénablement un droit de dominer sur tous les autres, qu'il n'eût dû qu'à l'excès de sa puissance, par laquelle il eût pu les conserver en se conservant soi-même. De sorte que le droit de régner vient à ceux à la puissance desquels on ne peut point résister et par conséquent à Dieu qui est tout-puissant, en vertu de cette même puissance. Et toutes fois et quantes que Dieu punit un pécheur, ou qu'il le fait

LA RELIGION

mourir, bien qu'il le punisse à cause qu'il avait péché, on ne peut pas dire pourtant, qu'il n'eût point droit de le maltraiter, ou de le perdre, s'il n'eût été coupable. De plus, si la volonté de Dieu en châtiant peut avoir égard à quelque faute précédente, il ne s'ensuit pas de là, que le droit de punir ou de tuer ne dépend point de la puissance divine, mais dérive toujours du péché de l'homme.

VI. C'est une question célèbre parmi les controverses qui, de tous temps, ont été agitées et à laquelle se sont exercés les meilleurs esprits de l'Antiquité, *pourquoi c'est qu'il arrive du mal aux gens de bien et du bien aux méchants*. Elle tombe dans notre thèse, *par quel droit Dieu dispense le bien et le mal aux hommes?* Et je trouve que la difficulté n'a pas ébranlé le vulgaire seulement, mais que les plus grands philosophes en ont été confondus, et ce qui est encore plus étrange, que la foi des plus saints personnages sur le point de la providence divine en a reçu quelques secousses. Oyez, je vous prie, le prophète David au psaume 73. *Quoi que ce soit, Dieu est bon à Israël, à savoir à ceux qui sont nets de cœur. Or, quant à moi mes pieds m'ont presque failli et ne s'en a comme rien fallu que mes pas n'aient glissé. Car, j'ai porté envie aux insensés, voyant la prospérité des méchants*. Et Job ce saint homme, combien grièvement se plaint-il à Dieu, de ce qu'étant juste, il ne laissait pas d'être exposé à tant et à de si grandes calamités? Mais Dieu même prenant la parole en cette occasion, donne à Job la solution de cette difficulté et lui représente quel est son droit, par des raisons tirées de sa propre puissance, plutôt qu'en lui remettant ses péchés devant les yeux. Car, Job et ses amis disputent de telle sorte, que ceux-ci le veulent toujours faire passer pour coupable, à cause des châtiments qu'il éprouve en sa personne; et lui, au contraire, les refuse par des preuves de son innocence. Après quoi, Dieu ayant ouï les raisons de part et d'autre, répond aux plaintes de son serviteur sans le charger de péchés ni d'aucune injustice, mais en lui représentant sa souveraine puissance : *où étais-tu*, lui dit-il, *quand je fondais la terre? Si tu as entendement, montre-le. Qui a posé ses mesures? Qui y a appliqué le niveau? Sur quoi sont fichés ses pilotis, ou qui est celui qui a assis la pierre du coin pour la soutenir? etc.* Job. 38. Puis se tournant vers ces fâcheux amis Eliphaz Temanite, Bildad et Tsophar, il leur dit : *ma fureur est embrasée contre vous, pour ce que vous n'avez*

<small>Cela est confirmé par la Sainte Écriture.</small>

point parlé droitement devant moi comme Job mon serviteur. Cet arrêt est conforme à la sentence que notre Sauveur prononce en faveur de l'aveugle-né, lorsque ses disciples l'interrogèrent, disant : maître, qui a péché, celui-ci, ou son père, ou sa mère, pour être ainsi né aveugle ? Jeh. 9. *Ni celui-ci*, répondit-il, *n'a péché, ni son père, ni sa mère, mais c'est afin que les œuvres de Dieu soient manifestées en lui.* Et encore qu'il soit dit, Rom. 5, 12. *que la mort est entrée au monde par le péché*, il ne s'ensuit pas que Dieu n'eût pu rendre les hommes sujets aux maladies et à la mort, quoiqu'ils n'eussent jamais transgressé ses ordonnances ; de même que les autres animaux qui ne peuvent pas pécher, ne laissent pas d'être mortels et d'être exposés aux infirmités naturelles.

Que l'obligation d'obéir à Dieu naît de l'imbécillité humaine.

VII. Si Dieu tient le droit de régner de sa toute-puissance, il est manifeste que les hommes sont obligés de lui obéir à cause de leur imbécillité *. Car, l'obligation qui naît du pacte, dont il a été parlé au deuxième chapitre, ne peut pas avoir lieu ici, où le droit de commander vient de la nature, sans qu'il soit intervenu aucune convention. Or, il y a deux sortes d'*obligation naturelle* ; l'une, où la liberté est ôtée par des empêchements corporels, suivant laquelle nous disons que le ciel, la terre et toutes les créatures obéissent aux lois communes de leur création. L'autre, où la liberté est ôtée par l'espérance et par la crainte ; suivant laquelle le plus faible ne peut point désobéir au plus fort auquel il désespère de pouvoir résister. De cette seconde sorte d'obligation, c'est-à-dire, de la crainte, ou de la connaissance de notre propre faiblesse (comparée à la puissance divine) vient que nous sommes obligés d'obéir à Dieu sous son règne par la nature : car la raison enseigne à tous ceux qui confessent la puissance de Dieu, et qui admettent sa providence, qu'*il ne faut pas regimber contre l'aiguillon*.

Remarque.

*[A cause de leur imbécillité.] « *Si la chose semble rude à quelqu'un, je le prie de considérer à part soi, s'il y avait deux tout-puissants, lequel des deux serait tenu d'obéir à l'autre. Je crois qu'il m'avouera que ni l'un ni l'autre le devrait céder à son compagnon. Si cela est vrai, ce que j'ai avancé est vrai aussi, que les hommes sont soumis à Dieu à cause qu'ils ne sont pas tout-puissants. Et en effet, notre Sauveur admonestant saint Paul (qui en ce temps-là était ennemi de l'Église) de ne pas regimber contre l'aiguillon, ne semble exiger de lui obéissance, qu'en considération du peu de forces qu'il avait pour lui résister.* »

VIII. D'autant que la parole de Dieu régnant par la seule nature, n'est supposée être autre chose que la droite raison ; et que les ordonnances des souverains ne peuvent être connues que par leur seule parole, il est évident que les lois naturelles sont les seules lois de Dieu régnant par la nature ; et ce sont les mêmes que j'ai rapportées aux chapitres II et III, et tirées de ce qui résulte des maximes du bon sens, la *modestie*, l'*équité*, la *justice*, la *débonnaireté* et les autres *vertus morales* qui servent à entretenir la paix, ou qui regardent les devoirs des hommes les uns envers les autres ; et celles en outre que la droite raison enseigne touchant l'honneur et le culte dû à la majesté divine. Il n'est pas besoin que je répète en cet endroit quelles sont les lois de nature, ou les vertus morales. Mais il faut voir quels honneurs et quel culte divin, c'est-à-dire quelles lois sacrées nous dicte cette même raison naturelle.

Que les lois de Dieu, dans le règne par la nature, sont celles qui ont été rapportées ci-dessus, chapit. II et III.

Ce que c'est qu'honneur et culte.

IX. L'*honneur*, à parler proprement, n'est autre chose que l'estime que l'on fait de la puissance de quelqu'un, accompagnée de bonté. Et honorer une personne est le même que l'estimer beaucoup. D'où il s'ensuit, que l'honneur n'est pas en celui qui est honoré (comme il se dit communément), mais en celui qui honore. Puis donc que l'honneur gît en l'opinion, il y a trois affections qui en naissent nécessairement : l'amour, qui se rapporte à la bonté, l'espérance et la crainte qui regardent la puissance. De ces trois sources procèdent toutes les actions extérieures, par lesquelles on a accoutumé de gagner le cœur des personnes puissantes, et qui étant des effets de l'honneur, en sont des caractères et des marques naturelles. Mais, dans la façon de parler ordinaire, le titre d'honneur est accordé, même à ces effets extérieurs du véritable honneur qui se rend dans le fonds de l'âme, auquel sens nous sommes dits honorer quelqu'un, lorsque nous témoignons en paroles et en actions les favorables sentiments que nous avons de sa puissance ; de sorte que le mot d'honneur signifie en cet usage même chose que le *culte*. Toutefois le culte, à le bien prendre, est l'acte extérieur, caractère et signe visible de l'honneur interne ; et en ce sens-là, nous sommes dits révérer ou honorer une personne, dont par toutes sortes de devoirs, nous tâchons d'apaiser la colère, si elle est fâchée contre nous, ou de laquelle nous nous étudions d'acquérir les bonnes grâces, si nous n'avons à surmonter que ses froideurs et son indifférence.

> Que le culte consiste aux paroles ou aux actions.

X. Tous les signes qui nous font connaître le dedans de l'âme, se peuvent réduire aux paroles et aux actions et par conséquent tout culte consiste en l'une de ces deux choses. L'une et l'autre se rapporte à trois sortes d'effets, dont le premier est la *louange,* par laquelle on prêche hautement la bonté d'une personne ; le second s'occupe à publier partout la puissance qu'elle a dans l'état des affaires présentes, ce qui est proprement priser et que l'on peut nommer *l'estime* d'une personne. Le troisième révèle son *bonheur* par la considération du ferme établissement de sa puissance, qui n'a rien à craindre, et d'où on la juge et on la fait passer pour bienheureuse. Chacune de ces trois sortes d'honneur ne consiste pas, comme j'ai dit, tant seulement en paroles, mais il faut en regarder aussi les actions. Nous louons en *paroles,* lorsque nous tenons des discours avantageux, et que nous avançons des propositions, ou dogmatiquement et avec grande affirmation, nous attribuons à une personne des titres qui servent grandement à la faire honorer de tout le monde, comme si nous disions qu'elle est sage, vaillante et libérale. Nous louons par nos *actions,* toutes fois et quantes qu'elles marquent la supposition de quelque qualité recommandable et qu'elles donnent occasion de tirer quelque bonne conséquence ; ainsi par les remerciements, nous faisons connaître la bonté d'une personne ; par notre soumission, nous faisons éclater sa puissance ; et dans nos congratulations, nous supposons et laissons juger aux autres de son bonheur et de sa félicité.

> *Laus.*
>
> Μεγάλαυσις.
>
> Μακάρισμός.

> Et qu'il y en a de naturel et d'arbitraire.

XI. Mais soit que nous voulions louer quelqu'un de paroles ou en effets, nous trouverons assez d'autres choses qui signifient partout l'honneur et la révérence, comme sont entre les attributs les noms généraux des *vertus* et des *puissances,* qu'on ne peut jamais détourner en un mauvais sens, tels que seront ces épithètes de *bon, beau, vaillant, juste* et autres semblables ; et entre les actions, l'obéissance, les remerciements, les prières, et telles autres choses qui donnent toujours à entendre quelque vertu ou quelque puissance dans le sujet que l'on révère. Nous en trouverons aussi qui signifient de l'honneur chez quelques-uns, et qui parmi d'autres peuples dont les coutumes sont diverses, seraient prises pour des injures, ou tenues pour indifférentes : comme sont entre les attributs les noms qui ont du rapport aux vertus ou aux vices, à l'honnête ou au déshonnête, suivant la diversité des opinions reçues; duquel rang je mets avoir tué son ennemi, s'être enfui de la bataille, être philosophe ou orateur et choses semblables, qui sont en estime chez quelques-uns et qui tombent dans le mépris chez quelques autres. Et parmi les actions, celles qui dépendent de la coutume du lieu où l'on est, ou de l'ordonnance des lois civiles, comme de se découvrir pour saluer une personne, de quitter ses souliers, d'incliner le corps, de demander quelque chose debout, prosterné, ou à genoux et telles autres cérémonies qui se pratiquent diversement. Le *culte* qui est toujours et par toute la terre reçu pour une marque d'honneur est *naturel*; mais l'autre qui s'accommode aux lieux et aux coutumes peut être nommé *arbitraire*.

XII. Au reste, le culte peut aussi être *commandé*, c'est-à-dire, enjoint par l'ordre de celui à qui on le rend, ou *volontaire*, à savoir tel qu'il plait à celui qui s'en acquitte. S'il est commandé, les actions que l'on emploie ne signifient point de l'honneur comme telles, mais en tant qu'elles sont commandées, car elles marquent immédiatement l'obéissance et ensuite de celle-ci la puissance ; de sorte que le culte commandé git en l'obéissance et le volontaire enferme de la révérence dans la nature même des actions, tellement que si elles sont des signes d'honneur à ceux qui les voient, le culte s'en ensuit, ou au contraire il en rejaillit quelque outrage, si elles sont prises d'autres façons, et si elles sont sujettes à être sinistrement interprétées. Derechef, le culte est ou *public*, ou *privé*. Le public ne peut pas être volontaire à l'égard des particuliers, mais bien au regard de l'État qui l'institue. Car, ce que l'on fait volontairement se pratiquant au gré de celui qui le fait, on ne rendrait pas une seule forme de culte, mais chacun usant de son franc-arbitre, il y aurait presque autant de cultes que de diverses personnes, si quelque autorité souveraine ne restreignait la liberté des esprits qui seraient ingénieux à en inventer et si la volonté d'un supérieur n'en réglait la manière. Mais le culte privé peut demeurer entièrement volontaire, s'il est rendu en secret; car, pour celui que l'on rend en public, la sévérité des lois, ou les mouvements de la honte lui apportent quelque contrainte, qui répugne à la nature du volontaire.

De commandé et d'arbitraire.

XIII. Or, afin de connaître quelle est la fin et le but pour lequel on révère une personne, il faut en considérer la cause et voir pourquoi c'est que les hommes se plai-

Quelle est la fin et le but du culte.

sent à la révérence qu'on leur porte. Sur quoi il est nécessaire de supposer ce que j'ai démontré ailleurs, que la joie est fondée sur la contemplation que quelqu'un fait de sa vertu, de sa force, de son savoir, de sa beauté, de ses amis, de ses richesses, ou de telle autre puissance qui lui appartient, ou laquelle il considère comme sienne propre ; et qu'elle n'est autre chose que la *gloire* ou le triomphe de l'âme qui pense qu'elle est honorée, c'est-à-dire, qu'on l'aime et qu'on la craint ; ce qui lui signifie aussi, que tout le monde est prêt de lui rendre service et de l'assister en sa nécessité. Cependant, à cause que les hommes estiment volontiers puissants ceux qu'ils voient honorés, c'est-à-dire ceux que les autres mettent en réputation de grand crédit et de grande autorité, il arrive que l'honneur s'augmente par le culte qui lui est rendu et que souvent, de la réputation du pouvoir, l'on passe à l'acquisition d'une véritable puissance. La fin donc de celui qui commande ou qui souffre qu'on le révère, est de ranger par ce moyen, c'est-à-dire par l'amour ou par la crainte, le plus de personnes qu'il peut sous son obéissance.

<small>Quelles sont les lois de nature, touchant les attributs de Dieu.</small>

XIV. Maintenant afin de savoir quel culte la raison naturelle prescrit de rendre à la divinité, commençons par ses *attributs*. Où d'abord nous découvrirons évidemment qu'il lui faut attribuer l'*existence* ; car, nous ne saurions avoir la volonté portée à honorer celui dont l'être serait purement imaginaire et que nous ne croirions pas exister dans la nature. En après, que les philosophes qui ont dit que le monde, ou que l'âme du monde (c'est-à-dire une de ses parties) était Dieu même, ont parlé indignement de sa divine majesté, pour ce que non seulement ils ne lui attribuent rien, mais qu'ils l'ôtent du nombre des choses ; vu que par ce nom de Dieu on entend la cause du monde ; et qu'en disant que le monde est Dieu, ils font qu'il n'a aucune cause, ce qui est nier l'existence de la divinité. Que ceux-là aussi sont tombés dans la même absurdité, qui ont assuré que le monde n'avait point été créé et qu'il était éternel ; car ce qui est éternel ne pouvant point avoir de cause et le monde n'en ayant aucune, on ôte à Dieu toute son existence. Que ceux-là pareillement ont des sentiments injurieux à ce souverain arbitre de l'univers, qui le plongeant dans la fainéantise et l'assoupissant d'un morne loisir qui le prive de toute action, lui ôtent l'inspection des affaires humaines, et le gouvernement du monde. Car, quelque tout-puissant qu'ils le confessent, toutefois s'il n'a point de soin des choses d'ici-bas, qu'est-ce qui empêchera qu'on ne dise, suivant cette maxime ancienne, *ce qui est au-dessus de nous ne nous touche point;* et n'y ayant aucun sujet de craindre ou d'aimer une divinité inutile, elle est certes à l'égard de ceux qui la font passer pour telle, comme dénuée de tout le fondement de sa subsistance. D'ailleurs nous remarquerons que, parmi les *attributs* qui signifient *grandeur* et *puissance*, ceux qui désignent quelque chose de fini et de déterminé ne sont point des signes d'une âme pleine de respect et de révérence; d'autant que nous n'honorons pas Dieu dignement, si nous lui attribuons moins de grandeur et moins de puissance que nous ne pouvons lui en attribuer. Or, le fini est au-dessus de ce que nous pouvons, vu qu'il nous est très aisé de concevoir et d'ajouter toujours quelque nouveau degré de perfection à une chose finie. Cela étant ainsi, il ne faudra pas attribuer à Dieu aucune *figure*, parce que toute figure est déterminée; et nous ne dirons point aussi que nous en concevions l'essence, que notre imagination s'en forme d'idée, ou qu'aucune faculté de notre âme soit capable de se le présenter; car il serait fini s'il était de notre portée, et si par nos faibles efforts il nous était permis d'atteindre à une hauteur tout à fait inaccessible. Et bien que ce terme *d'infini* marque une conception de notre esprit, il ne s'ensuit pas que notre entendement forme aucune pensée propre à exprimer une chose infinie. En effet, lorsque nous disons qu'une chose est *infinie*, nous ne signifions rien en ce qui est de la chose en elle-même, mais nous témoignons l'impuissance de notre âme, et c'est le même que si nous avouions franchement que nous ne savons si cette chose-là est finie, ni où c'est qu'elle rencontre ses limites. Et c'est parler de Dieu avec fort peu de respect, que de dire que nous en ayons l'*idée* dans l'âme; car l'idée n'est autre chose que notre conception, et nous ne sommes capables de concevoir que des choses finies. Il se faudra bien garder aussi de dire que Dieu soit composé de *parties*, ou qu'il soit un *Tout*, parce que ces façons de parler sont des attributs qu'on donne à des choses finies; ni qu'il est en quelque *lieu*, car, rien ne peut occuper un lieu qui ne reçoive de tous côtés des bornes de sa grandeur, ni qu'il se meut ou qu'il se repose, d'autant qu'en l'un et en l'autre on supposerait qu'il est dans un lieu, et qu'il occupe quelque espace, ni qu'il y a plusieurs dieux, parce qu'il ne peut y avoir plusieurs natures infinies. Au reste, touchant les attributs de la félicité, nous penserons que tous ceux-là qui signifient quelque douleur sont indignes de Dieu (si ce n'est qu'on ne les prenne pas pour une affection, mais figurément et par métonymie pour un certain effet) tels que sont ceux de la repentance, de la colère, de la pitié ; ou qui emportent quelque défaut, comme ceux de l'appétit, de l'espérance, de la convoitise, et cette sorte d'amour qu'on nomme aussi concupiscence ; car ils marquent je ne sais quelle disette, vu qu'il est impossible de concevoir que quelqu'un désire, espère, ou souhaite, si ce n'est quelque chose dont il souffre la privation ; ou qui dénotent en la personne à laquelle on les donne quelque faculté passive ; car souffrir est le propre d'une puissance limitée et qui dépend de quelque autre. Quand donc nous attribuons à Dieu une *volonté*, il ne faut pas l'imaginer de même que la nôtre, que nous nommons un appétit raisonnable : d'autant que si Dieu désirait, il manquerait de quelque chose, ce que l'on ne peut pas avancer sans lui faire injure ; mais il faut supposer je ne sais quoi d'analogue, qui a du rapport et que nous ne pouvons pas nettement concevoir. Ainsi, quand nous attribuons à Dieu la vue et les autres actions des sens, ou la science et l'entendement, qui ne sont en nous que des émotions de l'âme suscitées par les objets extérieurs qui frappent les organes, il ne faut pas estimer qu'il arrive en lui rien de semblable ; car cela montre une puissance qui dépend d'autrui, chose très contraire à une félicité parfaite. Celui donc qui voudrait ne donner à Dieu aucuns titres que ceux que la raison enseigne, devrait se servir de noms qui fussent ou négatifs, tels que sont ceux d'*infini*, d'*éternel*, d'*incompréhensible*, ou au superlatif, comme ceux du *très bon, très grand, très fort*, etc., ou indéfinis, tels que sont ceux de *bon, juste, fort, créateur, roi* et semblables ; et les employer en ce sens, que son dessein ne fût pas d'exprimer ce que son ineffable majesté est en elle-même (ce qui serait la renfermer dans les étroites limites de notre imagination) ; mais de confesser qu'en la voulant contempler, on est ravi en admiration et soumis à une entière obéissance, ce qui est demeurer dans les termes d'une respectueuse humilité et lui rendre véritablement le plus grand hommage qu'il est possible. En effet, la raison ne nous dicte qu'un seul nom qui signifie la nature de Dieu, à savoir, celui qui existe, ou simplement, *celui qui est ;* et un autre par lequel il se rapporte à nous, à savoir celui-là même de *Dieu,* qui comprend en sa signification ceux de *roi,* de *seigneur* et de *père.*

XV. C'est une maxime de la raison qui est de fort grande étendue, touchant les actions extérieures par lesquelles il faut révérer la divinité, aussi bien que touchant ses attributs, qu'elles portent comme gravées des marques visibles du respect et de l'honneur qu'on lui veut rendre. Sous ce précepte général, sont contenues premièrement les *prières.*

<small>Quelles sont les actions par lesquelles le culte se rend naturellement.</small>

> *Qui fingit sacros auro vel marmore vultus,*
> *Non facit ille Deos ; qui rogat, ille facit.*

> Ce n'est pas l'artisan, ni la riche matière
> Dont il forme l'idole, encore moins le lieu
> Où l'autel est dressé, qui composent le Dieu ;
> Mais l'homme en est l'auteur, qui lui fait sa prière.

Car les prières sont des signes de l'espérance que l'on met en une personne et l'esprit est une reconnaissance de la bonté et de la puissance divines.

En deuxième lieu, les *actions de grâces,* qui sont un signe de la même affection, si ce n'est que les prières précèdent le bienfait et les remerciements le présupposent.

En troisième lieu, les *dons* ou *oblations* et *sacrifices,* car ce sont des actions de grâces.

En quatrième lieu, *ne jurer point par quelque autre.* Car le serment est une imprécation qu'une personne fait contre soi-même, en cas qu'elle manque à sa parole, de la colère de celui qui ne peut ignorer le dedans de son cœur et qu'il peut la punir, quelque puissance qu'elle soit. Ce qui n'appartient qu'à Dieu seul. En effet, s'il y avait un homme à qui la malice de ses sujets ne pût demeurer cachée, et à qui aucune puissance humaine ne pût résister, il suffirait de lui donner sa parole, sans aucun serment qui l'accompagnât ; parce qu'il pourrait bien se venger si l'on venait à la rompre, et le serment ne serait pas nécessaire.

En cinquième lieu, *parler de Dieu considérément ;* car c'est une marque de *crainte ;* et la crainte est un aveu de la puissance. De ce précepte il s'ensuit, *qu'il ne faut pas employer le nom de Dieu témérairement, ni le prendre en vain ;* vu que l'une et l'autre de ces choses est pleine d'inconsidération ; *qu'il ne faut pas jurer hors de besoin;* car cela serait en vain. Or, il est inutile d'en venir là, si ce n'est entre deux villes, pour éviter ou ôter les violences qui naîtraient nécessairement du peu d'assurance qu'on aurait aux promesses et dans les affaires particulières pour mieux établir la certitude des jugements. Pareillement, *qu'il ne faut point disputer de la nature divine,* car, l'on a supposé qu'au règne de Dieu par la nature, toutes nos recherches et toutes nos découvertes se font par la seule raison, c'est-à-dire par les seuls principes de la science naturelle. Or, tant s'en faut, que par eux nous connaissions la nature de Dieu, que même nous ne pouvons pas bien comprendre les propriétés de notre corps, ni de quelque autre créature que ce soit. De sorte que de toutes ces disputes, il ne réussit autre chose, si ce n'est que nous imposons témérairement des noms à la majesté divine selon la mesure de nos faibles conceptions. Il s'ensuit aussi en ce qui regarde le droit du règne de Dieu, que la façon de parler de ceux qui disent : *que telle, ou telle, ou telle chose ne peut pas s'accorder avec la justice divine,* est téméraire et inconsidérée. D'autant que les hommes mêmes se tiendraient offensés, si leurs enfants disputaient de leur droit et mesuraient leur justice à autre mesure qu'à celle de leurs commandements.

En sixième lieu, qu'il faut que dans les prières, dans les actions de grâces, et dans les sacrifices, tout ce qui est offert, soit le meilleur qu'il se peut en son genre, et porte le caractère de l'*honneur* et de la *révérence*. En effet, il ne faut point que les prières soient faites sur-le-champ et à la volée, ou d'une façon vulgaire ; mais avec un bel ordre et avec autant d'élégance qu'il est possible de leur donner. Certes, bien qu'il fût absurde parmi les païens d'adorer Dieu sous des images, ce n'était pourtant pas une chose si éloignée de la raison, d'employer dans leurs cérémonies sacrées les vers et la musique. Il faut aussi que les victimes soient belles, et les offrandes magnifiques, et que tout ce que l'on fait témoigne de la soumission, signifie de la reconnaissance, ou rappelle le souvenir des bienfaits que l'on a reçus : car tout cela part du désir d'honorer une personne.

En septième lieu, qu'il faut servir Dieu non seulement en secret, mais *publiquement* et à la vue de tout le monde. Car le culte est d'autant plus agréable, comme j'ai dit ci-dessus, article XIII, qu'il produit du respect

LA RELIGION

dans les autres ; de sorte que si personne ne voit quand on le rend, on lui fait perdre ce qu'il a de plus agréable.

Enfin, qu'il faut regarder avec un grand soin les lois de nature. Car la plus atroce de toutes les injures, est celle de mépriser les commandements de son supérieur ; comme, au contraire, l'obéissance vaut mieux que tous les sacrifices que l'on saurait offrir.

Et ce sont là les principales lois de nature, touchant le culte de Dieu, et celles que la raison enseigne à tous les hommes du monde. Mais dans les particuliers États, dont chacun est comme une personne privée, cette même raison naturelle commande en outre *l'uniformité du service public*. Car les actions que chacun fait selon son sens particulier et sa propre fantaisie, ne sont pas celles du public, ni par conséquent le culte que l'État ordonne. Or, ce qui est fait par tout le corps de la république, on entend qu'il est fait par le commandement du souverain ou de ceux qui gouvernent, et ainsi du consentement unanime de tous les citoyens, c'est-à-dire uniformément.

XVI. Les lois de nature, touchant le service de Dieu, qui sont rapportées en l'article précédent, ne commandent de rendre que des preuves naturelles de notre révérence. Sur quoi il faut considérer qu'il y a deux sortes de signes ; les uns sont *naturels*, et les autres sont *conventionnels*, c'est-à-dire dépendants d'une constitution expresse ou tacite. Or, d'autant qu'en toute langue l'usage des noms et des titres naît de ce qu'on en est convenu, il peut être changé par une convention nouvelle ; car ce qui dépend, et qui tire toute sa force de la volonté des hommes, se peut changer ou abolir du consentement de cette même volonté ; et ainsi les noms qui sont attribués à Dieu par une constitution humaine peuvent être changés par le même moyen, mais, c'est au public de faire de telles constitutions générales ; de sorte que l'État seul (c'est-à-dire ceux qui le gouvernent) a le droit de juger quels noms, ou quels titres sont honorables à sa majesté divine et quels ne le sont pas ; c'est-à-dire, quelles doctrines peuvent être reçues et publiquement professées, touchant la nature de Dieu et ses œuvres. Quant aux actions, elles ne signifient pas par la constitution des hommes, mais naturellement, comme les effets sont des signes de leurs causes ; ainsi, il y en a qui sont toujours des marques de mépris de ceux en la présence desquels on les pratique, comme celles qui leur

Que dans le règne de Dieu par la nature, l'État peut instituer un culte divin tel que bon lui semble.

découvrent quelque vergogne du corps, ou par lesquelles on exerce une chose qu'on aurait honte de faire devant ceux que l'on respecte. Il y en a d'autres qui se prennent toujours pour des signes d'honneur, comme de s'approcher et de parler à quelqu'un avec humilité et bienséance, de se détourner à sa rencontre pour lui faire place et semblables. Le public n'a rien à y changer et ne doit pas y mettre la main. Mais il y en a une infinité d'autres qui sont indifférentes, en ce qui est du mépris ou de l'honneur; et ce sont celles-ci sur lesquelles l'État a de la juridiction, qui peuvent être établies comme des marques d'honneur et de révérence, et qui le sont effectivement, lorsqu'elles sont une fois autorisées. D'où il n'est pas mal aisé de comprendre, qu'il faut obéir à l'État en tout ce qu'il nous commande de faire comme un signe de l'honneur, et du culte que nous devons rendre à Dieu; pourvu que rien n'empêche l'institution de ce signe au sens qu'on lui veut donner, et qu'il puisse recevoir le caractère de respect qu'on lui veut imprimer; ma raison est, qu'une action est un vrai signe d'honneur, si elle est reçue pour telle par ordonnance de la république.

Que Dieu régnant par la seule nature, c'est à l'État, c'est-à-dire, à cette personne ou à cette cour, qui a après Dieu l'autorité suprême, d'être interprète de toutes les lois.

XVII. Je viens de montrer quelles sont les lois de Dieu tant sacrées que temporelles ou séculières en son règne par la seule nature. Mais d'autant qu'il n'y a personne qui ne se puisse tromper en ses raisonnements, et qu'il arrive en la plupart des actions que les hommes sont de différentes et contraires opinions, on peut demander en outre lequel c'est que Dieu a voulu établir interprète de la droite raison, c'est-à-dire de ses lois. Et quant à ce qui est des *lois séculières*, c'est-à-dire de celles qui regardent la justice, et les mœurs des hommes les uns envers les autres, j'ai fait voir par ce que j'ai touché ci-dessus de la constitution des États, qu'il était raisonnable que tous les jugements fussent entre les mains de la république; et que les jugements n'étaient autre chose que l'interprétation des lois; d'où j'ai tiré cette conséquence, que les États, c'est-à-dire ceux qui ont la souveraine puissance dans les républiques, étaient les interprètes des lois en tous les endroits de la terre où la politique s'exerce. Touchant les *lois sacrées*, il faut ici considérer derechef ce que j'ai démontré ci-devant au cinquième chapitre, article XIII, que chaque citoyen a transféré de son droit à celui ou à ceux qui commandent, dans l'État, autant qu'il a pu en transférer. Or, rien n'a empêché qu'il n'ait transporté le droit de déterminer la manière en laquelle il faut honorer Dieu. D'où je conclus que le transport en a été fait réellement. Mais que chaque particulier ait eu cette puissance, il est manifeste de ce que la façon d'honorer Dieu avant l'établissement de la société civile devait être prise du raisonnement de chaque personne privée. Or, rien n'empêche que chacun soumette sa raison privée à la générale de l'État. D'ailleurs, si chacun suivait sa propre fantaisie en l'honneur qu'il rend à Dieu, par une si grande diversité d'adorateurs, l'un estimerait le culte de l'autre indécent, ou même impie et l'un ne semblerait pas honorer Dieu au sens de l'autre, d'où il arriverait cet inconvénient, que le culte le plus raisonnable ne mériterait point ce titre, à cause que la nature du service consiste en ce qu'il soit un signe de l'honneur que l'on rend intérieurement à une personne ; et puisqu'il n'y a que ce qui signifie quelque chose à autrui qui doive être nommé un signe, ce qui ne le parait pas aux yeux d'un autre ne pourrait pas être une marque d'honneur et un signe de révérence. De plus, cela est un vrai signe, qui passe pour tel dans le commun consentement des hommes ; donc il y a de l'honneur en ce que le consentement général, c'est-à-dire le commandement du public en a établi un signe ; et ainsi l'on ne contrevient point à la volonté de Dieu révélée par la seule raison, quand on lui rend les signes d'honneur que la république ordonne. Les particuliers donc peuvent transférer le droit de déterminer la manière en laquelle il faut servir Dieu à l'État dans lequel ils vivent, c'est-à-dire à ceux qui le gouvernent. Voire même ils le doivent ; car autrement toutes les plus absurdes opinions touchant la nature divine, et toutes les plus impertinentes et ridicules cérémonies qu'on ait jamais vues en diverses nations se rencontreraient dans une seule ville ; ce qui donnerait occasion à chacun de croire que tous ses concitoyens qui ne pratiquent pas le même culte que lui font tort à la divinité qu'il adore. Ce qui étant de la sorte l'on ne pourrait pas dire véritablement qu'aucun servit Dieu ; parce que personne ne le sert, ou ne l'honore extérieurement, s'il ne fait des choses desquelles il apparaisse aux autres qu'il le révère ; je puis donc conclure, que l'interprétation des lois naturelles tant sacrées que séculières, sous le règne de Dieu par la nature, dépend de l'autorité du magistrat, c'est-à-dire de cette personne publique, ou de la cour à laquelle on a commis la souveraine puissance et que tout ce que Dieu commande, il le commande par sa bouche ; comme au contraire, que tout ce que l'État ordonne touchant le service de Dieu et touchant les choses temporelles, doit être reçu de même que s'il était commandé de Dieu immédiatement.

<small>Solution de quelques doutes.</small>

XVIII. Cependant quelqu'un pourrait former diverses objections contre ce que je viens de dire, et demander premièrement, s'il ne s'ensuit pas de nos maximes qu'il faudrait obéir à l'État, s'il commandait directement d'offenser Dieu, ou s'il défendait de le révérer. Mais je nierais cette conséquence, et dirais qu'il ne faut point obéir ; car, on ne peut pas prendre le mépris, l'outrage, ni la privation de tout le culte, pour une manière de servir Dieu ; outre qu'avant l'établissement de la société civile, personne n'a eu droit, reconnaissant Dieu comme roi du monde, de lui refuser l'honneur qui lui appartient en cette qualité ; ni donc eu le pouvoir de transférer à l'État le droit de commander des choses si étranges. Si l'on demande ensuite, s'il faut obéir à l'État en cas qu'il commande de dire ou de faire quelque chose, qui n'est pas à la vérité directement injurieuse à Dieu, mais d'où par raisonnement on peut tirer des conséquences qui lui sont outrageuses, comme s'il était ordonné de le révérer sous une image en la présence de ceux qui tiennent que cette façon d'adorer est permise, et qu'elle est pleine de révérence ? Certainement j'ose dire qu'il faudrait le faire *. Car le culte est institué en signe d'honneur ; or, est-il que cette manière de service est une marque de respect, et qu'elle avance la gloire de Dieu parmi ceux qui approuvent cette espèce de vénération ; ou s'il était commandé de donner à Dieu un nom duquel la signification nous serait inconnue, ou duquel nous ne comprendrions pas le rapport qu'il aurait avec sa majesté ? Il faudrait faire cela aussi, parce que les choses que nous faisons par honneur et que nous ne concevons point tendre à autre fin, si elles passent communément pour des signes de respect, elles le sont effectivement, et en refusant de les faire, nous refusons de travailler à l'avancement de la gloire de Dieu. Il faut dire le même de tous les attributs et de toutes les actions qui regardent le service de Dieu fondé en la seule raison, desquelles on peut disputer et qui tombent en controverse. Pour ce qu'encore que de tels commandements puissent être quelquefois contraires à la droite raison, et

<small>* *Voyez* p. 278.</small>

qu'ainsi ils soient des péchés en ceux qui les font ; si est-ce qu'ils ne sont pas contraires au bon sens, ni des péchés à l'égard des sujets qui y obéissent, et desquels la droite raison est de se soumettre à la raison de l'État en des matières controversées. Enfin, si cet homme ou cette cour souveraine à qui on a commis l'autorité suprême de la république, commande qu'on la révère par des titres et par des actions dont il faut adorer la divinité, il reste à savoir, si l'on est tenu de lui obéir. Je réponds, qu'il y a plusieurs choses qui peuvent être attribuées à Dieu et aux hommes en commun ; car on peut louer ceux-ci, et en élever le mérite, et il y a quantité d'actions par lesquelles on peut rendre de l'honneur à Dieu et aux hommes de la même manière. Mais il faut considérer tant seulement ce que les attributs et les actions signifient, de sorte que nous nous abstenions, quelque commandement des puissances supérieures qui intervienne, d'employer des titres ou des attributs, par lesquels nous donnions à connaître que nous estimons quelque personne si absolument souveraine, qu'elle ne dépende point de Dieu, qu'elle soit immortelle, d'une vertu infinie, ou de telle autre façon qui ne peut convenir qu'à l'essence divine ; comme aussi des actions qui ont la même signification, et qui passent à ce même excès de louange, telles que sont celles de prier un absent, de demander à un homme ce que l'on ne peut obtenir que de Dieu seul, comme la pluie et le beau temps, de lui offrir ce que Dieu seul peut recevoir, comme des holocaustes, ou de lui rendre un culte au-delà duquel il ne s'en trouve point de plus grand, tel qu'est le sacrifice. Car, toutes ces actions-là tendent à faire croire que Dieu ne règne point, contre ce qui a été supposé dès le commencement. Au reste, il est permis, même dans la pratique de la civilité ordinaire, de se mettre à genoux, de se prosterner et de ployer le corps en diverses autres manières ; d'autant que ces choses peuvent signifier l'aveu d'une puissance tant seulement civile. Et de vrai, le culte *religieux* n'est pas distingué du *civil* par le mouvement du corps, par sa posture, par ses habits, ni par ses gestes, mais par la déclaration du sentiment que l'on a de la personne que l'on révère ; tellement que si nous nous prosternons devant quelqu'un avec dessein de déclarer par là que nous le tenons pour Dieu, ce culte-là est divin, mais si nous le faisons en signe de reconnaissance d'une autorité politique, le culte n'est que civil. Ces deux cultes ne sont non plus distingués par aucune de ces actions que l'on entend d'ordinaire sous les noms de Latrie et de Dulie, dont le premier représente le devoir, et l'autre la *condition* des esclaves; mais qui sont en effet divers noms d'une seule chose.

λατρία, et δουλεία.

Remarque.

*[Qu'il faudrait le faire.] «*J'ai dit en l'article XIV de ce chapitre que ceux qui prescrivent des bornes à Dieu offensent la loi naturelle touchant son culte. Maintenant j'ajoute que ceux qui adorent Dieu sous une image lui donnent des limites et qu'ainsi ils font ce qu'il ne faudrait pas faire; d'où il semble que ce dernier passage soit contraire au précédent. Sur quoi il faut savoir premièrement, que ce ne sont pas ceux qui, contraints par la force du commandement, adorent Dieu de cette sorte, que l'on doit accuser de mettre des bornes à la nature divine, mais bien ceux qui publient cette injuste ordonnance; car ceux qui adorent à contrecœur, ne laissent pas d'adorer véritablement, et font leurs cérémonies en un lieu où le légitime souverain leur a commandé de les faire.*

Secondement, je ne dis pas qu'il le faille faire toujours et partout, mais supposer qu'il n'y a point d'autre règle du service divin que ce que dicte la raison humaine; car, alors la volonté de l'État tient lieu de raison. Mais dans le règne de Dieu par l'alliance nouvelle ou ancienne, où l'idolâtrie est expressément défendue, bien que l'État le commande, si est-ce qu'il ne faut point le faire. Et je pense que si ceux qui ont estimé qu'il y avait de la contrariété entre cet article et le quatorzième, considèrent bien ce que je viens de dire, ils n'auront plus de sujet de demeurer dans leur opinion.»

Ce que c'est que péché et crime de lèse-majesté divine dans le règne de Dieu par la nature.

Κατὰ τὰ νόμιμα.

XIX. On peut recueillir des discours précédents, que sous le règne de Dieu par la seule raison naturelle, les sujets pèchent, premièrement s'ils enfreignent les lois morales que j'ai expliquées aux chapitres II et III. En deuxième lieu, s'ils transgressent les lois ou les ordonnances de l'État en ce qui regarde la justice. En troisième lieu, s'ils n'adorent pas Dieu selon les coutumes et les lois du pays. En quatrième lieu, s'ils ne confessent publiquement et devant tout le monde, de parole et d'effet, qu'il y a un Dieu très bon, très grand, très heureux, roi suprême de l'univers et de tous les rois de la terre, c'est-à-dire, s'ils ne l'adorent point par cette confession. Ce quatrième péché est dans le règne de Dieu par la nature, suivant ce que j'ai dit en l'article II du chapitre précédent, le *crime de lèse-majesté divine*. Car il nie la puissance de Dieu et tombe dans l'*athéisme*. Les péchés qui se commettent en ceci sont tout de même que si l'on supposait, qu'il y a un prince souverain qui, étant roi absolu dans un royaume, en laisse le gouvernement en son absence à un vice-roi. Ce serait un crime contre l'autorité de ce dernier, si on ne lui obéissait pas en toutes choses, excepté s'il voulait usurper le royaume, ou le donner à quelque autre : mais ceux qui lui obéiraient si absolument, qu'ils n'apporteraient pas cette légitime exception, ils devraient être tenus comme criminels de lèse-majesté.

Chapitre XVI

Du règne de Dieu par l'ancienne alliance.

Sommaire

I. Que Dieu institua la vraie religion par Abraham, tous les autres peuples étant plongés dans la superstition. II. Que par l'alliance que Dieu fit avec Adam, il est défendu de disputer des commandements des supérieurs. III. Termes de l'alliance que Dieu traita avec Abraham. IV. Qu'en cette alliance il n'est pas porté de reconnaître simplement un Dieu, mais celui qui apparut à Abraham. V. Que les lois auxquelles Abraham était obligé, n'étaient point autres que celles de nature et de la circoncision. VI. Qu'Abraham était interprète à ses gens de la parole de Dieu et de toutes les lois. VII. Que les sujets d'Abraham n'ont pas pu faillir en lui obéissant. VIII. Alliance de Dieu avec le peuple juif en la montagne de Sinaï. IX. Que le gouvernement de Dieu a de là pris le nom de règne. X. Quelles furent les lois que Dieu imposa aux juifs. XI. Ce que c'est que la parole de Dieu et comment c'est qu'il la faut connaître. XII. Quelle a été la parole de Dieu écrite parmi les juifs. XIII. Que la puissance d'interpréter la parole de Dieu et l'autorité suprême dans le civil ont été jointes en la personne de Moïse tandis qu'il a vécu. XIV. Qu'elles ont demeuré unies en la personne du souverain sacrificateur du vivant de Josué. XV. Qu'elles ont demeuré unies en la personne du souverain sacrificateur, jusqu'au temps du roi Saül. XVI. Qu'elles ont demeuré unies en la personne des rois, jusqu'au temps de la captivité. XVII. Qu'elles ont été en la personne des sacrificateurs après le retour de la captivité. XVIII. Que parmi les juifs nier la providence divine et commettre l'idolâtrie, étaient les seuls crimes de lèse-majesté divine; qu'en toutes autres choses, ils devaient obéir à leurs princes.

<small>Que Dieu institua la vraie religion par Abraham, tous les autres peuples étant plongés dans la superstition.</small>

I. Presque tous les hommes sont portés par le sentiment de leur propre faiblesse, et par l'admiration, en laquelle ils se trouvent ravis des effets de la nature, à croire qu'il y a un Dieu, auteur invisible de toutes les choses que nous voyons et lequel aussi ils craignent, reconnaissant bien qu'ils n'ont pas en eux-mêmes assez de quoi se défendre des dangers qui les environnent. Mais au reste l'usage imparfait de leur raison, et la violence de leurs affections empêchent qu'ils ne se servent comme il faut : d'autant que la crainte que l'on a des choses invisibles, si elle n'est conduite par le bon sens, dégénère en superstition. De sorte qu'il était presque impossible aux hommes, dénués de l'assistance de Dieu, d'éviter ces deux écueils, l'*athéisme* et la *superstition;* dont l'une vient d'une espèce de terreur panique qui se glisse dans l'âme sans écouter la raison et l'autre naît d'une certaine bonne opinion qu'on a de son raisonnement auquel un petit mélange de crainte ne donne point de retenue. C'est ce qui a été cause que la plupart des hommes sont aisément tombés dans l'idolâtrie, et que presque toutes les nations de la terre ont révéré la divinité sous des images et des représentations des choses finies, adorant des spectres et des fantômes, auxquels peut-être on a donné le titre de démons, à raison de la crainte qu'ils jetaient dans l'âme. Mais il a plu à la divine bonté, comme les Saintes Écritures nous l'enseignent, de choisir parmi le genre humain le fidèle Abraham, par lequel les autres hommes fussent instruits du service qu'ils devaient lui rendre. Dieu donc s'est révélé à ce père des croyants d'une façon extraordinaire, et a traité avec lui et avec la postérité cette si célèbre alliance qu'on a nommée le Vieil Testament, ou l'*ancienne Alliance.* C'est là le fondement de la vraie religion ; ce saint homme en a été le chef et le premier qui a enseigné après le déluge, qu'il y avait un Dieu créateur de l'univers. C'est en lui aussi qu'a commencé le règne de Dieu par les alliances. Sur quoi voyez l'historien des juifs Joseph

<small>Δαιμών de δεῖμα.</small>

au premier livre de ses Antiquités judaïques chap. VII.

II. Il est vrai qu'au commencement du monde, Dieu régna sur Adam et sur Ève non seulement par le droit de la nature, mais aussi en vertu de quelque alliance; de sorte qu'il semble que Dieu n'a pas voulu qu'on lui rendît aucune autre obéissance que celle que la lumière de la raison naturelle prescrit, qu'ensuite de quelque pacte, c'est-à-dire à cause du commun consentement des hommes. Mais d'autant que cette alliance fut tout incontinent rompue, et qu'elle ne fut point renouvelée depuis, il ne faut pas commencer dès ce temps-là le *règne de Dieu* dont il s'agit en ce chapitre. Cependant il y a ceci à remarquer en passant, sur le sujet de la défense qui fut faite de ne point manger du fruit de l'arbre de science du bien et du mal (soit que l'on doive entendre par là une prohibition de s'entremettre de juger de ce qui est bien et de ce qui est mal, ou que l'usage de quelque fruit du jardin d'Éden fût interdit en effet), que Dieu a exigé une obéissance aveugle à ses commandements, sans qu'il fût permis de disputer à l'encontre et de mettre en question si ce qui était commandé était bon ou mauvais. Car le fruit de l'arbre n'a rien de mauvais en soi, hors de la défense qui seule peut rendre un péché, c'est-à-dire, moralement mauvaise, la liberté que l'homme prit d'en manger.

> Que par l'alliance que Dieu fit avec Adam, il est défendu de disputer des commandements des supérieurs.

III. Or, l'alliance que Dieu traita avec Abraham fut conçue en ces termes, couchés au dix-septième chapitre de la Genèse verset 7. 8. *J'établirai mon alliance entre moi et toi, et entre ta postérité après toi en leurs âges, pour être une alliance perpétuelle; afin que je te sois Dieu et à ta postérité après toi. Et je te donnerai, et à ta postérité après toi, le pays où tu habites comme étranger, à savoir tout le pays de Canaan, en possession perpétuelle; et leur serai Dieu.* Et afin qu'Abraham et ses descendants pussent garder le souvenir de cette alliance, il était nécessaire d'instituer un signe, de sorte que la circoncision fut ajoutée au traité, mais comme un simple mémorial, verset 10. *C'est ici mon alliance que vous garderez entre moi et vous, et entre ta postérité après toi, à savoir que tout mâle d'entre vous sera circoncis. Si circoncirez la chair de votre prépuce, et cela sera pour signe de l'alliance entre moi et vous.* L'alliance donc consiste en cette condition, qu'Abraham reconnaisse que l'Éternel est son Dieu et de sa postérité, c'est-à-dire, qu'il se soumette à sa conduite; et en cette promesse, que Dieu donnera à

> Termes de l'alliance que Dieu traita avec Abraham.

Abraham en héritage le pays auquel il habitait alors comme étranger ; en mémoire de laquelle alliance Abraham reçut le signe de la circoncision et promit qu'en sa postérité tous les enfants mâles en porteraient la marque.

Qu'en cette alliance il n'est pas porté de reconnaître simplement un Dieu, mais celui qui apparut à Abraham.

IV. Mais puisque avant cette alliance Abraham reconnaissait déjà Dieu comme le créateur de l'univers et le roi du monde (car ce grand homme ne douta jamais de l'*existence* de Dieu, ni de sa *providence*), comment n'était-ce point une chose superflue, que Dieu exigeât de lui une obéissance, qui lui était due naturellement, en proposant une récompense, et en passant une espèce de contrat ; et comment est-ce que Dieu promettait à Abraham de lui faire posséder la terre de Canaan, sous cette condition qu'il le reconnût pour son Dieu, puisqu'il l'était déjà auparavant par le droit inaliénable de sa nature immortelle ? Il faut dire que par ces paroles, *afin que je te sois Dieu, et à ta postérité après toi*, il n'est pas entendu qu'Abraham satisfît à l'alliance par un simple aveu de la puissance de Dieu et de l'empire, qu'il exerce naturellement sur tous les hommes, c'est-à-dire, en le reconnaissant indéfiniment, comme il est aisé de faire par les seules lumières de la raison naturelle ; mais en le reconnaissant précisément pour celui qui lui avait dit, *sors de ton pays, etc*. Gen. 12. 34. *Lève maintenant tes yeux et regarde du lieu où tu es, vers le septentrion, le midi, l'orient et l'occident ; car je te donnerai et à ta postérité à jamais tout le pays que tu vois, etc*. Gen. 13. qui lui était apparu Gen. 18. sous la figure de ces trois personnages qui allaient à Sodome, et en vision, Gen. 15. et en songe ; ce qui est un ouvrage de la foi. Il n est pas exprimé sous quelle forme c'est que Dieu apparut à Abraham, ni de quel ton il parla à lui ; mais il appert, qu'Abraham crut que la voix qu'il entendit était celle-là de Dieu même ; que la révélation qu'il en eut était véritable ; qu'il voulut que sa famille adorât celui qui avait parlé à lui de cette sorte comme le vrai Dieu créateur de l'univers et que sa foi ne consistât pas seulement en ce qu'il crut qu'il y avait un Dieu, et que ce Dieu était véritable en ses promesses, ce que tous sont obligés de croire ; mais en ce qu'il ne douta point que ce n'eût été Dieu, dont il avait ouï la voix et entendu les promesses. Ainsi le Dieu d'Abraham ne signifie pas Dieu simplement, mais celui qui lui était apparu ; comme aussi le culte que ce patriarche lui devait en cette considération, n'était pas un effet de son raisonnement, mais un hommage religieux de sa *foi* et de sa *piété*; et de vrai ce n'était pas la lumière de la raison naturelle, mais une surnaturelle grâce de Dieu qui avait daigné se révéler à lui, sur laquelle sa dévotion était fondée.

V. Au reste, nous ne lisons point que Dieu eût donné, devant ni après le traité d'alliance, aucunes lois ni séculières ni sacrées à Abraham et à sa famille, hormis le commandement de la circoncision qui est compris dans l'alliance même. D'où il appert, qu'il n'y avait aucunes autres lois, ni aucun autre culte, auquel Abraham fût obligé, outre les lois de nature, le service raisonnable et la circoncision.

Que les lois auxquelles Abraham était obligé, n'étaient autres que celles de nature et de la circoncision.

VI. Cependant, Abraham était dans sa famille interprète de toutes les lois tant sacrées que temporelles, non seulement par le droit de nature, en tant qu'il ne suivait que les règles de la raison, mais en vertu des termes de l'alliance, par laquelle il promettait à Dieu obéissance et pour soi et pour sa postérité. Ce qui eût été en vain, si ses enfants n'eussent été obligés d'obéir à ses commandements. Et de vrai, comment pourrait-on entendre ce que Dieu dit, Gen. 18. 18. *Qu'en lui seront bénites toutes les nations de la terre; car je le connais, qu'il commandera à ses enfants et à sa maison après soi, qu'ils gardent la voie de l'Éternel, pour faire ce qui est juste et droit*, si l'on ne supposait ses enfants étaient obligés, et que toute sa maison était tenue d'obéir à ses ordonnances?

Qu'Abraham était interprète à ses gens de la parole de Dieu et de toutes les lois.

VII. D'où il s'ensuit, que les sujets d'Abraham n'ont pas pu faillir en lui obéissant, pourvu qu'il ne commandât pas de nier l'existence de Dieu ou sa Providence, ni de faire quelque chose qui fût directement contre la gloire de Dieu. En toute autre rencontre, il fallait entendre de sa seule bouche la voix du ciel, comme étant l'unique interprète des lois et de la parole divine. En effet, l'on ne pouvait apprendre que d'Abraham, qui était son Dieu, et en quelle manière on le devait servir. Et ceux qui, après la mort de ce patriarche, furent soumis au commandement d'Isaac et de Jacob, durent par la même raison leur obéir sans crime, toutes fois et quantes qu'ils reconnurent et avouèrent le Dieu d'Abraham pour leur Dieu et pour leur roi. Car, ils s'étaient soumis à Dieu simplement, avant qu'à Abraham; et à celui-ci, avant qu'au Dieu d'Abraham en particulier; comme aussi à ce dernier auparavant qu'à Isaac. De sorte qu'aux sujets d'Abraham il n'y avait que

Que les sujets d'Abraham n'ont pas pu faillir en lui obéissant.

ce seul crime, de nier l'existence et la providence de Dieu, qui fût de lèse-majesté divine; mais en leurs descendants ce fut aussi un crime de cette nature, que de nier le Dieu d'Abraham, c'est-à-dire, que de servir Dieu d'une autre façon qu'elle n'avait été instituée par ce père des croyants, à savoir sous des images faites de main d'homme * (selon le style de l'Écriture) comme le pratiquèrent les autres nations, qui à cause de cela furent nommées idolâtres. Et jusque-là les sujets purent assez aisément discerner ce qu'ils avaient à faire ou éviter dans les commandements de leurs princes.

Remarque.

*[Sous des images faites de main d'homme.] *« Voyez chapitre XV art. XIV où j'ai montré qu'un tel culte est déraisonnable. Mais s'il est pratiqué par le commandement d'un État, qui ne connaît ni ne reçoit point de parole de Dieu écrite, j'ai fait voir au chap. XV art. XVIII que ce service-là est raisonnable. Au reste, là où Dieu règne par une alliance contractée, où il est expressément défendu de l'adorer de cette sorte, comme il est porté dans celle d'Abraham, la chose est toujours criminelle, quelque commandement que l'État en fasse. »*

Alliance de Dieu avec le peuple juif en la montagne de Sinaï.

VIII. Maintenant, afin que je suive le fil de l'Écriture sainte, je remarquerai que cette même alliance fut renouvelée avec Isaac, Gen. 26. 3, 4. et avec Jacob, Gen. 28. 14. où Dieu ne se nomme pas simplement Dieu, tel que la nature le publie, mais spécialement et distinctement le Dieu d'Abraham et d'Isaac. Et ensuite, ayant à renouveler cette même alliance avec tout le peuple d'Israël, par le ministère de Moïse : *je suis*, dit-il, Exod. 3. 6. *le Dieu de ton père, le Dieu d'Abraham, le Dieu d'Isaac et le Dieu de Jacob.* Derechef, lorsque le peuple, non seulement très libre, mais très ennemi de toute sujétion humaine, à cause de la mémoire récente qu'il avait de sa captivité au royaume d'Égypte, s'arrêta dans le désert proche de la montagne de Sinaï, cette ancienne alliance fut proposée à toute la congrégation pour être renouvelée en cette forme, Exod. 19. 5. *Maintenant donc, si vous obéissez à bon escient à ma voix, et gardez mon alliance (à savoir celle que je traitai avec Abraham, Isaac et Jacob) aussi serez-vous d'entre tous peuples mon plus précieux joyau, combien que toute la terre m'appartienne; et vous me serez un royaume de sacrificateurs, et une nation sainte.* A quoi tout le peuple répond d'un commun accord au vers. 8. *Nous ferons tout ce que l'Éternel a dit.*

IX. En ce traité, il faut remarquer entre autres choses le titre de *royaume*, qui n'avait point été employé auparavant. Car, encore que Dieu fût le roi des Israélites, et par la nature et par l'alliance, toutefois, ils ne lui devaient qu'une obéissance et un culte naturel, 5, en tant que ses sujets ; mais ils lui en devaient un religieux, tel qu'Abraham avait institué, en qualité de sujets de ce patriarche et des descendants d'Isaac et de Jacob leurs princes naturels et légitimes. D'autant qu'ils n'avaient reçu aucune autre parole de Dieu que celle que là droite raison fait entendre naturellement à tous les hommes, et il n'était intervenu aucune alliance entre Dieu et eux, si ce n'est en tant que leurs volontés étaient comprises dans celle d'Abraham, comme dans celle de leur prince. Mais quand l'alliance fut derechef traitée en la montagne de Sinaï, où tout le peuple prêta son consentement, Dieu établit d'une façon plus particulière son règne sur les Israélites. C'est de cette illustre époque que commence le règne de Dieu si célèbre dans la Sainte Écriture, et dans les écrits des théologiens et à cela regarde ce que Dieu dit à Samuel, lorsque les juifs lui demandaient un roi : *ils ne t'ont point rejeté, mais ils m'ont rejeté, afin que je ne règne point sur eux*, 1. Sam. 8. vers. 7. Et ce que Samuel déclare au peuple, 1. Sam. 12. vers. 12. *Vous m'avez dit, non, mais un roi régnera sur nous ; combien que l'Éternel votre Dieu fût votre roi*. Et ce que le prophète Jérémie ajoute au chap. XXXI. v. 31. *L'alliance que je traitai avec leurs pères au jour que je les pris par la main pour les faire sortir hors du pays d'Égypte ;* et même la doctrine de ce Jude le Galiléen, dont il fait mention dans Joseph, au 18. livre des Antiquités judaïques, c. 2. en ces termes : *or, Jude le Galiléen fut le premier auteur de cette quatrième secte, de ceux qui s'adonnaient à l'étude de la sagesse. Ceux de cet ordre conviennent en tout le reste avec les Pharisiens, si ce n'est en ce qu'ils sont éperdument amoureux de la liberté, croyant qu'il ne faut reconnaître que Dieu seul pour Seigneur et Prince, et tous prêts de souffrir les plus rigoureux supplices, en y exposant aussi leurs plus chers amis ou leurs plus proches parents, plutôt que de nommer un homme mortel leur seigneur.*

Que le gouvernement de Dieu a pris de là le nom de règne.

X. Après avoir considéré le droit du règne de Dieu par l'alliance établie de cette sorte, il faut voir ensuite quelles ont été les lois que Dieu a proposées à son peuple. Elles sont connues de tout le monde, à savoir le *Décalogue*, et ces autres, tant politiques, que cérémo-

Quelles furent les lois que Dieu imposa aux juifs.

nielles, contenues depuis le vingtième chapitre du livre de l'Exode, jusqu'à la fin du Pentateuque et à la mort de Moïse. Or, de toutes les lois en général qui ont été données par le ministère de Moïse, les unes obligent naturellement, comme celles qui ont été publiées de Dieu, en tant qu'il est auteur de la nature, et qui ont été en vigueur, même avant qu'Abraham fût au monde. Les autres obligent en vertu de l'alliance traitée avec ce patriarche, comme promulguée de Dieu en tant que le Dieu d'Abraham et qui ont eu leur force avant Moïse, à cause du traité précédent. Mais les autres obligent seulement en considération de la dernière alliance qui fut faite avec le peuple même, et comme données de Dieu en tant que roi, particulièrement des Israélites. Du premier ordre sont tous les préceptes du Décalogue qui regardent les mœurs, comme sont celles-ci : *honore ton père et ta mère ; tu ne tueras point ; tu ne paillarderas point ; tu ne déroberas point ; tu ne diras point faux témoignage ; tu ne convoiteras point.* Car elles sont lois naturelles. Comme aussi le commandement, *de ne prendre point le nom de Dieu en vain,* qui est une partie du culte naturel, ainsi qu'il a été démontré au chapitre précédent, art. XV. Pareillement le second précepte de loi, *qui défend d'adorer Dieu sous quelque image que les hommes en aient inventée ;* parce que cela aussi touche le service religieux enseigné de la nature, comme il est déclaré dans le même article. Du second rang est le premier commandement du Décalogue : *tu n'auras point d'autres dieux devant moi ;* car, en cela consiste l'essence de l'alliance traitée avec Abraham, par laquelle Dieu n'exige de lui autre chose, si ce n'est qu'il soit son Dieu et de sa semence. Comme le précepte de sanctifier le jour du sabbat ; d'autant que la sanctification du septième jour fut instituée en mémoire de la création du monde parachevée dans six journées, ainsi qu'il appert de ces paroles de l'Exode, chap. XXXI. 17. *C'est un signe entre moi et les enfants d'Israël à perpétuité ; car, en six jours, l'Éternel a fait les cieux et la terre, et au septième il a cessé et s'est reposé.* De la troisième sorte sont les lois *politiques, judicielles,* et *cérémonielles,* qui ne regardent que les Juifs tant seulement. Les lois des deux premières espèces furent écrites sur des tables de pierre, et nommées le Décalogue, à cause des dix commandements qu'elles contiennent, que l'on conserva soigneusement enfermées dans l'arche : les autres, comprises dans le volume entier de la Loi, furent gardées à côté de cette même arche, Deuter. 3. 26. et pouvaient être changées en retenant la foi d'Abraham ; mais aux premières, il n'était point permis d'y toucher en aucune façon.

XI. Toutes les lois de Dieu sont une parole divine, mais toute la parole de Dieu n'est pas loi. *Je suis le seigneur ton Dieu qui t'ai tiré hors de la terre d'Égypte*, c'est bien Dieu qui parle, mais ce n'est pas une loi qu'il prononce. Et tout ce qui est proféré ou écrit ou déclarant la parole de Dieu n'est pas et ne doit pas être pris tout incontinent comme une partie de cette même parole. Car ces mots, par exemple, le *seigneur dit ceci*, ne sont pas mis dans les livres sacrés comme s'ils étaient sortis de la bouche de Dieu, mais ce sont des paroles que le prophète fait précéder en qualité de héraut et d'annonciateur de la volonté divine. Cela seul est la parole de Dieu dont un vrai prophète déclare que Dieu parla de telle sorte. Cependant les écrits des prophètes, qui comprennent tant ce que Dieu dit, que ce que le prophète ajoute, sont nommés la *parole de Dieu*, parce qu'elle y est contenue. Mais, d'autant que celle-là seule mérite ce titre, qui est annoncée par un vrai prophète, l'on ne peut pas connaitre quelle c'est qui est véritablement parole de Dieu, que l'on ne sache auparavant quel est celui qui doit être reçu pour vrai prophète ; et il faut que la créance que l'on donne à ce dernier, précède la foi que l'on ajoute à ce qui sort de sa bouche, c'est-à-dire, il faut que l'on reçoive le prophète avant que l'on puisse croire à la parole de Dieu. Le peuple d'Israël crut à Moïse en considération de ces deux choses, de ses miracles et de sa foi ; car quelques grandes et évidentes merveilles dont il eût été spectateur, toutefois il n'eût pas dû lui croire, s'il l'eût tiré d'Égypte pour l'accoutumer à une autre religion qu'au culte du Dieu de ses pères, d'Abraham, d'Isaac et de Jacob ; d'autant que cela eût été contraire à l'alliance que Dieu avait traitée avec lui. Il y a aussi deux choses, *la prédiction surnaturelle de ce qui est à venir*, que je tiens pour un très grand miracle, et *la foi au Dieu d'Abraham* qui délivra les Juifs de la captivité d'Égypte, que Dieu leur proposa comme des marques infaillibles pour discerner les vrais prophètes. Celui à qui l'une de ces deux conditions manque ne doit point être tenu pour vrai prophète, ni sa parole reçue pour une parole divine. Au treizième chapitre du Deutéron. vers. 1. 2. 3. 4. 5. voici comment la foi est jugée nécessaire, *quand il se*

Ce que c'est que la parole de Dieu et comment c'est qu'il la faut connaitre.

lèvera au milieu de toi quelque prophète ou songeur de songes, qui vous mettra en avant quelque signe ou miracle; et ce signe ou ce miracle deviendra, duquel il t'aura parlé, disant, allons après d'autres Dieux, lesquels tu n'as point connus et servons à iceux : tu n'écouteras point les paroles de ce prophète-là, ni de ce songeur-là des songes, etc. mais on le fera mourir. Si la prédiction de l'avenir y manque, le prophète est rejeté, selon ce qui est porté dans le même livre chapitre XVIII. verset 21. 22, *Que si tu dis en ton cœur, comment connaîtrons-nous la parole que l'Éternel n'aura point dite? Quand ce prophète-là aura parlé au nom de l'Éternel, et que cette chose ne sera point ni n'adviendra point, cette parole-là est celle que l'Éternel ne lui a point dite, mais le prophète l'a dite par fierté, ainsi n'aie point peur de lui.* Il est donc manifeste que la parole de Dieu est celle qu'un vrai prophète annonce comme telle et c'est une chose qui n'est point contestée, qu'il y a eu parmi les Juifs de vrais prophètes dont la foi était saine, et aux prédictions desquels les événements ont répondu. A la vérité ce n'est pas une matière sans controverse que de savoir au net ce que c'est que suivre d'autres Dieux, et que d'examiner si les événements que l'on dit avoir répondu aux prédictions, s'y ajustent bien en toutes leurs circonstances; surtout lorsqu'il s'agit des prophéties qui ont représenté l'avenir obscurément et en énigme, telles que sont celles de presque tous les prophètes, qui n'ont pas vu l'Éternel face à face (comme l'Écriture témoigne de Moïse, Nomb. 12. 8.), mais en figure et sous des énigmes. On ne peut juger de ces derniers autrement que par la raison naturelle; car le jugement dépend de l'interprétation de la prophétie et de la comparaison que l'on fait de ses paroles avec la suite des événements.

Quelle a été la parole de Dieu écrite parmi les juifs.

XII. Les Juifs recevaient comme parole de Dieu écrite, le livre de toute la Loi qui se nommait le Deutéronome; et jusqu'au temps de la captivité de Babylone, autant qu'on le peut cueillir de l'histoire sainte, ils n'en reçurent point d'autre; car ce fut le livre que Moïse même donna à garder aux sacrificateurs, qu'il voulut qu'on mît à côté de l'arche de l'alliance et que les rois décrivissent, Deutéronome 3. 9. 26. Aussi, longtemps après sous le règne de Josias, il fut reconnu par l'autorité du roi comme parole de Dieu, 2. Rois 23. 1. Des autres livres du Vieux Testament nous ne savons pas quand c'est qu'ils ont commencé d'être reçus dans le canon des

LA RELIGION   289

Saintes Écritures. Quant aux prophètes, Isaïe, Daniel, Jérémie et les autres, puisque leurs prédictions regardaient ce qui devait arriver pendant ou après la captivité, leurs écrits n'ont pas pu d'abord être reçus comme prophétiques, à cause de la règle que j'ai alléguée du Deutéronome 18. 21. 22. par laquelle il était commandé aux Israélites de ne recevoir pour prophète que celui dont l'événement vérifierait la certitude des prophéties. Et de là vient peut-être que les Juifs, après avoir mis à mort quelques saints personnages lorsqu'ils prophétisaient, n'ont pas laissé de mettre leurs écrits au rang des prophétiques, et de les recevoir comme parole de Dieu, mieux instruits de la vérité des prédictions par l'expérience des choses arrivées.

XIII. Après avoir montré quelles ont été les lois sous l'ancienne alliance et ce qui a été reçu dès le commencement comme parole de Dieu, il faut considérer ensuite à qui, ou à quelles personnes c'est qu'il appartenait de juger des écrits des prophètes qui s'élevaient, pour savoir s'il fallait les recevoir comme une continuation de cette même parole divine, c'est-à-dire, si les événements répondaient aux prédictions et entre les mains de qui était laissée la puissance d'interpréter les lois déjà reçues et la parole de Dieu écrite ; ce qu'il faut rechercher en parcourant les temps et les changements qui arrivèrent à la république d'Israël.

Que la puissance d'interpréter la parole de Dieu et l'autorité suprême dans le civil ont été jointes en la personne de Moïse.

Il est manifeste que cette autorité fut toute entre les mains de Moïse tandis qu'il vécut. Car, s'il n'eût pas été interprète des lois et de la parole, cette charge eût appartenu ou à chaque particulier, ou à une congrégation telle qu'était la synagogue, composée de plusieurs têtes, ou au souverain sacrificateur, ou aux autres prophètes. Mais en premier lieu, il est certain qu'aucun particulier ni aucune assemblée de personnes privées n'a pu jouir de ce privilège ; car tant s'en faut qu'on les eût reçus à cette interprétation, qu'elle leur fût très expressément défendue et avec de rigoureuses menaces. Les Juifs ne pouvaient entendre la voix de Dieu que par la bouche de Moïse, comme il est porté au chapitre 19. de l'Exode verset 24. *Que les sacrificateurs et le peuple ne rompent point les bornes pour monter vers l'Éternel, de peur que par aventure il ne se rue sur eux. Moïse donc descendit vers le peuple et le leur dit.* D'ailleurs, que ni les particuliers ni aucune assemblée, ne dut prétendre que Dieu parlât par leur entremise et par conséquent qu'ils pussent avoir le droit d'interpréter la parole de Dieu, il est ouvertement et expressément déclaré sur le sujet de la sédition de Coré, de Dathan, d'Abiron et des deux cent cinquante des principaux de la synagogue ; car, comme ils prétendaient que Dieu ne se révélait pas moins par leur bouche que par celle de Moïse, ils se glorifiaient de cette sorte, *qu'il nous suffise, puisque tous ceux de l'assemblée sont saints et que l'Éternel est au milieu d'eux, pourquoi vous élevez-vous par-dessus la congrégation de l'Éternel?* Nomb. 16. 3. Mais Dieu fit bien voir ce qu'il pensait de ce raisonnement et l'on peut juger de la témérité de cette entreprise par ce qui est ajouté au 33. verset du même chapitre, *que Coré, Dathan, Abiron et tous ceux qui étaient à eux descendirent vifs dans le gouffre, que la terre les couvrit et qu'ils périrent ainsi du milieu de la congrégation. Et que le feu sortit de par l'Éternel et consuma les deux cent cinquante hommes qui offraient le parfum.*

Secondement, il appert qu'Aaron le souverain sacrificateur n'eut pas cette puissance, par une semblable dispute qui s'éleva entre lui assisté de sa sœur Marie et le prophète Moïse. Il était question de savoir si Dieu avait parlé par la bouche de Moïse seulement, ou bien aussi par la leur, c'est-à-dire, si Moïse seul, ou si eux aussi étaient interprètes de la parole divine ; car voici comment ils en proposent l'état au 12. des Nombres verset 2. *L'Éternel a-t-il parlé tant seulement par Moïse? N'a-t-il point aussi parlé par nous?* Sur quoi Dieu se mettant en colère montre la distinction qu'il y a entre Moïse et ses autres prophètes. *S'il y a*, dit-il, *quelque prophète entre vous, moi qui suis l'Éternel, je me ferai connaître à lui par vision et parlerai à lui par songe. Il n'est pas ainsi de mon serviteur Moïse, qui est fidèle en toute ma maison. Je parle avec lui bouche à bouche et il me voit de fait, et non point en obscurité, ni par représentation ; pourquoi donc n'avez-vous point eu peur de parler contre mon serviteur, contre Moïse?*

Enfin, on recueille que l'interprétation de la parole de Dieu n'a point été du vivant de Moïse en la puissance d'aucuns autres prophètes, de ce que j'ai déjà allégué de son excellence par-dessus tout ce qu'il y en a eu ; et d'un raisonnement naturel, qui est, qu'il appartient au même prophète qui apporte le commandement de Dieu d'en donner l'explication. Or, il n'y avait point alors d'autre parole de Dieu, hormis celle qui était annoncée par Moïse. Et de ce aussi, qu'en ce temps-là il ne parut aucun autre prophète qui prophétisât au peuple, excepté les septante anciens qui prophétisaient par l'esprit de Moïse; ce que même Josué qui était alors son serviteur et qui fut depuis son successeur, trouva mauvais, jusqu'à ce qu'il s'aperçût que cela se faisait du consentement de son maître; l'Écriture sainte est expresse là-dessus, Nomb. 11. 25. *Adonc l'Éternel descendit en la nuée et parla à Moïse, et mit à part de l'esprit qui était sur lui, et le mit sur ces septante hommes anciens. Et advint qu'aussitôt que l'esprit reposa sur eux, ils prophétisèrent.* La nouvelle s'en étant répandue, lorsque Josué l'apprend, il dit à Moïse, *mon seigneur, empêche-les!* A quoi Moïse répond. *Es-tu jaloux pour moi?* etc. Puis donc que Moïse était seul héraut de la parole de Dieu et que ce n'était pas aux particuliers, ni à la synagogue, ni au souverain sacrificateur, ni aux autres prophètes de l'interpréter; il reste que ce fut Moïse seul qui en était interprète, ayant aussi une autorité souveraine sur les affaires politiques; et que d'ailleurs la contestation de Coré et de ses complices contre Moïse et Aaron; ou même la dispute d'Aaron et de sa sœur Marie contre Moïse, ne fut pas émue pour l'intérêt du salut de l'âme, mais par un mouvement d'ambition et par un désir de régner sur le peuple.

XIV. Du temps de Josué, l'interprétation des lois et de la parole de Dieu était entre les mains d'Éléazar souverain sacrificateur, et comme vice-roi de Dieu, absolu parmi les Juifs. On peut tirer cette conséquence, premièrement de l'alliance même, en laquelle la république d'Israël est nommée un royaume sacerdotal, ou comme parle saint Pierre en sa première Épître, chap. II. *une sacrificature royale;* ce qui ne pourrait pas être dit de la sorte, si par l'institution et la force du contrat, on n'entendait que la puissance royale sur le peuple était entre les mains du souverain pontife. Et cela ne répugne point à ce qui a été dit auparavant, que ce n'a pas été Aaron le sacrificateur, mais Moïse qui a régné, exerçant sous Dieu l'autorité suprême; parce qu'il est nécessaire en l'établissement d'une république, que celui qui lui donne la première forme, tienne de son vivant les rênes de l'empire (il n'importe que ce soit en une monarchie, ou en une aristocratie, ou en un État populaire), et qu'il se réserve en ce temps-là toute la puissance, dont à l'avenir il fera part aux autres, quand les choses seront une fois mises dans leur train ordinaire. Or, que le sacrificateur Éléazar eût, avec la di-

Qu'elles ont demeuré unies en la personne du souverain sacrificateur du vivant de Josué.

gnité du sacerdoce, aussi l'autorité souveraine, la vocation même de Josué à l'administration des affaires en est une preuve très évidente ; car voici de quelle façon elle nous est décrite au livre des Nomb. 27. 18. 19. 20. 21. *Lors l'Éternel dit à Moïse, prends-toi Josué, fils de Nun, homme auquel est l'esprit, puis tu poseras ta main sur lui et le présenteras devant Éléazar le sacrificateur et devant toute l'assemblée ; et l'instruiras eux le voyant et lui départiras de ton autorité, à ce que toute l'assemblée des enfants d'Israël l'écoute. Et il se présentera devant Éléazar le sacrificateur, et l'interrogera touchant le jugement d'Urim devant l'Éternel ; et ils sortiront et entreront à son commandement, tant lui que tous les enfants d'Israël avec lui.* Auquel endroit, *consulter l'oracle de Dieu en ce qu'il faudra faire,* c'est-à-dire, *interpréter la parole de Dieu,* et de la part de l'Éternel commander sur toutes choses, est une prérogative réservée à Éléazar ; mais *entrer et sortir à son commandement,* c'est-à-dire obéir, c'est un devoir qui regarde le peuple, et une autorité donnée à Josué. Il faut aussi remarquer que ces termes, *et tu lui départiras de ton autorité,* signifient clairement que Josué n'eut pas une puissance égale à celle de Moïse. Cependant il est certain, que même du temps de Josué, la souveraineté dans le temporel et dans le spirituel, où la puissance politique, et celle d'interpréter la parole de Dieu, étaient toutes deux unies à une seule personne.

Qu'elles sont demeurées jointes en la personne du souverain sacrificateur, jusqu'au temps du roi Saül.

XV. Après la mort de Josué, suit le temps des juges jusqu'au commencement du règne de Saül, dans toute laquelle suite il est manifeste que le droit du royaume établi de Dieu, demeura en la personne du souverain sacrificateur ; car c'était un règne (selon l'alliance) sacerdotal, c'est-à-dire, un règne de Dieu par le ministère du sacrificateur, dont la forme a dû demeurer en son entier, jusqu'à ce que le peuple en ayant obtenu la permission de Dieu, y introduisit du changement ; ce qui n'arriva que lorsque, demandant un roi, Dieu le leur accorda et dit à Samuël, livre 1. ch. VIII. verset 7. *Obéis à la voix du peuple, en tout ce qu'ils te diront ; car ils ne t'ont point rejeté, mais ils m'ont rejeté, afin que je ne règne point sur eux.* De sorte que la souveraine puissance politique était due, suivant l'institution divine, au grand sacrificateur. Mais en effet, elle était exercée par les prophètes, en la protection et à la conduite desquels (suscités de Dieu extraordinairement) le peuple d'Israël (nation fort désireuse de prédictions et attachée à ses prophètes) se remettait volontiers, à cause de l'estime qu'il faisait des prophéties. La raison de cela était, que par l'établissement du règne sacerdotal de Dieu, bien que des peines fussent ordonnées et qu'il y eût des magistrats établis pour rendre justice ; toutefois le droit de punir dépendait de la volonté des particuliers ; et il était en la puissance d'une multitude déjointe de faire, ou de ne pas faire supplice, suivant que les personnes privées se trouvaient poussées de zèle, ou animées de quelque passion. C'est pourquoi nous ne voyons point que Moïse ait jamais fait mourir personne de sa propre autorité ; mais quand il y en avait quelques-uns dont il se voulait défaire, il excitait contre eux la multitude, employant l'autorité divine, et disant que Dieu le commandait ainsi. Et cette pratique était très conforme à la nature de ce règne particulier de la divinité ; car c'est là vraiment que Dieu règne, où l'on obéit aux lois, non pour la crainte des hommes, mais pour la révérence que l'on porte à sa majesté. Certainement, si nous étions tels que nous devrions être, ce serait là la plus belle et la meilleure forme de gouvernement. Mais les hommes qu'il faut gouverner étant si déréglés que nous les voyons, il est nécessaire qu'il y ait dans l'État une puissance politique qui ait le droit et les forces pour le contraindre. C'est aussi pour ce sujet, que dès le commencement, Dieu établit des lois par le ministère de Moïse, touchant les rois qui auraient à régner sur son peuple, et lesquelles nous lisons au 14. du Deutéron. Et Moïse prédit en sa dernière harangue aux Juifs, *qu'après sa mort ils ne faudraient point à se corrompre, et à se détourner de la voie qu'il leur avait commandé de suivre.* Deut. 31. 29. S'étant levé, selon cette prophétie, une autre génération, *laquelle n'avait point connu l'Éternel, ni aussi les œuvres qu'il avait faites pour Israël, les enfants d'Israël firent ce qui était déplaisant à l'Éternel et servirent aux Bahalins.* Jug. 2. 10. 11. c'est-à-dire, ils rejetèrent le gouvernement de Dieu, cette théocratie, en laquelle ils étaient régis de leur créateur par le ministère du souverain pontife ; et comme après cette félonie, ils furent vaincus par leurs ennemis et pressés du joug de la servitude, ils n'attendirent plus d'ouïr la volonté de Dieu par la bouche du sacrificateur, mais par la révélation des prophètes. De sorte que ces derniers jugèrent effectivement le peuple d'Israël ; mais au fonds, le droit d'obéissance était dû au souverain sacrificateur. Combien donc qu'après la mort de Moïse et de Josué le règne sacerdotal demeura faible et dénué de forces, il n'était pourtant pas privé de droit, ni déchu de son titre. Quant à ce qui est de l'interprétation de la parole de Dieu, il est évident qu'elle appartenait au souverain sacrificateur, de ce qu'après que le tabernacle et l'arche de l'alliance furent consacrés, Dieu ne parla plus en la montagne de Sinaï, mais du tabernacle de l'alliance, et du propitiatoire qui était entre les chérubins, en un lieu où il n'y avait que le grand sacrificateur qui eût l'accès libre. Si donc l'on a égard au *droit* du règne, la puissance civile et celle d'interpréter la volonté de Dieu étaient rassemblées en la personne du souverain pontife. Mais si l'on considère le *fait*, elles étaient aussi communiquées aux prophètes qui jugeaient le peuple d'Israël. Car ils avaient en tant que juges, la puissance temporelle, et en tant que prophètes, ils étaient interprètes de la parole de Dieu. Et ainsi, ces deux puissances, de quelque façon qu'on les prenne, sont demeurées jusqu'ici inséparables.

Qu'elles ont demeuré unies en la personne des rois, jusqu'au temps de la captivité.

XVI. Il n'y a point de doute que, lorsque la domination royale fut établie en la Palestine sur le peuple d'Israël, l'autorité politique fut entre les mains des rois. Car le règne de Dieu par le ministère du souverain sacrificateur ayant pris fin, les Juifs, l'ayant demandé ainsi, et l'Éternel le leur ayant accordé (ce que S. Jérôme aussi remarque en parlant des livres de Samuel; *Samuel*, dit-il, *montre qu'après qu'Heli fut mort, et que Saül eut été tué, l'ancienne loi fut abolie;* et ce que témoigne le nouveau serment que Sadoc prête pour le nouveau sacerdoce et David pour le nouvel empire); le droit par lequel les rois gouvernaient était fondé en la concession du peuple. Le sacrificateur ne pouvait faire légitimement que ce que Dieu lui commandait; mais le roi avait autant de légitime puissance que chaque particulier en avait sur soi-même: car les Israélites lui avaient donné le droit de juger de toutes choses, et de faire la guerre au nom de tout le peuple, qui sont les deux points qui comprennent tout le droit qu'un homme peut transférer à un autre. *Notre roi* (est-il dit, 1. Sam. 8. 20.) *nous jugera et sortira devant nous, et conduira nos guerres*. Les rois donc avaient la puissance de juger; or, qu'est autre chose juger que faire une application particulière des lois à certaines occurrences, en les interprétant. Et puisque jusqu'au temps de la captivité, on ne reconnut point d'autre parole de Dieu écrite que la loi de Moïse, il était aussi en la puissance des rois d'interpréter cette parole. Voire même, s'il faut prendre la parole de Dieu pour la loi, bien qu'il y en eût eu quelque autre d'écrite outre la loi de Moïse, elle eût dû être soumise à l'interprétation des rois, parce que celle des lois leur appartient. Lorsque le Deutéronome (où la loi de Moïse était contenue) fût retrouvé longtemps après qu'il avait demeuré perdu, les sacrificateurs consultèrent de vrai la bouche de Dieu touchant ce livre ; mais ce ne fut pas de leur propre autorité, mais par le commandement de Josias, ni immédiatement, mais par l'entremise de la prophétesse Holda. D'où il conte que le sacrificateur n'avait pas la puissance d'admettre certains livres, comme étant la parole de Dieu. Et il ne s'ensuit pourtant pas que la prophétesse fût privilégiée de cette puissance ; parce que c'était à d'autres de juger des prophètes mêmes, s'il fallait les tenir pour vrais, ou non. Car, autrement à quoi faire Dieu eût-il donné à son peuple des marques et des signes par lesquels il distingua les vrais d'avec les faux prophètes (à savoir l'événement des prédictions, et la conformité de leur doctrine avec la religion instituée par Moïse), s'il n'eût pas été permis de s'en servir ? De sorte que l'autorité de recevoir quelques livres, comme étant la parole même de Dieu, était réservée au roi ; aussi le livre de la loi fut approuvé et reçu par l'autorité du roi Josias, ainsi qu'il appert du quatrième Livre des rois chap. XXII. et XXIII. où il est dit, qu'il assembla les États du royaume, à savoir les anciens, les sacrificateurs, les prophètes, et tout le peuple, qu'il lut ce livre en leur présence, et qu'il renouvela les paroles de l'alliance, c'est-à-dire, qu'il les fit reconnaître pour la loi de Moïse et la parole de Dieu, que les Juifs confirmèrent et reçurent derechef comme authentique. Donc en ce temps-là, la puissance civile et celle de discerner la parole de Dieu d'avec celle des hommes, et celle de l'interpréter, étaient toutes réunies en la personne des rois. Les prophètes n'étaient pas envoyés avec une pleine autorité, mais en forme de prédicateurs, de la doctrine desquels les auditeurs pouvaient juger ; et bien que ceux qui ne faisaient pas les choses aisées qu'ils enseignaient clairement, fussent punis du magistrat, il ne s'ensuit pourtant pas que les rois fussent dès là obligés de suivre tout ce que les prophètes commandaient de la part de Dieu. Car encore que Josias, ce bon roi de Juda, perdit la vie pour n'avoir pas obéi au discours que Dieu lui tint par la bouche de Nechao roi d'Égypte, c'est-à-dire, parce qu'il rejeta un bon conseil, quoiqu'il semblât venir d'un ennemi ; toutefois personne ne dira, que Josias fut obligé par aucunes lois divines ou humaines d'ajouter foi à Pharao Nechao, roi d'Égypte, en ce qu'il disait que Dieu avait parlé à lui. Quant à ce que l'on pourrait objecter, que les rois, faute de doctrine, se trouvent rarement assez capables pour interpréter les livres anciens où la parole de Dieu est contenue ; et qu'à cause de cela, il n'est pas juste que cette charge dépende de leur autorité. Je réponds, que la même objection peut être faite contre les sacrificateurs et contre tous les hommes du monde ; car ils sont tous sujets à faillir ; mais bien que les prêtres fussent naturellement et par étude plus propres et plus chargés de doctrine que les autres ; si est-ce que les rois ont assez de moyen d'établir sous eux des personnes douées de pareille suffisance, pour les aider en leur interprétation. Et ainsi encore que les rois n'interprètent pas eux-mêmes la parole de Dieu, néanmoins la charge de l'interpréter peut dépendre de leur autorité ; de sorte que ceux qui la leur veulent ôter, à cause qu'ils ne la peuvent pas toujours exercer eux-mêmes, sont aussi bien fondés que s'ils prétendaient qu'un souverain ne peut pas dresser des chaires en mathématiques, qui dépendent de son autorité royale, s'il n'est lui-même grand mathématicien. Nous lisons que des rois ont prié pour le peuple, qu'ils l'ont béni, qu'ils ont consacré le temple, qu'ils ont commandé aux sacrificateurs, qu'ils en ont déposé quelques-uns, et établi quelques autres. Il est vrai qu'ils n'ont pas offert des sacrifices, parce que cela était propre à Aaron et héréditaire à ses enfants. Mais il est certain que le sacerdoce fut un ministère, et non pas une charge de commandement, depuis le temps du roi Saül jusqu'à la captivité de Babylone, comme il l'avait été aussi du vivant de Moïse.

Qu'elles ont été en la personne des sacrificateurs après le retour de la captivité.

XVII. Le *règne sacerdotal* fut rétabli après le retour de la captivité de Babylone et après que l'on eut renouvelé et signé l'alliance, tel qu'il avait été depuis la mort de Josué jusqu'au commencement des rois. Si ce n'est qu'il n'est pas porté expressément que le peuple ait donné à Édras (sous la conduite duquel les Juifs redressèrent leurs affaires), ni à aucun, mais à Dieu seul le droit de l'empire. Il semble que cette réformation ne fut autre chose qu'un vœu, ou qu'une simple et nue promesse que chacun fit de garder tout ce qui était écrit dans le livre de la Loi. Toutefois l'État auquel on se remit était un règne sacerdotal (quoique peut-être ce ne fût pas là l'intention du peuple), c'est-à-dire, l'autorité souveraine tant au spirituel qu'au temporel, se trouvait unie dans les sacrificateurs, en vertu de l'alliance que l'on renouvelait alors ; car c'était la même qui avait été traitée en la montagne de Sinaï. Bien que ce règne fût depuis tellement troublé par l'ambition de ceux qui prétendirent à la dignité du sacerdoce, et par l'usurpation des princes étrangers, jusqu'au temps de notre sauveur Jésus-Christ, qu'on ne peut point apprendre de l'histoire de ces siècles-là, où c'est qu'une telle autorité demeura renfermée. Cependant nous savons qu'en ces temps-là, la puissance d'interpréter la parole de Dieu, ne fut point séparée de la souveraineté dans les affaires politiques.

XVIII. Il est aisé de connaître par ce que je viens de dire, ce que les Juifs avaient à faire touchant les ordonnances de leurs princes, pendant tout le temps qui s'écoula depuis Abraham jusqu'à notre Seigneur Jésus-Christ. Car, tout ainsi que dans les royaumes purement humains, il faut obéir au magistrat subalterne en toutes choses, si ses commandements ne font point tomber dans le crime de lèse-majesté, pareillement sous le règne de Dieu, il fallait obéir en toutes choses aux princes, à Abraham, à Isaac, à Jacob, à Moïse, aux sacrificateurs et aux rois, qui ont tenu le sceptre d'Israël, si ce n'est lorsque leurs édits contenaient quelque crime de lèse-majesté divine. Or les crimes de cette nature étaient, premièrement de *nier la providence de Dieu*, car, c'était le même qu'ôter à sa majesté le titre de roi par le droit de nature. En après, de *commettre idolâtrie*, ou de servir à de faux dieux ; je ne dis pas à d'autres dieux (pour ce qu'il n'y en a qu'un dans le monde), mais à des divinités étrangères ; ce qui se pratiquait en rendant à Dieu, quoique reconnu pour un seul, des services sous des noms, des attributs et des cérémonies autres que celles qu'Abraham, et que Moïse avaient instituées ; car cela était nier que le Dieu d'Abraham fût leur roi par l'alliance traitée avec ce patriarche et avec eux-mêmes. Mais en toutes autres choses, il fallait prêter une entière obéissance. Et s'il fût arrivé que le roi, ou le sacrificateur exerçant la souveraineté, eût commandé quelque action contraire aux lois, le péché qui en eût rejailli eût dû lui être imputé et non pas aux sujets ; desquels c'est

Que parmi les Juifs nier la providence divine et commettre idolâtrie, étaient les seuls crimes de lèse-majesté divine, qu'en toutes autres choses, ils devaient obéir à leurs princes.

le devoir de faire ce qu'on leur ordonne, sans entreprendre de gloser sur les commandements de leurs supérieurs.

Chapitre XVII

Du règne de Dieu par la nouvelle alliance.

Sommaire

I. Prophéties touchant la dignité de Christ. II. Prophéties touchant l'humilité et la passion de Christ. III. Que Jésus est le Christ. IV. Que le règne de Dieu par la nouvelle alliance n'est pas le règne de Christ en tant que Christ, mais en tant que Dieu. V. Que le règne de Dieu par la nouvelle alliance est céleste et commence au jour du jugement. VI. Que le gouvernement de Christ en ce monde n'a pas été avec empire, mais par forme de conseil, ou une conduite par les enseignements et par la voie de la persuasion. VII. Quelles sont les promesses qui ont été faites d'une part et d'autre en la nouvelle alliance. VIII. Que Christ n'a ajouté aucunes lois outre l'institution des sacrements. IX. Que ces exhortations, *repentez-vous, soyez baptisés, gardez les commandements* et semblables façons de parler ne sont pas des lois. X. Que c'est à l'autorité civile de définir ce que c'est que commettre une injustice. XI. Que c'est de l'autorité civile de définir quelles choses servent au maintien de la paix et à la défense de l'État. XII. Que c'est de l'autorité civile de juger (lorsqu'il en est de besoin) quelles définitions et quelles conséquences sont vraies. XIII. Que c'est de l'office de Christ d'enseigner les préceptes de la morale, non comme des simples théorèmes, mais comme des lois ; de remettre les offenses ; et d'enseigner tout ce dont proprement il n'y a pas de science. XIV. Distinction des choses temporelles et des spirituelles. XV. En combien de façons se prend la parole de Dieu. XVI. Que tout ce qui est contenu dans la Sainte Écriture n'est pas du canon de la foi chrétienne. XVII. Que le discours d'un légitime interprète des Saintes Écritures est parole de Dieu. XVIII. Que l'autorité d'interpréter les Écritures est la même que celle de décider les controverses de la foi. XIX. Diverses significations de ce mot d'*église*. XX. Ce que c'est qu'église, à laquelle on attribue des droits, des actions et autres choses semblables personnelles. XXI. Que la république chrétienne est même chose que l'église chrétienne. XXII. Que plusieurs républiques chrétiennes ne forment pas une seule église. XXIII. Qui sont les ecclésiastiques. XXIV. Que l'élection des ecclésiastiques appartient à l'église et leur consécration aux pasteurs. XXV. Que la puissance de pardonner les péchés aux repentants et de les retenir aux impénitents appartient aux pasteurs ; mais que c'est à l'église de juger de la repentance. XXVI. Ce que c'est que l'excommunication et sur qui c'est qu'elle ne peut point tomber. XXVII. Que l'interprétation de l'Écriture dépend de l'autorité de la république. XXVIII. Que la république chrétienne doit interpréter les Écritures par ses pasteurs et par ses ecclésiastiques.

I. Il se trouve dans le vieux Testament quantité de prophéties fort claires, touchant notre Sauveur Jésus-Christ, qui devait rétablir le règne de Dieu par la nouvelle alliance et dans lesquelles, si d'un côté sa dignité royale est hautement publiée, de l'autre, son humilité et sa passion sont ouvertement prédites. Celles-ci, entre autres, parlent de la dignité de sa charge. Dieu bénissant Abraham, lui promet son fils Isaac et ajoute Gen. 17. vers. 16. *Que les rois des peuples sortiraient de lui*. Jacob aussi bénissant son fils Juda ; *le sceptre*, dit-il, *ne se départira point de Juda*, Gen. 49. vers. 10. Dieu parlant à Moïse, Deut. 18. 18. *Je leur susciterai un prophète comme toi d'entre leurs frères, et mettrai mes paroles en sa bouche et il leur dira tout ce que je lui aurai commandé. Et adviendra que quiconque n'écoutera mes paroles qu'il aura dites en mon nom, je lui en demanderai compte.* Isaïe, chap. VII. XIV. *Pourtant le Seigneur lui-même vous donnera un signe. Voici, une vierge sera enceinte et enfantera un fils, et appellera son nom Emmanuel*. Le même au chap. IX. VI. *L'enfant nous est né, le fils nous a été donné, et l'empire a été posé sur son épaule, et on appellera son nom l'admirable, le conseiller, le Dieu fort et puissant, le père d'éternité, le prince de paix*. Et derechef, chap. XI. vers. 1. 2. 3. *Mais il sortira un tronc du jetton d'Isaïe et un surgeon croîtra de ses racines. Et l'Esprit de l'Éternel reposera sur lui, etc. tellement qu'il ne jugera point par la vue des yeux et ne redarguera point par l'ouïe de ses oreilles ;*

Prophéties touchant la dignité de Christ.

mais jugera en justice les chétifs et redarguera en droiture pour maintenir les débonnaires de la terre; et frappera la terre de la verge de sa bouche, et fera mourir le méchant par l'esprit de ses lèvres. De plus, aux chap. 51. 52. 53. 54. 56. 60. 61. et 62. du même prophète Isaïe, il n'est contenu presque autre chose qu'une description de l'avènement et des œuvres du Christ à venir. Jérémie au 31. chap. de ses révélations, vers. 31. *Voici, les jours viennent, dit l'Éternel, que je traiterai une nouvelle alliance avec la maison d'Israël et avec la maison de Juda, etc.* Baruch, chap. III. XXXVI. XXXVIII. *C'est celui-ci qui est notre Dieu. Après cela il a été vu en la terre, et a conversé avec les hommes.* Ézéch. 34. vers. 23. *Je susciterai sur mes brebis un pasteur, à savoir mon serviteur David. Il les paîtra, et lui-même sera leur pasteur. Je traiterai avec elles une alliance de paix.* Daniel, chap. VII. XIII. *Je regardais les visions de nuit, et voici le fils de l'homme qui venait avec les nuées des cieux, et vint jusqu'à l'ancien des jours, et on le fit approcher de lui. Et il lui donna seigneurie, honneur et règne, et tous peuples, langues et nations lui serviront : sa domination est une domination éternelle qui ne passera point et son règne ne sera point dissipé.* Agee, chap. II. VII. VIII. *Ainsi a dit l'Éternel des armées, encore une fois, qui sera dedans peu de temps, j'émouvrai les cieux et la terre, et la mer et le sec : et émouvrai toutes les nations, afin que le désiré d'entre toutes les nations vienne ; et remplirai cette maison ici de gloire, a dit l'Éternel des armées.* Zacharie, chap. III. vers. en la vision de Jehosçuah, grand sacrificateur, *voici, je m'en vais faire venir Germe, mon serviteur.* Et derechef, chap. VI. vers. 12. *Voici un homme duquel le nom est Germe, qui germera de dessous soi, et rebâtira le temple de l'Éternel.* Et au chap. IX. vers. 9. *Égaie-toi grandement, fille de Sion ; jette cris d'éjouissance, fille de Jérusalem : voici, ton roi viendra à toi étant juste et qui se garantira de par soi-même.* Ces prophéties et plusieurs autres que je passe sous silence, portèrent les Juifs, avec raison, à attendre le Christ que Dieu devait envoyer pour être leur roi, pour les racheter, et pour exercer ensuite son empire sur tous les peuples du monde. Même, il s'était répandu dans tout l'empire romain une prédiction, que l'empereur Vespasian interprétait, bien qu'avec peu de fondement, en faveur de l'heureux progrès de ses armes, *que le maître de toute la terre sortirait de la Judée.*

Prophéties

II. Les prophéties touchant l'humilité et la passion

LA RELIGION

de Christ sont, entre autres, celles-ci, Isaïe, chap. 53. vers. 4. *Il a porté nos langueurs et a chargé nos douleurs ; et quant à nous, nous avons estimé que lui étant ainsi frappé, était battu de Dieu et affligé.* Vers. 7. *Il n'a point ouvert sa bouche, il a été mené à la tuerie comme un agneau et comme une brebis muette devant celui qui la tond. Il a été enlevé de la force, de l'angoisse et de la condamnation, etc. et la plaie lui est advenue pour le forfait de mon peuple.* Vers. 12. *Pourtant je le partagerai parmi les grands et il partagera le butin avec les puissants, pour ce qu'il aura épandu son âme à la mort, qu'il aura été tenu du rang des transgresseurs, et que lui-même aura porté les péchés de plusieurs, et aura intercédé pour les transgresseurs.* Et Zacharie au chap. IX. vers. 9. *Abject et monté sur un âne, et sur un ânon poulain d'ânesse.*

touchant l'humilité et la passion de Christ.

III. Jésus notre Sauveur, Galiléen et fils (comme l'on pensait) de Joseph, commença de prêcher sous l'empire de Tibère, annonçant au peuple juif que le règne de Dieu, après lequel il avait si longtemps attendu, était approché ; qu'il en était le roi, et le Christ promis dans les Écritures ; exposant la loi ; prenant douze apôtres, suivant le nombre des chefs des tribus et soixante-dix anciens, à l'imitation de Moïse, pour les employer en ce ministère ; enseignant lui-même et par leur bouche, le chemin du salut ; purifiant le temple ; faisant de très grands miracles et accomplissant tout ce que les prophètes avaient prédit du Christ à venir. Les pharisiens (dont il reprenait la fausse doctrine, la feinte dévotion et l'hypocrisie) le prirent en haine et le rendirent bientôt odieux au peuple, ensuite de quoi étant accusé d'aspirer à la royauté, il fut saisi et crucifié ; mais les évangélistes montrent, en dressant sa généalogie, décrivant sa naissance, sa vie, sa doctrine, sa mort et sa résurrection, et en comparant ce qu'il fit avec ce qui en avait été prédit, comme aussi tous les chrétiens avouent, qu'il fut le vrai Christ, le roi que Dieu avait promis à son peuple, et celui que le père devait envoyer au monde, afin de renouveler l'alliance entre Dieu et les hommes.

Que Jésus est le Christ.

IV. Il est manifeste de ce que Christ a été envoyé de Dieu le père pour traiter alliance entre lui et son peuple, qu'il lui est inférieur en ce qui regarde le droit du règne, quoiqu'il soit égal à lui en ce qui est de la nature divine. Car cette charge n'est pas, à parler proprement, une dignité royale, mais quelque office au-dessous, tel qu'a été le gouvernement de Moïse. En effet, le règne appar-

Que le règne de Dieu par la nouvelle alliance n'est pas le règne de Christ en tant que Christ, mais

en tant que Dieu. tenait à Dieu le père plutôt qu'au fils. Ce que Christ lui-même a donné à entendre, lorsqu'il a été baptisé comme l'un des sujets de ce royaume céleste, et ce qu'il a publié hautement dès le deuxième article de la prière qu'il nous a enseignée : *Notre Père qui es cieux, ton règne advienne.* Comme aussi lorsqu'il a dit : *je ne boirai point de ce fruit de vigne jusqu'à ce jour que je le boive avec vous nouveau au royaume de mon Père,* Matth. 26. 29. Le texte de S. Paul est formel là-dessus en la 1. Cor. 15. vers. 22. 23. 24. *Car, comme en Adam tous meurent, pareillement aussi en Christ tous sont vivifiés ; mais un chacun en son rang, les prémices c'est Christ, puis après, ceux qui sont de Christ seront vivifiés en son avènement. Et puis la fin quand il aura remis le royaume à Dieu le Père.* Ce règne pourtant est nommé quelquefois le règne de Christ, comme lorsque la mère des fils de Zébédée priait le Seigneur, en lui disant : *ordonne que mes deux fils qui sont ici, soient assis l'un à ta main droite, et l'autre à ta gauche en ton royaume,* Matth. 20. 21. Et lorsque le bon larron s'écrie pendant à la croix, Luc. 23. 42. *Seigneur, souviens-toi de moi lorsque tu seras venu en ton royaume !* ou que l'apôtre dit, Ephes. 5. 5. *Sachez ceci et tenez-le pour certain qu'aucun adultère, etc. n'héritera point le royaume de Christ et de Dieu.* Et d'ailleurs, *je le témoigne devant Dieu et devant Jésus-Christ, qui doit juger les vivants et les morts par son avènement et son royaume,* 2. Tim. 4. 1. Et au vers. 18. *Le Seigneur m'a délivré de toute œuvre mauvaise, et me sauvera en son royaume céleste.* Et il ne faut pas s'étonner de voir qu'un même royaume soit attribué à l'un et à l'autre, parce que le père et le fils sont tous deux un seul et même Dieu, et que la nouvelle alliance touchant le règne de Dieu, n'est pas traitée au nom du Père tant seulement, mais en celui des trois personnes, du Père, du Fils et du S. Esprit, comme d'un seul Dieu.

Que le règne de Dieu par la nouvelle alliance est céleste et commence au jour du jugement.

V. Or, le règne de Dieu, pour le rétablissement duquel Christ a été envoyé de Dieu son père, ne commence qu'en son second avènement, à savoir au jour du jugement, lorsqu'il viendra plein de gloire et de majesté accompagné des anges. Car, il fut promis aux apôtres qu'ils jugeraient au royaume de Dieu les douze tribus d'Israël. Matth. 19. 29. *Vous qui m'avez suivi en la régénération, lorsque le fils de l'homme sera assis sur son trône, vous serez assis pareillement et jugerez les douze tribus d'Israël,* ce qui ne doit arriver qu'au jour du dernier jugement : de sorte que Christ n'est pas encore assis au trône de sa gloire, selon le langage de la Sainte Écriture. Aussi le temps pendant lequel Christ a conversé en terre n'est pas nommé celui du règne, mais bien celui de la régénération, ou du rétablissement du royaume de Dieu et une vocation de ceux qui y doivent être quelque jour introduits. Certes lorsqu'il est dit en S. Matth. 25. 31. *Que quand le fils de l'homme sera venu avec sa gloire, et tous les Saints Anges avec lui, adonc il se soira sur le trône de sa gloire, et seront assemblées devant lui toutes nations, et il les séparera les uns d'avec les autres, comme le berger sépare les brebis d'avec les boucs.* On en peut recueillir évidemment, qu'il ne se fera aucune séparation, quant au lieu, des sujets de Dieu d'avec ses ennemis : mais qu'ils vivront pêle-mêle jusqu'au futur avènement de notre seigneur. Ce qui est confirmé aussi par la comparaison du royaume des cieux avec le froment semé parmi l'ivraie et avec un filet qui prend toute sorte de poissons. De vrai, on ne peut pas dire proprement qu'une multitude composée de sujets et d'ennemis qui demeurent les uns parmi les autres soit un royaume. D'ailleurs, lorsque les apôtres interrogèrent notre sauveur, et lui demandèrent sur le point de son ascension, si ce serait en ce temps-là qu'il rétablirait le royaume d'Israël, ils témoignèrent assez ouvertement qu'ils ne pensaient pas que le règne de Dieu fût arrivé avant que Christ montât au ciel. Au reste, ces paroles de Christ, *mon règne n'est pas de ce monde ; je ne boirai point, etc. jusqu'à ce que le règne de Dieu soit venu. Dieu n'a pas envoyé son fils au monde afin qu'il y exerce jugement, mais afin que le monde soit sauvé par lui ; si quelqu'un n'écoute mes commandements et ne les observe, je ne le juge point, car je ne suis pas venu pour juger le monde, mais pour le sauver. Homme, qui m'a établi juge ou arbitre entre vous ?* Et le titre de royaume céleste, témoigne la même chose. Le même se recueille du texte du prophète Jérémie parlant du règne de Dieu par la nouvelle alliance, Jérémie 31. 34. *Un chacun n'enseignera plus son prochain, ni un chacun son frère, disant, connaissez l'Éternel, car ils me connaîtront tous, depuis le plus petit d'entre eux jusqu'au plus grand, dit l'Éternel.* Ce qui ne peut être entendu du règne temporel. De sorte que le règne de Dieu, pour l'établissement duquel Christ est venu en ce monde, duquel les prophètes ont prophétisé, duquel nous disons dans nos prières, *ton règne advienne* (si tant est qu'il doive avoir, ainsi qu'il est prédit, ses fidèles sujets en un lieu séparé de ses ennemis, ses jugements réglés, et sa majesté visible, comme nous n'en doutons point) ne commencera qu'en ce bienheureux moment, auquel Dieu séparera ses brebis des boucs; auquel les apôtres jugeront les douze tribus d'Israël; auquel Christ apparaîtra en gloire et auquel enfin tous connaîtront Dieu, tellement qu'il ne sera plus besoin d'être enseigné, c'est-à-dire au deuxième avènement de Christ, ou au jour du dernier jugement. Mais si le royaume de Dieu était déjà rétabli, on ne pourrait rendre aucune raison pourquoi c'est que Christ ayant déjà accompli l'œuvre pour laquelle il était descendu du ciel en terre y reviendrait derechef, ni pourquoi c'est que nous prierions en cette manière, *ton règne advienne*.

Que le gouvernement de Christ en ce monde n'a pas été avec empire, mais par forme de conseil, ou une conduite par les enseignements et par la voie de la persuasion.

VI. Cependant, bien que le règne de Dieu que Christ devait établir par la nouvelle alliance fût céleste, il ne faut pas estimer pourtant que ceux qui entrent dans ce traité par la foi au Seigneur Jésus, ne doivent point être régis dès ici-bas, afin qu'ils persévèrent en l'obéissance à laquelle ils se sont obligés. Car ce serait en vain que le royaume céleste nous aurait été promis, si nous n'étions conduits en cette bienheureuse patrie; mais comment y serions-nous conduits, si le chemin ne nous en était montré? Moïse ayant institué le *royaume sacerdotal*, pendant tout le temps de sa pérégrination, jusqu'à ce qu'il entrât dans la terre de Canaan, bien qu'il ne fût point sacrificateur, gouverna toutefois et conduisit le peuple d'Israël. Pareillement, il faut que notre Sauveur (que Dieu a voulu en cela faire semblable à Moïse) en tant qu'envoyé du Père, conduise en cette vie les sujets du royaume céleste qui est à venir, en telle sorte qu'ils y puissent parvenir et y entrer; bien qu'à prendre les choses à la rigueur ce ne soit pas à lui, mais à son Père, que le royaume appartienne. Or, la régence de laquelle Christ gouverne les fidèles en cette vie, n'est pas proprement un règne, ou un *empire*; mais un *office de pasteur*, ou une charge d'enseigner les hommes; je veux dire que Dieu le Père ne lui a pas donné la puissance de juger du mien et du tien, comme aux rois de la terre, ni celle de contraindre par des punitions corporelles, ni l'autorité de faire des lois; mais celle de montrer et d'enseigner au monde la voie et la science du *salut*, c'est-à-dire de prêcher et d'exposer à ceux qui doivent entrer au royaume des cieux ce qu'ils auront à faire. Que Christ n'ait pas du Père la puissance de juger entre les infidèles de la question du mien et du tien, c'est-à-dire, de toutes celles du *droit*. Ces paroles que j'ai rapportées de lui-même le font assez voir : *Homme, qui est-ce qui m'a établi juge et arbitre entre vous ?* Et la raison le veut ainsi ; car, Christ ayant été envoyé pour traiter alliance entre Dieu et les hommes, personne n'est obligé d'obéir avant qu'elle soit ratifiée, et personne n'eût été tenu de subir son jugement, s'il eût voulu prononcer sur des questions du *droit*. Au reste, que la connaissance du droit n'eût pas été commise à Christ en ce monde, ni parmi les fidèles, ni parmi les infidèles, il appert de ce que ce droit appartient sans aucune dispute aux princes séculiers, tandis que Dieu ne s'oppose point à leur autorité. Or, il n'y a rien qui lui déroge avant le jour du jugement, comme il se voit dans le passage de la 1. aux Corint. chap. XV. vers. 24. où l'apôtre S. Paul parle de cette grande journée, *et puis la fin, quand il aura remis le royaume à Dieu le Père, quand il aura aboli tout empire et toute puissance et force*. En après, les propres termes de notre Seigneur, qui se fâche contre Jacques et Jean, et répond à ce qu'ils avaient demandé : *Veux-tu que nous disions que le feu descende du ciel, et qu'il consume ces Samaritains qui n'ont pas voulu te loger chez eux en ton voyage vers Jérusalem ? Le Fils de l'homme n'est pas venu pour perdre les âmes, mais pour les sauver*. Et ces autres paroles : *Voici, je vous envoie comme des brebis au milieu des loups. Secouez la poudre de vos pieds, etc. Dieu n'a pas envoyé son Fils en ce monde pour y exercer jugement, mais afin que le monde fût sauvé par lui. Si quelqu'un entend mes paroles, et ne les garde pas, je ne le juge point ; car je ne suis point venu pour juger le monde ;* et diverses autres semblables façons de parler témoignent bien qu'il ne lui avait été donné aucune puissance de condamner, ni de punir personne. On lit de vrai en quelque endroit de l'Évangile : *Que le Père ne juge personne, et qu'il a donné tout jugement au Fils ;* mais comme cela se peut et se doit entendre du jour du jugement à venir, il ne répugne point aussi à ce qui précède. Enfin, que Christ n'ait pas été envoyé pour donner de nouvelles lois, et qu'ainsi sa mission et son office n'aient point été d'un législateur, à parler proprement, non plus que la charge de Moïse, mais d'un promulgateur et d'un héraut qui publiait les édits de son Père (car ce n'était pas Moïse, ni Christ, mais Dieu le Père qui était roi en vertu de l'alliance), je le recueille de ce que dit notre Rédempteur : *Je ne suis point venu pour anéantir la loi* (à savoir celle que Dieu avait faite par le ministère de Moïse et laquelle il explique incontinent après), *mais pour l'accomplir*. Et ailleurs, *celui qui enfreindra l'un des moindres de ces commandements et aura enseigné ainsi les hommes, sera tenu le moindre au royaume des cieux*. Christ donc n'a pas reçu du Père une autorité royale en ce monde, mais seulement un office de conseiller, et la possession d'une sagesse exquise pour endoctriner les hommes. Ce qu'il donne lui-même à entendre, lorsqu'il ne nomme pas ses apôtres des chasseurs, mais des pêcheurs d'hommes, et là où il compare le royaume de Dieu à un grain de moutarde, et au levain caché dans la farine.

Quelles sont les promesses qui ont été faites d'une part et d'autre en la nouvelle alliance.

VII. Dieu promit au patriarche Abraham, en premier lieu, que sa semence serait extraordinairement multipliée, qu'il le mettrait en possession de la terre de Canaan, que toutes les nations étrangères seraient bénites en elle, mais à condition que lui et sa postérité le serviraient. Puis il promit aux enfants d'Abraham, selon la chair, le *règne sacerdotal*, un gouvernement très libre, dans lequel ils ne seraient soumis à aucune puissance humaine, pourvu qu'ils adorassent le Dieu de leurs pères et celui d'Abraham, en la manière que Moïse l'enseignerait. Enfin, Dieu promit et aux Israélites et à tous les peuples de la terre le royaume céleste et éternel, à condition qu'ils révéreraient le Dieu d'Abraham en la forme qui leur serait prescrite par Jésus-Christ notre Sauveur. Car la nouvelle alliance qui est la chrétienne a été traitée de telle sorte, que les hommes d'une part promettent *de servir au Dieu d'Abraham selon le culte que le Seigneur Jésus enseignerait*, et Dieu de l'autre s'oblige *de leur pardonner leurs péchés, et de les introduire dans le royaume céleste*. Ci-dessus au cinquième article j'ai montré quel était ce royaume céleste. Quelquefois il est nommé le royaume des cieux, en d'autres endroits il est dit le royaume de gloire, et assez souvent, il est entendu par la vie éternelle. Ce qui est requis de la part des hommes, à savoir de servir à Dieu, ainsi que Christ l'aura enseigné, comprend deux choses, *l'obéissance* que l'on promet de rendre à sa majesté divine (car c'est là ce qu'emporte le terme de service) et la *foi* au Seigneur Jésus, c'est-à-dire, que nous croyions que Jésus est le Christ qui avait été promis de Dieu ; car c'est là la seule cause pour laquelle il nous faut suivre ses enseignements, plutôt que ceux d'aucun autre. Or, il faut remarquer que dans le style de la Sainte Écriture le terme de *repentance* est fort souvent employé en la place de celui d'obéissance, pour ce que Christ enseigne en mille divers endroits que Dieu répute la volonté pour l'effet. En effet, la repentance est un signe infaillible d'une âme soumise et obéissante. Cela étant ainsi, il apparaîtra clairement d'une infinité de passages de la bible, que les conditions de l'alliance chrétienne sont telles que nous avons dites ; à savoir de la part de Dieu, d'accorder aux hommes le pardon de leurs fautes et de leur donner la vie éternelle ; et du côté des hommes, de se repentir, et de croire en Jésus-Christ. Voici les propres paroles de notre Seigneur en l'Évangile selon S. Marc, chap. I. verset 15. *Le temps est accompli, et le royaume de Dieu est approché, amendez-vous et croyez à l'Évangile*, et qui contiennent en sommaire toute l'alliance : comme sont pareillement celles-ci tirées de S. Luc, chapitre XXIV. verset 46. 47. *Il est ainsi écrit, et ainsi fallait que le Christ souffrît, et ressuscitât des morts au troisième jour. Et qu'on prêchât en son nom repentance et rémission des péchés par toutes nations, en commençant depuis Jérusalem*. Et ces autres actes, verset 19. *Amendez-vous donc, et vous convertissez, afin que vos péchés soient effacés, quand les temps du rafraîchissement seront venus de la présence du Seigneur*. Quelquefois l'une des conditions est exprimée et l'autre demeure sous-entendue, comme au lieu suivant, Jean 3. 36. *Qui croit au fils a vie éternelle ; mais qui désobéit au fils ne verra point la vie, ainsi l'ire de Dieu demeure sur lui*. Où la foi est nommée sans qu'il soit fait mention de la repentance. Ce qui arrive aussi en la prédication de Christ, *amendez-vous, car le règne de Dieu est approché*, Matth. 4. 17. où au contraire, la repentance est exprimée, et la foi est sous-entendue. Mais toutes les parties de la nouvelle alliance sont très évidemment et très formellement expliquées en cet endroit de l'Évangile selon S. Luc, chap. XVIII. où un homme de qualité marchandant (par manière de dire) le royaume des cieux, demande à notre Sauveur, *maître qui est bon, en quoi faisant posséderai-je la vie éternelle ?* Car Jésus-Christ lui propose premièrement une partie du prix, à savoir l'observation des commandements, ou l'obéissance, laquelle ayant répondu qu'il avait acquittée, il ajoute l'autre, disant, *il te manque une seule chose, vends tout ce que tu as, et donne-le aux pauvres, et tu auras un trésor au ciel ; après cela viens et suis-moi*. Ce qui dépendait de la foi. De sorte que celui-ci ne croyant pas assez aux promesses de Christ, ni aux trésors célestes, il s'en retourna tout triste. Cette même alliance est contenue dans ces paroles, Marc 16. 15. 16. *Qui aura cru et aura été baptisé sera sauvé; mais qui n'aura point cru sera condamné.* Où la foi est exprimée, et la repentance des baptisés demeure sous-entendue. Et en celles de saint Jean 3. 5. *Si quelqu'un n'est né d'eau et d'esprit, il ne peut entrer au royaume de Dieu.* Où renaître d'eau signifie la régénération et la conversion à Christ. Quant à ce qu'aux deux passages que je viens d'alléguer et en quelques autres, le baptême est requis, il le faut entendre de la même façon qu'il a été dit de la circoncision, qui était à l'égard de l'ancienne alliance ce qu'est le baptême à l'égard de la nouvelle. Or, comme la circoncision n'était pas de l'essence, mais servait à garder la mémoire de l'ancienne alliance, dont elle était un signe et une cérémonie, que les Juifs mêmes ont interrompue dans le désert; le baptême non plus n'est pas essentiel à la nouvelle alliance, mais en est un mémorial et y est employé comme un signe. Et pourvu qu'on ne manque pas en la volonté, l'acte en peut être omis en certaines rencontres où l'on est obligé de s'en passer. Mais quant à la foi et à la repentance, qui sont de l'essence de l'alliance nouvelle, elles y sont toujours requises.

Que Christ n'a ajouté aucunes lois outre l'institution des sacrements. VIII. Il n'y aura aucunes lois au royaume de Dieu après cette vie mortelle, tant à cause qu'elles ne sont pas nécessaires là où le péché ne trouve point d'entrée, qu'à cause que celles que Dieu nous a déjà données ne sont pas pour nous servir de règle dans le ciel, mais pour nous y conduire. Recherchons donc maintenant quelles sont les lois que Christ a, je ne dirai pas établies (car il n'a pas voulu, ainsi que je l'ai fait voir ci-dessus, article VI, s'attribuer une autorité de législateur) mais proposées de la part de son Père. Il y a un passage de l'Écriture sainte, où toutes les lois divines, qui jusqu'alors avaient été promulguées, sont comprises en ces deux commandements : *Tu aimeras le Seigneur ton Dieu de tout ton cœur, de toute ton âme et de toute ta pensée : celui-ci est le premier et le grand commandement ; et le second semblable à celui-ci est, tu aimeras ton prochain comme toi-même. De ces deux commandements dépendent toute la loi et les prophètes* (Matth. 22. 37. 38. 39. 40). Le premier fut donné par Moïse en mêmes termes, Deutéron. 6. 5. Le deuxième est même plus ancien que

Moïse ; car c'est une loi naturelle, qui est d'origine aussi ancienne que la nature raisonnable. Et toutes deux ensemble enferment un abrégé de tout ce qu'il y a de lois. En effet, toutes celles qui regardent le culte naturel de Dieu sont comprises en ces paroles : *Tu aimeras Dieu;* et toutes celles qui touchent particulièrement le service divin, dû par l'ancienne alliance, sont désignées en ce qu'il est dit : *Tu aimeras le Seigneur ton Dieu,* c'est-à-dire, Dieu en tant que roi, nommément d'Abraham et de sa semence. Et toutes les lois naturelles et politiques sont rassemblées dans ce seul précepte : *Tu aimeras ton prochain comme toi-même.* Car celui qui aime Dieu et son prochain a l'âme toute portée aux lois divines et humaines. Or, Dieu n'exige de nous que cette intérieure disposition à l'obéissance. Nous avons un autre endroit où Jésus-Christ fait une assez longue interprétation des lois, c'est à savoir, dans les chapitres cinquième, sixième et septième de saint Matthieu : et toutes ces lois-là sont contenues, ou dans le Décalogue, ou dans la loi morale, ou dans la foi d'Abraham ; par exemple, dans cette dernière est comprise la défense de faire divorce avec sa femme légitime ; vu que cette sentence prononcée en faveur de deux personnes unies par le lien du mariage, ils seront deux en une chair, n'a pas été alléguée par Christ, ni par Moïse, les premiers, mais révélée par Abraham, qui a le premier enseigné et prêché la création du monde. Les lois donc que Christ nous donne par abrégé en l'un de ces passages, et qu'il explique en l'autre avec plus d'étendue, ne sont point autres que celles auxquelles sont obligés d'obéir tous ceux qui reconnaissent le Dieu d'Abraham. Et nous ne lisons point qu'outre ces lois-là, il en ait établi aucunes autres, si ce n'est les sacrements du Baptême et de l'Eucharistie.

IX. Mais, que dira-t-on de ces commandements : *Repentez-vous; soyez baptisés; gardez les commandements; croyez en l'Évangile; venez à moi; vends tout ce que tu as, donne-le aux pauvres, et suis-moi;* et semblables ? Il faut répondre que ce ne sont point des lois, mais une vocation à la foi, comme en ce passage du prophète Isaïe, chapitre 55. *Venez, achetez sans argent, et sans aucun prix du vin et du lait.* Et si ceux qui sont appelés ne viennent, ils ne pèchent pourtant pas contre aucune loi, mais seulement contre la prudence ; aussi ce ne sera pas leur incrédulité qui sera punie, mais les péchés qu'ils avaient commis auparavant. C'est pourquoi saint Jean dit,

Que ces exhortations : Repentez-vous, soyez baptisés, gardez les commandements, et semblables façons de parler ne sont pas des lois.

parlant d'un incrédule : *Que la colère de Dieu demeure sur lui*, et non pas, *que la colère de Dieu tombera sur sa tête.* Et ailleurs, *celui qui ne croit point est déjà jugé, parce qu'il n'a point cru.* Il ne dit pas, *qu'il sera jugé,* mais *qu'il l'est déjà.* Voire, il est malaisé de concevoir que la rémission des péchés soit un bénéfice qui dépend de la foi, si l'on ne recueille aussi qu'au contraire la punition des offenses est un dommage que l'infidélité nous attire.

<small>Que c'est à l'autorité civile de définir ce que c'est que commettre une injustice.</small>

X. De ce que notre Sauveur n'a prescrit aux sujets des princes, ni aux citoyens des républiques aucunes lois distributives, c'est-à-dire qu'il ne leur a donné aucunes règles, par lesquelles chaque particulier peut discerner ce qui lui appartient et qui lui est propre, d'avec ce qui est à autrui, ni en quels termes, en quelle forme, et avec quelles circonstances il faut qu'une chose soit livrée, saisie, donnée, ou possédée, afin qu'elle soit estimée légitimement appartenir à celui qui la reçoit, qui s'en saisit, et qui la possède ; il faut nécessairement conclure que, non seulement parmi les infidèles, desquels Christ a dit qu'il n'était point leur juge ni leur arbitre, mais aussi parmi les chrétiens, chaque particulier doit recevoir cette sorte de règlement de l'État dans lequel il vit, c'est-à-dire du prince ou de la cour qui exerce la souveraine puissance dans sa république. D'où il s'ensuit que Jésus-Christ n'a commandé autre chose par ces lois : *Tu ne tueras point, tu ne paillarderas point, tu ne déroberas point, honore ton père et ta mère,* si ce n'est que les sujets, et généralement tous les particuliers, obéissent absolument à leurs princes et à leurs souverains, en toutes les questions qui regardent le mien et le tien, le propre et ce qui est à autrui. En effet, par ce commandement : *Tu ne tueras point,* tout meurtre n'est pas défendu ; car celui-là même qui a dit : *Tu ne tueras point,* a prononcé : *Tu feras mourir celui qui aura travaillé le jour du Sabbath* (Exod. 35. verset 2). Ni tout meurtre sans connaissance de cause : car il a dit (Exod. 32. verset 27) *que chacun tue son frère, son ami, et son prochain,* suivant lequel commandement vingt-trois mille hommes furent mis à mort ; ni tout meurtre de personnes innocentes, puisque Jephté voua que le premier qui sortirait il l'offrirait en l'holocauste à l'Éternel (Jug. 11. 31) et que son vœu fut accepté de Dieu. Qu'est-ce donc qui est défendu ? Ceci seulement, que personne n'entreprenne de tuer quelqu'autre à qui il n'a pas droit d'ôter la vie, c'est-à-dire, que personne ne tue sans que la charge de cette exécution ne lui appartienne. De sorte que la loi de Christ ordonne touchant le meurtre, et par conséquent touchant toutes les offenses qu'on peut faire à un homme, et touchant l'imposition des peines, de n'obéir qu'à l'État. Pareillement par ce précepte : *Tu ne paillarderas point*, toute sorte d'accouplement n'est pas défendu, mais celui qui se fait avec une femme qui n'est pas à nous : or, c'est à l'État de juger quelle elle est, et la question doit être décidée suivant les règles que le public établira sur cette matière. Il est donc commandé à l'homme et à la femme, dans ce précepte, de se garder la foi réciproque qu'ils se sont promise par l'ordonnance de l'État. Aussi, par ce commandement, *Tu ne déroberas point*, toute sorte d'invasion n'est pas défendue, ni ce n'est pas toujours un larcin que d'emporter quelque chose clandestinement, mais seulement d'emporter celle qui appartient à autrui. Si bien qu'il n'est commandé au citoyen, que de ne pas prendre ou envahir ce qui est défendu par la république, et en général de ne nommer homicide, adultère, ou larcin, si ce n'est ce qui est fait contre les lois civiles. Enfin, Christ ayant commandé à chacun d'honorer son père et sa mère, sans avoir prescrit en quelle manière, avec quels titres, par quelles cérémonies, et dans quelle sorte d'obéissance : il faut entendre qu'il a voulu qu'on les honorât intérieurement de l'acte de la volonté, comme rois et seigneurs de leurs enfants, et qu'en l'extérieur de la révérence on ne passât point les bornes que le public a mises, auquel seul il appartient d'assigner à chacun l'honneur qu'il doit recevoir, de même que les autres choses qu'il doit posséder. Puis donc que la nature de la justice consiste en ce qu'elle rende à chacun ce qui lui appartient, il est manifeste que c'est aussi à la république chrétienne à déterminer ce que c'est que justice et qu'injustice, et ce qui pèche contre le droit. Or, quand on dit qu'une chose appartient à l'État, il faut entendre que l'on veut dire à celui, ou à ceux qui en ont en main la souveraine puissance.

XI. Au reste, parce que notre Sauveur n'a indiqué aucunes lois aux sujets touchant le gouvernement de l'État, outre celles de la nature, c'est-à-dire, outre le commandement d'une obéissance civile, ce n'est pas à aucun particulier de déterminer nommément quels sont les amis, et quels sont les ennemis de la république, quand c'est qu'il faut déclarer la guerre, traiter une alliance, et faire la paix ou la trêve ; ni à définir quelles *Que c'est de l'autorité civile de définir quelles choses servent au maintien de la paix, et à la défense de l'État.*

sont les personnes pernicieuses à l'État, quels sont ceux dont l'autorité doit être suspecte, quelles sont les doctrines et les mœurs, quels sont les discours, et quels sont les mariages desquels le public peut recevoir du dommage ou de l'utilité. Mais l'on doit apprendre toutes ces choses, et autres semblables de la voix publique, je veux dire, de la bouche des souverains, lorsqu'il faut s'en éclaircir.

Que c'est de l'autorité civile de juger (lorsqu'il en est besoin) quelles définitions, et quelles conséquences sont vraies.

XII. De plus, toutes ces choses, dresser des fortifications, bâtir des maisons, édifier des temples, remuer ou transporter quelques grands fardeaux, traverser des mers sans péril, fabriquer des machines à toutes sortes d'usages de la vie, tailler des cartes géographiques par lesquelles on connaisse toute la face de la terre, considérer le mouvement des astres et le cours des saisons, éclaircir les difficultés de la chronologie, et tâcher de pénétrer dans les secrets de la nature; s'instruire pleinement du droit naturel et du civil; et en un mot, se remplir l'âme de toutes les sciences qui sont comprises sous le nom de *philosophie*, dont les unes sont nécessaires à la vie, et les autres nous font vivre plus commodément; de toutes ces choses, dis-je, parce que Christ ne nous en a pas donné des instructions, il faut que nous en recherchions la méthode, et que nous en acquérions la science par notre raisonnement, c'est-à-dire en faisant un tissu de bonnes conséquences fondées sur des expériences certaines. Mais, d'autant que les raisonnements des hommes sont quelquefois bons et quelquefois mauvais, de sorte que les conclusions que l'on tient pour véritables ne le sont pas toujours, et qu'une grossière erreur passe bien souvent pour une belle vérité, et que d'ailleurs, quelquefois, ces erreurs, en des matières philosophiques, nuisent au public, et sont cause de grandes séditions où il se fait bien du tort à diverses personnes. Il est très important, toutes les fois qu'il naît des disputes sur ces matières-là, dont la conséquence serait nuisible au repos et à la tranquillité publique, qu'il y ait une personne qui juge de la valeur des conséquences, si elles sont bien, ou mal tirées; afin que la dissension des esprits cesse, qu'on étouffe les semences de la discorde, et que la controverse demeure décidée. Or, Jésus-Christ n'a donné aucunes règles sur ce sujet, car de vrai, il n'était pas venu au monde pour nous enseigner la logique. De sorte que les juges de ces controverses sont encore les mêmes que Dieu avait auparavant institués par l'ordre de la nature, c'est à savoir ceux que le souverain a établis en chaque république. Au reste, s'il s'élève quelque dispute touchant la signification propre et exacte de quelques noms ou de quelques autres termes qui sont communément en usage, c'est-à-dire, si l'on n'est pas bien d'accord touchant quelques définitions, dont il est nécessaire qu'on s'éclaircisse pour entretenir la paix publique ou la distribution de la justice, ce sera à l'État de décider ce différend : car on peut trouver ces définitions en raisonnant sur la remarque que l'on fera de diverses pensées que ces termes expriment en divers temps et en diverses occasions que l'on les emploie. Quant à la question, si quelqu'un a bien raisonné, la décision en doit être laissée à la république. Par exemple, si une femme est accouchée d'un enfant de forme extraordinaire, et que la loi défende de tuer un homme, il est question de savoir si l'enfant qui est né mérite ce nom. On demande donc ce que c'est qu'un homme ? Personne ne doute que le public en jugera, sans avoir égard à la définition d'Aristote, qui dit, que l'homme est un animal raisonnable. Et ce sont ces matières de *droit*, de *police* et de *science naturelle*, touchant lesquelles Christ a refusé de donner des enseignements, et desquelles il a avoué que ce n'était point de sa charge d'ordonner autre chose si ce n'est, qu'en toutes les controverses de cette nature, chaque particulier obéisse aux lois et aux ordonnances de sa république. Et toutefois, il ne faut pas oublier que ce même Jésus-Christ, en tant que Dieu, a pu avec raison, non seulement enseigner, mais aussi commander tout ce qu'il lui a plu.

XIII. Le sommaire de l'office de notre Sauveur était d'enseigner aux hommes le chemin et tous les moyens de parvenir au salut et à la vie éternelle. Or, c'est un des moyens du salut que la *justice* et l'*obéissance civile*, avec une exacte *observation* de toutes les *lois de nature*. Ce qui peut être enseigné en deux manières : l'une, en laquelle ces maximes sont considérées comme des théorèmes par les lumières du sens commun et la raison naturelle, déduisant le droit et les lois de nature des contrats que les hommes font entre eux, comme de leurs principes ; et cette doctrine proposée d'une telle sorte est soumise à l'examen des puissances séculières : l'autre manière est en forme de lois par autorité divine, faisant voir que telle est la volonté de Dieu ; et cette façon d'instruire ne pouvait appartenir qu'à celui qui connaissait surnaturellement la volonté de Dieu, c'est-à-dire à Christ notre

Que c'est de l'office de Christ d'enseigner les préceptes de la morale, non comme des simples théorèmes, mais comme des lois ; de remettre les offenses ; et d'enseigner tout ce dont proprement il n'y a pas de science.

rédempteur. En deuxième lieu, c'était une prérogative de l'office du Seigneur Jésus que de pardonner aux pécheurs repentants : car cette grâce était nécessaire aux hommes qui avaient péché, afin qu'ils pussent parvenir au salut éternel, et il n'y a eu aucun autre à qui cette puissance ait été accordée. En effet, naturellement, la rémission des péchés n'est pas une suite infaillible de la repentance, comme si elle lui était due; mais elle dépend, comme une chose purement gratuite, de la volonté de Dieu, qui se révèle à nous d'une façon surnaturelle. En troisième lieu, Christ, selon le dû de sa charge, avait à nous enseigner tous les commandements de Dieu qui concernaient le culte dont il voulait être servi, ou qui regardaient les dogmes de sa foi, de tous lesquels nous ne pouvions rien apprendre par la seule clarté de la raison naturelle, et pour l'intelligence desquels nous avions besoin du secours de la révélation : tels que sont ceux-ci, *que Jésus est le Christ; que son règne n'est pas de ce monde, mais qu'il est céleste; qu'il y a des peines et des récompenses préparées après cette vie; que l'âme est immortelle; qu'il y a des sacrements; que ces symboles sacrés sont tels et en tel nombre;* et autres semblables.

Distinction des choses temporelles et des spirituelles.

XIV. De ce que je viens de dire dans les articles immédiatement précédents, il n'est pas malaisé de distinguer entre les choses spirituelles et les temporelles : car, puisqu'on entend par les *spirituelles*, celles qui sont fondées sur l'autorité ou sur l'office de Christ, et qui n'eussent jamais pu être sues, si le Seigneur ne nous les eût enseignées, et que toutes les autres sont du rang des choses *temporelles*, il s'ensuit que c'est du *droit temporel* de définir et de prononcer touchant ce qui est juste, ou ce qui est injuste, de connaître de tous les différends qui concernent les moyens de la paix et de la défense publique, et d'examiner les doctrines et les livres qui traitent des sciences humaines; mais que c'est du *droit spirituel* de juger des choses qui dépendent de la seule parole et autorité de Christ, et qui sont des mystères de la foi. Cependant à cause que notre Sauveur ne nous a pas donné cette distinction des choses, ni défini quelles étaient les spirituelles, et quelles sont les temporelles, c'est à la raison d'en faire la recherche, et c'est au droit temporel de nous en éclaircir. Car, encore que l'apôtre saint Paul distingue en plusieurs endroits entre les choses spirituelles celles qui sont de l'esprit, à savoir *la parole de sapience, la parole de connaissance, la foi, le don de guérison, l'opération des vertus, la prophétie, le discernement des esprits, la diversité des langues, le don d'interpréter divers langages,* Rom. 8. 5. 1. Cor. 12. 8. 9, qui sont toutes choses que le Saint-Esprit inspire surnaturellement, et que l'homme animal ne peut comprendre, mais celui seulement qui connaît l'esprit de Christ, comme il est dit 2. Cor. 2. 14. 16. Et encore que le même apôtre nomme charnels les biens de la fortune, Rom. 15. 27, et qu'il donne le même titre aux Corinthiens, desquels il reprend les partialités, les blâmant d'être charnels à la façon des autres hommes, I. Cor. 3. 1. 2. 3. Si est-ce qu'il n'a pas défini, ni donné des règles par le moyen desquelles nous sachions discerner ce qui part de la raison naturelle, et ce qui procède de l'inspiration divine.

XV. Puis donc qu'il nous conte que notre Sauveur a donné, ou pour mieux dire, n'a pas ôté aux princes, et aux puissances souveraines dans chaque sorte d'État, l'autorité suprême de juger et de décider toutes les controverses touchant les choses *temporelles*. Il reste que nous voyions, dorénavant, à qui c'est qu'il a commis une pareille autorité en ce qui concerne les *spirituelles*. Mais, d'autant que cela ne peut être appris que de la parole de Dieu et de la tradition de l'église, il nous faut premièrement rechercher ce que c'est que la *parole de Dieu,* ce que c'est que l'*interpréter,* ce que c'est qu'église et, enfin, ce que c'est que *volonté* et *commandement de l'église.* Laissant à part que le terme de *parole de Dieu* est employé quelquefois dans la Sainte Écriture pour signifier le *Fils de Dieu,* qui est la parole éternelle du Père, la deuxième personne de la bienheureuse Trinité ; je trouve que ce nom se prend en trois façons. Premièrement, en un sens très propre, il signifie ce que Dieu a proféré de sa bouche, comme tout ce qu'il a dit à Abraham et aux patriarches, à Moïse et aux prophètes, ou ce que le Seigneur Jésus a dit à ses disciples et à diverses autres personnes. Secondement, tout ce que les hommes ont dit par l'ordre et par l'impulsion du Saint-Esprit ; auquel sens nous reconnaissons que les Saintes Écritures sont la parole de Dieu. En troisième lieu, ce mot de parole de Dieu signifie fort souvent dans le Nouveau Testament, la doctrine de l'Évangile, ou la parole qui traite de matières divines, ou des discours touchant le règne de Dieu par Christ. Comme là où il est dit que Christ a prêché l'Évangile du règne, Matth. 4. vers. 23,

En combien de façons se prend la parole de Dieu.

là où les apôtres sont dits prêcher la parole de Dieu, Act. 13. vers. 46, là où la parole de Dieu est nommée la parole de vie, Act. 5. vers. 20, la parole de l'Évangile, Act. 15. 7, la parole de la foi, Rom. 10, 8, la parole de vérité, y ajoutant l'interprétation, c'est-à-dire l'Évangile du Salut, Eph. 1. 13. Et là où elle est dite la parole des apôtres. Car saint Paul dit, 2. Thess. 3. 14, *Si quelqu'un n'obéit à notre parole, etc.* Tous lesquels passages ne peuvent être entendus que de la doctrine évangélique. Pareillement là où il est dit que la parole de Dieu est semée, qu'elle croît et qu'elle multiplie, Act. 12. vers. 24. et ch. XIII. vers. 49, il est malaisé de concevoir cela de la parole même de Dieu ou des apôtres, mais on l'entend aisément de la doctrine. Et en ce dernier sens, la parole de Dieu est toute la doctrine de la foi chrétienne, qui est aujourd'hui prêchée sur les chaires et contenue dans les livres des théologiens.

Que tout ce qui est contenu dans la sainte Écriture n'est pas du canon de la foi chrétienne.

XVI. Cela étant, la sainte Écriture, que nous reconnaissons inspirée divinement, est tout entière parole de Dieu en la deuxième acception de ce terme; et une infinité de ses passages le sont en la première. Et puisque sa plus considérable partie s'occupe à prédire et à préfigurer le royaume céleste avant l'incarnation de Jésus-Christ, ou à l'expliquer et à évangéliser après sa venue, la troisième acception ne lui convient pas mal, en laquelle ce mot de parole de Dieu se prend pour un discours qui traite de matières divines, c'est-à-dire, pour l'Évangile. De sorte qu'en tout sens l'Écriture sainte est la parole de Dieu, et par conséquent aussi la règle et le canon de toute la doctrine évangélique. Mais, parce qu'on lit dans cette même Écriture quantité de choses qui sont de matière politique, historique, morale, physique, et de tels autres sujets qui ne touchent point du tout aux mystères de la foi, bien que ces passages-là contiennent une vraie doctrine et servent de canon en ce dont ils traitent, ils ne peuvent pourtant pas être pris pour règle, ni être nommés canon des mystères de la religion chrétienne.

Que le discours d'un légitime interprète des saintes Écritures est parole de Dieu.

XVII. Et certes, ce n'est pas la lettre ni le son de la parole de Dieu, qui sert de canon de la doctrine chrétienne, mais le vrai et naturel sens qu'elle contient : car, en effet, l'âme n'est instruite par les Écritures saintes qu'en tant qu'elles sont entendues. Si bien qu'elles ont besoin d'interprète afin de devenir canoniques. D'où l'une de ces deux choses s'ensuit, ou que le discours de

LA RELIGION 317

l'interprète est parole de Dieu, ou que cette parole n'est pas le canon de la doctrine chrétienne. Mais il faut nécessairement que cette dernière proposition soit fausse. Car, une doctrine qui ne peut être comprise par aucune raison humaine, et qui demande la révélation divine, ne peut recevoir de règle qui ne soit de cette même nature. Et il est impossible de tenir l'opinion d'une personne, qui ne peut savoir, à notre avis, si une certaine doctrine est vraie ou fausse, pour règle de cette même doctrine qu'elle ignore. La première donc de ces deux propositions est vraie, que le discours du docteur ou de l'interprète des Écritures saintes est parole de Dieu.

XVIII. Or, l'interprète, à l'opinion duquel on fait cet honneur que de la recevoir comme parole divine, n'est pas celui qui traduit du grec et de l'hébreu l'Écriture à ses auditeurs, la leur faisant entendre en latin, en français, ou en quelque autre langue vulgaire : car, ce n'est pas là proprement interpréter. La nature d'une langue est telle en général, qu'encore qu'il mérite le premier rang entre les signes dont nous nous servons pour découvrir aux autres nos pensées, néanmoins il ne peut pas tout seul s'acquitter de cette charge, et il a besoin du secours de quantité de circonstances. En effet, la vive voix est aidée, lorsqu'on la profère de diverses particularités, qui rendent l'intelligence des conceptions qu'elle veut exprimer plus aisée. Le temps, le lieu, le visage, le geste, le dessein de celui qui parle, la liberté qu'il a d'employer sur-le-champ divers termes dont il juge qu'il se fera mieux entendre, donnent un merveilleux avantage à celui qui discourt. Mais nous manquons de toutes ces choses dans les écrits du vieux temps ; et ce n'est pas l'ouvrage d'un esprit médiocre, que d'en réparer adroitement le défaut. Il est nécessaire d'apporter à cela une profonde érudition, une exacte connaissance de l'Antiquité, et pour le dénouement de mille difficultés qui se rencontrent, il faut avoir une adresse toute particulière. De sorte qu'il ne suffit pas pour interpréter les Écritures d'entendre la langue en laquelle elles sont écrites. Tous ceux aussi qui font des commentaires ne méritent pas dès là d'être mis au rang des interprètes canoniques de l'Écriture sainte : car, tous les hommes du monde sont sujets à faillir et peuvent la tourner vers leur ambition, ou la tordre pour la faire servir à leurs préjugés, quelque répugnance qu'elle y apporte ; d'où il s'ensuivrait qu'il

Que l'autorité d'interpréter les Écritures est la même que celle de décider les controverses de la foi.

faudrait tenir comme parole de Dieu une opinion erronée. Or, encore bien que cela peut ne pas arriver, toutefois incontinent après la mort de ces commentateurs, leurs commentaires auraient besoin d'explication, et par la suite du temps, qui obscurcit les plus claires matières, ces explications en demanderaient de nouvelles, et celles-ci obligeraient derechef à des commentaires, sans qu'il y eût jamais de fin à ces illustrations. Et ainsi le canon, ou la règle de la doctrine chrétienne, par laquelle on décide toutes les controverses sur le fait de la religion, ne peut point être assignée en aucune interprétation mise par écrit. Reste donc, que l'interprète canonique doive être celui duquel la charge légitime est de terminer les différends, en exposant la parole de Dieu dans ses jugements ; et partant, celui à l'autorité duquel il ne se faut pas moins tenir, qu'à celle des premiers fidèles qui nous ont recommandé l'Écriture comme le canon de notre foi, et l'unique règle de ce que nous devons croire. Si bien que le même qui est interprète de l'Écriture sainte, est le souverain juge de toutes les doctrines qui y sont enseignées.

Diverses significations de ce mot d'église.

XIX. Quant à ce qui regarde le nom d'*église*, en son origine il signifie la même chose que *concio*, ou assemblée des citoyens, dans la langue latine ; comme celui aussi d'*ecclésiaste*, ou de *prêcheur*, représente une personne publique qui parle dans une assemblée. Auquel sens nous lisons, dans les Actes des apôtres, qu'une église est nommée légitime, ou confuse, Act. 19. vers. 32. 40. Prenant celle-là pour une congrégation règlement convoquée, et celle-ci pour un concours de peuple fait à la hâte et tumultuairement. Au reste, par ce terme d'*église des chrétiens,* il est quelquefois entendu dans la sainte Écriture le corps d'une assemblée visible et quelquefois aussi les chrétiens mêmes, bien qu'ils ne soient pas effectivement assemblés, à cause qu'il ne leur est pas défendu d'entrer dans la congrégation, et de communiquer avec les fidèles. Par exemple, en ce passage de saint Matthieu, chap. XVIII. vers. 17 : *Dis-le à l'église,* il faut entendre ce mot de l'église convoquée et recueillie en une assemblée ; car il serait impossible de le dire à celle qui est éparse. Mais en cet autre des Actes, chap. VIII. 3, où il est dit que Saül ravageait l'église, il le faut entendre des fidèles dispersés par les quartiers de Judée et de Samarie. D'ailleurs, le nom d'église se prend quelquefois pour les personnes baptisées, ou qui font

LA RELIGION

profession du christianisme, soit qu'intérieurement elles soient vraiment chrétiennes, ou qu'elles feignent de l'être : comme aux endroits où nous lisons que quelque chose a été dite ou écrite à l'église, ou que l'église a dit, fait et délibéré quelque chose. Et quelquefois il se prend pour les élus tant seulement, comme en ce passage de l'Épître aux Éphésiens, chap. V. vers. 27, où l'église est nommée sainte et immaculée : or, est-il que les élus, pendant qu'ils sont ici dans le champ de combat, ne peuvent pas être nommés proprement l'église ; parce qu'ils ne sauraient s'assembler : mais ils la composeront au jour du jugement, lorsqu'ils seront séparés des réprouvés, et qu'ils seront dans le lieu du triomphe. Derechef, le mot d'*église* peut être pris quelquefois collectivement pour tous les chrétiens ensemble, comme là où Christ est nommé le chef de l'église, et le chef du corps de l'église, Eph. V. vers. 23, Col. 1. vers. 18. Et quelquefois pour ses membres, comme l'église des Éphésiens, l'église qui est en sa maison, les sept églises, etc. Enfin le terme d'*église*, signifiant une congrégation actuellement assemblée, est pris, suivant la fin pour laquelle la convocation a été faite, tantôt pour ceux qui s'assemblent à dessein de délibérer et de juger de quelques matières, auquel sens on nomme aussi l'église un synode ou un concile ; et tantôt pour ceux qui s'assemblent en une maison pour y vaquer à la prière et y rendre à Dieu le service dont ils l'honorent. En laquelle signification le nom d'église se rencontre, I. Cor. 14. vers. 4. 5. 23. 28. etc.

XX. Or, il faut définir l'*église*, à laquelle on attribue des qualités personnelles, des droits propres et des actions, et de laquelle il est nécessaire d'expliquer ces passages, *dis-le à l'église ; celui qui n'obéira à l'église*, et toutes ces autres semblables façons de parler, en telle sorte qu'on entende, par ce mot, *une certaine multitude de personnes qui ont traité avec Dieu une nouvelle alliance par notre Seigneur Jésus-Christ* (c'est-à-dire la multitude de ceux qui ont reçu le sacrement du baptême) *laquelle multitude peut être légitimement convoquée en un certain lieu par quelqu'un, à la convocation duquel tous les fidèles sont obligés de se trouver, ou en propre personne, ou par un autre qu'ils envoient en leur place.* Car, si une multitude d'hommes ne peut former une assemblée lorsqu'il en est de besoin, elle ne peut pas constituer ni être nommée une personne. En effet, l'église ne peut point déli-

Ce que c'est qu'église, à laquelle on attribue des droits, des actions, et autres choses semblables personnelles.

bérer, ouïr, ni s'exprimer, si ce n'est en tant qu'elle est réunie en un seul corps, et qu'elle compose une assemblée. Ce que chaque particulier dit, formant presque autant d'avis qu'il y a de têtes, ne doit être pris que comme l'opinion de quelque personne privée, et non pas comme une résolution générale de toute l'église. Au reste, s'il se forme une assemblée, mais d'une façon illicite, il la faudra tenir pour nulle. De sorte qu'aucun de ceux qui se trouvent parmi cette foule ne sera tenu de se régler aux délibérations des autres, surtout s'il a été d'un sentiment contraire. Et ainsi une telle église ne peut rien résoudre ; car la multitude n'a le pouvoir de résoudre quelque chose, si ce n'est lorsque chacun de ses membres est obligé d'en demeurer aux résolutions du plus grand nombre. Il faut donc nous tenir précisément à la définition de l'église (à laquelle j'ai attribué des qualités personnelles) afin qu'elle puisse être non seulement assemblée, mais aussi que sa convocation soit légitime. De plus, bien qu'il y ait une personne qui convoque légitimement les autres, s'il peut arriver toutefois que ceux qui sont appelés aient raison de ne pas comparaître (comme cela est possible entre des personnes qui ne sont point sujettes les unes aux autres) cette église ne représentera pas une personne. Car, ceux qui se rendront en même temps à un autre lieu qui leur aura été marqué, dresseront une autre église avec le même droit, que ces premiers qui en forment aussi une de leur côté, en s'assemblant ailleurs par un ordre qu'ils reconnaissent. Comme donc il suffira de quelque nombre que ce soit de personnes de même sentiment pour composer une église ; aussi il y en aura tout autant qu'il se trouvera d'opinions diverses, c'est-à-dire, la même multitude constituera une seule et plusieurs églises, vu la diversité des sentiments qui règne dans les moindres assemblées. Ce qui me fait estimer que l'église n'est pas une en nombre, si ce n'est lorsqu'il y a une puissance certaine et connue, c'est-à-dire légitime, par laquelle chaque particulier est obligé de se trouver à la congrégation en personne, ou par quelqu'un qui y tienne sa place. C'est l'unité de la puissance légitime de convoquer les synodes et les assemblées des chrétiens, et non pas l'uniformité de la doctrine, qui rend l'église une et capable des fonctions personnelles. Car, sans cela, elle n'est qu'une multitude confuse, et plusieurs personnes plutôt qu'une seule, bien qu'elles s'accordent et soient liées en quelque sorte par la conformité des opinions.

XXI. De ce que je viens de dire il s'ensuit nécessairement qu'un *État* composé de personnes chrétiennes est même chose que l'*Église* chrétienne [28], mais qu'elle a reçu deux divers noms pour deux causes diverses. Car, la matière de la république et de l'église est la même, à savoir les mêmes chrétiens. La forme aussi, qui consiste en la puissance légitime de les convoquer, est la même, puisqu'il est certain que chaque citoyen est obligé de se

Que la république chrétienne est même chose que l'église chrétienne.

28. Cet argument va évidemment dans le sens de l'indivisibilité de la souveraineté. De même, au chapitre XXIX du *Léviathan*, Hobbes soutient qu'il est impossible que la République ait plus d'une âme. Contre ceux, donc, qui croient que, face à la *souveraineté*, une *suprématie* peut être installée, que face aux *lois* peuvent exister des *canons* et que face à l'*autorité temporelle*, une *autorité spirituelle* peut s'affirmer, Hobbes en viendra même à déchaîner de violentes critiques. Il dira en 1651 : c'est « une distinction dénuée de sens » qu'on établit entre le *temporel* et le *spirituel*. En effet, il est impossible que les sujets obéissent à deux maîtres ayant tous deux prétention de législateur : « Étant donné que le pouvoir spirituel revendique le droit de dire quand il y a faute, il revendique en conséquence celui de dire quelle est la loi (puisque la faute n'est rien d'autre que la transgression de la loi); et comme de son côté le pouvoir civil revendique le droit de dire quelle est la loi, chaque sujet doit obéir à deux maîtres, dont chacun veut que ses commandements soient respectés comme des lois : or, cela est impossible. Ou alors, si nous n'avons qu'à un seul royaume, ou bien le pouvoir civil [...] doit être subordonné au pouvoir spirituel et, dans ce cas, il n'est plus d'autre souverain que la souveraineté spirituelle, ou bien le pouvoir spirituel doit être subordonné au pouvoir temporel, et alors il n'existe pas d'autre suprématie que la suprématie temporelle. C'est pourquoi, quand ces deux pouvoirs s'opposent l'un à l'autre, la République se trouve nécessairement en grand danger de guerre civile et de dissolution » (chap. XXIX).

Pour Hobbes, par conséquent, les compétences spirituelles du pouvoir souverain sont exclusives — ce qui révèle non pas, comme certains l'ont soutenu, l'athéisme du philosophe, mais son opposition au papisme et à tout ce que le catholicisme a, selon lui, inventé de démonologie. Par-delà ces critiques, le fait que la compétence spirituelle exclusive du pouvoir souverain doive s'exercer non seulement sur l'Église et les fidèles, mais aussi bien sur les organisations sujettes, politiques, privées et confessionnelles (*Léviathan*, chap. XXII), apparait comme une manière fort habile d'attaquer à mots couverts les doctrines qui assoient le pouvoir des rois sur la Providence divine.

rendre là où il est mandé de l'État. Mais ce qui est nommé république, à cause que ce sont des hommes qui la composent, se nomme aussi église en tant qu'elle est une assemblée de chrétiens.

Que plusieurs républiques chrétiennes ne forment pas une seule église.

XXII. Ce que je vais ajouter n'a pas moins de liaisons avec mes propositions précédentes : *que s'il y a plusieurs États chrétiens, ils ne constituent pas tous ensemble une seule église personnellement,* je veux dire qui représente une simple personne. A la vérité, ils peuvent bien s'unir par un mutuel consentement, mais, en cela, il faut qu'ils deviennent comme une seule république. Car, ils ne peuvent point s'assembler qu'à certain temps et en certain lieu dont ils sont demeurés d'accord. Or, est-il que c'est du droit civil, et qu'il appartient à la puissance séculière, de régler le temps, le lieu et les personnes d'une assemblée ; et qu'aucun bourgeois, ni aucun étranger, ne peut avec raison mettre le pied en quelque lieu, si l'État qui en est le seigneur ne le lui permet. Mais il faut que ce qu'on n'a pas droit d'entreprendre sans la permission publique, se fasse par autorité du magistrat, s'il n'y a rien en cela qu'on n'entreprenne légitimement. Certainement l'*Église universelle est un corps mystique* dont Christ est le chef ; mais, de même que tous les hommes ensemble qui, reconnaissant Dieu comme le souverain maître du monde, ne composent qu'un seul royaume et une seule forme d'État, sans toutefois qu'ils soient une seule personne, et qu'ils aient une simple action ou une volonté commune. D'ailleurs, il se voit manifestement que, là où Christ est dit le chef du corps de l'église, l'apôtre l'a entendu des élus qui, tandis qu'ils vivent dans ce monde, ne sont une église qu'en puissance (comme on parle) parce qu'elle ne subsistera actuellement qu'après la séparation d'avec les réprouvés, lorsque les fidèles seront rassemblés des quatre bouts de la terre au dernier jour du jugement. L'église romaine a été autrefois fort étendue ; mais elle ne passa point les bornes de l'empire et ne put point aussi être nommée *universelle*, si ce n'est en ce sens qu'on a dit autrefois de la *république romaine*,

Déjà du monde entier le Romain était maître.
Orbem jam totum victor Romanus habebat.

bien qu'il n'en possédât qu'environ la vingtième partie. Et lorsque l'empire fut divisé, que la puissance temporelle fut partagée et que ce grand corps fut dissous, les États qui se formèrent de son débris furent tout autant d'églises diverses. Aussi l'autorité que celle de Rome prit sur elles, dépendit de leurs gouvernements particuliers, et la complaisance qu'elles eurent pour elle fut remarquable, puisque après avoir secoué le joug de l'empire romain, elles se soumirent néanmoins la plupart à la discipline ecclésiastique et voulurent être enseignées par des docteurs de l'église romaine.

XXIII. On peut nommer *ecclésiastiques* ceux qui exercent quelque charge publique dans l'église. Or, les charges étaient au commencement, ou de ministère, ou de doctorat et de magistère (s'il m'est permis d'employer ce terme). L'office des *diacres* était de servir aux tables, d'avoir soin du revenu temporel de l'église, et de distribuer à chacun sa portion, du temps que la propriété des biens était ôtée et qu'on vivait en commun. Les *docteurs* * étaient nommés, selon le rang qu'ils tenaient, les uns apôtres, les autres évêques, les autres prêtres, c'est-à-dire anciens ou vieillards; quoique par ce titre de prêtre on ne voulût pas marquer leur âge, mais désigner leur office. En effet, Timothée était prêtre, bien qu'il fût encore jeune; mais d'autant que l'on choisissait volontiers des vieillards pour ces graves emplois, on prit le nom de l'âge pour signifier celui de la charge. Les mêmes docteurs, à raison des divers offices qu'ils exerçaient, étaient nommés, les uns apôtres, les autres prophètes, les autres évangélistes, les autres pasteurs et proprement docteurs. La charge d'apôtre était générale; celle de prophète était de proposer dans l'église ses particulières révélations; celle d'évangéliste était de prêcher et d'annoncer l'Évangile aux infidèles; celle de pasteur était d'enseigner, de confirmer et de gouverner les âmes de ceux qui avaient déjà cru à la prédication de l'Évangile.

Qui sont les ecclésiastiques.

XXIV. Il y a deux choses à considérer en l'élection des ecclésiastiques, premièrement l'*élection* des personnes, et puis leur *consécration* ou institution, qu'on parachève en leur donnant les ordres. Christ choisit lui-même, et donna l'ordre à ses douze premiers apôtres. Après son ascension, Matthias fut mis en la place du traître Judas, l'église (qui était alors assemblée au nombre d'environ six-vingt personnes) en ayant choisi deux,

Que l'élection des ecclésiastiques appartient à l'église, et leur consécration aux pasteurs.

---

* Magistri.

(car deux personnages, Joseph et Matthias, furent proposés) mais Dieu ayant approuvé Matthias sur qui le sort tomba. S. Paul nomme ces douze, les grands et les premiers apôtres, et les *apôtres de la circoncision*. Deux autres leur furent ajoutés quelque temps après, à savoir Paul et Barnabas : auxquels l'ordre fut conféré par les docteurs et prophètes de l'église d'Antioche (qui n'était qu'une église particulière) qui leur imposèrent les mains ; mais le choix en avait été fait par le commandement du Saint Esprit. Il conste* du quatorzième chapitre des Actes, vers. 13. qu'ils ont été tous deux apôtres. Qu'ils aient reçu l'apostolat en vertu de ce que par le commandement du Saint Esprit, les prophètes et les docteurs de l'église d'Antioche les mirent à part pour l'œuvre du Seigneur, saint Paul lui-même le montre, Rom. 1. vers. 1., en se nommant *apôtre mis à part pour annoncer l'Évangile de Dieu*, pour se distinguer des autres. Mais si l'on demande plus outre, par quelle autorité il est arrivé, qu'on a reçu comme par le commandement du Saint Esprit, ce que les prophètes et les docteurs ont dit en procéder dans cette occurrence ; il faudra nécessairement répondre, que ç'a été par l'autorité de l'église d'Antioche. Car, il faut que l'église examine les prophètes et les docteurs, avant qu'on les reçoive. S. Jean avertissant les fidèles d'en user ainsi : *Ne croyez point à tout esprit, mais éprouvez les esprits, s'ils sont de Dieu, parce que plusieurs faux prophètes sont venus au monde*. Mais, quelle église est-ce qui a dû pratiquer cela, si ce n'est celle à qui l'Épître est adressée ? Pareillement saint Paul reprend les églises de Galatie, de ce qu'elles judaïsaient, Galates 2. 14. bien qu'il semblât que saint Pierre fût auteur de ce qu'elles faisaient, et qu'il leur dût servir de garant ; car, ayant dit qu'il avait redargué saint Pierre même en ces termes : *Si toi qui es juif, vis néanmoins comme les gentils et non comme les Juifs, comment est-ce que tu contrains les gentils de judaïser ?* Peu après il les interroge dans cette sorte : *Je voudrais seulement entendre ceci de vous, avez-vous reçu l'esprit par les œuvres de la loi, ou par la prédication de la foi ?* Galates, 4. 2. D'où il appert que c'était le judaïsme qu'il reprenait aux Galates, bien que l'apôtre saint Pierre les obligeât à judaïser. Puis donc que ce n'était point à Pierre, ni à

---

* Sorbière traduit ainsi plusieurs fois le latin *constat :* il appert que.

aucun homme mortel, mais aux églises à déterminer quels étaient ceux qu'elles devaient suivre comme leurs docteurs, celle d'Antioche avait la puissance de choisir les siens, et d'élire ses prophètes. Or, d'autant que le Saint Esprit sépara pour son service les apôtres Paul et Barnabas, par l'imposition des mains qu'ils reçurent des docteurs choisis en cette manière; il est évident que la consécration et que l'imposition des mains sur les principaux ou souverains docteurs de chaque église appartient à ceux du même ordre en chacune d'elles. Les évêques qui étaient aussi nommés prêtres (bien que tous les prêtres ou anciens ne fussent pas évêques), reçurent les sacrés ordres de la main des apôtres (car il est dit en l'histoire des Actes, chapitre XIV. vers. 22. que Paul et Barnabas ayant enseigné en Derbe, en Lystre et en Iconie, établirent des anciens par chacune église) et par celle aussi des autres évêques, qui déjà étaient en charge publique. En effet, Tite fut laissé par saint Paul en Crète, pour établir des anciens par toutes les villes. Tit. 1. vers. 5. Et le même apôtre exhorte son fidèle disciple Timothée, I. Tim. 4. vers. 14. *Ne mets point à nonchaloir le don qui est en toi, lequel t'a été donné par prophétie, par l'imposition des mains de la compagnie des anciens;* ensuite de quoi, il lui donne des règles et des prêtres. Mais cela ne peut point être entendu que de l'ordination de ceux qui seraient choisis par l'église : car personne ne peut y établir un docteur que par sa permission. Vu que la charge des bienheureux apôtres était d'enseigner les fidèles et non pas de leur commander. Et encore que ceux qui étaient recommandés par eux ou par les anciens, ne fussent jamais rejetés, à cause de l'estime et de la déférence que l'on avait pour leur approbation, néanmoins, puisqu'ils ne pouvaient point être élus contre la volonté de l'église, leur élection était réputée comme faite par son autorité. De même, les ministres ou diacres, qui étaient installés par les apôtres, étaient auparavant choisis par l'église. Car, y ayant sept diacres à choisir, et à employer au service de l'église de Jérusalem, les apôtres n'en firent pas le choix mais ils dirent à l'assemblée : *Regardez donc, frères, de choisir sept hommes d'entre vous, de qui on ait bon témoignage, etc. Et ils choisirent Étienne, etc. lesquels ils présentèrent devant les apôtres,* Actes 6. 3. 6. De sorte qu'il est certain, par la pratique et par la coutume de l'église du siècle des apôtres, que tous les ecclésiastiques recevaient bien les ordres, et étaient consacrés par les apôtres et par les docteurs qui priaient sur eux, et leur imposaient les mains, mais que leur élection aux charges sacrées appartenait à l'église.

Que la puissance de pardonner les péchés aux repentants, et de les retenir aux impénitents appartient aux pasteurs; mais que c'est à l'église de juger de la repentance.

XXV. Il n'y a point de doute que la puissance de lier et de délier, c'est-à-dire, celle de remettre et de retenir les péchés, n'ait été donnée de notre Seigneur Jésus-Christ, à ceux qui seraient ses pasteurs et ses ministres, comme elle était dès lors conférée aux apôtres qu'il voyait auprès de sa personne. Or, ceux-ci ne l'ont pas reçue en moindre mesure que Christ ne la possédait lui-même; puisqu'il leur dit en l'Évangile, *comme mon Père m'a envoyé, je vous envoie aussi*. Jean 23. vers. 21. ajoutant, *ceux à qui vous remettrez les péchés, ils leur seront remis, et ceux à qui vous les retiendrez, ils leur seront retenus*, vers. 23. Mais la difficulté est de ce qu'il faut entendre par les termes de *lier* et de *délier*, ou de remettre et de retenir les offenses. Car, premièrement il semble que c'est une chose contraire au pacte du nouveau Testament, que de retenir les péchés de celui qui ayant été baptisé en la rémission de ses fautes est vraiment repentant. Et que par conséquent Christ ne le fait point, ni que les pasteurs ne peuvent pas l'entreprendre. Mais de les remettre à celui qui ne se repent point, il semble que cela est à la volonté de Dieu le Père, duquel Christ a été envoyé pour convertir le monde et ranger les hommes sous son obéissance. D'ailleurs, si une telle autorité de remettre et de retenir les péchés, avait été donnée à chaque pasteur, toute la crainte due au magistrat et aux princes séculiers serait ôtée, et par même moyen, tout le gouvernement politique serait renversé. En effet, Jésus-Christ dit, et la nature même enseigne ce que nous lisons en l'Évangile, selon saint Matthieu, chapitre X. 28. *Ne craignez point ceux qui tuent les corps et ne peuvent tuer l'âme, mais plutôt craignez celui qui peut détruire l'âme et le corps en la géhenne*. Et il n'y a personne si stupide ou de qui la raison soit si dépravée, qu'il n'aimât mieux obéir à ceux qui peuvent pardonner ou retenir les péchés, qu'aux plus puissants rois de la terre. Cependant, il ne faut pas tomber dans une autre extrémité qui ne serait pas moins vicieuse, ni penser que la rémission des péchés ne soit autre chose qu'une simple exemption des peines ecclésiastiques; car quel mal a, je vous prie, l'excommunication, si vous en ôtez la conséquence d'une punition éternelle; ou quel bien y a-t-il d'être reçu dans l'union de l'église, si l'on pouvait trouver hors d'elle le salut éternel ? Il faut donc croire fermement que *les pasteurs et ministres de l'Évangile ont la puissance de vraiment et absolument remettre, ou retenir les péchés, mais à ceux qui se repentent, ou aux impénitents.* Au reste, la plupart des hommes s'imaginent que se repentir n'est autre chose que condamner ses propres actions, prendre de nouveaux desseins et quitter ceux dans la poursuite desquels il leur semble que le péché consiste ; cette opinion vulgaire s'est introduite dans les esprits, que la repentance peut précéder la confession des fautes, en présence des hommes, et qu'elle n'est pas un effet, mais la cause de cette confession ; à quoi s'est ajoutée la difficulté de ceux qui disent que les péchés de ceux qui se repentent, ont été déjà remis au baptême, et que ceux des obstinés et impénitents, ne peuvent du tout point être remis. Ce qui est contraire au texte de l'Écriture et aux paroles de Christ, qui portent en termes formels : *A ceux à qui vous aurez remis, etc.* Donc, pour la solution de ce doute, il faut savoir en premier lieu, qu'une vraie reconnaissance de son péché est ce qui fait la repentance. Car celui qui sait bien qu'il a péché, n'ignore pas qu'il a failli ; or il est impossible de vouloir faillir. De sorte que celui qui sait qu'il a péché, voudrait que la faute fût à commettre ; ce qui est se repentir. Après il faut considérer, que lorsqu'on peut n'être pas certainement assuré s'il y a du péché en une action, ou s'il n'y en a point, la repentance ne précède pas, mais elle suit la confession des péchés. Et cela d'autant que la repentance n'est que d'un crime que l'on avoue. Il faut donc que celui qui se repent ne dénie pas l'action qu'il a commise, et qu'il reconnaisse qu'elle est vicieuse, c'est-à-dire, qu'elle est contre la loi. De sorte que si quelqu'un pense que ce qu'il a fait n'est pas contre la loi, il est impossible qu'il s'en repente. Donc il est nécessaire qu'on fasse une application des crimes à la loi, avant qu'on en puisse être touché de repentance. Mais comment faire cette application à la loi, s'il n'y a à quelqu'un qui l'interprète ; car, ce ne sont pas les paroles ni le texte de la loi, mais le sens et la volonté du législateur qui doivent servir de règle à nos actions. Or, les interprètes de la loi sont ou un certain homme, ou plusieurs ; parce que nous ne pouvons pas être juges nous-mêmes en notre cause, ni définir s'il y a du péché ou non en ce que nous avons fait. Si bien qu'il faut s'en rapporter à une tierce personne, ou à plusieurs, qui connaissant de notre procédé, nous tirent du doute dans lequel nous sommes s'il est bon ou mauvais. Mais en user de cette sorte, c'est pratiquer, à mon avis, ce qu'on doit nommer proprement la *confession*. Après quoi, si l'interprète de la loi juge que l'action ne vaut rien et qu'elle est un péché, et si le coupable acquiesce à ce jugement, délibérant en soi-même de ne plus tomber dans la même faute, c'est là vraiment que gît la repentance. D'où je conclus, que jamais la vraie repentance ne précède, mais qu'elle suit toujours la confession. Ces choses étant ainsi déduites, il n'est pas mal aisé de concevoir quelle est cette puissance de lier et de délier. Car y ayant deux points à remarquer au pardon et en la rétention des offenses; l'un qui est le *jugement* ou la *condamnation* par laquelle on juge l'action criminelle; l'autre (quand le prévenu acquiesce à la sentence et y obéit, c'est-à-dire, se repent) qui est la *rémission* de l'offense, ou (si le pécheur ne se repent point) la *rétention* de la coulpe: le premier de ces chefs, à savoir de juger s'il y a du péché en l'action, appartient à celui qui est interprète de la loi, c'est-à-dire, au juge souverain. L'autre, à savoir le pardon ou la rétention de l'offense, est une prérogative du pasteur, et en elle consiste cette puissance de lier et de délier, dont nous parlons. Et que telle ait été la véritable intention de notre Sauveur en l'établissement de cette puissance, il appert de la considération du passage de l'Évangile, Matth. 18. verset. 15. 16. 17. où Jésus-Christ s'adressant à ses disciples: *Si ton frère*, dit-il, *a péché contre toi, va et reprends-le entre toi et lui seul;* (remarquez en passant que ces mots, *s'il a péché contre toi*, signifient le même que, s'il t'a offensé, et qu'ainsi le Seigneur parle des choses qui relèvent de la justice civile) puis il ajoute, *s'il ne t'écoute* (c'est-à-dire, s'il nie l'action, ou si l'avouant, il nie qu'il soit injuste) *prends avec toi encore un ou deux témoins. Que s'il ne les écoute, dis-le à l'église.* Mais pourquoi à l'église, si ce n'est afin qu'elle juge si l'action est bonne ou mauvaise? *Que s'il n'écoute l'église*, c'est-à-dire s'il n'acquiesce à la sentence de l'église et s'il s'obstine à soutenir qu'il n'a point péché, quoi qu'elle dise à l'encontre, c'est-à-dire encore, s'il ne se repent point (car il est certain que personne ne se repent d'une chose laquelle il n'estime point un péché), il ne dit pas, *dis-le aux apôtres* (afin que nous sachions que l'arrêt définitif en la question de la bonté ou de la malice d'une action, est laissé à l'église plutôt qu'à eux), mais bien, *qu'il te soit comme les païens et les publicains*, c'est-à-dire, comme s'il était hors de l'église, comme s'il n'était point baptisé, c'est-à-dire derechef, comme celui duquel les fautes ne sont point pardonnées ; car tous les chrétiens étaient baptisés en rémission de leurs péchés. Or, d'autant que l'on pouvait demander, qui c'était qui avait une si grande puissance qu'est celle d'ôter aux pécheurs impénitents le bénéfice ou la grâce du baptême ; Christ fait voir que ceux-là mêmes à qui il avait donné le pouvoir de baptiser les repentants en rémission de leurs offenses et de transformer des gentils en chrétiens, avaient aussi la puissance de retenir les péchés de ceux que l'église jugerait impénitents, de les dépouiller des marques du christianisme, d'en effacer le sacré caractère et de les rendre comme des païens, puisqu'ils vivaient en infidèles. Voilà pourquoi il ajoute incontinent après : *Amen, en vérité, je vous dis, que quoi que vous aurez lié sur la terre, il sera lié au ciel ; et quoi que vous aurez délié sur la terre, il sera délié au ciel.* D'où l'on peut comprendre que cette puissance de lier et de délier, ou de remettre et de retenir les péchés, qui est nommée aussi la *puissance des clefs*, est la même que celle qui a été donnée ailleurs en ces termes : *Allez donc et endoctrinez toutes nations, les baptisant au nom du Père, du Fils, et du Saint Esprit*, Matth. 28. 19. Et comme les pasteurs ne peuvent point refuser le baptême à celui que l'église juge capable de le recevoir, aussi ils ne peuvent retenir les péchés de celui qu'elle estime digne d'absolution, ni au contraire absoudre celui qu'elle accuse de contumace. C'est à l'église à juger de la qualité de l'offense ; et aux ministres de recevoir, ou de rejeter du rang des fidèles, ceux qu'elle a jugés indignes d'y entrer, ou dignes d'être en cette sainte communion. Ainsi l'apôtre saint Paul écrivant à l'église de Corinthe : *Ne jugez-vous pas*, dit-il, *de ceux qui sont parmi vous ?* sur quoi il prononce sentence contre un adultère qu'il fallait excommunier : *Moi*, dit-il, *quoique absent de corps, toutefois présent en esprit, etc.*

XXVI. L'acte de retenir les péchés est ce que l'église nomme *excommunication* et saint Paul, *livrer à Satan*. Ce premier terme d'excommunication, ayant la même étymologie et la même signification que cette façon de parler ἀποσυναγωγον ποιεῖν, *jeter hors de la synagogue*, semble avoir été emprunté de la loi de Moïse, par la-

Ce que c'est que l'excommunication et sur qui c'est qu'elle ne peut point tomber.

quelle ceux que le souverain sacrificateur jugeait entachés de lèpre, recevaient commandement de sortir hors du camp, et de se tenir à l'écart, jusqu'à ce que le même sacrificateur les jugeant nets, ils étaient purifiés par la pratique de certaines cérémonies, dont le lavement du corps en était l'une, comme cela est amplement déclaré au treizième chapitre du Lévitique. Par la suite du temps, cette coutume fut introduite parmi les Juifs, que ceux aussi qui entraient du paganisme dans leur religion, n'étaient point reçus qu'ils ne fussent auparavant lavés comme personnes immondes et souillées ; et que ceux qui avaient des opinions dissentantes de la doctrine enseignée dans leur synagogue, étaient rejetés de leurs assemblées. A l'imitation de cette ancienne cérémonie, ceux qui passaient d'entre les Juifs ou d'entre les gentils dans le christianisme, n'étaient reçus dans l'église que par le baptême ; et ceux qui avaient des sentiments particuliers étaient privés de la communion de l'église. Or, on disait qu'ils étaient livrés à Satan, parce que tout ce qui était hors de l'église était compris sous le règne du diable. Le but et l'usage de cette discipline était, que telles personnes destituées pour un temps de la grâce et des privilèges spirituels de l'église, fussent humiliées pour leur salut. Et l'effet, quant au temporel, en était, que l'excommunié non seulement était exclu des assemblées, et de la participation aux sacrés mystères, mais que chacun des autres chrétiens le fuyait, comme si la conversation eût été contagieuse, et en faisait moins d'estime que d'un infidèle. Ce qui paraît bien en la défense que l'apôtre fait de manger avec eux, là où il permet de se mêler avec les païens, 1. Corinthiens 5. 10. 11. Puis donc que tel est l'effet de l'excommunication, il est manifeste, premièrement, que la république chrétienne ne peut point être excommuniée : car elle n'est point distinguée de l'église, et elle a la même étendue, comme je l'ai fait voir ci-dessus en l'article 21. Or, est-il que l'église ne peut point être excommuniée en effet, ou elle s'excommunierait soi-même, ce qui est impossible ; ou elle serait excommuniée par une autre église, et celle-ci devrait être universelle ou particulière. Mais la catholique n'étant pas une personne (ainsi que je l'ai démontré article 22) et par conséquent n'ayant aucune action, ne peut pas pratiquer contre quelque autre l'excommunication. Et une église particulière n'avance rien quand elle en excommunie une autre, vu que n'ayant aucune communion avec elle, c'est en vain qu'elle lui interdit son assemblée. De vrai, si quelque église particulière, comme par exemple celle de Jérusalem, en eût excommunié une autre, par exemple celle de Rome, elle n'eût pas tant excommunié celle-ci qu'elle se fût excommuniée elle-même; car, celle qui en prive une autre de sa communion, se prive réciproquement elle-même de la communion de l'autre. Secondement, il est manifeste, *que personne ne peut excommunier en même temps, ou ôter l'usage des temples et interdire le service de Dieu à tous les sujets d'un État souverain*. Car ils ne peuvent pas être excommuniés de l'église qu'ils composent, d'autant que s'ils le faisaient, non seulement ce ne serait plus une église, mais non pas même une république, et le corps de la société civile se dissoudrait lui-même; ce qui est bien autre chose qu'être interdit et excommunié. Que si c'était une autre église qui les excommuniât, cette église devrait les tenir comme des païens. Mais selon la doctrine du Christ, il n'y a aucune église chrétienne qui puisse défendre aux païens de s'assembler, et de communiquer entre eux, ainsi que leur État le trouvera bon, surtout, si l'assemblée se forme à dessein d'adorer le Seigneur Jésus, bien que ce soit d'une façon qui leur est particulière. De sorte que je puis conclure, que devant être traités en païens, ils ne seraient point excommuniés. En troisième lieu, cette conséquence me paraît évidente, *qu'un prince souverain dans l'État ne peut point être excommunié*, pour ce que suivant la doctrine chrétienne, ni un seul sujet, ni plusieurs joints ensemble, ne peuvent point interdire les lieux publics ou privés à leur prince, encore qu'il soit infidèle, ni lui refuser l'entrée d'aucune assemblée, ni l'empêcher de faire tout ce que bon lui semblera dans les terres de son domaine. Ma raison est, qu'en toute république bien policée, c'est un crime de lèse-majesté à un homme privé, ou à quelque nombre qu'il y ait de sujets, de vouloir usurper aucune autorité sur le corps de l'État. Or, est-il que ceux qui entreprennent sur celui qui a la souveraine puissance, font le même que s'ils attentaient à l'État. De plus, un prince souverain, s'il est chrétien, a ceci par-dessus les autres, que l'État, dont la volonté est contenue dans la sienne, est même chose que ce que nous nommons l'église; si bien que celle-ci n'excommunie personne que par son autorité. Or, le prince n'a garde de s'excommunier soi-même et par conséquent, il ne peut pas être excommunié par ses sujets. A la vérité, il peut bien arriver qu'une troupe de sujets rebelles et traîtres prononcent avec félonie que leur prince souverain est excommunié ; mais cela sera contre tout ordre et toute raison. Encore moins peut-il être qu'un prince en excommunie un autre qui n'est pas son vassal et qui ne relève point de lui ; car ce ne serait pas là une excommunication, mais plutôt une déclaration de la guerre qu'il lui dénoncerait par cet outrage. En effet, puisqu'il ne se forme pas une seule église des sujets de deux États souverains, faute (comme je l'ai dit ci-dessus article XXII) de cette puissance de convenir dûment en une seule assemblée ; ceux qui sont d'une église ne sont pas tenus d'obéir aux autres qui sont d'une communion diverse et leur désobéissance ne peut pas mériter l'excommunication. Que si l'on me met en avant, que les princes étant membres de l'église universelle, ils peuvent être excommuniés par l'autorité de cette même église catholique : je répondrai, que cela ne touche point à notre question ; parce que l'église universelle (comme il a été dit art. XXII) n'est pas une personne, de laquelle on puisse dire qu'elle a fait, délibéré, ou ordonné quelque chose qu'elle a excommunié, qu'elle a absous, et enfin, à laquelle on puisse attribuer de semblables actions personnelles. Aussi, elle n'a point de modérateur, ni de chef en ce monde, au commandement duquel elle puisse s'assembler toute et entrer en délibération. Car, être le directeur général de l'église universelle et avoir la puissance de la convoquer, c'est, dans mon sens, le même que d'être le recteur et le maître de tous les chrétiens de la terre, ce qui n'appartient qu'à Dieu seul.

Que l'interprétation de l'Écriture dépend de l'autorité de la république.

XXVII. J'ai fait voir ci-dessus art. XVIII, que la puissance d'interpréter les Saintes Écritures ne consistait pas en ce que l'interprète peut impunément proposer aux autres son opinion et leur exposer de vive voix ou leur expliquer par ses écrits le sens des doctrines qu'il en tire ; mais en ce que personne n'a droit d'agir ou d'enseigner autrement que son avis ne porte : si bien que l'interprétation dont je parle en cet endroit, est même chose que la puissance de définir et de prononcer sur toutes les controverses qui doivent être décidées par la sainte Écriture. Maintenant, il faut que je montre que cette autorité appartient à chaque particulière église et qu'elle dépend de l'autorité de celui ou de ceux qui gouvernent absolument, pourvu qu'ils soient chrétiens.

Car, si elle ne dépendait pas du civil ou temporel, il faudrait qu'elle dépendît de la fantaisie des particuliers, ou de quelque puissance étrangère. Mais il y a bien des inconvénients, et des absurdités, dont la conséquence serait infaillible, qui empêchent que ce droit ne soit accordé aux personnes privées. L'une des principales est, que non seulement toute l'obéissance civile due au magistrat serait ôtée (ce qui est contre le commandement de Christ), mais que toute la société humaine et la tranquillité que nous y recherchons seraient de fond en comble renversées, au grand préjudice des lois naturelles. En effet, chacun se mêlant d'interpréter la sainte Écriture pour son usage particulier, c'est-à-dire, chacun s'établissant juge de ce qui est agréable à Dieu et de ce qui lui déplaît, personne ne peut obéir aux souverains, qu'il ne considère et ne juge premièrement si les ordonnances sont conformes ou non à la parole de Dieu. Et ainsi ou l'on désobéit, ou si l'on obéit, c'est à cause du jugement particulier qu'on a fait, ce qui n'est pas obéir à l'État, mais à soi-même. De sorte que par là toute l'obéissance civile est anéantie. D'ailleurs chacun suivant son propre sentiment, il faut de toute nécessité qu'il naisse un nombre infini de disputes et de controverses qu'il ne sera pas possible de décider ; d'où il arrivera premièrement que les hommes, qui tiennent naturellement pour injure toute sorte de dissentiment, se rempliront de haine les uns contre les autres, ensuite de quoi il se fera des contestations ; puis enfin on en viendra aux armes, ce qui bouleversera tout le repos de la société civile. Nous avons, outre ces raisons, l'exemple de ce que Dieu voulut qu'on observât sous l'ancienne alliance touchant le livre de la loi, à savoir qu'il fût décrit et qu'on le reçût publiquement comme la règle et le canon de la doctrine divine ; mais que les particuliers en laissassent décider les controverses aux sacrificateurs, souverains arbitres des différends en ces matières. En un mot, c'est le commandement de notre Sauveur que si les particuliers ont reçu quelque offense, ils écoutent l'église ; dont par conséquent la charge est de vider les différends et de déterminer les controverses. Ce n'est donc pas aux personnes privées, mais à l'église, à interpréter les Saintes Écritures. Or, afin que nous sachions, que l'autorité d'expliquer la parole de Dieu, c'est-à-dire de soudre toutes les questions qui regardent la divinité et la religion, n'appartient à aucun étranger, il faut examiner préalablement de quelle importance elle est dans l'esprit des sujets et quel branle elle donne aux actions politiques. Personne ne peut ignorer, que les actions volontaires des hommes dépendent par une nécessité naturelle de l'opinion qu'ils ont touchant le bien et le mal, les peines et les récompenses. D'où il arrive, qu'ils se disposent nécessairement à toute sorte d'obéissance envers ceux desquels ils croient qu'il dépend de les rendre éternellement bienheureux, ou éternellement misérables. Or, les hommes attendent leur félicité ou leur ruine éternelle de la volonté de ceux au jugement desquels ils se rapportent pour savoir quelles doctrines il faut croire et quelles actions il faut pratiquer nécessairement, si l'on veut être sauvé. De sorte que ce n'est pas de merveille, s'ils sont disposés à leur obéir en toutes choses. Ce qui étant ainsi, il est très évident que les sujets qui s'estiment obligés d'acquiescer à une puissance étrangère en ce qui regarde les doctrines nécessaires au salut, ne forment pas un État qui soit tel de soi-même, et se rendent vassaux de cet étranger auquel ils se soumettent. Et, par conséquent, encore qu'un prince souverain eût cédé à quelque autre par écrit une telle puissance (bien entendu néanmoins qu'il eût voulu retenir toute son autorité politique) ; la transaction demeurerait invalide et il n'aurait transigé d'aucune prérogative nécessaire à une bonne administration de son Empire. Car, par l'art. 4. du chap. II. personne n'est dit *transférer un droit* s'il ne donne des *signes recevables et des marques suffisantes de la volonté qu'il a de transiger*. Mais comment aurait donné des preuves assez fortes du transport qu'il fait des moyens nécessaires pour exercer la souveraineté, celui qui a déclaré ouvertement, qu'il n'avait pas intention de s'en départir ? Ainsi l'écrit sera de nulle valeur, et la transaction ne marquera pas tant la volonté, que l'ignorance des contractants. En deuxième lieu, il faut considérer combien il est absurde, qu'un État ou qu'un souverain donne la direction des consciences de ses sujets à un sien ennemi. Or, est-il que tous ceux qui ne sont pas réunis en une seule personne, sont entre eux en un état d'hostilité, comme je l'ai démontré ci-dessus chap. V. art. 6. Et il n'importe qu'ils ne soient pas occupés perpétuellement à combattre (car il se fait quelquefois des trêves entre les ennemis), il suffit pour avoir l'âme disposée à l'inimitié, que la défiance règne dans les esprits, qu'on garde les murailles des villes, qu'on mette des garnisons dans les places frontières, qu'on se tienne sur la défensive, qu'on aille armé, qu'on s'envisage des deux côtés avec arrogance, et bien qu'on ne se porte pas des coups, qu'on se regarde toutefois comme ennemis. Enfin, quelle injustice y a-t-il de demander ce que vous avouez appartenir à autrui par la propre raison de votre demande ? Je vous dois servir d'interprète de la sainte Écriture, à vous, dis-je, qui êtes citoyen d'une autre république que moi. Quelle raison avez-vous de l'entreprendre ? Quelle convention y a-t-il entre vous et moi qui vous donne ce titre ? C'est, me répliquerez-vous, par l'autorité divine. Mais, d'où est-ce que je l'apprendrai ? De l'Écriture sainte. En voici le livre, lisez. C'est en vain que vous me donnez cette permission, si vous ne m'accordez aussi celle d'expliquer ce que je lirai : de sorte qu'il m'appartient, par votre propre confession, et à tous mes autres concitoyens aussi, de me servir à moi-même d'interprète ; ce qui pourtant est une chose que ni vous ni moi ne voulons pas admettre. Que reste-t-il donc, si ce n'est de conclure qu'en chaque église, c'est-à-dire en chaque république chrétienne, l'interprétation des saintes Écritures, c'est-à-dire le droit de décider toutes les controverses, dépend et dérive de l'autorité du souverain, ou de la cour par devers laquelle est la souveraine puissance de l'État ?

XXVIII. Mais, parce qu'il y a deux sortes de controverses, les unes touchant les choses spirituelles, c'est-à-dire touchant les questions de la *foi*, dont la vérité ne peut point être découverte par les lumières de la raison naturelle ; comme sont celles où il s'agit *de la nature et des offices de Christ, des peines et des récompenses de la vie à venir, de la résurrection des corps, de la nature et du ministère des anges et des sacrements, du culte extérieur, etc.*; et les autres touchant des questions qui concernent les *sciences* humaines, dont la vérité est tirée par le raisonnement naturel, et par l'adresse des syllogismes, que l'on forme ensuite de ce que les hommes ont accordé entre eux, et des définitions (c'est-à-dire, des significations des termes reçus par l'usage et par le commun consentement) qu'ils ont établies ; telles que sont toutes les questions du *droit* et de la *philosophie*. Par exemple, quand on demande dans le droit, si une chose a été promise, et si on en est convenu, ou non ? C'est le même que si on demandait, si par telles paroles pronon-

Que la république chrétienne doit interpréter les Écritures par ses pasteurs, et par ses ecclésiastiques.

cées d'une façon, sont nommés communément et dans l'usage des hommes un *contrat* ou une *promesse*. Que s'il est vrai que ce nom leur soit donné, il n'y a point de difficulté qu'on s'est engagé de promesse ; autrement, on en est quitte : de sorte que cette vérité dépend des pactes et du consentement des hommes. De même, lorsqu'on dispute dans la philosophie, si une chose peut être toute en plusieurs lieux en même temps ; la décision de cette controverse dépend de la connaissance du commun consentement des hommes touchant la signification de ce terme *tout ;* car s'ils entendent, lorsqu'ils disent qu'une chose est toute en quelque part, qu'il n'y peut avoir rien d'elle ailleurs, il sera faux qu'une même chose puisse être en même temps en plusieurs endroits : de sorte que cette vérité dépend du commun consentement des hommes, et il en est de même de toutes les autres questions du droit et de la philosophie. Et ceux qui pensent qu'on peut établir quelque proposition par des passages obscurs de la Sainte Écriture, contre ce commun consentement des hommes, en ce qui est des noms que l'on doit donner aux choses, nous veulent priver de l'usage du discours, et bouleversent par même moyen toute la société humaine. En effet, celui qui aurait vendu un champ pourrait dire qu'il est tout dans une seule motte de terre, et là-dessus retenir tout le reste, comme n'ayant pas été vendu. Voire on ôte entièrement la raison, qui n'est autre chose que la recherche de la vérité que l'on ait sur la supposition de ce consentement. C'est pourquoi il n'est pas nécessaire que l'État vide ces questions par l'interprétation de la Sainte Écriture ; car elles n'appartiennent pas à la parole de Dieu, prenant cette dernière en la signification d'une parole qui traite de matières divines, c'est-à-dire de la doctrine évangélique ; et celui qui gouverne dans un État chrétien n'est pas obligé d'employer à la décision de ces difficultés des docteurs de l'église, ni des personnes ecclésiastiques. Et pour ce qui est des questions de la foi, c'est-à-dire touchant Dieu et les choses divines, comme elles surpassent d'une hauteur inaccessible la portée de notre entendement, nous avons besoin, pour y atteindre, d'une extraordinaire bénédiction de Dieu qui nous en donne l'éclaircissement, et qui nous empêche d'errer du moins dans les doctrines nécessaires au salut ; ce qu'il nous faut obtenir du Seigneur Jésus, et à quoi l'on pratique l'imposition des mains : cérémonie qui ne demeure pas sans effet ; car étant obligés, afin de parvenir à la vie bienheureuse, de recevoir une doctrine surnaturelle, laquelle, par conséquent, il nous est impossible de comprendre, ce serait une chose répugnante à l'équité, si nous étions destitués de la grâce du ciel, et si nous étions tellement abandonnés dans nos ténèbres et à notre faiblesse, que nous pussions faillir en ce qui est d'une nécessité fort importante. Aussi notre Sauveur a promis à ses apôtres l'infaillibilité (en ce qui est nécessaire au salut) jusqu'au jour du jugement, c'est-à-dire, il ne l'a pas promis à eux seuls, mais par même moyen aux pasteurs, qui seraient successivement consacrés par eux, et sur lesquels l'imposition des mains serait pratiquée. Donc le souverain d'un État est tenu, en tant que chrétien, d'interpréter les Saintes Écritures, lorsqu'il est question de quelques mystères de la foi, par le ministère des personnes ecclésiastiques dûment ordonnées. Et ainsi dans les États chrétiens le jugement, tant des choses spirituelles que des temporelles, appartient au bras séculier ou à la puissance politique ; de sorte que l'assemblée souveraine, où le prince souverain est le chef de l'église aussi bien que celui de l'État : car l'*église* et la *république chrétienne* ne sont au fond qu'une même chose.

Chapitre XVIII

Des choses qui sont nécessaires pour entrer au royaume des cieux.

Sommaire

I. La difficulté proposée, touchant la répugnance qu'il y a d'obéir à Dieu et aux hommes, doit être ôtée par la distinction entre les choses nécessaires au salut. II. Que toutes les choses nécessaires au salut sont contenues dans la foi et dans l'obéissance. III. Quelle est cette obéissance qui est requise. IV. Ce que c'est que la foi, et comment elle est distinguée de la profession extérieure, de la science et de l'opinion. V. Ce que c'est que croire en Christ. VI. Il est prouvé par le but des évangélistes, que ce seul article est nécessaire au salut, à savoir que Jésus est le Christ. VII. Et par la prédication des apôtres. VIII. Et par la facilité de la religion chrétienne. IX. Et de ce que cet article est le fondement de la foi. X. Et des paroles très expresses de Christ et des apôtres. XI. Que la foi du Vieux Testament est comprise dans cet article. XII. Comment c'est que la foi et l'obéissance concourent en l'œuvre du salut. XIII. Qu'en un État chrétien, il n'y a point de répugnance entre les commandements de Dieu et ceux de l'État. XIV. Que les controverses de religion, qui sont aujourd'hui agitées, regardent la plupart le droit de régner.

La difficulté proposée, touchant la répugnance qu'il y a d'obéir à Dieu et aux hommes, doit être ôtée par la distinction entre les choses nécessaires, et les non nécessaires au salut.

I. Personne n'a jamais nié que toute l'autorité dans les choses *séculières* ne dérive de la puissance de souverain, soit qu'elle demeure tout entière entre les mains d'un seul homme, ou qu'elle soit commise à une certaine assemblée. Mais les discours qui précèdent font voir, que cette même autorité, en ce qui regarde le *spirituel*, dépend de celle de l'église, et de plus que tout État chrétien est une église pourvue de la même puissance. D'où les plus stupides peuvent tirer aisément cette conséquence que, dans une république chrétienne (c'est-à-dire, en celle en laquelle un prince, ou bien une cour chrétienne, domine souverainement), *toute l'autorité tant séculière que spirituelle est réunie sous notre Seigneur Jésus-Christ en ceux qui la gouvernent;* et qu'ainsi il leur faut obéir en toutes choses. A l'encontre de cette conclusion, et sur ce qu'il faut obéir à Dieu plutôt qu'aux hommes, cette difficulté s'est élevée, comment c'est que l'on peut leur rendre sans danger une telle obéissance, s'il leur échoit de commander quelque chose que Christ ait défendue ? La cause de cette difficulté vient de ce que Dieu ne parlant plus à nous de vive voix par Christ ni par ses prophètes, mais par les Saintes Écritures, qui sont diversement reçues par diverses personnes, on entend bien ce que les rois et les conciles ordonnent ; mais on ne sait pas si ce qu'ils commandent est contraire à la parole de Dieu. D'où il arrive que les hommes, flottant dans l'incertitude, et ne sachant à qui obéir, entre les appréhensions d'une mort éternelle et la crainte de perdre la vie présente, comme entre Scylla et Charybde, tombent souvent en ces deux écueils funestes. Mais ceux qui savent bien distinguer les choses nécessaires au salut d'avec celles qui ne le sont pas, ne peuvent point être agités de ce doute. Car, si les commandements du prince ou de l'État sont tels qu'on peut leur obéir sans préjudice du salut éternel, ce serait une injustice que de leur refuser obéissance, et en cette occasion, il faut mettre en usage le précepte de l'apôtre, Col. 3. 20. 22. *Serviteurs, obéissez en toutes choses à ceux qui sont vos maîtres selon la chair. Enfants, obéissez à vos pères et mères en toutes choses*, et le commandement de Christ, Matth. 23. verset 2. *Les scribes et pharisiens sont en la chaire de Moïse : toutes les choses donc qu'ils vous diront que vous gardiez, gardez-les et les faites*. Et au contraire, s'ils commandent des actions qui sont punies en l'autre monde d'une mort éternelle, ce serait la plus haute de toutes les folies, si l'on n'aimait mieux perdre en désobéissant une vie que la nature doit bientôt finir, que de se mettre au hasard de mourir éternellement par une honteuse obéissance. A quoi se rapportent les paroles généreuses de notre Seigneur : *ne craignez point ceux qui tuent le corps, et qui ne peuvent point tuer l'âme*, Matth. 10. vers. 28. Voyons donc quelles sont toutes ces choses nécessaires au salut.

II. Toutes les choses nécessaires au salut sont comprises dans ces deux vertus, la *foi* et l'*obéissance*. Si cette dernière pouvait être parfaite, elle suffirait toute seule pour empêcher notre condamnation. Mais parce que nous sommes déjà depuis longtemps tous coupables de rébellion contre Dieu en Adam notre premier père ; et que d'ailleurs nous avons péché actuellement nous-mêmes, il ne suffit pas de l'obéissance, si la *rémission des péchés* n'y est ajoutée. Or, celle-ci est la récompense de la foi, et il n'y a point d'autre chemin pour entrer au royaume des cieux. La foi donc est la seule chose qui est requise au salut éternel. Car la porte du royaume de Dieu n'est fermée qu'aux pécheurs, c'est-à-dire à ceux qui ne rendent pas à la loi divine l'obéissance qui lui est due ; et même elle est ouverte à ceux-ci, pourvu qu'ils croient les articles nécessaires de la foi chrétienne. De sorte que si nous pouvons discerner nettement en cet endroit en quoi c'est que consiste l'obéissance, et quels sont les articles nécessaires de la foi chrétienne, nous connaîtrons manifestement quelles sont les choses que nous sommes tenus de faire au commandement du prince ou de l'État, et quelles sont les autres dont nous devons nous abstenir.

Que toutes les choses nécessaires au salut sont contenues dans la foi, et dans l'obéissance.

III. Or, par l'*obéissance*, nous ne devons pas entendre ici une action, mais la *volonté* que nous avons, et le désir

Quelle est cette obéis-

sance qui est requise. avec lequel nous nous proposons de tâcher autant qu'il nous sera possible d'obéir dorénavant. Auquel sens le mot d'obéissance vaut autant que celui de repentance. En effet, la vertu de pénitence ne consiste pas en la douleur qui accompagne le souvenir du péché, mais en la conversion à une meilleure vie, et au dessein de ne plus pécher, sans lequel cette douleur est plutôt une marque du désespoir, qu'un fruit de la repentance. Mais d'autant que ceux qui aiment Dieu ne peuvent être qu'ils ne veuillent obéir à ses commandements, et que ceux qui aiment leur prochain du bon du cœur, doivent être en une disposition intérieure d'accomplir la loi morale, qui consiste (comme il a été dit au chap. III) en la défense de l'orgueil, de l'ingratitude, de l'outrage, de l'inhumanité, de la cruauté, de l'injure, et des autres offenses qui blessent notre prochain ; le terme d'obéissance signifie la même chose que ceux d'*amour* ou de *charité*. Celui aussi de *justice* (qui est définie une constante volonté de rendre à chacun ce qui lui appartient) tombe dans la même signification. Maintenant donc, que la foi et la repentance suffisent au salut, il est manifeste, premièrement, de la seule alliance du baptême : car ceux qui se convertissaient le jour de la Pentecôte, demandant à saint Pierre ce qu'ils avaient à faire, il leur répondit : *Amendez-vous, et qu'un chacun de vous soit baptisé au nom de Jésus-Christ en rémission des péchés,* Act. 2. 38. Il n'y avait donc rien à faire pour obtenir le sacrement du baptême, c'est-à-dire pour avoir entrée au royaume de Dieu, qu'à se repentir et à croire au nom du Seigneur Jésus : vu que le royaume du Ciel est promis par l'alliance qui est traitée en cette sainte cérémonie. La même chose est prouvée des paroles de Christ, lorsqu'il répond à un certain homme de condition, qui l'interrogeait de ce qu'il lui faudrait faire pour hériter la vie éternelle : *Tu fais les commandements, tu ne tueras point, tu ne commettras point adultère, tu ne déroberas point, tu ne diras point faux témoignage, honore ton père et ta mère* (ce qui regarde l'obéissance) et ensuite, *vends tout ce que tu as et le distribue aux pauvres, et tu auras un trésor au ciel, puis viens, et me suis* (ce qui appartient à la foi et ne s'exécute point sans elle, Luc. 18. 20. Marc 10. 18). Et de ce qui est dit, *le juste* (remarquez que ce n'est pas qui que ce soit, mais seulement le juste) *vivra de sa foi;* parce que la justice est une disposition de la volonté pareille à l'obéissance et à la repentance. Et des paroles

LA RELIGION

de saint Marc, *d'autant que le temps est accompli, et que le règne de Dieu est approché, repentez-vous, et croyez à l'Évangile*, qui montrent clairement que, pour entrer au royaume céleste, on n'a point besoin d'autres vertus que celles de la foi et de la repentance. De sorte que l'obéissance, qui est nécessairement requise au salut, n'est autre chose que la volonté que l'on a, ou l'effort que l'on fait, d'obéir et de vivre conformément à la loi divine, qui est la même que la loi morale connue de tout le monde, et aux lois civiles, c'est-à-dire aux édits des souverains en ce qui regarde le temporel, et aux constitutions de l'église en ce qui touche le spirituel : lesquelles deux sortes de lois sont diverses en divers États et en diverses églises ; mais que chacun connaît assez par la promulgation qui en est faite, et par les sentences qui en sont publiquement données.

IV. Afin de savoir ce que c'est que la *foi chrétienne*, il faut définir la foi en général, et la distinguer des autres actes de l'entendement avec lesquels on a accoutumé communément de la confondre. L'objet de la foi, prise en une signification générale, à savoir pour ce que l'on croit, est toujours une proposition (c'est-à-dire un discours qui nie ou qui affirme quelque chose) que nous accordons être vraie. Mais d'autant que l'on concède des propositions pour diverses raisons, il arrive que ces concessions sont diversement nommées. En effet, nous concédons donc quelquefois des propositions que nous ne recevons pourtant pas dans notre croyance. Et cela, ou pour un temps, à savoir jusqu'à ce qu'en ayant considéré toutes les conséquences, nous en puissions examiner la vérité ; ce qui se nomme supposer ; ou simplement et absolument, comme il arrive par la crainte des lois, ce qui est professer et confesser par des signes extérieurs ; ou par une volontaire obéissance que l'on rend à quelqu'un, ce que les personnes civiles pratiquent envers ceux qu'elles respectent et même envers ceux à qui elles ne défèrent pas beaucoup, afin d'éviter le bruit et de ne pas causer de la contestation, ce qui est proprement concéder quelque chose. Mais quant aux propositions que nous recevons pour vraies, nous les accordons toujours pour quelques raisons que nous en avons. Et nous puisons ces raisons, ou de la proposition même, ou de la personne qui l'avance. Nous les dérivons de la proposition même, en nous remettant en mémoire quelles choses signifient dans l'usage commun,

Ce que c'est que la foi, et comment elle est distinguée de la profession extérieure, de la science et de l'opinion.

et comment se prennent par le commun consentement, les noms dont la proposition est formée ; après quoi si nous l'accordons, c'est proprement savoir que de consentir en cette judicieuse manière. Que si nous ne pouvons pas nous ressouvenir de ce qu'on entend au vrai par ces termes-là, et qu'il nous semble tantôt que c'est une chose, et tantôt que c'en est une autre, alors notre certitude est une *opinion*, et ne passe pas les bornes de la vraisemblance. Par exemple, si l'on a proposé que deux et trois font cinq ; et si, repassant en notre mémoire l'ordre des noms qui servent à exprimer les nombres, nous trouvons que par le commun consentement de ceux qui sont de même langue (comme par une certaine convention nécessaire à la société humaine) il est ainsi ordonné, que le mot de cinq sera le nom de ces unités qui sont contenues dans les deux nombres de deux et de trois pris ensemble ; si, à cause de cela, dis-je, nous avouons que la proposition, *deux et trois font cinq*, est vraie, le consentement que nous lui donnerons méritera le titre de *science*. Et au fond, savoir cette vérité n'est autre chose que reconnaître que nous en sommes les auteurs. Car, de même qu'il a dépendu de notre fantaisie de nommer le nombre de 2 deux, celui de 3 trois, et celui de 5 cinq, le langage étant de l'invention des hommes ; aussi nous sommes demeurés d'accord, de notre propre mouvement, que cette proposition serait vraie, deux et trois joints ensemble font cinq. Pareillement si nous nous souvenons ce que c'est qu'on nomme larcin, et ce que c'est qu'*injure*, nous saurons bien par la signification de ces noms, s'il est vrai, ou non, que le *larcin* soit une injure. La *vérité* est la même chose qu'une proposition vraie, or, une proposition est vraie en laquelle le nom qui suit, et que les logiciens nomment l'attribut, embrasse dans l'étendue de sa signification le nom qui précède, et que les maîtres de l'art nomment le sujet. Et savoir une vérité n'est autre chose que nous ressouvenir de la manière en laquelle nous avons voulu que les termes se prissent, ce qui est prendre garde que nous en sommes les architectes. Ainsi ce ne fut pas sans beaucoup de raison qu'autrefois Platon assura que le savoir était une *réminiscence*. Au reste, il arrive assez souvent que les paroles, bien qu'elles aient par notre ordre une signification certaine et définie, toutefois par l'usage ordinaire, sont tellement détournées de leur sens propre (soit qu'en cela on se soit étudié à orner la langue, ou qu'on ait eu dessein de tromper) qu'il est très difficile de rappeler en notre souvenir les conceptions pour lesquelles elles ont été inventées, et l'idée des choses qu'elles doivent représenter à notre mémoire ; mais il faut pour en venir à bout un jugement exquis, et une très grande diligence. Il arrive aussi qu'il y a quantité de mots sans signification propre ou déterminée, et généralement reçue, et que l'on n'entend point à cause de leur force, mais en vertu de quelques autres signes que l'on emploie en même temps. Enfin, il y a des noms qui sont donnés à des choses inconcevables ; si bien que nous n'avons aucune idée de ce dont ils portent le titre : c'est pourquoi nous recherchons en vain par le moyen des noms la vérité des propositions qu'ils composent. En tous ces cas, lorsque, considérant les définitions des termes, nous recherchons la vérité d'une proposition, tantôt nous la croyons véritable, tantôt nous la tenons pour fausse, suivant l'espérance que nous avons de la trouver. C'est *penser*, ou avoir *opinion* de quelque chose, ou même *croire*, que de se jeter dans l'un, puis dans l'autre de ces partis séparément ; mais c'est *douter*, que de les prendre tous deux en même temps, et d'embrasser également l'affirmation et la négative. Quand les raisons, pour lesquelles nous donnons notre consentement à quelque proposition, ne sont pas tirées d'elle-même, mais de la personne qui l'a mise en avant, comme si nous estimions qu'elle est si bien avisée qu'elle ne peut se méprendre, et si nous ne voyons point de sujet qu'elle voulût nous tromper, alors notre consentement se nomme *foi*, à cause qu'il ne naît pas de notre science particulière, mais de la confiance que nous avons en celle d'autrui ; et il est dit que nous croyons à ceux auxquels nous nous en rapportons. De tout ce discours l'on voit la différence qu'il y a, premièrement, entre la *foi* et la *profession extérieure :* car celle-là est toujours accompagnée d'une approbation intérieure ; et celle-ci en est quelquefois séparée ; celle-là est une intérieure persuasion de l'âme ; mais celle-ci n'est qu'une obéissance extérieure. Puis, entre la *foi* et l'*opinion :* car celle-ci est appuyée sur notre raisonnement, et l'autre sur l'estime que nous faisons d'autrui. Enfin, entre la *foi* et la *science :* car en celle-ci, une proposition qu'on examine est dissoute et mâchée longtemps avant qu'on la reçoive ; mais en l'autre, on l'avale tout d'un coup et tout entière. L'explication des noms, sous lesquels ce qu'on recherche est proposé, sert à acquérir la science, voire il n'y a que la seule voie des définitions par laquelle on puisse savoir quelque chose : mais en la foi, cette pratique est nuisible. Car les choses qui nous sont proposées à croire étant au-dessus de la portée de notre esprit, l'exposition ne les rendra jamais plus évidentes, et, au contraire, plus on tâche de les éclaircir, plus obscures et plus incroyables elles deviennent. Et il en prend à un homme qui tâche de démontrer les mystères de la foi par raisons naturelles, de même qu'à un malade qui veut mâcher des pilules, bonnes à la santé, mais amères, avant que les faire descendre dans son estomac ; car l'amertume les lui fera tout incontinent rejeter, et elles n'opéreront point, là où, s'il les eût promptement avalées, il n'en eût pas senti le mauvais goût et il en eût recouvré sa guérison.

Ce que c'est que croire en Christ.

V. Nous avons donc vu ce que c'est que croire en général. Voyons maintenant ce que c'est que croire en Christ en particulier, ou quelle proposition est l'objet de la foi en Christ. Car lorsque nous disons, je crois en Jésus-Christ, nous signifions bien à qui, mais nous n'exprimons pas ce que nous croyons. Or, croire en Christ n'est autre chose que croire que Jésus-Christ est le Christ, à savoir celui qui devait venir au monde pour rétablir le règne de Dieu, suivant que Moïse et les prophètes juifs l'avaient prédit. Cela est assez manifeste des paroles de Jésus-Christ même à la Marthe : *Je suis*, dit-il, *la résurrection et la vie ; qui croit en moi, encore qu'il soit mort, vivra. Et quiconque vit et croit en moi, ne mourra jamais. Crois-tu cela ? Elle lui dit, oui, Seigneur, je crois que tu es le Christ, le Fils de Dieu qui devait venir au monde*, Jean II. verset 25. 26. 27. Desquelles paroles nous apprenons que *croire en moi* est expliqué par : *je crois que tu es le Christ*. Donc croire en Christ n'est autre chose qu'ajouter foi à Jésus lorsqu'il assure qu'il est le Christ.

Il est prouvé, par le but des évangélistes, que ce seul article est nécessaire au salut, à savoir que Jésus est le Christ.
• *V. p. 345.*

VI. La foi et l'obéissance concourant toutes deux nécessairement au salut, j'ai fait voir ci-dessus, en l'article III, quelle est cette obéissance et à qui elle est due. Il faut maintenant rechercher quels sont les articles de foi qui y sont requis. Sur quoi je dis qu'il n'y a * aucun autre article que celui-ci, que Jésus est le Christ, qui soit requis en un homme chrétien comme nécessaire au salut. Or, il faut distinguer, de même que ci-devant en l'article quatrième, entre la foi et la profession. Si donc la profession de plusieurs dogmes est commandée, elle peut être nécessaire ; car elle est une partie de l'obéissance due aux lois. Mais ici il n'est pas question de l'obéissance nécessaire au salut, et il ne s'agit que de la foi. Je prouve mon assertion, premièrement, par le but des évangélistes, qui était, en décrivant la vie de notre Sauveur, d'établir ce seul article. Et nous verrons que tel a été le but et le dessein des évangélistes, si nous en remarquons l'histoire. Saint Matthieu, commençant par la généalogie de Christ, montre que Jésus était de la race de David ; qu'il naquit d'une vierge, chapitre 1. Qu'il fut adoré des mages comme roi des Juifs ; qu'à cause de cela Hérode le fit chercher pour le faire mourir, chapitre 2. Que Jean-Baptiste et lui-même aussi prêchèrent son règne, chapitres 3. 4. Qu'il exposa la loi, non à la façon des scribes, mais comme ayant autorité, chapitres 5. 6. 7. Qu'il guérit miraculeusement les maladies, chapitres 8. 9. Qu'il envoya des apôtres en toutes les contrées de la Judée pour annoncer son règne, chapitre 10. Que les disciples envoyés de Jean lui demandant s'il était le Christ, ou non, il leur répondit, qu'ils lui rapportassent ce qu'ils avaient vu, à savoir les miracles qui n'appartenaient qu'au Christ, chapitre 11. Qu'il déclara et prouva sa royauté aux pharisiens et aux autres par divers arguments, par des signes, des paraboles, chapitre 12 et suivants, jusqu'au 21. Qu'il fut salué comme roi entrant dans Jérusalem, chapitre 21. Qu'il soutint aux pharisiens qu'il était le Christ, qu'il avertit les autres des faux Christs, qu'il montra quelle était sa royauté par des paraboles, chapitres 22. 23. 24. 25. Qu'il fut pris et accusé sur ce qu'il se disait roi ; et que ce dicton fut écrit sur la croix : *Celui-ci est Jésus le roi des juifs*, chapitres 26. 27. Qu'enfin, après la résurrection, il dit aux apôtres : *que toute puissance lui était donnée au ciel et en terre*, chapitre 28. Toutes lesquelles choses tendent à nous persuader cette proposition que Jésus est le Christ. Tel donc était le but de saint Matthieu, en nous décrivant l'Évangile. Or, tel qu'était le sien, tel aussi était celui des autres évangélistes ; ce que saint Jean témoigne particulièrement à la fin de son Évangile, disant en paroles expresses, chapitres 20. 31 : *Ces choses sont écrites, afin que vous croyiez que Jésus est le Christ, le Fils de Dieu, et qu'en croyant vous ayez vie par son nom.*

* [Aucun autre article, etc.] *J'ai estimé nécessaire d'expliquer un peu plus au long cette assertion, de laquelle je vois*   Remarque.

bien que la nouveauté pourra déplaire à la plupart des théologiens, quoique je l'aie assez confirmée par les raisons que j'ai mises ensuite. Premièrement donc, lorsque je dis que cet article, que Jésus est le Christ, est seul nécessaire au salut, je ne dis pas, que la foi seule soit nécessaire pour être sauvé, mais je demande en outre, la justice ou l'obéissance due aux lois divines, c'est-à-dire, la volonté de bien vivre. Secondement, je ne nie point que la profession de plusieurs autres articles ne soit nécessaire au salut, si elle est commandée de l'église. Mais la foi étant interne, et la profession extérieure, je nomme celle-là proprement foi, et tiens l'autre pour une partie de l'obéissance, de sorte que ce point-là suffit bien seul à la foi intérieure, mais non pas à la profession du chrétien. Enfin, de même que si j'eusse dit, que du côté de la justice, la vraie et intérieure repentance des péchés est seule nécessaire au salut, on n'eût pas tenu cela pour un paradoxe; parce que j'eusse entendu, que la justice, l'obéissance et une âme disposée à pratiquer toutes les vertus en une sérieuse réformation de vie, fussent contenues dans la pénitence. Ainsi, quand je dis que la foi en un seul article suffit au salut, il ne faut pas s'en étonner, puisque sous ce point j'en comprends un si grand nombre d'autres. Car ces paroles, Jésus est le Christ, signifient que Jésus est celui dont Dieu avait promis par les prophètes la venue au monde afin de rétablir son règne, c'est-à-dire que Jésus est le Fils de Dieu, créateur du ciel et de la terre, né de la vierge, mort pour les péchés de ceux qui croiront en lui; qu'il est le Christ, c'est-à-dire le roi, qu'il est ressuscité (car autrement il ne devrait pas régner); qu'il jugera le monde et rendra à chacun selon ses œuvres (car autrement il ne pourrait pas être roi); que les hommes aussi ressusciteront (car autrement ils ne pourraient pas être jugés). Si bien que dans ce seul article tout le symbole des apôtres y est compris. Et j'ai pensé d'en faire cet abrégé; parce que je remarque qu'en vertu de ce seul point, sans tous les autres que l'on en tire par conséquence, plusieurs personnes ont été admises, par Jésus-Christ et par ses apôtres, au royaume de Dieu; comme entre autres le bon larron en la croix, l'eunuque que Philippe baptisa, et deux mille âmes que saint Pierre reçut en une seule fois en la communion de l'église. Au reste, si quelques-uns trouvent à redire à ceci, que je n'estime pas que tous ceux-là doivent être damnés éternellement, qui ne prêtent pas un consentement intérieur à quelque article que l'église a défini, et qui cependant n'y contredisent pas, mais qui l'accordent, si on le leur commande, je ne saurais que faire à cela pour leur complaire.

Car de changer d'avis, les témoignages évidents de l'Écriture sainte que je vais ajouter m'en empêchent.

VII. Secondement, je prouve la même assertion par la prédication des apôtres : car ils étaient hérauts du royaume, et Christ ne les envoya pour prêcher autre chose que le royaume de Dieu, Luc, chapitre 9. vers. 2. Actes 15. 6. Et l'on peut conjecturer ce qu'ils ont fait après l'Ascension de Christ, par l'accusation qui est formée contre eux, Act. 17. vers. 7. *Ils tirèrent*, dit saint Luc, *Jason et quelques frères vers les gouverneurs de la ville, citant, ceux-ci qui ont remué tout le monde sont aussi venus ici. Lesquels Jason a retirés chez soi, et eux tous sont contre le décret de César, disant, qu'il y a un autre roi, qu'ils nomment Jésus.* Il appert aussi de ces paroles quel a été le sujet des prédications des apôtres, Actes 17, 3. *Leur déclarant et proposant qu'il avait fallu que le Christ souffrît, et ressuscitât des morts ; et que ce Jésus était le Christ, suivant les Écritures du Vieux Testament.*

Et par la prédication des apôtres.

VIII. En troisième lieu, par les passages où est déclarée la facilité des choses que Christ dit être requises au salut. Car, s'il était nécessairement requis au salut de l'âme une intérieure approbation de tous les points et de toutes les propositions particulières touchant les dogmes de la foi chrétienne qui sont aujourd'hui en controverse, ou qui sont diversement définies par diverses églises, il n'y aurait rien de plus difficile que la religion chrétienne. Comment donc serait vrai ce que dit le Seigneur, Matth. 11. 30. *Mon joug est aisé, et mon fardeau est léger.* Matthieu 18. 6. *Les petits qui croient en moi.* 1. Corinth. 1. 21. *Le bon plaisir de Dieu a été de sauver les croyants par la folie de la prédication*, ou comment est-ce que le bon larron, pendant à la croix, a pu être suffisamment instruit pour le salut, vu que sa confession était toute contenue en ces paroles : *Seigneur, aie souvenance de moi quand tu viendras en ton règne ?* Ou même saint Paul, comment est-ce qu'il a pu sitôt devenir docteur des chrétiens, d'ennemi et de persécuteur qu'il en était ?

Et par la facilité de la religion chrétienne.

IX. En quatrième lieu, de ce que cet article de foi est fondamental, et ne s'appuie point sur aucun autre qui lui serve de base. *Si quelqu'un vous dit, voici, le Christ est ici, ou il est là, ne le croyez point, car faux Christs et faux Prophètes s'élèveront et feront de grands signes, etc.* Matthieu 24. 23. D'où s'ensuit qu'à cause de la foi en cet article, il n'en faut point donner aux signes et aux mira-

Et de ce que cet article est le fondement de la foi.

cles. *Quand bien nous-mêmes, ou un ange du ciel vous évangéliserait, outre ce que nous avons évangélisé, qu'il soit exécration et anathème,* dit saint Paul, écrivant aux Galates, chapitre 1. 8. Donc à cause de ce même article il ne faudrait point ajouter foi aux apôtres mêmes, ni aux anges (ni aussi à mon avis à l'église) s'ils nous enseignaient le contraire. *Bien aimés,* dit saint Jean le bien-aimé disciple, *ne croyez point à tout esprit ; mais éprouvez les esprits s'ils sont de Dieu ; car plusieurs faux prophètes sont venus au monde. Connaissez par ceci l'esprit de Dieu ; tout esprit qui confesse que Jésus-Christ est venu en chaire est de Dieu, etc.* 1. Jean 4. Cet article donc est la mesure des esprits, suivant laquelle l'autorité des docteurs est reçue ou rejetée. Certes, on ne peut nier que tous les chrétiens qu'il y a aujourd'hui au monde n'aient appris de leurs docteurs, que c'est Jésus qui a fait toutes les choses par lesquelles il a été reconnu pour le Messie ; mais pourtant il ne s'ensuit pas qu'ils doivent aux docteurs ou à l'église la croyance de ce point qu'ils ne doivent qu'à Jésus-Christ même. Car cet article est plus ancien que l'église chrétienne, bien que tous les autres lui soient postérieurs. Et l'église est fondée sur lui, plutôt que lui sur elle, Matthieu 16. 18. D'ailleurs, cet article est tellement fondamental, que saint Paul assure que tous les autres ont été bâtis sur lui. *Personne* (dit-il, 1. Corinth. 3. 11. 12. etc.) *ne peut poser autre fondement que celui qui est posé, lequel est Jésus-Christ. Que si quelqu'un édifie sur ce fondement, or, argent, pierres précieuses, bois, foin, chaume, l'œuvre d'un chacun sera manifestée par feu ? Et le feu éprouvera quelle sera l'œuvre d'un chacun. Si l'œuvre de quelqu'un qui aura édifié dessus demeure, il en recevra salaire. Si l'œuvre de quelqu'un brûle, il en fera perte : mais il sera sauvé, quant à lui, toutefois ainsi comme par feu.* D'où il appert que par le fondement il entend cet article, *Que Jésus est le Christ.* Car, ce n'est pas sur la personne de Christ qu'on édifie, or, argent, bois, chaume, etc. qui sont toutes choses par lesquelles les doctrines sont signifiées. Et que des fausses doctrines peuvent être bâties sur ce fondement, sans que ceux qui les auront enseignées encourent la damnation éternelle.

<small>Et des paroles très expresses de Christ et des apôtres.</small>

X. Enfin, on peut prouver par une infinité de passages de l'Écriture sainte, dont le sens est fort aisé à tout le monde, que ce seul article doit être nécessairement reçu par la foi intérieure : *Enquérez-vous diligemment des Écritures, car vous estimez avoir par icelles vie éternelle, et ce sont elles qui portent témoignage de moi*, Jean 5. 39. Auquel endroit Christ n'entend parler que des Écritures du Vieux Testament ; car le Nouveau n'était point encore écrit. Or, il ne se trouve point d'autre témoignage de Christ dans le Vieux Testament, si ce n'est que le roi éternel viendrait, qu'il naîtrait en un tel lieu, et de tels parents, qu'il enseignerait et ferait telles choses, et qu'on le reconnaîtrait à tout cela comme à des marques infaillibles. Ce qui ne témoigne autre chose, sinon que Jésus qui est né, qui a enseigné, et qui a vécu de la façon prédite, est véritablement le Christ. De sorte que la croyance d'aucun autre article n'est point nécessaire pour parvenir à la vie éternelle. *Quiconque vit et croit en moi, ne mourra jamais*, Jean 11. 25. Or, croire en Jésus (comme il est expliqué en ce même lieu) n'est autre chose que croire que Jésus est le Christ. Celui donc qui croit cela, ne mourra point éternellement, et par conséquent ce seul article est nécessaire au salut. *Ces choses sont écrites, afin que vous croyiez que Jésus est le Christ, le Fils de Dieu, et qu'en croyant vous ayez vie éternelle en son nom*, Jean 20. 31. Celui donc qui croit ainsi aura la vie éternelle et par conséquent il n'a pas besoin d'aucune autre foi. *Tout esprit qui confesse que Jésus-Christ est venu en chaire, est de Dieu*, 1. Jean 4. 2. Et tout *esprit qui croit que Jésus est le Christ, est né de Dieu*, 1. Jean 5. 1. et là même : *Qui est-ce qui a vaincu le monde, si ce n'est celui qui a cru que Jésus est Fils de Dieu ?* Si donc il n'y a autre chose à croire pour *être de Dieu*, pour être *né de Dieu*, et pour *vaincre le monde*, sinon que *Jésus est le Christ*, ce seul article suffit au salut éternel. *Voici de l'eau*, dit l'Eunuque, *qui est-ce qui empêche que je sois baptisé ? Philippe lui répondit, si tu crois de tout ton cœur, il est permis. L'Eunuque repartit, disant, je crois que Jésus-Christ est le Fils de Dieu*, Actes 8. 36. 37. Si donc ce seul article cru du fond du cœur, c'est-à-dire reçu par la foi intérieure, suffit pour être baptisé, il suffit aussi au salut. Il y a une infinité d'autres passages outre ceux-ci, où le même est clairement et très expressément enseigné. Voire partout où nous lisons que notre Sauveur a loué la foi de quelqu'un, ou qu'il a prononcé, *va, ta foi t'a sauvé*, ou qu'il a guéri quelqu'un à cause de sa foi ; la proposition, qui était l'objet de la croyance, n'était directement, ou en conséquence, point autre que celle-ci. *Jésus est le Christ*.

XI. Mais, parce que personne ne peut croire que   Que la foi *du Vieux Testament est comprise dans cet article.* Jésus est le Christ, qu'il ne croie aussi à Moïse et aux prophètes, sachant bien que par ce nom de Christ, on entend le roi qui avait été promis de Dieu par Moïse et par les prophètes, comme le souverain Maître et le Sauveur du monde ; et qu'on ne peut pas croire en ceux-ci, qu'on ne croie que Dieu existe et qu'il gouverne l'univers par sa providence ; il faut nécessairement que cette foi en Dieu, et au Vieux Testament, soit contenue en celle du Nouveau recueillie toute en ce seul article. Puis donc que sous le règne de Dieu par la nature, l'athéisme et la négation de la providence, étaient le seul crime de lèse-majesté divine ; et que sous le règne de l'ancienne alliance, l'idolâtrie était une autre espèce de semblable félonie ; maintenant, sous la nouvelle alliance, l'*apostasie* y est aussi ajoutée, comme étant une renonciation à la croyance de ce point, que *Jésus est le Christ*, que l'on avait auparavant embrassée. A la vérité, il ne faut pas s'amuser à contredire aux autres doctrines qui ont été définies par une église légitime, car ce serait commettre un péché de désobéissance. Mais au reste, j'ai fait voir amplement dans les articles qui précèdent, qu'il n'est pas nécessaire qu'on les croie d'une foi intérieure, ni qu'on les reçoive avec une persuasion entière et inébranlable.

Comment c'est que la foi et l'obéissance concourent en l'œuvre du salut. XII. La *foi* et l'*obéissance* agissent d'une façon différente au salut du chrétien. Car celle-ci contribue la *puissance* et la capacité ; et l'autre donne l'*acte* et l'effet ; mais, et l'une et l'autre est dite justifier l'homme, chacune en sa manière. Aussi Christ ne remet pas les péchés à tous indifféremment, mais à ceux qui se repentent de leurs fautes ou qui lui obéissent, c'est-à-dire, aux gens de bien et aux justes (je ne dis pas aux personnes innocentes, mais aux justes, parce que la justice est la volonté d'obéir aux lois et qu'elle se peut rencontrer en un pécheur ; comme certes, notre Seigneur est si bon, qu'il tient la volonté d'obéir pour une obéissance effective) vu que ce n'est pas qui que ce soit, mais seulement le *juste* qui vivra de sa foi. L'obéissance donc justifie, en ce qu'elle rend une personne juste, de même que la tempérance fait de un homme tempérant et maître de ses affections, que la prudence le rend prudent, que la chasteté le rend chaste, à savoir essentiellement ; et en ce qu'elles nous met en un état auquel nous sommes capables de recevoir le pardon de nos offenses. D'ailleurs, Christ n'a pas promis de pardonner à tous les justes leurs péchés, mais tant seulement à ceux qui croient qu'il est le Christ. La loi donc justifie de la même façon que l'on dit que le juge justifie le criminel en lui donnant son absolution ; c'est à savoir, en lui prononçant la sentence, dont il est actuellement délivré de la peine méritée. Et en ce sens du mot de justification (car ce terme est équivoque) la foi seule justifie ; mais en l'autre, c'est la seule obéissance. Néanmoins ce n'est ni la justice, ni l'obéissance seule, mais toutes deux ensemble qui nous sauvent.

XIII. De tout ce que nous avons allégué jusqu'ici il sera aisé de remarquer, quel est le devoir des citoyens fidèles, ou des sujets chrétiens envers les rois et les puissances souveraines. Certes, tandis qu'elles font profession du christianisme, elles ne peuvent commander à leurs vassaux de renier Jésus-Christ, ou de lui faire quelque outrage ; car si elles faisaient cet injuste commandement, elles renonceraient à la religion qu'elles professent. En effet, puisque j'ai fait voir, et par mes raisonnements naturels, et par la Sainte Écriture, qu'il faut que les sujets obéissent à leurs princes et à ceux qui les gouvernent en toutes choses, hormis en celles qui choquent les commandements de Dieu ; et que ces commandements, en ce qui concerne le *temporel* (c'est-à-dire, les choses qui doivent être examinées par la raison humaine), sont dans une république chrétienne, les lois et les ordonnances de l'État prononcées par ceux auxquels elle a donné l'autorité de faire des lois et de décider les controverses ; comme en ce qui regarde le *spirituel* (c'est-à-dire, ce qu'il faut déterminer par l'Écriture sainte), ces mêmes commandements sont aussi des lois et des constitutions de la république, c'est-à-dire de l'église (car j'ai démontré au chapitre précédent art. XX, que l'église et la république sont une même chose, là où est le christianisme), établies par des pasteurs dûment ordonnés, et qui ont reçu cette puissance de l'État ; il s'ensuit, dis-je, manifestement, qu'en une cité chrétienne on doit obéir au magistrat en toutes choses, tant aux spirituelles qu'aux temporelles. Mais parmi des souverains infidèles, et qui ne sont pas chrétiens, on doit bien la même obéissance en tout ce qui est du temporel et il est hors de doute que la religion chrétienne n'en exempte pas les sujets, quoiqu'en ce qui touche le spirituel, c'est-à-dire les choses qui appartiennent à la manière de servir Dieu, on est obligé de suivre

Qu'en un État chrétien il n'y a point de répugnance entre les commandements de Dieu et ceux de l'État.

la coutume de quelque église chrétienne. La raison de cela est, que c'est une hypothèse de la foi et que l'on suppose dans le christianisme, qu'aux choses surnaturelles Dieu ne parle aux hommes que par la bouche des fidèles interprètes de la Sainte Écriture. Quoi donc, est-il permis de résister aux princes lorsqu'il ne faut pas leur obéir ? Nullement : car cela est contraire à la fidélité promise et ne s'accorde pas avec le pacte de la société civile. Que faut-il donc faire ? Il faut aller à Christ par le martyre. Que si ce chemin semble bien rude à quelqu'un, il est très assuré qu'il ne croit point de tout son cœur, que Jésus est le Christ, le fils de Dieu vivant ; (car il souhaiterait d'être dissous afin de tant plutôt être avec lui) mais qu'il veut éluder le traité qu'il a fait d'obéir à l'État, sous prétexte de religion et se couvrant d'un faux zèle à la foi chrétienne.

Que les controverses de religion qui sont aujourd'hui agitées, regardent la plupart le droit de régner.

XIV. Peut-être que quelqu'un s'étonnera, s'il est vrai qu'outre ce seul article, que *Jésus est le Christ*, qui est nécessaire au salut et qui appartient à la loi intérieure, tous les autres ne regardent que l'obéissance, laquelle on peut rendre de vrai, bien qu'on ne croie pas du cœur tout ce qui est proposé par l'église, pourvu qu'on désire de croire et qu'on en fasse profession extérieure toutes fois et quantes qu'il en est de besoin ; d'où c'est qu'il est arrivé, qu'aujourd'hui il y a un si grand nombre de dogmes, que l'on dit tous si essentiels à la foi, que si une personne ne les croit intérieurement, elle ne peut entrer au royaume des cieux. Mais si le même considère, qu'en la plupart des controverses qui s'agitent avec tant de chaleur, les unes tendent à l'autorité du gouvernement et à l'établissement de la puissance humaine, les autres ont pour but le gain et l'acquisition des richesses, et que quelques-uns ne se proposent que la gloire de l'esprit, et la réputation d'une suffisance extraordinaire, il en verra diminuer le sujet de son étonnement. En effet, la question des propriétés de l'église, est une question qui regarde le droit de commander ; car, dès qu'on a découvert ce que c'est que l'église, on connaît par même moyen à qui c'est qu'il appartient de régir les chrétiens. Vu que si chaque république chrétienne est cette église à laquelle Jésus-Christ commande que tous les fidèles qui en sont sujets obéissent, chaque sujet est tenu d'obéir, non seulement en ce qui est du *temporel*, mais aussi en ce qui touche le *spirituel*, à l'État dans lequel il vit, c'est-à-dire à ceux qui y exercent la souveraine puissance. Et si ce n'est pas chaque république chrétienne en particulier qui soit cette église, il faut qu'il y en ait quelque autre plus universelle, à laquelle on doive rendre cette absolue obéissance. De sorte que tous les chrétiens lui doivent être soumis de même qu'ils le seraient à Jésus-Christ s'il revenait au monde. Or, ses commandements se feront ou par un monarque, ou par quelque assemblée. Si bien que cela tombe dans la question du *droit de l'empire*. C'est là même que tend celle de l'*infaillibilité*; car celui que tout le genre humain croirait vraiment et intérieurement incapable d'errer, serait très assuré d'en avoir le gouvernement et dans le temporel et dans le spirituel, si ce n'est qu'il refusât une si vaste puissance, parce que s'il disait qu'il lui faut obéir, même en ce qui est du civil, on ne pourrait pas lui contester cette souveraineté, puisqu'on estime ses jugements infaillibles. C'est à la même fin que se rapporte le privilège d'interpréter les Écritures; car celui à qui il appartient de décider les controverses qui peuvent naître des diverses expositions des Écritures, a le pouvoir de terminer absolument toutes les disputes. Or, celui qui a une telle autorité, a sans contredit un grand empire sur tous ceux qui reconnaissent les Écritures saintes pour la vraie parole de Dieu. A cela même tend la question touchant la puissance de remettre et de retenir les péchés, ou touchant le pouvoir d'excommunier. Car il n'y a personne, s'il ne manque de sens commun, qui n'obéisse absolument à celui duquel il croit que dépende son salut, ou sa damnation éternelle. C'est à cela même que regarde la puissance d'instituer des ordres et des sociétés : car ceux qui entrent dépendent du fondateur, puisque c'est par lui qu'ils subsistent, et il a autant de sujets qu'il y a de moines qui embrassent sa religion, quoiqu'ils demeurent dans une république ennemie. C'est à cela que vise la question du juge de mariages légitimes, parce que celui à qui il appartient de juger de ces matières, doit connaître aussi des causes qui concernent les héritages et les successions en tous les biens et droits, non seulement des particuliers, mais aussi des plus grands princes. A cela même tend en quelque façon le célibat des ecclésiastiques, car ceux qui ne sont pas liés par le mariage, sont moins attachés que les autres aux corps de la république. Outre que c'est un inconvénient qui n'est pas à mépriser, que les princes sont par là obligés de renoncer au sacerdoce (qui est un puissant lien de l'obéissance civile), ou de se résoudre à ne posséder point un royaume héréditaire. C'est là aussi que vient aboutir la canonisation des saints, que les païens ont nommée l'*apothéose*. Car celui qui peut attirer les sujets d'un prince étranger par une si grande récompense, peut aisément induire ceux qui désireront une telle gloire à oser tout entreprendre. En effet, qu'est-ce que les Décies et les autres Romains qui se sont dévoués pour leur pays, et qu'une infinité d'autres qui se sont précipités en des dangers incroyables, ont recherché par leurs généreuses résolutions, si ce n'est un honneur et une gloire immortelle en la bouche de la postérité? Les controverses touchant le purgatoire et les indulgences sont pour le gain. Celles du franc-arbitre, de la justification, et de la manière de recevoir Christ dans le sacrement de l'eucharistie, sont des questions philosophiques. Outre lesquelles il y en a je ne sais combien d'autres sur des coutumes et des cérémonies, qui n'ont pas tant été introduites, comme elles ont été laissées dans l'église moins purgée des façons de faire du paganisme. Mais il n'est pas nécessaire que je m'arrête à en faire ici une longue énumération. Tout le monde sait que les hommes sont portés naturellement à se dire des injures, et à fulminer par des anathèmes les uns contre les autres, lorsqu'ils ne sont pas bien d'accord en des questions où il s'agit de la puissance, du gain, ou de l'excellence de l'esprit. De sorte que ce n'est pas de merveille, si les uns ou les autres, après qu'ils se sont échauffés dans la dispute, disent de presque tous les dogmes, qu'ils sont nécessaires pour entrer au royaume de Dieu; et si non seulement ils accusent d'opiniâtreté (dont certes on est coupable lorsque la décision de l'église y est intervenue) ceux qui ne les veulent point avouer: mais encore s'ils les condamnent et les détectent comme atteints et convaincus du crime d'infidélité. Ce qui pourtant est faux, et en quoi j'ai fait voir que leur procédé était injuste, par le témoignage évident de plusieurs passages de l'Écriture sainte; auxquels j'ajoute celui de l'apôtre saint Paul au quatorzième chapitre de son Épître aux Romains, après lequel il est temps que je finisse, et que je me repose un peu de la peine que j'ai prise à traiter assez curieusement des matières fort difficiles: *Que celui qui mange sans scrupule, ne fasse pas si peu de compte du salut de celui qui s'abstient de certaines choses, que de le scandaliser par sa liberté. Que celui aussi qui fait distinction des viandes, ne condamne point celui qui mange indifféremment de toutes. Sachons que Dieu a communiqué ses grâces et la liberté de son esprit à celui que tu juges profane à cause qu'il se dispense de ce que tu observes si religieusement, etc. Or, comme ce n'est pas en ces choses que consiste le christianisme, je permets à chacun de suivre son opinion, et le sentiment de sa conscience. L'intention des uns et des autres est bonne, c'est pourquoi je ne veux pas condamner leur action.*

FIN

AVERTISSEMENT
DU
TRADUCTEUR

Ajouté après la publication de cet Ouvrage.

Ceux qui blâment la politique de M. Hobbes, me feraient plaisir de la réfuter, et je leur promets que s'ils prenaient la peine d'écrire en latin, je m'occuperais volontiers à traduire leur ouvrage. En effet, je n'ai mis en notre langue les raisonnements de ce philosophe à autre dessein que d'exciter les doctes à en entreprendre la réfutation. Car, comme je vois qu'il était fort recherché des curieux, et que trois éditions latines allaient être distribuées, sans que personne eût encore détruit, ni même attaqué ce système des fondements de la vie civile, je pensai que peut-être s'il était lu de quantité de beaux esprits qu'il y a en France (d'autant plus capables d'un raisonnement solide et désintéressé, qu'ils sont dépouillés des préoccupations qu'on revêt dans le cours des études) il se trouverait enfin quelqu'un qui écrirait solidement à l'encontre.

Je suis donc bien éloigné de soutenir les opinions que j'ai traduites, ainsi que je l'ai protesté dans mon Épître, puisqu'il ne me saurait rien arriver de plus agréable que de les voir réfutées. Et on ne doit pas trouver étrange que je les aie toutes rendues le plus fidèlement qu'il m'a été possible. Le choix que j'en eusse pu faire m'eût été bien difficile, vu la diversité des goûts dont les hommes sont partagés, et j'eusse contrevenu directement au devoir d'un fidèle interprète. De sorte que je souhaiterais bien que le lecteur eût été averti de ma bonne intention lorsque je publiai ce travail, et que ce que j'ajoute maintenant eût prévenu les soupçons de ceux qui ne connaissent pas assez ma franchise, ou qui ne sont pas poussés comme moi d'une louable curiosité d'entendre les pensées de tous ceux qui sont en quelque réputation de raisonner mieux que le vulgaire.

Il me suffit qu'un auteur soit en estime auprès des personnes judicieuses, pour exciter mon désir de le connaître. Je n'entreprends jamais de juger absolument de la vérité des raisons qu'il a déduites, et ne présume pas tant de moi-même, que de penser que mon sentiment doive être la règle de celui des autres. Je crois bien plutôt qu'il a été fort bien dit, que chacun abonde en son sens; et que de même qu'en un festin on laisse à chacun la liberté de manger la viande qui est le plus à son goût; aussi en la lecture des livres, on ne doit contraindre personne, mais permettre à chacun de goûter, comme bon lui semble, les endroits qu'il trouve les meilleurs, sans déclamer pourtant contre les autres.

Et certes, il est à craindre que ceux qui y procèdent autrement et qui ne gardent pas cette modération, ne se démentent enfin eux-mêmes et ne tombent en quelque honteuse contradiction. Car n'étant pas toujours disposés d'une même sorte, combien de fois nous peut-il arriver de changer de sentiment, et de comprendre, en une lecture réitérée, ce par-dessus quoi nous avons passé et que nous n'avions pas entendu à la première. Il n'y a aucun de nous à qui peut-être cela ne soit arrivé fort souvent, et cependant nous avons peu profité de ces expériences de la faiblesse de notre esprit, nous laissant emporter ensuite à la témérité de condamner tout ce qui est échappé à l'attention d'une première lecture.

M'abstenant donc de prononcer contre ce qui n'est pas de mon approbation, ou de mon intelligence, je trouve de quoi me contenter en toutes sortes d'études, et de quoi remercier tous ceux qui s'évertuent; au lieu que j'en vois plusieurs qui font un supplice du plus innocent et du plus agréable amusement de la vie, et qui conçoivent des animosités étranges contre des auteurs, à la bonne volonté desquels ils devraient plutôt témoigner quelque gratitude. De moi je sais bon gré, et me sens obligé à tous ceux qui ont daigné nous communiquer leurs belles pensées, quelque succès qu'ait eu leur entreprise.

De vrai il me semble que c'est en eux une grande bonté, que de nous faire participants de leurs plus secrets entretiens, et que c'est en user bien généreusement que de mépriser pour notre satisfaction les censures auxquelles ils s'exposent. Je ne doute pas que la rigueur et l'injustice qu'elles exercent ne nous aient envié plusieurs excellents ouvrages, qui n'ont servi qu'au divertissement de peu de personnes et desquels pourtant la publication était plus importante que celle de cent mille autres, qui ont osé paraître au jour, pendant que ceux-là ont demeuré ensevelis dans la poussière.

Sur quoi je dirai, que la hardiesse de ces médiocres écrivains n'a pas moins de fondement que la retenue des autres.

AVERTISSEMENT DU TRADUCTEUR

Car ceux-ci tâchant de ne tomber pas dans des redites inutiles, n'écrivent que pour ceux qui ont déjà beaucoup d'acquis et commencent d'ordinaire leurs raisonnements là où les autres les finissent; si bien que leurs pensées supposent que le lecteur est venu de soi-même au lieu où elles vont prendre pour le conduire plus avant. Mais ceux-là, au contraire, délivrés du scrupule que les autres ont de traiter des matières triviales, entassent indifféremment tout ce qu'ils peuvent ramasser, ne rejetant rien de ce qui peut grossir leurs volumes, et même les choses les plus communes leur sont les meilleures, parce qu'elles se rencontrent en plus grand nombre, et qu'elles sont les plus accommodées à la portée du vulgaire. Or, comme les lecteurs de cette classe sont fort épais et composent la plus grande partie de ceux qui se mêlent de juger des livres, ce n'est pas de merveille que les plumes les plus grossières aient plus de hardiesse à publier leurs ouvrages, que celles qui sont mieux taillées. Car encore que nous devions avoir pour indifférent le jugement de la multitude, pourvu que les plus honnêtes gens estiment ce que nous faisons, il faut pourtant bien du courage et de la générosité pour se résoudre à souffrir patiemment le mépris ou les injures des ignorants, dont le bruit empêche quelquefois d'ouïr les modestes approbations des mieux sensés.

Il est vrai que ce n'est pas à cette approbation qu'il faut regarder, et que les hommes de la haute région, tels que M. Hobbes, voient au-dessous d'eux les tempêtes et les agitations des médiocres. Et en cela paraît une remarquable différence qu'il y a entre eux; car la gloire de l'esprit n'étant pas ce qu'ils recherchent, et se contentant de contribuer ce qu'ils peuvent à l'avancement des commodités publiques de la vie, ou de leur particulière satisfaction, ils sont fort peu touchés de l'ingratitude dont on récompense leur travail. Ils tâchent de se donner à eux-mêmes et à autrui, le plus brièvement qu'il leur est possible, des préceptes de sagesse; et comme des ingénieux architectes, ils s'étudient à dresser des plans de divers édifices, qui aient en un petit espace de grandes commodités pour le logement; se persuadant que s'ils ont réussi en leurs inventions, ce sera aux autres de suivre leurs maximes et de bâtir, s'ils veulent, sur leurs modèles. Mais les gros volumes de nos docteurs, qui ne nous apprennent rien de nouveau et dont la substance ne se trouve aussi bien ailleurs, tiennent bien plus de la vanité, et me font ressouvenir de ces pyramides, qui étaient des amas de pierres entassées irrégulièrement les unes sur les autres et qui ne marquent encore à la postérité que la ridicule ambition de ceux qui ont voulu laisser une mémoire éternelle d'un labeur et d'une dépense inutile.

Il n'en est pas de même de ceux qui nous inventent de nouveaux systèmes philosophiques, qui nous proposent de nouvelles économies du corps humain, qui tâchent de refondre la médecine, qui cherchent de nouveaux remèdes à nos indispositions, qui tournent de tous côtés la mathématique, afin de faciliter les arts mécaniques, qui nous instruisent des secrets de la politique, et nous découvrent ce qu'ils en croient les véritables fondements, sur lesquels, étant bien connus, ils pensent que les hommes auront de quoi établir leur tranquillité, du moins en ce qui vient de l'extérieur de la société civile à laquelle nous sommes incorporés.

C'est ce que j'avais à dire en général sur le sujet de cette politique et de ma traduction, dont je ne veux que justifier le dessein et non pas en excuser les défauts. Mais pour satisfaire plus particulièrement à tout ce qu'on me pourrait objecter, je répondrai en peu de mots à deux choses qui ont été mises en avant, et desquelles je serais bien marri que je pusse encourir le reproche. La première est, qu'étant citoyen d'une république, j'ai publié un livre qui favorise la monarchie. Et l'autre, que faisant profession de la religion réformée (dans la communion de laquelle j'espère que Dieu me fera la grâce de persister toute ma vie) j'ai choisi pour exercer mon style un auteur selon les maximes duquel il semble qu'il les faille avoir toutes pour indifférentes.

Ceux qui tiennent ce langage témoignent en l'une et en l'autre de ces accusations qu'ils sont peu versés dans cet écrit. Car pour ce qui est de la première, il est vrai que l'auteur soutient, ce qui n'entre point en controverse, que des trois sortes de gouvernement, populaire, aristocratique et monarchique, ce dernier est le plus commode et le plus excellent, tandis qu'il demeure en sa pureté, ne dégénérant point en tyrannie. Mais pourtant il avoue dans sa Préface, que c'est là la seule chose qu'il a moins pressée, et qui n'est pas tant démontrée en son livre, qu'avancée avec probabilité et comme problématique. Ce qui donne occasion à mon avis à quelques-uns de penser que, si M. Hobbes ne bute qu'à l'établissement de la royauté, c'est qu'il a témoigné pendant toutes ces guerres un grand zèle au service du feu roi et que le parricide qui nous a ravi ce bon prince l'a touché aussi sensiblement qu'aucun de tout ce qu'il y a de gens de bien qui le détestent. Mais au fond, si l'on considère sans passion ses raisonnements, l'on trouvera qu'il ne favorise pas davantage la monarchie que le gouvernement de plusieurs. Il ne prétend

AVERTISSEMENT DU TRADUCTEUR 361

prouver si ce n'est qu'il est nécessaire dans le monde que les sociétés civiles soient gouvernées par une puissance absolue, afin d'empêcher les désordres de l'état de nature, qui est celui d'une irréconciliable et d'une perpétuelle guerre des hommes les uns contre les autres. Et il lui importe fort peu que cette puissance souveraine soit recueillie dans la volonté d'une seule tête, ou dans celle d'une assemblée, pourvu qu'elle se fasse obéir, et qu'elle garde la même force de contraindre les rebelles.

Ainsi, il est manifeste que ce judicieux auteur vogue en haute mer, et qu'il ne s'approche point des côtes, où il sait bien que la navigation est plus dangereuse. Il ne fait aucune application de ses pensées aux États particuliers qui gouvernent le monde, et sans avoir aucun égard à tout ce qu'on y pratique, il donne une idée générale du fondement de toutes les politiques accommodées aux préceptes du christianisme. Or, c'est en cette dernière intention que plusieurs estiment qu'il a donné prise à ses ennemis, et c'est la troisième partie de son ouvrage que ceux-là approuvent moins qui se piquent d'avoir la conscience délicate.

Il semble à plusieurs que dès qu'on n'est point tout plongé dans les controverses, on est hors des bons sentiments et que les disputes sont la principale partie de notre religion. Aussi nous voyons qu'on s'y exerce bien davantage qu'à ce qu'il y a de positif et d'essentiel à la piété, et que d'ordinaire ceux qui veulent rendre raison de leur foi, croient de s'en bien acquitter s'ils font une longue liste des erreurs auxquelles ils renoncent, plutôt qu'un dénombrement solide des vérités qu'ils embrassent. Certainement, il y aurait de quoi s'étonner qu'on préfère la spéculation à la pratique, et qu'on emploie à contester tout le temps qu'il faudrait mettre à bien faire, si la gloire de l'esprit n'était une prérogative que les hommes recherchent d'autant plus passionnément qu'elle leur est toute particulière. Mais comme M. Hobbes s'est beaucoup détaché de cette ambitieuse recherche, il a voulu donner aux autres les moyens de renoncer à cette vanité et il l'a attaquée en un endroit où le prétexte du salut la rend fort plausible et sur une matière qui cause bien du trouble et de l'agitation parmi les hommes. Il fait paraître une grande modération, et témoigne assez que la paix et la concorde du genre humain dans un bon gouvernement est ce à quoi il bute uniquement en son ouvrage. Et pour ce que les controverses de religion sont les principaux motifs de nos dissensions, il tâche de les éteindre, en représentant que ce seul article, Jésus est le Christ, *est fondamental au salut, et que tous les autres regardent, ou l'ambition de dominer, ou l'avarice du gain, ou la gloire de l'esprit, dont les ecclésiastiques et généralement tous ceux qui se mêlent d'enseigner le peuple, se piquent en toutes les sectes.*

En effet, d'où nous vinrent il y a quarante ans en ces Provinces, les surnoms de Gomaristes et d'Arminiens; et d'où naissent aujourd'hui en France ceux de Jansénistes et d'Arnaudistes parmi les catholiques romains, ou parmi les nôtres ceux de Salmuriens et Amyralistes, si ce n'est de quelques petites distinctions inventées sur des matières difficiles, à la gloire des auteurs, plutôt qu'à celle de Dieu, ni qu'à l'édification des fidèles, ou au bien de l'église? Car de quel exemple sont, je vous prie, toutes ces subtilités et quel scandale ne donnent-elles pas aux Juifs et aux Mahométans, qui se moquent de nos divisions, au lieu qu'ils devraient admirer notre bonne intelligence?

Iterumque et iterum, scindimurque discordes,
Ridente Turca, nec dolente Judæo.

Je m'assure que les personnes judicieuses qui considéreront sérieusement ce que je viens de toucher, n'approuveront pas le dessein qu'a eu M. Hobbes de nous porter à une mutuelle tolérance et de couper chemin à toutes les disputes. Et ainsi je pense qu'on me tirera du blâme d'avoir mal employé la peine que j'ai prise en cette version; comme s'il n'était pas expédient que le peuple fût instruit d'une chose qui le concerne de plus près que les doctes, puisque c'est de lui particulièrement que les gens de lettres se jouent, et dont ils aigrissent les esprits pour satisfaire leur ambition.

Mais je ne puis souffrir la malignité de ceux, à la mauvaise langue desquels il ne tient pas, que les plus grands hommes de ce siècle ne nous suppriment, par une juste indignation, les lumières dont ils tâchent de nous éclairer. Ce ne leur serait pas assez de confesser, qu'ils n'ont pas les yeux clairvoyants pour les apercevoir (ce qui serait à la vérité un procédé bien ingénu et trop éloigné de leur mauvais naturel) ou de dire, qu'en ce qu'ils comprennent d'eux ils ne trouvent pas beaucoup de solidité qui les persuade; (ce qu'il faudrait rapporter à la diversité des goûts, et accorder à la liberté des opinions); mais ils veulent que tout ce qui n'est pas conforme à leurs sentiments soit absurde et contraire à la piété. Car, comme ils ne peuvent pas démontrer cette prétendue absurdité, ils ont recours à cette dernière machine, dont ils font peur au peuple, qu'ils excitent par là à leur secours.

N'avons-nous pas vu l'un des plus merveilleux génies de

la nature maltraité de ce côté-là et pour avoir entrepris de prouver l'existence de Dieu par des raisons naturelles ? On ne s'est pas contenté de proposer des doutes sur sa méthode et de former des instances contre ses démonstrations, ce qu'il n'a pas dû prendre en mauvaise part; mais quelques-uns ont attaqué son dessein dans les académies, et s'en sont pris à sa personne. Là où tout au contraire on ne saurait donner trop d'éloges à une si louable entreprise et si noblement exécutée.

Un de nos plus chers amis courut dernièrement la même fortune, et fut mal mené d'un régent de l'Université, parce qu'il avait rapporté trop évidemment quelques expériences qui semblent établir le mouvement de la terre.

Il faut que M. Hobbes se prépare à souffrir la même injustice, et qu'il ne trouve pas étrange que les mêmes esprits l'accusent de favoriser l'indifférence des religions. C'est ainsi que les hommes se plaisent à amplifier toutes choses. Ceux qui ont remarqué leurs coutumes, et qui savent qu'on ne se sert des hyperboles que pour mener du mensonge à la vérité, jugeront bien qu'elle a en cette accusation plus de hardiesse que d'espérance, et que pour faire croire ce qui est croyable, elle affermit ce qui est au-delà de toute crédulité. Et de cette sorte je voudrais bien, afin de sauver l'honneur des critiques, rejeter sur une figure de parler qui leur est familière, ce qui autrement serait une pure calomnie. On ne concevra donc en ce rare auteur que beaucoup de modération et une grande envie de persuader aux autres l'usage d'une vertu si nécessaire au bonheur des particuliers et au maintien de la société civile.

FIN

Article HOBBES

Pierre BAYLE

DICTIONNAIRE HISTORIQUE ET CRITIQUE

4ᵉ édition
Tome Second (C-I)
Amsterdam et Leyde 1730

HOBBES (Thomas), l'un des plus grands esprits du XVII⁰ siècle, naquit à Malmesbury en Angleterre le 5 avril 1588 *(A)*. Il avait fait de grands progrès dans les langues*(B)*, lorsqu'à l'âge de quatorze ans, il fut envoyé à Oxford où il étudia pendant cinq années la philosophie d'Aristote. Il entra ensuite chez Guillaume Cavendish, qui peu après, obtint le titre de comte de Devonshire, il y entra, dis-je, pour être le gouverneur de son fils aîné. Il voyagea en France et en Italie avec son disciple ; et s'étant aperçu qu'il ne se souvenait guère ni de son grec ni de son latin, et que la philosophie d'Aristote, dans laquelle il avait fait beaucoup de progrès, était méprisée des plus sages têtes, il s'appliqua tout entier aux belles Lettres, dès qu'il fut de retour en son pays. Thucydide lui ayant paru préférable à tous les Historiens grecs, il le traduisit en anglais, et il publia cette traduction l'an 1628, afin de faire voir aux Anglais, dans l'histoire des Athéniens, les désordres et les confusions du Gouvernement démocratique *(C)*. L'an 1629 il s'engagea à conduire en France un jeune seigneur anglais *(a)* ; et il s'attacha à l'étude des mathématiques pendant ce voyage *(D)*. L'an 1631, il entra chez la comtesse de Devonshire *(b)*, qui avait un fils âgé de treize ans qu'elle lui donna à instruire, et qui, trois ans après, voyagea sous sa conduite en France et en Italie. Pendant le séjour qu'il fit à Paris, il s'appliqua à l'étude de la physique, et surtout à examiner les causes des opérations sensitives des animaux. Il s'entretenait sur cela avec le Père Mersenne de jour en jour. Il fut rappelé en Angleterre l'an 1637 : mais ayant prévu la guerre civile, dès qu'il eut fait réflexion aux choses qui se passèrent dans les premières séances du Parlement de l'an 1640, il alla

(a) Il s'appelait Gervais Cliston. Le père de son premier disciple était mort l'an 1626, et ce disciple l'an 1628.

(b) Veuve du comte de Devonshire, père de son premier disciple.

chercher à Paris une retraite agréable, pour philosopher tranquillement avec le Père Mersenne, avec Gassendi, et avec quelques autres grands hommes. Il y composa le traité *De Cive* (E), dont il ne publia que peu d'exemplaires l'an 1642. Il enseigna les mathématiques au Prince de Galles, qui avait été contraint de se retirer en France ; et il donna tout le temps qu'il avait de reste à composer son *Léviathan* (F), qu'il fit imprimer en Angleterre l'an 1651. Il se tenait encore à Paris. Quoiqu'il eût donné des preuves de sa foi selon le rite de l'Église anglicane (G), on ne laissa pas de le décrier auprès des épiscopaux, et avec tant de succès, qu'il reçut ordre de ne se plus trouver chez le Roi (c). Cela fut cause qu'il s'en retourna en Angleterre, où pour un homme d'un si grand mérite, il se tint d'une façon assez obscure chez le comte de Devonshire (H). Il retira de son état peu éclatant cet avantage, c'est qu'il eut plus de loisir pour travailler à son livre *de Corpore* et à quelques autres (I) : il reçut de grands témoignages d'estime de Charles II rétabli l'an 1660 (K). Depuis ce temps-là jusqu'à sa mort il s'appliqua à ses études, et à résister aux attaques de ses adversaires, qui étaient en très grand nombre. Il conserva l'usage de son esprit jusqu'à sa dernière maladie (L), quoiqu'il ait vécu plus de quatre-vingt et onze ans. Sa longue vie a toujours été celle d'un parfaitement honnête homme. Il aimait sa patrie, il était fidèle à son Roi, bon ami, charitable, officieux. Il a néanmoins passé pour athée ; mais ceux qui ont fait sa *Vie* soutiennent qu'il avait des opinions très orthodoxes sur la nature de Dieu (M). On a dit aussi qu'il avait peur des fantômes et des démons (N). Ils soutiennent que c'est une fable. Ils avouent de bonne foi que dans sa jeunesse, il aima un peu le vin et les femmes (d) ; et que néanmoins il vécut dans le célibat, pour n'être pas détourné des études de philosophie. Il avait beaucoup plus médité que lu (O) ; et il ne s'était jamais soucié d'une grande bibliothèque. Il mourut le 4 décembre 1679, chez le comte de Devonshire, après une maladie de six semaines (e).

(c) *Voyez la Remarq.* (F).

(d) *AEtate adhuc intra juventutis terminos constante (liceat verum fateri) nec abstemius fuit, nec μισόγυνη.* Vita Hobbesii, *pag. 104.*

(e) Tiré de sa *Vie*, imprimée l'an 1682.

(A) *Il naquit à Malmesbury... le 5 avril 1588.* Sa mère épouvantée par les bruits qu'on faisait courir de l'approche de l'armée navale des Espagnols accoucha de lui avant terme. C'est donc une chose bien surprenante qu'il ait tant vécu. Le père d'Hobbes était Ministre (I).

(B) *Il avait fait de grands progrès dans les langues.* Avant que

(I) Vita

de sortir de l'école de Malmesbury pour aller à l'Académie d'Oxford, il avait traduit en vers latins la *Médée* d'Euripide. *Tantos autem jam adhuc in ludo literario degens in literatura tam Latina quam Græca progressus fecit, ut Euripidis Medeam simili metro Latinis versibus eleganter expresserit* (2).

Hobbesii, *page 32.*

(C) *Les désordres et les confusions du Gouvernement démocratiques.* J'ai connu des gens d'esprit qui s'étonnaient que, dans des royaumes où l'autorité du Prince n'a guère de bornes, on permit aux instructeurs de la jeunesse de se servir des livres des anciens Grecs et Romains, où l'on trouve tant d'exemples de l'amour de la liberté, et tant de maximes anti-monarchiques. Mais cela n'est pas plus surprenant que de voir que les États Républicains souffrent que leurs professeurs en droit expliquent le Code et le Digeste, où il y a tant de principes qui supposent l'autorité suprême et inviolable de l'Empereur. Voilà donc deux choses qui semblent également surprenantes, et qui au fond ne doivent surprendre personne ; car mettant à part plusieurs raisons que l'on pourrait alléguer, ne peut-on pas dire que les mêmes ouvrages qui contiennent le poison ou par rapport aux monarques, ou par rapport aux républiques, contiennent aussi l'antidote ? Si vous voyez d'une part les grandes maximes de la liberté, et les beaux exemples du courage avec lequel on l'a maintenue, ou recouvrée ; vous voyez de l'autre les factions, les séditions, les bizarreries tumultueuses, qui ont troublé, et enfin ruiné ce nombre infini de petits États, qui se montrèrent si ennemis de la tyrannie dans l'ancienne Grèce. Ne semble-t-il pas que ce tableau soit une leçon bien capable de désabuser ceux qui s'effarouchent de la seule idée de monarchie ? Hobbes le croyait (3), puisqu'il publia dans cette vue la version d'un historien d'Athènes. Tournez la médaille, vous trouverez que ce tableau sera propre à donner une instruction bien différente de celle-là, et à fortifier l'horreur pour la monarchie : car d'où vient, demandera-t-on, que les Grecs et les Romains ont mieux aimé être exposés à ces confusions, que de vivre sous un monarque ? Cela ne vient-il point de la dure condition où les tyrans les avaient réduits ? Et ne faut-il pas qu'un mal soit bien rude, bien insupportable, bien déplorable, lorsqu'on veut s'en délivrer à un si haut prix ? Il est certain que la description que l'histoire nous a conservée de la conduite qu'ont tenue plusieurs monarques, donne de l'horreur, et fait dresser les cheveux. Ne m'objectez point qu'ordinairement parlant on a causé plus de désordres par les conspirations qui ont fait cesser la tyrannie, qu'il n'y en eût eu dans la patience. Ne me représentez point ce que j'ai dit ci-dessus dans l'article d'HIERON II (4). Les Syracusains, qui avaient joui d'un très grand bonheur sous le long règne de ce Prince, perdirent bientôt patience sous son successeur qui se gouvernait tyranniquement. Ils le tuèrent qu'il ne faisait que commencer la deuxième année de son règne ; et peu après, ils firent mourir les deux filles d'Hiéron, et ses trois petites-filles. De ces cinq dames, il y en avait trois contre qui on n'avait aucune plainte à

(2) Idem, *pag. 33.*

(3) Voyez la Remarq. (O) de l'Article de PERICLES.

(4) *Remarque (E), pag. 1467 du Dictionnaire.*

former et qui s'étaient réfugiées, pour ainsi dire, au pied des autels. N'était-ce pas ôter une tyrannie pour en établir une plus grande (5)? Tite Live (6) a-t-il tort de remarquer, à ce sujet-là, que le peuple est incapable de se tenir dans la médiocrité, humble jusqu'à la bassesse quand il obéit, insolent au dernier point quand il commande? Le massacre de ces cinq Dames ne fut point l'action de quelques particuliers sans aveu : il fut commandé par le sénat et par le peuple de Syracuse; et cela lorsque la mémoire d'Hiéron était encore toute fraiche; Prince qu'ils avaient aimé si tendrement et si justement. L'iniquité de leur barbare Décret fut si visible, qu'ils la connurent bientôt; ils le révoquèrent; mais cela ne servit de rien; il était déjà exécuté. *Tandem vulneribus confectae, cum omnia replessent sanguine, exanimes corruerunt, eademque per se miserabilem, miserabiliorem casus fecit; quod paulo post nuntius venit, mutatis repente ad misericordiam animis, ne interficerentur. Ira deinde ex misericordia orta, quod adeo festinatum ad supplicium, neque locus pœnitendi aut regressus ab ira relictus esset. Itaque fremere multitudo* (7). Les factions ne finirent point par l'expiration entière de la famille royale; elles s'accrurent de jour en jour, et renversèrent en peu de temps la liberté et la souveraineté de la patrie. Elles opposèrent mal à propos Syracuse à l'inimitié des Romains, qui l'assiégèrent, et la subjuguèrent. Silius Italicus décrit assez bien le chaos où cette ville tomba, après avoir fait mourir le tyran Hierôme et ses parentes. Ce fut un chaos dont les Romains surent tirer une conquête fameuse. La discorde de la ville les encouragea à l'assiéger.

> *Sævos namque pati fastus, juvenemque cruento*
> *Flagrantem luxu, et miscentem turpia duris,*
> *Haud ultra faciles, quos ira metusque coquebat*
> *Jurati obtruncant, nec jam modus ensibus, addunt*
> *Fœmineam caedem, atque insontum rapta sororum*
> *Corpora prosternunt ferro, nova sævit in armis*
> *Libertas, jactatque jugum : pars Punica castra,*
> *Pars Italos et nota volunt : nec turba furentum*
> *Desit, quæ neutro sociari fœdere malit* (8).

Représentez tout ceci tant que vous voudrez, vous n'en ferez point un bon argument auprès des personnes préoccupées contre la monarchie ; on vous répondra que de cela même qu'on ne peut remédier à ses désordres que par des maux si affreux, vous devez conclure qu'elle est un grand mal.

(D) Il s'attacha à l'étude des mathématiques pendant ce voyage. C'est dommage qu'il ait attendu si longtemps à s'y appliquer (9) : il avait plus de quarante ans lorsqu'il commença cette étude et c'est ce qui a été cause qu'il n'a pu s'y perfectionner autant qu'il eût été nécessaire, pour ne donner pas de prise à ses critiques. Sa destinée a été semblable à celle de Scaliger. Au reste, il connut parfaitement pourquoi il faut étudier les mathématiques : ce n'est pas afin de connaître les propriétés des angles, ou des nombres, ou des lignes, ou des superficies ;

---

(5) *Ne tyrannos ulciscendo, quae odissent scelera ipsi imitarentur.* T. Livius. *Libr. XXIV, pag. 393. C'est ce qu'Heraclea fille d'Hieron représentait à ses meurtriers.*

(6) *Voyez ses paroles ci-dessus Citation (21) de l'Article* HIERON II.

(7) Titus Livius, *Libr. XXIV, pag. 393.*

(8) Sil. Italicus, *Libr. XIV, pag. m. 589.*

(9) *Dolendum nobile hoc ingenium eodem quo et magnum Scaligerum infortunio laborasse, quod*

mais afin d'accoutumer son esprit à une solide méthode de raisonner et de prouver. *Euclidi operam dare cœpit, non tam demonstrationum materia allectus, quam perspicuitate, certitudine, et indivisa rationum serie delectatus. Non enim Mathematicas artes admiratus est vir perspicacissimus, ob laterum et angulorum affectiones, aut numerorum, linearum, superficierum, corporumve mutuas inter se proportiones (de homogeneis intelligo quantitatibus) subtiliter indicatas; quippe istiusmodi omnia a communi vita remotiora facile animadvertit; licet ad praxin relata usus non adeo contemnendi; sed quod methodo ipsis propria intellectus ad rerum cognitionem optime duceretur, atque difficilia inveniendi, vera asserendi, falsa redarguendi certissima ratione imbueretur* (10).

(E) *Il composa* à Paris *le traité* De Cive. Il en fit une édition de peu d'exemplaires à Paris l'an 1642. Il la revit peu après et il l'augmenta de la manière que cet ouvrage a paru dans l'édition d'Amsterdam en 1647. Ce fut Sorbière qui procura cette seconde édition. Il fit plus ; car il traduisit ce livre en français et le publia en cette langue (11). Hobbes se fit beaucoup d'ennemis par cet ouvrage ; mais il fit avouer aux plus clairvoyants qu'on n'avait jamais si bien pénétré les fondements de la politique. Je ne doute point qu'il n'ait outré plusieurs choses ; cela est ordinaire à ceux qui écrivent pour combattre un parti contre lequel ils ont conçu beaucoup d'aversion. Hobbes était indigné contre les principes des parlementaires (12) : leur conduite était cause qu'il vivait hors de sa patrie, et il apprenait tous les jours dans le lieu de son exil, que leur rébellion triomphait de l'autorité royale. Il passa dans une autre extrémité : il enseigna que l'autorité des rois ne devait point avoir de bornes ; et qu'en particulier l'extérieur de la religion, comme la cause la plus féconde des guerres civiles, devait dépendre de leur volonté. Il y a des gens qui croient qu'à ne considérer que la théorie, son système est très bien lié, et très conforme aux idées qu'on se peut former d'un État bien affermi contre les troubles. Mais, parce que les plus justes idées sont sujettes à mille inconvénients, quand on les veut réduire en pratique, c'est-à-dire, quand on les veut commettre avec une horrible cohue de passions qui règne parmi les hommes, il n'a pas été mal aisé d'apercevoir bien des défauts dans le système politique de cet auteur. Il pouvait répondre que le système opposé enferme, même dans la théorie, un principe nécessaire de confusion et de rébellion. Quoi qu'il en soit, on prétend que l'amour de la patrie lui inspira le dessein de cet ouvrage, et qu'il eut en vue de désabuser sa nation des faux principes, qui y produisaient un mépris horrible de l'autorité royale. *Grassante interim per Angliam civili bello,* Hobbius *pro summo in patriam amore, quod bonum et fidelem subditum maxime decuit; populares suos sanioribus quam quæ hactenus obtinuerant principiis imbuere, exacerbatos hominum animos ad pacis et concordiae rationes revocare, et in summæ potestatis obsequium addictiores præstare annisus est. Quare reliquis posthabitis studiis, quantum ipsi suppetiit temporis Politicæ scientiæ impendens,* Librum De Cive *(cujus pauca dun-*

Mathematicis studiis... serius paulo animum adjecit. Vita Hobbes. pag. 40.

(10) *Ibid.* pag. 39.

(11) *A Amsterdam, 1649.*

(12) *Tum pro suo in Regem officio atque obsequio, tum pro decumano quo semper in Democraticos odio laboravit, libellum scripsit juris regii asserendi gratia, qui postea in librum de* Cive, *et tandem in* Leviathan *excrevit.* Vita Hobbesii, pag. 45.

taxat *Exemplaria Parisiis* 1642, *evulgaverat*) *revisit, et notis utilibus adauxit, in quo subditorum contra summum imperatorem conjurationes rebellionesque, et immanes illas de principe regnis vitaque exuendo opiniones penitus damnavit : potestati Civili Jura ab* Ecclesiasticis *caliginosorum temporum beneficio præerepta restituit, et diram sectariorum hydram, effrænem nempe conscientiae libertatem, heroico ausu perdomuit* (13). On ne sera pas fâché, je m'assure, de trouver ici le jugement de M. Descartes sur cet ouvrage de Hobbes. *Je juge*, dit-il (14), *que l'auteur du livre* De Cive *est le même que celui qui a fait les Troisièmes Objections contre mes Méditations* (15). *Je le trouve beaucoup plus habile en morale, qu'en métaphysique, ni en physique : quoique je ne puisse nullement approuver ses principes ni ses maximes, qui sont très mauvaises et très dangereuses, en ce qu'il suppose tous les hommes méchants, ou qu'il leur donne sujet de l'être. Tout son but est d'écrire en faveur de la monarchie : ce qu'on pourrait faire plus avantageusement qu'il n'a fait, en prenant des maximes plus vertueuses et plus solides. Il écrit aussi fort au désavantage de l'Église, et de la religion romaine ; de sorte que s'il n'est particulièrement appuyé de quelque faveur fort puissante, je ne vois pas comment il peut exempter son livre d'être censuré.* M. Descartes a raison de désapprouver qu'on *suppose tous les hommes méchants* ; et cela me fait souvenir que Montaigne, tout éclairé qu'il était sur les défauts du genre humain, ne trouve pas bon que Guichardin attribue à de méchants motifs toutes les actions qu'il rapporte dans son *Histoire* (16). Il est sûr qu'il y a des gens qui se conduisent par les idées de l'honnêteté, et par le désir de la belle gloire, et que la plupart des hommes ne sont que médiocrement méchants. Cette médiocrité suffit, je l'avoue, à faire que le train des choses humaines soit rempli d'iniquités, et imprimé presque partout des traces de la corruption du cœur ; mais ce serait bien pis (17), si le plus grand nombre des hommes n'était capable de réprimer en plusieurs rencontres ses mauvaises inclinations, par la crainte du déshonneur, ou par l'espérance des louanges. Or c'est une preuve que la corruption n'est point montée au plus haut degré. Je ne considère point ici les bons effets de la vraie religion ; je regarde l'homme en général.

Quant aux inconvénients qui pourraient naître des suppositions de Hobbes mises en pratique, je le dis encore un coup, ce n'est pas l'endroit par où il les faut combattre ; car le système opposé n'a-t-il pas dans la pratique plusieurs grands inconvénients ? Qu'on fasse ce qu'on voudra, qu'on bâtisse des systèmes meilleurs que *La République* de Platon, que *L'Utopie* de Morus, que *La République du Soleil* de Campanella, etc. : toutes ces belles idées* se trouveraient courtes et défectueuses, dès qu'on les voudrait réduire en pratique. Les passions des hommes, qui naissent les unes des autres dans une variété prodigieuse, ruineraient bientôt les espérances qu'on aurait conçues de ces beaux systèmes. Voyez ce qui arrive quand les mathématiciens veulent appliquer à la matière leurs spéculations, touchant les points et les lignes. Ils font tout ce qu'ils veulent de leurs lignes, et de leurs superficies; c'est une pure idée de notre esprit; elle se laisse dépouiller autant qu'il nous plaît de ses dimensions, et c'est pour cela que nous démontrons les plus belles choses du monde sur la nature du cercle, et sur la divisibilité infinie du continu. Mais tout cela se trouve court, quand on l'applique à la matière qui existe hors de notre esprit; matière dure et impénétrable. Voilà une image des passions humaines, comparées aux spéculations d'un homme qui se forme les idées d'un Gouvernement parfait. Vous trouverez une critique bien forte du système politique de Hobbes dans l'auteur que je cite (18).

(F) *Il donna tout le temps qu'il avait de reste à composer son Leviathan.* Il désigne le corps politique sous le nom de cette bête. Les théologiens de l'Église anglicane, qui étaient en France auprès de Charles II, crièrent beaucoup contre cet ouvrage, et dirent qu'il contenait plusieurs impiétés, et que l'auteur n'était point du parti royal (19). Leurs plaintes furent écoutées. Hobbes reçut ordre de ne venir plus à la Cour; et comme il avait irrité extrêmement les papistes, il ne crut point qu'il fît bon pour lui en France, depuis que la protection du roi d'Angleterre lui manquait. *Hoc tanto praesidio orbatus* Hobbius, *Romanae Ecclesiae, Spiritualis Monarchiae satellitum metu correptus est, quorum odium implacabile sese merito incurrisse senserat, ob detectas in* Leviathane *Ecclesiasticorum technas, regni tenebrarum dolos,* Pontificis Romani *potestatem malis artibus occupatam, qua in civilis Potestatis jura involando, qua simplici ac impertitae plebeculae sanctis praestigiis illudendo; quare* Parisiis *se minus tutum judicans, media Hyemis tempestate aufugiens, in patriam se contulit* (20). Il traduisit son *Léviathan* en latin, et le fit imprimer avec un Appendice l'an 1668 (21). Dix ans après, on l'a imprimé en flamand. Le précis de cet ouvrage est que, sans la paix il n'y a point de sûreté dans un État, et que la paix ne peut subsister sans le commandement, ni le commandement sans les armes; et que les armes ne valent rien si elles ne sont mises entre les mains d'une personne; et que la crainte des armes ne peut point porter à la paix ceux qui sont poussés à se battre par un mal plus terrible que la mort, c'est-à-dire par les dissensions sur des choses nécessaires au salut. *Ejus autem summa haec fuit, sine Pace impossibilem esse incolumitatem, sine Imperio Pacem, sine Armis Imperium, sine opibus in unam manum collatis nihil valere Arma, neque metu Armorum quicquam ad pacem profici posse in illis, quos ad pugnandum concitat malum morte magis formidandum; nempe dum consensum non sit de iis rebus, quae ad salutem aeternam necessariae creduntur, pacem inter cives, non posse esse diuturnam* (22). On a fort écrit contre ce *Léviathan*, principalement en Angleterre (23).

(G) *Il avait donné des preuves de sa foi selon le rite de l'Église anglicane.* Étant fort malade auprès de Paris, il reçut une visite du Père Mersenne, qui avait été averti de ne pas le laisser mourir hors du giron de l'Église. Ce bon Père s'assit auprès du malade, et après les préambules ordinaires de consolation, il se

(18) Galeottus Galeatius Karlsbergius, *apud* Deckherum de Scriptis Adespotis, pag. 328.

(19) *Hobbium tanquam partibus regiis minus addictum, tum ut novarum impiarumque in religione opinionum authorem criminabantur.* Vita Hobbesii, pag. 61.

(20) *Ibid.* pag. 62.

(21) *A Amsterdam, chez Jean Blaeü, avec ses autres Œuvres philosophiques, en 2 volumes in-4°. Il n'avait pu obtenir en Angleterre la permission d'imprimer.* Ibid pag. 70.

(22) *Ibid.* pag. 45.

(23) *La liste*

mit à discourir sur la puissance qu'avait l'Église romaine de pardonner les péchés : *Mon Père*, lui répondit Hobbes, *j'ai examiné depuis longtemps toutes ces choses, il me fâcherait d'en disputer présentement, vous me pouvez entretenir d'une manière plus agréable. Quand avez-vous vu M. Gassendi ?* Le bon moine comprit bien ce que cela voulait dire, et détourna la conversation sur d'autres matières (24). Le Docteur Cosin (25) peu de jours après s'offrit à prier Dieu avec Hobbes, qui s'y accorda pourvu qu'on fit les prières de l'Église anglicane (26). Après les prières, il reçut le viatique. *Cum non amplius cuiquam relictus est fucum faciendi locus, eo momento se Religioni patriis legibus stabilitae addictissimum ostendit, et precibus juxta Ecclesiae Anglicanae ritus praemissis supremum Viaticum recepit* (27). Étant retourné en Angleterre l'an 1651, il trouva les Temples occupés par des séditieux, disait-il, qui n'avaient nulle liturgie, et il fut trois mois sans savoir avec qui communier. *Concionantes quidem invenit in Ecclesiis, sed seditiosos ; etiam preces extemporarias, et illas audaces, et nonnunquam blasphemas, Symbolum autem fidei nullum, Decalogum nullum ; adeo ut per tres primos menses non invenerit quibuscum in sacris communicare potuerit* (28). Mais au bout de trois mois, on le mena dans une Assemblée où la Cène se célébrait selon l'Église anglicane, et il y communia. L'auteur de sa vie fait remarquer que c'était un signe de l'attachement de Hobbes au parti épiscopal, et de la sincérité de son christianisme, puisque alors personne n'était contraint de s'agréger à aucune communion particulière. *Alterum signum erat non modo hominis partium Episcopalium, sed etiam Christiani sinceri ; nam illo tempore ad Ecclesiam quamcumque legibus aut metu cogebatur nemo* (29).

(*H*) *Il se tint d'une façon assez obscure chez le comte de Devonshire.* Ce n'est pas qu'il n'eût de puissants amis ; mais comme il avait de grands ennemis, tout ce qu'on put faire pour lui fut de l'empêcher d'être opprimé. Ainsi son état fut un effet de l'équilibre de l'amitié et de la haine qu'on avait pour lui (30). Il passa le reste de ses jours chez le comte de Devonshire.

(*I*) *Il travailla à son livre* De Corpore, *et à quelques autres.* Ce livre sortit de dessous la presse à Londres l'an 1655 sous le titre de *Elementorum Philosophiae, Sectio prima : de Corpore.* L'année suivante Hobbes publia *Praelectiones sex ad Professores Savilianos.* Son livre *De Homine, sive Elementorum Philosophia Sectio secunda*, fut imprimé à Londres l'an 1658. Ses *Questiones de Libertate, Necessitate, et Casu, contra Doctorem Bramhallum Episcopum Derriensem*, furent imprimées dans la même ville l'an 1656. Il eut une dispute sur la même matière avec Benjamin Laney, évêque d'Ely, laquelle il ne publia qu'en 1676 (31). Le Docteur Wallis, professeur en mathématique à Oxford, ayant publié son *Elenchus Geometriae Hobbianae* l'an 1655, fit naitre une guerre qui a duré jusqu'à la mort de Hobbes, et où il y a eu bien des injures répandues. *Diuturni illius belli Mathematici classicum cecinit, quod acerrimo Marte, adhibitis quadra et circino intervolantibus nonnunquam acutissimis*

---

des écrits publiés contre le Léviathan, et les autres Œuvres de Hobbes, se voit à la fin de sa Vie.

(24) *Vita Hobbesii, pag. 20.*

(25) *Il a été évêque de Dunelme.*

(26) *Obtulit se illi comprecatorem ad Deum. Cui ille cum gratias reddidisset, ita* (inquit) *si precibus praeiveris juxta ritum Ecclesiae nostrae, Ibidem.*

(27) *Ibid. pag. 59.*

(28) *Ibid. pag. 21.*

(29) *Ibid.*

(30) *Stantem inter amicos et inimicos quasi in aequilibris, fecerunt illi ne ob doctrinam opprimeretur, hi ne augeretur. Vita Hobbesii, pag. 22.*

(31) *Ibid. pag. 99.*

convitiorum telis, utrinque gestum, vicennium et amplius perduravit, nec tandem nisi Hobbiana *morte conquievit* (32). Sorbière a parlé de cette dispute (33).

(K) *Il reçut de grands témoignages d'estime de Charles II.* Hobbes quitta la campagne pour venir à Londres, dès qu'il sut l'arrivée du Roi. Ce Prince passant en carrosse devant la maison où Hobbes logeait, l'aperçut, et le fit venir. Il lui donna sa main à baiser, et lui demanda des nouvelles de son état, et de sa santé. Quelque temps après il lui donna une audience particulière, l'assura de son affection, et lui promit un facile accès (34). Il fit faire le portrait de Hobbes par un peintre fort habile, et le mit dans son cabinet (35). Ce qu'il y eut de plus réel dans les marques de son affection, c'est qu'il gratifia Hobbes d'une pension annuelle (36) de cent Jacobus (37).

(L) *Il conserva l'usage de son esprit jusqu'à sa dernière maladie.* Non seulement il eut la force de cultiver les mathématiques, ayant passé l'âge de quatre-vingt-six ans, mais aussi de faire de très longs poèmes. *Quod autem inter rara fœlicitatis exempla numerandum est, summo ingenii vigore et sensibus integris ad obitum usque in Philosophia et Mathesi se assiduo exercitavit, et quod magis mirum, Poësin exercuit, qua propriis animi conceptibus exprimendis, qua aliorum transferendis* (38). Il traduisit en vers anglais quelques livres de l'*Odyssée* l'an 1674, et parce que cet essai eut l'approbation des savants, il publia une semblable version de l'*Iliade* et de toute l'*Odyssée* peu après, avec une *Dissertation des vertus du poème héroïque* (39).

(M) *Ceux qui ont fait sa Vie soutiennent qu'il avait des opinions très orthodoxes sur la nature de Dieu.* De toutes les vertus morales il n'y avait guère que la religion qui fût une matière problématique dans la personne de Hobbes. Il était franc (40), civil, communicatif de ce qu'il savait (41), bon ami, bon parent, charitable envers les pauvres (42), grand observateur de l'équité (43), et il ne se souciait nullement d'amasser du bien (44). Cette dernière qualité est un préjugé favorable pour sa bonne vie ; car il n'y a point de source d'où sortent plus de mauvaises actions que de l'avarice. Ainsi, quand on connaissait Hobbes, on n'avait que faire de demander s'il estimait, et s'il aimait la vertu ; mais on pouvait être tenté de lui faire cette question :

Heus age, responde, minimum est quod scire laboro,
De Jove quid sentis (45)?

La réponse qu'il aurait pu faire sincèrement, si l'on en croit ceux qui ont composé sa Vie, aurait été qu'il y a un Dieu qui est l'origine de toutes choses, et qu'il ne faut pas enfermer dans la sphère de notre petite raison (46). Il eût ajouté qu'il embrassait le christianisme, tel qu'on le trouvait établi en Angleterre selon les lois (47) ; mais qu'il avait de l'aversion pour les disputes des théologiens ; qu'il estimait principalement ce qui sert à la pratique de la piété, et aux bonnes mœurs, et qu'il avait accoutumé de blâmer les prêtres qui gâtaient la simplicité de la religion,

(32) *Ibid.* pag. 64, 65.

(33) Sorbière, Relation d'Anglet., pag. 78 Édition de Hollande.

(34) Vita Hobbesii, pag. 66.

(35) *Ibid.* pag. 28 et 103. *Voyez* Sorbière, Relation d'Anglet., pag. 79.

(36) Vita Hobbesii, pag. 53.

(37) Sorbière, Relat. d'Angleterre, pag. 79.

(38) Vita Hobbesii, pag. 98, 99.

(39) *Ibid.* pag. 99.

(40) *Ibid.* pag. 30, et 111.

(41) *Ibid.* pag. 111.

(42) *Ibid.* pag. 108.

(43) *Justitiae erat cum scientissimus tum tenacissimus.* Ibid. pag. 30.

(44) *Cum*

esset pecunia negligentissimus. Ibid.	par le mélange ou d'un culte superstitieux, ou de plusieurs vaines et profanes spéculations. *Quicquid autem ad pietatis exercitia, aut bonos mores conferret, plurimi fecit.* Sanctius illi, *et*
(45) Persius, Sat. II, Vers. 17.	reverentius *visum,* de Deo credere quam scire. *Sacerdotes interim inculpare solitus est, qui Christianam Religionem absolutam ac simplicem, vel superstitione macularent, vel inanibus interdum profanis speculationibus implicarent* (48). Ils concluent que ceux
(46) *Deum agnovit eumque rerum omnium originem, intra angustos tamen humana rationis cancellos nullatenus circumscribendum.* Vita Hobbesii, *pag. 105.*	qui l'accusent d'athéisme sont d'indignes calomniateurs, qui ne pourraient alléguer d'autre prétexte que celui-ci peut-être, c'est qu'il avait rejeté plusieurs doctrines scolastiques, selon lesquelles on donnait à Dieu certains attributs, dont on prenait le modèle sur notre petit génie. *Quare fortiter calumniati sunt, qui ipsum Atheismi reum detulerunt; quod inde forsitan profectum quia Scholasticorum aliorumque isto de grege morem rejecerat, qui otiosi in Musaeis suis sedentes, juxta imbecillem ingenioli sui captum, Naturae Divinae incomperta affingunt attributa* (49). Il est indubitable qu'il n'y a point d'accusation qui soit tombée dans un aussi grand abus, que l'accusation d'athéisme. Une infinité de
(47) *Religionem Christianam quatenus in Ecclesia Anglicana, resectis superstitionis ineptiis, regni legibus stabilitur, ex animo amplexus est.* Ibid. *pag. 106.*	petits esprits, ou de gens malins, l'intentent à tous ceux qui bornent leurs affirmations aux grandes et aux sublimes vérités d'une solide métaphysique, et aux doctrines générales de l'Écriture. On veut de plus les obliger à l'adoption de tous les Articles particuliers, que l'on a coutume de proposer mille et mille fois au peuple. Tous ceux qui osent se retirer de cette routine sont des impies, et des esprits forts, si l'on en croit certains docteurs. C'est ainsi que Monconys encourut ce mauvais blâme. Il disputait quelquefois fort librement contre ceux qui avilissent la grandeur de Dieu, par la conduite qu'ils lui attribuent, et par les faibles raisons qu'ils allèguent; et on lui fit
(48) Vita Hobbesii, *pag. 107.*	l'injustice de le traiter de libertin, lui qui était pénétré d'une idée de Dieu la plus sublime qui se puisse concevoir. Lisez ce qui suit : « Cette manière agréable avec laquelle on le voyait quelquefois contredire à de certains esprits limités, qui affai-
(49) *Ibid.*	blissent par leurs preuves les vérités qu'ils veulent établir, faisait prendre à ces personnes prévenues cet effet de sa franchise, et de sa candeur, pour une mauvaise liberté. Mais la solidité de sa vertu et sa piété sincère ont éclaté partout, et il en
(50) *Préface des* Voyages *de Monconys, pag. 7.*	a donné des marques que l'on verra dans ses voyages. En sa dernière maladie, il a avoué à un de ses amis, qu'il a toujours conservé dans son cœur une soumission profonde, et un respect infini pour la Divinité, dont il avait une idée plus haute que tout ce que les hommes en ont conçu. Lorsqu'il était à Alexandrie, en un temps où il semblait ne rien refuser à sa curiosité, se
(51) Vita Hobbesii, *pag. 106.*	trouvant une nuit tout seul sur une de ces terrasses qui servent de couvert aux bâtiments du Levant, il se trouva tout à coup si occupé d'une connaissance sensible de la Divinité, qu'il passa une partie de cette nuit avec une consolation inexplicable, dans des adorations continuelles du Principe de tous les êtres (50). »
(52) *Somnia, terrores magicos, miracula, sagas, nocturnos*	(N) *On a dit aussi qu'il avait peur des fantômes et des démons.* Ses amis ont traité cela de fable. *Nec minus falso a nonnullis insimulatus est, tanquam solitudinem fugeret, spectra*

metuens et phantasmata, vana stultorum terriculamenta, quae Philosophiae suae lumine dissipaverat (51). Mais il semble qu'ils ne nient pas qu'il n'osait demeurer seul; ils se contentent d'insinuer que c'était à cause qu'il craignait les assassins. Si sa philosophie l'exemptait de l'autre crainte, et non pas de celle-ci, elle ne l'empêchait pas d'être malheureux, et on pouvait lui appliquer une pensée d'Horace (52). Pour dire ceci en passant, ses principes de philosophie n'étaient point propres à lui ôter la crainte des apparitions d'esprits; car à raisonner conséquemment, il n'y a point de philosophes qui soient moins en droit de rejeter la magie et la diablerie, que ceux qui nient l'existence de Dieu. Mais, dit-on, Hobbes ne croyait point l'existence des esprits. Parlez mieux: il croyait qu'il n'y avait point de substances distinctes de la matière. Or comme cela ne l'empêchait point de croire qu'il n'y eût beaucoup de substances, qui veulent du mal ou du bien aux autres, et qui leur en font, il pouvait et il devait croire qu'il y a des êtres dans l'air ou ailleurs tout aussi capables de méchanceté, que les corpuscules qui forment, disait-il, toutes nos pensées dans notre cerveau. Pourquoi ces corpuscules auront-ils plus de connaissance des moyens de nuire, que ces autres êtres? Et quelle raison y a-t-il qui prouve que ces autres êtres ignorent la manière dont il faut agir sur notre cerveau pour nous faire voir un spectre?

Prenons la chose d'un autre biais. On serait non seulement fort téméraire, mais aussi fort extravagant, si l'on s'engageait à soutenir qu'il n'y a jamais eu d'homme qui se soit imaginé qu'il voyait un spectre; et je ne crois point que les incrédules les plus opiniâtres, les plus excessifs, aient jamais soutenu cela. Tout ce qu'ils font se réduit à dire que les personnes, qui ont cru avoir été les témoins de l'apparition des esprits, avaient l'imagination blessée. On avoue donc qu'il y a certains endroits du cerveau, qui, étant affectés de telle ou de telle sorte, excitent l'image d'un objet qui n'existe point réellement hors de nous, et font que l'homme, dont le cerveau est ainsi modifié, croit voir à deux pas de lui un spectre affreux, une furie, un fantôme menaçant. Il se passe de semblables choses dans la tête des plus incrédules, ou pendant qu'ils dorment, ou pendant qu'ils sont tourmentés d'une fièvre chaude. Oseraient-ils soutenir après cela qu'il est impossible qu'un homme qui veille, et qui n'est pas en délire, reçoive en certains endroits du cerveau une impression à peu près semblable à celle qui, selon les lois de la nature, est liée avec l'apparence d'un fantôme? S'ils sont forcés de reconnaître cette possibilité, ils ne peuvent pas répondre que jamais un spectre ne se produira devant eux, c'est-à-dire que jamais en ne dormant pas ils ne croiront voir ou un homme, ou une bête, quand ils seront seuls dans une chambre. Hobbes pouvait donc s'imaginer qu'une certaine combinaison d'atomes agités dans son cerveau l'exposerait à une telle vision, quoiqu'il fût persuadé qu'aucun ange, ni aucune âme d'homme mort, ne se mêlerait de cela. Il était peureux au dernier point, et par conséquent il avait sujet de se défier de son imagination, lors-

lemures, portentaque Thessala rides? ... Quid te exempta juvat spinis de pluribus una? Horat. Epist. II, Libri II, sub. fin.

qu'il était seul dans une chambre pendant la nuit : car malgré lui, la mémoire de ce qu'il avait lu, et ouï dire, touchant les apparitions d'esprits, se réveillait, quoiqu'il ne fût point persuadé que ces choses fussent réelles. Ces images-là, jointes à sa timidité de tempérament, lui pouvaient jouer un mauvais tour. Et il est bien certain qu'un homme aussi mécréant que lui, mais plus courageux, s'étonnerait s'il croyait voir entrer dans sa chambre quelqu'un de ceux qu'il sait être morts. Ces apparitions en songe sont fréquentes, soit qu'on croie l'immortalité de l'âme, soit qu'on ne la croie pas. Supposons qu'elles arrivassent une fois à un incrédule éveillé, comme elles lui arrivent souvent lorsqu'il dort, nous comprenons qu'il aurait peur, quoiqu'il eût bien du courage. A plus forte raison devons-nous croire qu'Hobbes en eût été bien épouvanté.

(*O*) *Il avait beaucoup plus médité que lu.* On avoue ingénument dans sa vie, que pour un homme qui a tant vécu, sa lecture était peu de chose. Il disait même que s'il avait donné à la lecture autant de temps que les autres hommes de lettres, il aurait été aussi ignorant qu'ils le sont (53). Il considéra une autre chose qui le porta à ne faire point de cas des grandes bibliothèques : c'est que la plupart des livres sont des extraits, et des copies des autres. *Lectio ejus pro tanto aetatis decursu non magna; Authores versabat paucos, sed tamen optimos.* Homerus, Virgilius, Thucydides, Euclides, *illi in deliciis erant. Ingentem Librorum suppellectilem, qua superbiunt Bibliothecae, non magnifecit, cum Mortales plerumque pecorum ritu antecedentium insistentes vestigiis, vix extra tritas calles, et semitas ab ipsis quorum Tutela et Regimini subsunt, praestitutas, evagari audeant* (54).

(53) *Quin et illud saepe dicere solitus est, quod si tantum libris incubuisset, quantum alii e Literatis vulgo faciunt, eadem cum illis ignorantia laborasset.* Vita Hobbesii, *pag. 112.*

(54) *Idem, ibid.*

Article HOBBISME

Denis DIDEROT

ENCYCLOPÉDIE

Tome VIII
Neuchâtel — 1765

Hobbisme, *ou* philosophie d'Hobbes (*Histoire de la Philosophie ancienne et moderne*). Nous diviserons cet article en deux parties ; dans la première, nous donnerons un abrégé de la vie de Hobbes ; dans la seconde, nous exposerons les principes fondamentaux de sa philosophie.

Thomas Hobbes naquit en Angleterre, à Malmesbury, le 5 avril 1588 ; son père était un ecclésiastique obscur de ce lieu. La flotte que Philippe II, roi d'Espagne, avait envoyée contre les Anglais et qui fut détruite par les vents, tenait alors la nation dans une consternation générale. Les couches de la mère de Hobbes en furent accélérées et elle mit au monde cet enfant avant terme.

On l'appliqua de bonne heure à l'étude ; malgré la faiblesse de sa santé, il surmonta avec une facilité surprenante les difficultés des langues savantes et il avait traduit en vers latins la *Médée* d'Euripide, dans un âge où les autres enfants connaissent à peine le nom de cet auteur.

On l'envoya à quatorze ans à l'université d'Oxford, où il fit ce que nous appelons *la philosophie;* de là, il passa dans la maison de Guillaume Cavendish, baron de Hardwick et peu de temps après comte de Devonshire, qui lui confia l'éducation de son fils aîné.

La douceur de son caractère et les progrès de son élève le rendirent cher à toute la famille, qui le choisit pour accompagner le jeune comte dans ses voyages. Il parcourut la France et l'Italie, recherchant le commerce des hommes célèbres et étudiant les lois, les usages, les coutumes, les mœurs, le génie, la Constitution, les intérêts et les goûts de ces deux nations.

De retour en Angleterre, il se livra tout entier à la culture des lettres et aux méditations de la Philosophie. Il avait pris en aversion et les choses qu'on enseignait dans les écoles, et la manière de les enseigner. Il n'y voyait aucune application à la conduite générale ou particulière des hommes. La logique et la métaphysique des péripatéticiens ne lui paraissait qu'un tissu de niaiseries difficiles ; leur morale, qu'un sujet de disputes vides de sens; et leur physique, que des rêveries sur la nature et ses phénomènes.

Avide d'une pâture plus solide, il revint à la lecture des anciens; il dévora leurs philosophes, leurs poètes, leurs orateurs et leurs historiens; ce fut alors qu'on le présenta au chancelier Bacon, qui l'admit dans la société des grands hommes dont il était environné. Le gouvernement commençait à pencher vers la démocratie; et notre philosophe, effrayé des maux qui accompagnent toujours les grandes révolutions, jeta les fondements de son système politique; il croyait de bonne foi que la voix d'un philosophe pouvait se faire entendre au milieu des clameurs d'un peuple rebelle.

Il se repaissait de cette idée aussi séduisante que vaine; et il écrivait, lorsqu'il perdit, dans la personne de son élève, son protecteur et son ami: il avait alors quarante ans, temps où l'on pense à l'avenir. Il était sans fortune; un moment avait renversé toutes ses espérances. Gervaise Clifton le sollicitait de suivre son fils dans ses voyages et il y consentit; il se chargea ensuite de l'éducation d'un fils de la comtesse de Devonshire avec lequel il revit encore la France et l'Italie.

C'est au milieu de ces distractions qu'il s'instruisit dans les Mathématiques, qu'il regardait comme les seules sciences capables d'affermir le jugement; il pensait déjà que tout s'exécute par des lois mécaniques et que c'était dans les propriétés seules de la matière et du mouvement qu'il fallait chercher la raison des phénomènes des corps bruts et des êtres organisés.

A l'étude des Mathématiques, il fit succéder celle de l'Histoire naturelle et de la Physique expérimentale; il était alors à Paris, où il se lia avec Gassendi qui travaillait à rappeler de l'oubli la philosophie d'Épicure. Un système où l'on explique tout par du mouvement et des atomes ne pouvait manquer de plaire à Hobbes; il l'adopta et en étendit l'application des phénomènes de la nature aux sensations et aux idées. Gassendi disait d'Hobbes qu'il ne connaissait guère d'âme plus intrépide, d'esprit plus libre de préjugés, d'homme qui pénétrât plus profondément dans les choses; et l'historien d'Hobbes a dit du père Mersenne, que son état de religieux ne l'avait point empêché de chérir le philosophe de Malmesbury, ni de rendre justice aux mœurs et aux talents de cet homme, quelque différence qu'il y eût entre leur communion et leurs principes.

Ce fut alors qu'Hobbes publia son livre *Du Citoyen;* l'accueil que cet ouvrage reçut du public et les conseils de ses amis, l'attachèrent à l'étude de l'homme et des mœurs.

Ce sujet intéressant l'occupait lorsqu'il partit pour l'Italie. Il fit connaissance à Pise avec le célèbre Galilée. L'amitié fut étroite et prompte entre ces deux hommes. La persécution acheva de resserrer dans la suite les liens qui les unissaient.

Les troubles qui devaient bientôt arroser de sang l'Angleterre, étaient sur le point d'éclater. Ce fut dans ces circonstances qu'il publia son *Léviathan;* cet ouvrage fit grand bruit, c'est-à-dire qu'il eut peu de lecteurs, quelques défenseurs et beaucoup d'ennemis. Hobbes y disait : « Point de sûreté sans la paix ; point de paix sans un pouvoir absolu ; point de pouvoir absolu sans les armes ; point d'armes sans impôts ; et la crainte des armes n'établira point la paix, si une crainte plus terrible que celle de la mort excite les esprits. Or telle est la crainte de la damnation éternelle. Un peuple sage commencera donc par convenir des choses nécessaires au salut. » *Sine pace impossibilem esse incolumitatem; sine imperio pacem; sine armis imperium; sine opibus in unam manum collatis, nihil valent arma; neque metu armorum quicquam ad pacem proficere illos, quos ad pagnandum concitat malum morte magis formidandum. Nempe dum consensum non sit de iis rebus quae ad felicitatem aeternam necessariae credantur, pacem inter cives esse non posse.*

Tandis que des hommes de sang faisaient retentir les temples de la doctrine meurtrière des rois, distribuaient des poignards aux citoyens pour s'entr'égorger et prêchaient la rébellion et la rupture du pacte civil, un philosophe leur disait : « Mes amis, mes concitoyens, écoutez-moi : ce n'est point votre admiration, ni vos éloges que je recherche ; c'est de votre bien, c'est de vous-même que je m'occupe. Je voudrais vous éclairer sur des vérités qui vous épargneraient des crimes ; je voudrais que vous conçussiez que tout a ses inconvénients et que ceux de votre gouvernement sont bien moindres que les maux que vous vous préparez. Je souffre avec impatience que des hommes ambitieux vous abusent et cherchent à cimenter leur élévation de votre sang. Vous avez une ville et des lois ; est-ce d'après les suggestions de quelques particuliers ou d'après votre bonheur commun que vous devez estimer la justice de vos démarches? Mes amis, mes concitoyens, arrêtez, considérez les choses et vous verrez que ceux qui prétendent se soustraire à l'autorité civile, écarter d'eux la portion du fardeau public et cependant jouir de la ville, en être défendus, protégés et vivre tranquilles à l'ombre de ses remparts, ne sont point vos concitoyens, mais vos ennemis ; et vous ne croirez point stupidement ce qu'ils ont l'impudence et la témérité de vous annoncer publiquement ou en secret, comme la volonté du ciel et la parole de Dieu. » *Feci non eo consilio ut laudarer, sed vestri causa, qui cum doctrinam quam affero, cognitam et perspectam haberetis, sperabam fore ut aliqua incommoda in re familiari, quoniam res humanae sine incommodo esse non possunt, aequo animo ferre, quam reipublicae statum conturbare malletis. Ut justitiam earum rerum, quas facere cogitatis, non sermone vel concilio privatorum, sed legibus civitatis metientes, non amplius sanguine vestro ad suam potentiam ambitiosos homines abuti pateremini. Ut statu praesenti, licet non optimo, vos ipsos frui, quam bello excitato, vobis interfectis, vel aetate consumptis, alios homines alio saeculo statum habere reformatiorem satius duceretis. Praeterea qui magistratui civili subditos sese esse nolunt, onerumque publicorum immunes esse volunt, in civitate tamen esse, atque ab ea protegi et vi et injuriis postulant, ne illos cives, sed hostes exploratoresque putaretis; neque omnia quae illi pro verbo Dei vobis vel palam, vel secreto proponunt, timere reciperetis.*

Il ajoute les choses les plus fortes contre les parricides, qui rompent le lien qui attache le peuple à son roi, et le roi à son peuple, et qui osent avancer qu'un souverain soumis aux lois comme un simple sujet, plus coupable encore par leur infraction, peut être jugé et condamné.

Le *Citoyen* et le *Léviathan* tombèrent entre les mains de Descartes, qui y reconnut du premier coup d'œil le zèle d'un citoyen fortement attaché à son roi et à sa patrie et la haine de la sédition et des séditieux.

Quoi de plus naturel à l'homme de lettres, au philosophe, que les dispositions pacifiques? Qui est celui d'entre nous qui ignore que point de philosophie sans repos, point de repos sans paix, point de paix sans soumission au-dedans et sans crédit au-dehors?

Cependant, le Parlement était divisé d'avec la Cour et le feu de la guerre civile s'allumait de toutes parts. Hobbes, défenseur de la majesté souveraine, encourut la haine des démocrates. Alors voyant les lois foulées aux pieds, le trône chancelant, les hommes entrainés comme par un vertige général aux actions les plus atroces, il pensa que la nature humaine était mauvaise et de là toute sa fable ou son histoire de l'état de nature. Les circonstances firent sa philosophie; il prit quelques accidents momentanés pour les règles invariables de la nature, et il devint l'agresseur de l'humanité et l'apologiste de la tyrannie.

Cependant au mois de novembre 1640, il y eut une assemblée générale de la nation; on en espérait tout pour le roi; on se trompa; les esprits s'aigrirent de plus en plus et Hobbes ne se crut plus en sûreté.

Il se retire en France, il y retrouve ses amis, il en est accueilli; il s'occupe de physique, de mathématique, de philosophie, de belles-lettres et de politique; le cardinal de Richelieu était à la tête du ministère et sa grande âme échauffait toutes les autres.

Mersenne qui était comme un centre commun où aboutissaient tous les fils qui liaient les philosophes entre eux, met le philosophe anglais en correspondance avec Descartes. Deux esprits aussi impérieux n'étaient pas faits pour être longtemps d'accord. Descartes venait de proposer ses lois du mouvement. Hobbes les attaqua. Descartes avait envoyé à Mersenne ses méditations sur l'esprit, la matière, Dieu, l'âme humaine et les autres points les plus importants de la Métaphysique. On les communiqua à Hobbes, qui était bien éloigné de convenir que la matière était incapable de penser. Descartes avait dit : « Je pense, donc je suis. » Hobbes disait : « Je pense, donc la matière peut penser. » *Ex hoc primo axiomate quod Cartesius statuminaverat, ego cogito, ergo sum, concludebat rem cogitantem esse corporeum quid.* Il objectait encore à son adversaire que quel que fût le sujet de la pensée, il ne se présentait jamais à l'entendement que sous une forme corporelle.

Malgré la hardiesse de sa philosophie, il vivait à Paris tranquille ; et lorsqu'il fut question de donner au prince de Galles un maître de Mathématique, ce fut lui qu'on choisit parmi un grand nombre d'autres qui enviaient la même place.

Il eut une autre querelle philosophique avec Bramhall, évêque de Derry. Ils s'étaient entretenus ensemble chez l'évêque de Newcastle, de la liberté, de la nécessité, du destin et de son effet sur les actions humaines. Bramhall envoya à Hobbes une dissertation manuscrite sur cette matière. Hobbes y répondit ; il avait exigé que sa réponse ne fût point publiée, de peur que les esprits peu familiarisés avec ses principes n'en fussent effarouchés. Bramhall répliqua. Hobbes ne demeura pas en reste avec son antagoniste. Cependant les pièces de cette dispute parurent et produisirent l'effet que Hobbes en craignait. On y lisait que c'était au souverain à prescrire aux peuples ce qu'il fallait croire de Dieu et des choses divines ; que Dieu ne devait être appelé juste, qu'en ce qu'il n'y avait aucun être plus puissant qui pût lui commander, le contraindre et le punir de sa désobéissance ; que son droit de régner et de punir n'était fondé que sur l'irrésistibilité de sa puissance ; qu'ôtée cette condition, en sorte qu'un seul ou tous réunis pussent le contraindre, ce droit se réduisait à rien ; qu'il n'était pas plus la cause des bonnes actions que des mauvaises, mais que c'est par sa volonté seule qu'elles sont mauvaises ou bonnes et qu'il peut rendre coupable celui qui ne l'est point et punir et damner sans injustice celui même qui n'a pas péché.

Toutes ces idées sur la souveraineté et la justice de Dieu, sont les mêmes que celles qu'il établissait sur la souveraineté et la justice des rois. Il les avait transportées du temporel au spirituel ; et les Théologiens en concluaient que, selon lui, il n'y avait ni justice ni injustice absolue ; que les actions ne plaisent pas à Dieu parce qu'elles sont bien, mais qu'elles sont bien parce qu'il lui plaît et que la vertu, tant dans ce monde que dans l'autre, consiste à faire la volonté du plus fort qui commande et à qui on ne peut s'opposer avec avantage.

En 1649, il fut attaqué d'une fièvre dangereuse ; le père Mersenne, que l'amitié avait attaché à côté de son lit, crut devoir lui parler alors de l'Église Catholique et de son autorité. « Mon père, lui répondit Hobbes, je n'ai pas attendu ce moment pour penser à cela et je ne suis guère en état d'en disputer ; vous avez des choses plus agréables à me dire. Y a-t-il longtemps que vous n'avez vu Gassendi?» *Mi pater, hæc omnia jamdudum mecum disputavi, eadem disputare nunc molestum erit; habes quæ dicas ameliora. Quando vidisti Gassendum?* Le bon religieux conçut que le philosophe était résolu

Il guérit de cette maladie et l'année suivante, il publia ses traités de la *nature humaine* et du *corps politique*. Sethus Wardus, célèbre professeur en Astronomie à Séville, et dans la suite évêque de Salisbury, publia contre lui une espèce de satire, où l'on ne voit qu'une chose, c'est que cet homme, quelque habile qu'il fût d'ail-Salisbury, publia contre lui une espèce de satire, où l'on ne voit qu'une chose, c'est que cet homme quelque habile qu'il fût d'ailleurs, réfutait une philosophie qu'il n'entendait pas et croyait remplacer de bonnes raisons par de mauvaises plaisanteries. Richard Steele, qui se connaissait en ouvrage de littérature et de philosophie, regardait ces derniers comme les plus parfaits que notre philosophe eût composés.

Cependant à mesure qu'il acquérait de la réputation, il perdait de son repos; les imputations se multipliaient de toutes parts; on l'accusa d'avoir passé du parti du roi dans celui de l'usurpateur. Cette calomnie prit faveur; il ne se crut pas en sûreté à Paris, où ses ennemis pouvaient tout, et il retourna en Angleterre où il se lia avec deux hommes célèbres, Harvey et Selden. La famille de Devonshire lui accorda une retraite; et ce fut loin du tumulte et des factions qu'il composa sa logique, sa physique, son livre des principes ou éléments des corps, sa géométrie et son traité de l'homme, de ses facultés, de leurs objets, de ses passions, de ses appétits, de l'imagination, de la mémoire, de la raison, du juste, de l'injuste, de l'honnête, du déshonnête, etc.

En 1660, la tyrannie fut accablée, le repos rendu à l'Angleterre, Charles rappelé au trône, la face des choses changée, et Hobbes abandonna sa campagne et reparut.

Le monarque à qui il avait autrefois montré les Mathématiques, le reconnut, l'accueillit; et passant un jour proche la maison qu'il habitait, le fit appeler, le caressa et lui présenta sa main à baiser.

Il suspendit un moment ses études philosophiques, pour s'instruire des lois de son pays et il en a laissé un commentaire manuscrit qui est estimé.

Il croyait la Géométrie défigurée par des paralogismes; la plupart des problèmes, tels que la quadrature du cercle, la trisection de l'angle, la duplication du cube, n'étaient insolubles, selon lui, que parce que les notions qu'on avait du rapport, de la quantité, du nombre, du point, de la ligne, de la surface et du solide, n'étaient pas les vraies; et il s'occupa à perfectionner les Mathématiques, dont il avait commencé l'étude trop tard et qu'il ne connaissait pas assez pour en être un réformateur.

Il eut l'honneur d'être visité par Cosme de Médicis, qui recueillit ses ouvrages et les transporta avec son buste dans la célèbre bibliothèque de sa maison.

Hobbes était alors parvenu à la vieillesse la plus avancée et tout semblait lui promettre de la tranquillité dans ses derniers moments; cependant il n'en fut pas ainsi. La jeunesse avide de sa doctrine, s'en repaissait; elle était devenue l'entretien des gens du monde et la dispute des écoles. Un jeune bachelier dans l'université de Cambridge, appelé Scargil, eut l'imprudence d'en insérer quelques propositions dans une thèse et de soutenir que le droit du souverain n'était fondé que sur la force; que la sanction des lois civiles fait toute la moralité des actions; que les livres saints n'ont force de loi dans l'État que par la volonté du magistrat et qu'il faut obéir à cette volonté, que ses arrêts soient conformes ou non à ce qu'on regarde comme la loi divine.

Le scandale que cette thèse excita fut général; la puissance ecclésiastique appela à son secours l'autorité séculière; on poursuivit le jeune bachelier; on impliqua Hobbes dans cette affaire. Le philosophe eut beau réclamer, prétendre et démontrer que Scargil ne l'avait point entendu, on ne l'écouta pas; la thèse fut lacérée; Scargil perdit son grade et Hobbes resta chargé de tout l'odieux d'une aventure dont on jugera mieux après l'exposition de ses principes.

Las du commerce des hommes, il retourna à la campagne qu'il eût bien fait de ne pas quitter et il s'amusa des Mathématiques; de la Poésie et de la Physique. Il traduisit en vers les ouvrages d'Homère, à l'âge de quatre-vingt-dix ans; il écrivit contre l'évêque Laney, sur la liberté ou la nécessité des actions humaines; il publia son décameron physiologique et il acheva l'histoire de la guerre civile.

Le roi à qui cet ouvrage avait été présenté manuscrit, le désapprouva; cependant il parut et Hobbes craignit de cette indiscrétion quelques nouvelles persécutions qu'il eût sans doute essuyées, si sa mort ne les eût prévenues. Il fut attaqué au mois d'octobre 1679, d'une rétention d'urine qui fut suivie d'une paralysie sur le côté droit, qui lui ôta la parole et qui l'emporta peu de jours après. Il mourut âgé de quatre-vingt-onze ans; il était né avec un tempérament faible, qu'il avait fortifié par l'exercice et la sobriété; il vécut dans le célibat, sans être toutefois ennemi du commerce des femmes.

Les hommes de génie ont communément dans le cours de leurs études une marche particulière qui les caractérise. Hobbes publia d'abord son ouvrage *Du Citoyen;* au lieu de répondre aux critiques qu'on en fit, il composa son traité de l'homme; du traité de l'homme, il s'éleva à l'examen de la nature animale; de là, il passa à l'étude de la Physique ou des phénomènes de la nature, qui le conduisirent à la recherche des propriétés générales de la matière et de l'enchaînement universel des causes et des effets. Il termina ces différents traités par sa logique et ses livres de mathématiques ; ces différentes productions ont été rangées dans un ordre renversé. Nous allons en exposer les principes, avec la précaution de citer le texte partout où la superstition, l'ignorance et la calomnie, qui semblent s'être réunies pour attaquer cet ouvrage, seraient tentées de nous attribuer des sentiments dont nous ne sommes que les historiens.

Principes élémentaires et généraux. Les choses qui n'existent point hors de nous, deviennent l'objet de notre raison ; ou pour parler la langue de notre philosophe, sont intelligibles et *comparables*, par les noms que nous leur avons imposés. C'est ainsi que nous discourons des fantômes de notre imagination, dans l'absence même des choses réelles d'après lesquelles nous avons imaginé.

L'espace est un fantôme d'une chose existante, *phantasma rei existentis*, abstraction faite de toutes les propriétés de cette chose, à l'exception de celle de paraître hors de celui qui imagine.

Le temps est un fantôme du mouvement considéré sous le point de vue qui nous y fait discerner priorité et postériorité, ou succession.

Un espace est partie d'un espace, un temps est partie d'un temps, lorsque le premier est contenu dans le second et qu'il y a plus dans celui-ci.

Diviser un espace ou un temps, c'est y discerner une partie, puis une autre, puis une troisième et ainsi de suite.

Un espace, un temps sont un, lorsqu'on les distingue entre d'autres temps et d'autres espaces.

Le nombre est l'addition d'une unité à une unité, à une troisième et ainsi de suite.

Composer un espace ou un temps, c'est après un espace ou un temps, en considérer un second, un troisième, un quatrième et regarder tous ces temps ou espaces comme un seul.

Le tout est ce qu'on a engendré par la composition ; les parties, ce qu'on retrouve par la division.

Point de vrai tout qui ne s'imagine comme composé de parties dans lesquelles il puisse se résoudre.

Deux espaces sont contigus, s'il n'y a point d'espace entre eux.

Dans un tout composé de trois parties, la partie moyenne est celle qui en a deux contiguës ; et les deux extrêmes sont contiguës à la moyenne.

Un temps, un espace est fini en puissance, quand on peut assigner un nombre de temps ou d'espaces finis qui le mesurent exactement ou avec excès.

Un espace, un temps est infini en puissance, quand on ne peut assigner un nombre d'espaces ou de temps finis qui le mesurent et qu'il n'excède.

Tout ce qui se divise, se divise en parties divisibles et ces parties en d'autres parties divisibles ; donc il n'y a point de divisible qui soit le plus petit divisible.

J'appelle *corps*, ce qui existe indépendamment de ma pensée, co-étendu ou co-incident avec quelque partie de l'espace.

L'accident est une propriété du corps avec laquelle on l'imagine, ou qui entre nécessairement dans le concept qu'il nous imprime.

L'étendue d'un corps, ou sa grandeur indépendante de notre pensée, c'est la même chose.

L'espace co-incident avec la grandeur d'un corps est le lieu du corps ; le lieu forme toujours un solide ; son étendue diffère de l'étendue du corps ; il est terminé par une surface co-incidente avec la surface du corps.

L'espace occupé par un corps est un espace plein ; celui qu'un corps n'occupe point est un espace vide.

Les corps entre lesquels il n'y a point d'espace sont contigus ; les corps contigus qui ont une partie commune sont continus ; et il y a pluralité s'il y a continuité entre des contigus quelconques.

Le mouvement est le passage continu d'un lieu dans un autre.

Se reposer, c'est rester un temps quelconque dans un même lieu ; s'être mû, c'est avoir été dans un lieu autre que celui qu'on occupe.

Deux corps sont égaux, s'ils peuvent remplir un même lieu.

L'étendue d'un corps un et le même, est une et la même.

Le mouvement de deux corps égaux est égal, lorsque la vitesse considérée dans toute l'étendue de l'un est égale à la vitesse considérée dans toute l'étendue de l'autre.

La quantité de mouvement considérée sous cet aspect, s'appelle aussi *force*.

Ce qui est en repos est conçu devoir y rester toujours, sans la supposition d'un corps qui trouble le repos.

Un corps ne peut s'engendrer ni périr ; il passe sous divers états successifs auxquels nous donnons différents noms : ce sont les accidents du corps qui commencent et finissent ; c'est improprement qu'on dit qu'ils se *meuvent*.

L'accident qui donne le nom à son sujet, est ce qu'on appelle l'*essence*.

La matière première, ou le corps considéré en général n'est qu'un mot.

Un corps agit sur un autre, lorsqu'il y produit ou détruit un accident.

L'accident ou dans l'agent ou dans le patient, sans lequel l'effet ne peut être produit, *causa sine qua non*, est nécessaire par hypothèse.

De l'agrégat de tous les accidents, tant dans l'agent que dans le patient, on conclut la nécessité d'un effet; et réciproquement on conclut du défaut d'un seul accident, soit dans l'agent soit dans le patient, l'impossibilité de l'effet.

L'agrégat de tous les accidents nécessaires à la production de l'effet s'appelle dans l'agent *cause complète, causa simpliciter*.

La cause simple ou complète s'appelle après la production de l'effet, *cause efficiente* dans l'agent, *cause matérielle* dans le patient; où l'effet est nul, la cause est nulle.

La cause complète a toujours son effet; au moment où elle est entière, l'effet est produit et est nécessaire.

La génération des effets est continue.

Si les agents et les patients sont les mêmes et disposés de la même manière, les effets seront les mêmes en différents temps.

Le mouvement n'a de cause que dans le mouvement d'un corps contigu.

Tout changement est mouvement.

Les accidents considérés relativement à d'autres qui les ont précédés, et sans aucune dépendance d'effet et de cause, s'appellent *contingents*.

La cause est à l'effet, comme la puissance à l'acte, ou plutôt c'est la même chose.

Au moment où la puissance est entière et pleine, l'acte est produit.

La puissance active et la puissance passive ne sont que les parties de la puissance entière et pleine.

L'acte à la production duquel il n'y aura jamais de puissance pleine et entière est impossible.

L'acte qui n'est pas impossible est nécessaire; de ce qu'il est possible qu'il soit produit, il le sera; autrement il serait impossible.

Ainsi tout acte futur l'est nécessairement.

Ce qui arrive, arrive par des causes nécessaires; et il n'y a d'effets contingents que relativement à d'autres effets avec lesquels les premiers n'ont ni liaison ni dépendance.

La puissance active consiste dans le mouvement.

La cause formelle ou l'essence, la cause finale ou le terme dépendent des causes efficientes.

Connaître l'essence, c'est reconnaître la chose; l'un suit de l'autre.

Deux corps diffèrent, si l'on peut dire de l'un quelque chose qu'on ne puisse dire de l'autre au moment où on les compare.

Tous les corps diffèrent numériquement.

Le rapport d'un corps à un autre consiste dans leur égalité ou inégalité, similitude ou différence.

Le rapport n'est point un nouvel accident; mais une qualité de l'un et de l'autre corps, avant la comparaison qu'on en fait.

Les causes des accidents de deux corrélatifs sont les causes de la corrélation.

L'idée de quantité naît de l'idée de limites.

Il n'y a grand et petit que par comparaison.

Le rapport est une évaluation de la quantité par comparaison, et la comparaison est arithmétique ou géométrique.

L'effort ou *nisus* est un mouvement par un espace et par un temps moindres qu'aucuns donnés.

L'*impetus*, ou la quantité de l'effort, c'est la vitesse même considérée au moment du transport.

La résistance est l'opposition de deux efforts ou *nisus* au moment du contact.

La force est l'*impetus* multiplié ou par lui-même, ou par la grandeur du mobile.

La grandeur et la durée du tout nous sont cachées pour jamais.

Il n'y a point de vide absolu dans l'univers.

La chute des graves n'est point en eux la suite d'un appétit, mais l'effet d'une action de la terre sur eux.

La différence de la gravitation naît de la différence des actions ou efforts excités sur les parties élémentaires des graves.

Il y a deux manières de procéder en philosophie; ou l'on descend de la génération aux effets possibles, ou l'on remonte des effets aux générations possibles.

Après avoir établi ces principes communs à toutes les parties de l'univers, Hobbes passe à la considération de la portion qui sent ou l'*animal*, et de celle-ci à celle qui réfléchit et pense ou l'*homme*.

De l'animal. La sensation dans celui qui sent est le mouvement de quelques-unes de ses parties.

La cause immédiate de la sensation est dans l'objet qui affecte l'organe.

La définition générale de la sensation est donc l'application de l'organe à l'objet extérieur; il y a entre l'un et l'autre une réaction, d'où naît l'empreinte ou le fantôme.

Le sujet de la sensation est l'être qui sent; son objet, l'être qui se fait sentir; le fantôme est l'effet.

On n'éprouve point deux sensations à la fois.

L'imagination est une sensation languissante qui s'affaiblit par l'éloignement de l'objet.

Le réveil des fantômes dans l'être qui sent, constate l'activité de son âme ; il est commun à l'homme et à la bête.

Le songe est un fantôme de celui qui dort.

La crainte, la conscience du crime, la nuit, les lieux sacrés, les contes qu'on a entendus, réveillent en nous des fantômes qu'on a nommés *spectres ;* c'est en réalisant nos spectres hors de nous par des noms vides de sens, que nous est venue l'idée d'incorporéité. *Et metus et scelus et conscientia et nox et loca consecrata, adjuta apparitionum historiis phantasmata horribilia etiam vigilantibus excitant, quae spectrorum et substantiarum incorporearum nomina pro veris rebus imponunt.*

Il y a des sensations d'un autre genre ; c'est le plaisir et la peine : ils consistent dans le mouvement continu qui se transmet de l'extrémité d'un organe vers le cœur.

Le désir et l'aversion sont les causes du premier effort animal ; les esprits se portent dans les nerfs ou s'en retirent ; les muscles se gonflent ou se relâchent ; les membres s'étendent ou se replient, et l'animal se meut ou s'arrête.

Si le désir est suivi d'un enchaînement de fantômes, l'animal pense, délibère, veut.

Si la cause du désir est pleine et entière, l'animal veut nécessairement : vouloir, ce n'est pas être libre ; c'est tout au plus être libre de faire ce que l'on veut, mais non de vouloir. *Causa appetitus existente integra, necessario sequitur voluntas ; adeoque voluntati libertas a necessitate non convenit ; concedi tamen potest libertas faciendi ea quae volumus.*

De l'homme. Le discours est un tissu artificiel de voix instituées par les hommes pour se communiquer la suite de leurs concepts.

Les signes, que la nécessité de la nature nous suggère ou nous arrache, ne forment point une langue.

La science et la démonstration naissent de la connaissance des causes.

La démonstration n'a lieu qu'aux occasions où les causes sont en notre pouvoir. Dans le reste, tout ce que nous démontrons, c'est que la chose est possible.

Les causes du désir et de l'aversion, du plaisir et de la peine, sont les objets mêmes des sens. Donc s'il est libre d'agir, il ne l'est pas de haïr ou de désirer.

On a donné aux choses le nom de *bonnes,* lorsqu'on les désire ; de *mauvaises,* lorsqu'on les craint.

Le bien est apparent ou réel. La conservation d'un être est pour lui un bien réel, le premier des biens. Sa destruction, un mal réel, le premier des maux.

Les affections ou troubles de l'âme sont des mouvements alternatifs de désir et d'aversion qui naissent des circonstances et qui ballottent notre âme incertaine.

Le sang se porte avec vitesse aux organes de l'action, en revient avec promptitude ; l'animal est prêt à se mouvoir ; l'instant suivant, il est retenu ; et cependant il se réveille en lui une suite de fantômes alternativement effrayants et terribles.

Il ne faut pas rechercher l'origine des passions ailleurs que dans l'organisation, le sang, les fibres, les esprits, les humeurs, etc.

Le caractère naît du tempérament, de l'expérience, de l'habitude, de la prospérité, de l'adversité, des réflexions, des discours, de l'exemple, des circonstances. Changez ces choses, et le caractère changera.

Les mœurs sont formées lorsque l'habitude a passé dans le caractère, et que nous nous soumettons, sans peine et sans effort, aux actions qu'on exige de nous. Si les mœurs sont bonnes, on les appelle *vertus ; vices*, si elles sont mauvaises.

Mais tout n'est pas également bon ou mauvais pour tous. Les mœurs qui sont vertueuses au jugement des uns, sont vicieuses au jugement des autres.

Les lois de la société sont donc la seule mesure commune du bien et du mal, des vices et des vertus. On n'est vraiment bon ou vraiment méchant que dans sa ville. *Nisi in vita civili virtutum et vitiorum communis mensura non invenitur. Quae mensura ob eam causam alia esse non potest praeter unius cujusque civitatis leges.*

Le culte extérieur, qu'on rend sincèrement à Dieu, est ce que les hommes ont appelé *religion*.

La foi, qui a pour objet les choses qui sont au-dessus de notre raison, n'est, sans un miracle, qu'une opinion fondée sur l'autorité de ceux qui nous parlent. En fait de religion, un homme ne peut exiger de la croyance d'un autre que d'après miracle. *Homini privato sine miraculo fides haberi in religionis actu non potest.*

Au défaut de miracles, il faut que la religion reste abandonnée aux jugements des particuliers, ou qu'elle se soutienne par les lois civiles.

Ainsi la religion est une affaire de législation, et non de philosophie. C'est une convention publique qu'il faut remplir, et non disputer. *Quod si religio ab hominibus privatis non dependet, tunc opportet, cessantibus miraculis, ut dependeat a legibus. Philosophia non est, sed in omni civitate lex non disputanda sed implenda.*

Point de culte public sans cérémonies ; car qu'est-ce qu'un culte public, sinon une marque extérieure de la vénération que tous les citoyens portent au Dieu de la patrie, marque prescrite, selon les temps et les lieux, par celui qui gouverne. *Cultus publicus signum honoris Deo exhibiti, idque locis et temporibus constitutis a civitate. Non a natura operis tantum, sed a arbitrio civitatis pendet.*

C'est à celui qui gouverne à décider de ce qui convient ou non dans cette branche de l'administration ainsi que dans toute autre. Les signes de la vénération des peuples envers leur Dieu ne sont pas moins subordonnés à la volonté du maître qui commande, qu'à la nature de la chose.

Voilà les propositions sur lesquelles le philosophe de Malmesbury se proposait d'élever le système qu'il nous présente dans l'ouvrage qu'il a intitulé le *Léviathan*, et que nous allons analyser.

Du Léviathan d'Hobbes. Point de notions dans l'âme qui n'aient préexisté dans la sensation.

Le sens est l'origine de tout. L'objet qui agit sur le sens, l'affecte et le presse, est la cause de la sensation.

La réaction de l'objet sur le sens et du sens sur l'objet, est la cause des fantômes.

Loin de nous, ces simulacres imaginaires qui s'émanent des objets, passent en nous et s'y fixent.

Si un corps se meut, il continuera de se mouvoir éternellement, si un mouvement différent ou contraire ne s'y oppose. Cette loi s'observe dans la matière brute et dans l'homme.

L'imagination est une sensation qui s'apaise et s'évanouit par l'absence de son objet et par la présence d'un autre.

Imagination, mémoire, même qualité sous deux noms différents. Imagination, s'il reste dans l'être sentant image ou fantôme. Mémoire, si le fantôme s'évanouissant, il ne reste qu'un mot.

L'expérience est la mémoire de beaucoup de choses.

Il y a l'imagination simple et l'imagination composée qui diffèrent entre elles, comme le mot et le discours, une figure et un tableau.

Les fantômes les plus bizarres, que l'imagination compose dans le sommeil, ont préexisté dans la sensation. Ce sont des mouvements confus et tumultueux des parties intérieures du corps, qui, se succédant et se combinant d'une infinité de manières diverses, engendrent la variété des songes.

Il est difficile de distinguer les fantômes du rêve, des fantômes du sommeil, et les uns et les autres de la présence de l'objet, lorsqu'on passe du sommeil à la veille sans s'en apercevoir, ou lorsque dans la veille, l'agitation des parties du corps est très violente. Alors Marcus Brutus croira qu'il a vu le spectre terrible qu'il a rêvé.

Otez la crainte des spectres, et vous bannirez de la société la superstition, la fraude et la plupart de ces fourberies dont on se sert pour leurrer les esprits des hommes dans les États mal gouvernés.

Qu'est-ce que l'entendement? la sorte d'imagination factice qui naît de l'institution des signes. Elle est commune à l'homme et à la brute.

Le discours mental, ou l'activité de l'âme, ou son entretien avec elle-même, n'est qu'un enchaînement involontaire de concepts ou de fantômes qui se succèdent.

L'esprit ne passe point d'un concept à un autre, d'un fantôme à un autre, que la même succession n'ait préexisté dans la nature ou dans la sensation.

Il y a deux sortes de discours mental, l'un irrégulier, vague et incohérent. L'autre régulier, continu et tendant à un but.

Ce dernier s'appelle *recherche, investigation*. C'est une espèce de quête où l'esprit suit à la piste les traces d'une cause ou d'un effet présent ou passé. Je l'appelle *réminiscence*.

Le discours ou raisonnement sur un événement futur forme la prévoyance.

Un événement qui a suivi en indique un qui a précédé, et dont il est le signe.

Il n'y a rien dans l'homme qui lui soit inné, et dont il puisse user sans habitude. L'homme naît, il a des sens. Il acquiert le reste.

Tout ce que nous concevons est fini. Le mot infini est donc vide d'idée. Si nous prononçons le nom de Dieu, nous ne le comprenons pas davantage. Aussi cela n'est-il pas nécessaire, il suffit de le reconnaître et d'adorer.

On ne conçoit que ce qui est dans le lieu, divisible et limité. On ne conçoit pas qu'une chose puisse être toute en un lieu et toute en un autre, dans un même instant, et que deux ou plusieurs choses puissent être en même temps dans un même lieu.

Le discours oratoire est la traduction de la pensée. Il est composé de mots. Les mots sont propres ou communs.

La vérité ou la fausseté n'est point des choses, mais du discours. Où il n'y a point de discours, il n'y a ni vrai ni faux, quoiqu'il puisse y avoir erreur.

La vérité consiste dans une juste application des mots. De là, nécessité de les définir.

Si une chose est désignée par un nom, elle est du nombre de celles qui peuvent entrer dans la pensée ou dans le raisonnement, ou former une quantité, ou en être retranchée.

L'acte du raisonnement s'appelle *syllogisme*, et c'est l'expression de la liaison d'un mot avec un autre.

Il y a des mots vides de sens, qui ne sont point définis, qui ne peuvent l'être, et dont l'idée est et restera toujours vague, inconsistante et louche ; par exemple, substance incorporelle. *Dantur nomina insignificantia, hujus generis est substantia incorporea*.

L'intelligence propre à l'homme est un effet du discours. La bête ne l'a point.

On ne conçoit point qu'une affirmation soit universelle et fausse.

Celui qui raisonne cherche ou un tout par l'addition des parties, ou un reste par la soustraction. S'il se sert de mots, son raisonnement n'est que l'expression de la liaison du mot *tout* au mot *partie*, ou des mots *tout* et *partie*, au mot *reste*. Ce que le géomètre exécute sur les nombres et les lignes, le logicien le fait sur les mots.

Nous raisonnons aussi juste qu'il est possible, si nous partons des mots généraux ou admis pour tels dans l'usage.

L'usage de la raison consiste dans l'investigation des liaisons éloignées des mots entre eux.

Si l'on raisonne sans se servir de mots, on suppose quelque phénomène qui a vraisemblablement précédé, ou qui doit vraisemblablement suivre. Si la supposition est fausse, il y a erreur.

Si on se sert de termes universaux, et qu'on arrive à une conclusion universelle et fausse, il y avait absurdité dans les termes. Ils étaient vides de sens.

Il n'en est pas de la raison, comme du sens et de la mémoire. Elle ne naît point avec nous. Elle s'acquiert par l'industrie et se forme par l'exercice et l'expérience. Il faut savoir imposer des mots aux choses ; passer des mots imposés à la proposition, de la proposition au syllogisme, et parvenir à la connaissance du rapport des mots entre eux.

Beaucoup d'expérience est prudence ; beaucoup de science, sagesse.

Celui qui sait est en état d'enseigner et de convaincre.

Il y a dans l'animal deux sortes de mouvements qui lui sont propres ; l'un vital, l'autre animal ; l'un involontaire, l'autre volontaire.

La pente de l'âme vers la cause de son *impetus* s'appelle *désir*. Le mouvement contraire, *aversion*. Il y a un mouvement réel dans l'un et l'autre cas.

On aime ce qu'on désire ; on hait ce qu'on fuit. On méprise ce qu'on ne désire ni ne fuit.

Quel que soit le désir ou son objet, il est bon ; quelle que soit l'aversion ou son objet, on l'appelle *mauvais*.

Le bon, qui nous est annoncé par des signes apparents, s'appelle *beau*. Le mal dont nous sommes menacés par des signes apparents s'appelle *laid*. Les espèces de la bonté varient. La bonté considérée dans les signes qui la promettent est *beauté* ; dans la chose, elle garde le nom de *bonté* ; dans la fin, on la nomme *plaisir*, et *utilité* dans les moyens.

Tout objet produit dans l'âme un mouvement qui porte l'animal ou à s'éloigner, ou à s'approcher.

La naissance de ce mouvement est celle du plaisir ou de la peine. Ils commencent au même instant. Tout désir est accompagné de quelque plaisir; toute aversion entraine avec elle quelque peine.

Toute volupté nait ou de la sensation d'un objet présent et elle est sensuelle; ou de l'attente d'une chose, de la prévoyance des fins, de l'importance des suites, et elle est intellectuelle, douleur ou joie.

L'appétit, le désir, l'amour, l'aversion, la haine, la joie, la douleur, prennent différents noms, selon le degré, l'ordre, l'objet et d'autres circonstances.

Ce sont ces circonstances qui ont multiplié les mots à l'infini. La religion est la crainte des puissances invisibles. Ces puissances sont-elles avouées par la loi civile, la crainte qu'on en a retient le nom de *religion*. Ne sont-elles pas avouées par la loi civile, la crainte qu'on en a prend le nom de *superstition*. Si les puissances sont réelles, la religion est vraie. Si elles sont chimériques, la religion est fausse. *Hinc oriuntur passionum nomina. Verbi gratia, religio, metus potentiarum invisibilium, quae si publicae acceptae, religio; secus, superstitio, etc.*

C'est de l'agrégat de diverses passions élevées dans l'âme, et s'y succédant continûment jusqu'à ce que l'effet soit produit, que nait la délibération.

Le dernier désir qui nous porte, ou la dernière aversion qui nous éloigne, s'appelle *volonté*. La bête délibère. Elle veut donc.

Qu'est-ce que la félicité? Un succès constant dans les choses qu'on désire.

La pensée qu'une chose est ou n'est pas, se fera ou ne se fera pas, et qui ne laisse après elle que la présomption, s'appelle *opinion*.

De même que dans la délibération, le dernier désir est la volonté; dans les questions du passé et de l'avenir, le dernier jugement est l'opinion.

La succession complète des opinions alternatives, diverses, ou contraires, fait le doute.

La conscience est la connaissance intérieure et secrète d'une pensée ou d'une action.

Si le raisonnement est fondé sur le témoignage d'un homme dont la lumière et la véracité ne nous soient point suspectes, nous avons de la foi, nous croyons. La foi est relative à la personne; la croyance, au fait.

La qualité en tout est quelque chose qui frappe par son degré, ou sa grandeur; mais toute grandeur est relative. La vertu même n'est que par comparaison. Les vertus ou qualités intellectuelles sont des facultés de l'âme qu'on loue dans les autres et qu'on désire en soi. Il y en a de naturelles; il y en a d'acquises.

La facilité de remarquer dans les choses des ressemblances et des différences qui échappent aux autres, s'appelle *bon esprit*; dans les pensées, *bon jugement*.

Ce qu'on acquiert par l'étude et par la méthode, sans l'art de la parole, se réduit à peu de chose.

La diversité des esprits naît de la diversité des passions, et la diversité des passions naît de la diversité des tempéraments, des humeurs, des habitudes, des circonstances, des éducations.

La folie est l'extrême degré de la passion. Tels étaient les démoniaques de l'Évangile. *Tales fuerunt quos historia sacra vocavit judaïco stylo daemoniacos.*

La puissance d'un homme est l'agrégat de tous les moyens d'arriver à une fin. Elle est ou naturelle ou instrumentale.

De toutes les puissances humaines, la plus grande est celle qui rassemble dans une seule personne, par le consentement, la puissance divisée d'un plus grand nombre d'autres, soit que cette personne soit naturelle comme l'homme, ou artificielle comme le citoyen.

La dignité ou la valeur d'un homme, c'est la même chose. Un homme vaut autant qu'un autre voudrait l'acheter, selon le besoin qu'il en a.

Marquer l'estime ou le besoin, c'est honorer. On honore par la louange, les signes, l'amitié, la foi, la confiance, le secours qu'on implore, le conseil qu'on recherche, la préséance qu'on cède, le respect qu'on porte, l'imitation qu'on se propose, le culte qu'on paye, l'adoration qu'on rend.

Les mœurs relatives à l'espèce humaine consistent dans les qualités qui tendent à établir la paix, et à assurer la durée de l'état civil.

Le bonheur de la vie ne doit point être cherché dans la tranquillité ou le repos de l'âme, qui est impossible.

Le bonheur est le passage perpétuel d'un désir satisfait à un autre désir satisfait. Les actions n'y conduisent pas toutes de la même manière. Il faut aux uns de la puissance, des honneurs, des richesses ; aux autres du loisir, des connaissances, des éloges, même après la mort. De là, la diversité des mœurs.

Le désir de connaître les causes attache l'homme à l'étude des effets. Il remonte d'un effet à une cause, de celle-ci à une autre, et ainsi de suite, jusqu'à ce qu'il arrive à la pensée d'une cause éternelle qu'aucune autre n'a devancée.

Celui donc qui se sera occupé de la contemplation des choses naturelles, en rapportera nécessairement une pente à reconnaître un Dieu, quoique la nature divine lui reste obscure et inconnue.

L'anxiété naît de l'ignorance des causes ; de l'anxiété, la crainte des puissances invisibles ; et de la crainte de ces puissances, la religion.

Crainte des puissances invisibles, ignorance des causes secondes, penchant à honorer ce qu'on redoute, événements fortuits pris pour pronostics : semences de religions.

Deux sortes d'hommes ont profité de ce penchant, et cultivé ces semences ; hommes à imagination ardente devenus chefs de sectes ;

hommes à révélation à qui les puissances invisibles se sont manifestées. Religion, partie de la politique des uns. Politique, partie de la religion des autres.

La nature a donné à tous les mêmes facultés d'esprit et de corps.

La nature a donné à tous le droit à tout, même avec offense d'un autre ; car on ne doit à personne autant qu'à soi.

Au milieu de tant d'intérêts divers, prévenir son concurrent, moyen le meilleur de se conserver.

De là le droit de commander acquis à chacun par la nécessité de se conserver.

De là, guerre de chacun contre chacun, tant qu'il n'y aura aucune puissance coactive. De là, une infinité de malheurs au milieu desquels nulle sécurité que par une prééminence d'esprit et de corps ; nul lieu à l'industrie, nulle récompense attachée au travail, point d'agriculture, point d'arts, point de société ; mais crainte perpétuelle d'une mort violente.

De la guerre de chacun contre chacun, il s'ensuit encore que tout est abandonné à la fraude et à la force, qu'il n'y a rien de propre à personne ; aucune possession réelle, nulle injustice.

Les passions qui inclinent l'homme à la paix sont la crainte, surtout celle d'une mort violente ; le désir des choses nécessaires à une vie tranquille et douce, et l'espoir de se les procurer par quelque industrie.

Le droit naturel n'est autre chose que la liberté à chacun d'user de son pouvoir de la manière qui lui paraîtra la plus convenable à sa propre conservation.

La liberté est l'absence des obstacles extérieurs.

La loi naturelle est une règle générale dictée par la raison en conséquence de laquelle on a la liberté de faire ce que l'on reconnaît contraire à son propre intérêt.

Dans l'état de nature, tous ayant droit à tout, sans en excepter la vie de son semblable, tant que les hommes conserveront ce droit, nulle sûreté, même pour le plus fort.

De là une première loi générale, dictée par la raison, de chercher la paix, s'il y a quelque espoir de se la procurer ; ou dans l'impossibilité d'avoir la paix, d'emprunter des secours de toute part.

Une seconde loi de raison, c'est après avoir pourvu à sa défense et à sa conservation, de se départir de son droit à tout, et de ne retenir de sa liberté que la portion qu'on peut laisser aux autres, sans inconvénient pour soi.

Se départir de son droit à une chose, c'est renoncer à la liberté d'empêcher les autres d'user de leur droit sur cette chose.

On se départ d'un droit, ou par une renonciation simple qui jette, pour ainsi dire, ce droit au milieu de tous sans l'attribuer à personne, ou par une collation, et pour cet effet, il faut qu'il y ait des signes convenus.

On ne conçoit pas qu'un homme confère son droit à un autre, sans recevoir en échange quelque autre bien ou quelque autre droit.

La concession réciproque de droits est ce qu'on appelle un *contrat*.

Celui qui cède le droit à la chose abandonne aussi l'usage de la chose, autant qu'il est en lui de l'abandonner.

Dans l'état de nature, le pacte arraché par la crainte est valide.

Un premier pacte en rend un postérieur invalide. Deux motifs concourent à obliger à la prestation du pacte, la bassesse qu'il y a à tromper, et la crainte des suites fâcheuses de l'infraction. Or cette crainte est religieuse ou civile, des puissances invisibles ou des puissances humaines. Si la crainte civile est nulle, la religieuse est la seule qui donne de la force au pacte, de là le serment.

La justice commutative est celle des contractants ; la justice distributive est celle de l'arbitre entre ceux qui contractent.

Une troisième loi de la raison, c'est de garder le pacte. Voilà le fondement de la justice. La justice et la sainteté du pacte commencent quand il y a société et force coactive.

Une quatrième règle de la raison, c'est que celui qui reçoit un don gratuit, ne donne jamais lieu au bienfaiteur de se repentir du don qu'il a fait.

Une cinquième, de s'accommoder aux autres, qui ont leur caractère comme nous le nôtre.

Une sixième, les sûretés prises pour l'avenir d'accorder le pardon des injures passées à ceux qui se repentent.

Une septième, de ne pas regarder dans la vengeance à la grandeur du mal commis, mais à la grandeur du bien qui doit résulter du châtiment.

Une huitième, de ne marquer à un autre ni haine, ni mépris, soit d'action, soit de discours, du regard ou du geste.

Une neuvième, que les hommes soient traités, tous comme égaux de nature.

Une dixième, que dans le traité de paix générale, aucun ne retiendra le droit qu'il ne veut pas laisser aux autres.

Une onzième, d'abandonner à l'usage commun ce qui ne souffrira point de partage.

Une douzième, que l'arbitre, choisi de part et d'autre, sera juste.

Une treizième, que dans le cas où la chose ne peut se partager, on en tirera au sort le droit entier, ou la première possession.

Une quatorzième, qu'il y a deux espèces de sort ; celui du premier occupant ou du premier né, dont il ne faut admettre le droit qu'aux choses qui ne sont pas divisibles de leur nature.

Une quinzième, qu'il faut, aux médiateurs de la paix générale, la sûreté d'aller et de venir.

Une seizième, d'acquiescer à la décision de l'arbitre.

Une dix-septième, que personne ne soit arbitre dans sa cause.

Une dix-huitième, de juger d'après les témoins dans les questions de fait.

Une dix-neuvième, qu'une cause sera propre à l'arbitre toutes les fois qu'il aura quelque intérêt à prononcer pour une des parties de préférence à l'autre.

Une vingtième, que les lois de nature qui obligent toujours au for intérieur n'obligent pas toujours au for extérieur. C'est la différence du vice et du crime.

La Morale est la science des lois naturelles, ou des choses qui sont bonnes ou mauvaises dans la société des hommes.

On appelle celui qui agit en son nom ou au nom d'un autre, une *personne*; et la personne est propre, si elle agit en son nom; représentative, si c'est au nom d'un autre.

Il ne nous reste plus, après ce que nous venons de dire de la philosophie d'Hobbes, qu'à en déduire les conséquences, et nous aurons une ébauche de sa politique.

C'est l'intérêt de leur conservation et les avantages d'une vie plus douce, qui a tiré les hommes de l'état de guerre de tous contre tous, pour les assembler en société.

Les lois et les pactes ne suffisent pas pour faire cesser l'état naturel de guerre; il faut une puissance coactive qui les soumette.

L'association du petit nombre ne peut procurer la sécurité, il faut celle de la multitude.

La diversité des jugements et des volontés ne laisse ni paix ni sécurité à espérer dans une société où la multitude gouverne.

Il n'importe pas de gouverner et d'être gouverné pour un temps, il le faut tant que le danger et la présence de l'ennemi durent.

Il n'y a qu'un moyen de former une puissance commune qui fasse la sécurité: c'est de résigner sa volonté à un seul ou à un certain nombre.

Après cette résignation, la multitude n'est plus qu'une personne qu'on appelle la *ville*, la *société*, ou la *république*.

La société peut user de toute son autorité pour contraindre les particuliers à vivre en paix entre eux et à se réunir contre l'ennemi commun.

La société est une personne dont le consentement et les pactes ont autorisé l'action et dans laquelle s'est conservé le droit d'user de la puissance de tous pour la conservation de la paix et la défense commune.

La société se forme ou par institution, ou par acquisition.

Par institution, lorsque d'un consentement unanime, des hommes cèdent à un seul, ou à un certain nombre d'entre eux, le droit de les gouverner et vouent obéissance.

On ne peut ôter l'autorité souveraine à celui qui la possède, même pour cause de mauvaise administration.

Quelque chose que fasse celui à qui l'on a confié l'autorité souveraine, il ne peut être suspect envers celui qui l'a conférée.

Puisqu'il ne peut être coupable, il ne peut être ni jugé, ni châtié, ni puni.

C'est à l'autorité souveraine à décider de tout ce qui concerne la conservation de la paix et sa rupture et à prescrire des règles d'après lesquelles chacun connaisse ce qui est sien et en jouisse tranquillement.

C'est à elle qu'appartient le droit de déclarer la guerre, de faire la paix, de choisir des ministres et de créer des titres honorifiques.

La monarchie est préférable à la démocratie, à l'aristocratie et à toute autre forme de gouvernement mixte.

La société se forme par acquisition ou conquêtes, lorsqu'on obtient l'autorité souveraine sur ses semblables par la force; en sorte que la crainte de la mort ou des liens ont soumis la multitude à l'obéissance d'un seul ou de plusieurs.

Que la société se soit formée par institution ou par acquisition, les droits du souverain sont les mêmes.

L'autorité s'acquiert encore par la voie de la génération; telle est celle des pères sur leurs enfants. Par les armes; telle est celle des tyrans sur leurs esclaves.

L'autorité conférée à un seul ou à plusieurs est aussi grande qu'elle peut l'être, quelque inconvénient qui puisse résulter d'une résignation complète; car rien ici-bas n'est sans inconvénient.

La crainte, la liberté et la nécessité qu'on appelle *de nature et de causes*, peuvent subsister ensemble. Celui-là est libre qui peut tirer de sa force et de ses autres facultés tout l'avantage qu'il lui plaît.

Les lois de la société circonscrivent la liberté; mais elles n'ôtent point au souverain le droit de vie et de mort. S'il l'exerce sur un innocent, il pèche envers les dieux; il commet l'iniquité, mais non l'injustice : *ubi in innocentem exercetur, agit quidem inique, et in deum peccat imperans, non vero injuste agit.*

On conserve dans la société le droit à tout ce qu'on ne peut résigner ni transférer et à tout ce qui n'est point exprimé dans les lois sur la souveraineté. Le silence des lois est en faveur des sujets. *Manet libertas circa res de quibus leges silent pro summo potestatis imperio.*

Les sujets ne sont obligés envers le souverain que tant qu'il lui reste le pouvoir de les protéger. *Obligatio civium erga eum qui summam habet potestatem tandem nec diutius permanere intelligitur, quam manet potentia cives protegendi.*

Voilà la maxime qui fit soupçonner Hobbes d'avoir abandonné le parti de son roi qui en était réduit alors à de telles extrémités, que ses sujets n'en pouvaient plus espérer de secours.

Qu'est-ce qu'une société ? un agrégat d'intérêts opposés ; un système où, par l'autorité conférée à un seul, ces intérêts contraires sont tempérés. Le système est régulier ou irrégulier, ou absolu ou subordonné, etc.

Un ministre de l'autorité souveraine est celui qui agit dans les affaires publiques au nom de la puissance qui gouverne et qui la représente.

La loi civile est une règle qui définit le bien et le mal pour le citoyen ; elle n'oblige point le souverain : *Hac imperans non tenetur.*

Le long usage donne force de loi. Le silence du souverain marque que telle a été sa volonté.

Les lois civiles n'obligent qu'après la promulgation.

La raison instruit des lois naturelles. Les lois civiles ne sont connues que par la promulgation.

Il n'appartient ni aux docteurs ni aux philosophes d'interpréter les lois de la nature. C'est l'affaire du souverain. Ce n'est pas la vérité, mais l'autorité qui fait la loi : *Non veritas, sed auctoritas facit legem.*

L'interprétation de la loi naturelle est un jugement du souverain qui marque sa volonté sur un cas particulier.

C'est ou l'ignorance, ou l'erreur, ou la passion, qui cause la transgression de la loi et le crime.

Le châtiment est un mal infligé au transgresseur publiquement, afin que la crainte de son supplice contienne les autres dans l'obéissance.

Il faut regarder la loi publique comme la conscience du citoyen : *Lex publica civi pro conscientia subeunda.*

Le but de l'autorité souveraine, ou le salut des peuples, est la mesure de l'étendue des devoirs du souverain : *Imperantis officia dimetienda ex fine, qui est salus populi.*

Tel est le système politique d'Hobbes. Il a divisé son ouvrage en deux parties. Dans l'une, il traite de la société civile et il y établit les principes que nous venons d'exposer. Dans l'autre, il examine la société chrétienne et il applique à la puissance éternelle les mêmes idées qu'il s'était formées de la puissance temporelle.

Caractère d'Hobbes. Hobbes avait reçu de la nature cette hardiesse de penser, et ces dons avec lesquels on en impose aux autres hommes. Il eut un esprit juste et vaste, pénétrant et profond. Ses sentiments lui sont propres, et sa philosophie est peu commune. Quoiqu'il eût beaucoup étudié, et qu'il fût, il ne fit pas assez de cas des connaissances acquises. Ce fut la suite de son penchant à la méditation. Elle le conduisait ordinairement à la découverte des grands ressorts qui font mouvoir les hommes. Ses erreurs mêmes ont plus servi au progrès de l'esprit humain, qu'une foule d'ouvrages tissus de vérités communes. Il avait le défaut des systématiques, c'est de généraliser les faits particuliers et de les plier adroitement à ses hypothèses ; la lecture de ses ouvrages demande un homme mûr et circonspect. Personne ne marche plus fermement et n'est plus conséquent. Gardez-vous de lui passer ses premiers principes, si vous ne voulez pas le suivre partout où il lui plaira de vous conduire. La philosophie de M. Rousseau de Genève est presque l'inverse de celle de Hobbes. L'un croit l'homme de la nature bon, et l'autre le croit méchant. Selon le philosophe de Genève, l'état de nature est un état de paix ; selon le philosophe de Malmesbury, c'est un état de guerre. Ce sont les lois et la formation de la société qui ont rendu l'homme meilleur, si l'on en croit Hobbes ; et qui l'ont dépravé, si l'on en croit M. Rousseau. L'un était né au milieu du tumulte et des factions ; l'autre vivait dans le monde et parmi les savants. Autres temps, autres circonstances, autre philosophie. M. Rousseau est éloquent et pathétique ; Hobbes sec, austère et vigoureux. Celui-ci voyait le trône ébranlé, ses citoyens armés les uns contre les autres, et sa patrie inondée de sang par les fureurs du fanatisme presbytérien et il avait pris en aversion le dieu, le ministre et les autels. Celui-là voyait des hommes versés dans toutes les connaissances, se déchirer, se haïr, se livrer à leurs passions, ambitionner la considération, la richesse, les dignités et se conduire d'une manière peu conforme aux lumières qu'ils avaient acquises et il méprisa la science et les savants. Ils furent outrés tous les deux. Entre le système de l'un et de l'autre, il y en a un autre qui peut-être est le vrai, c'est que, quoique l'état de l'espèce humaine soit dans une vicissitude perpétuelle, sa bonté et sa méchanceté sont les mêmes ; son bonheur et son malheur circonscrits par des limites qu'elle ne peut franchir. Tous les avantages artificiels se compensent par des maux ; tous les maux naturels, par des biens. Hobbes, plein de confiance dans son jugement, philosopha d'après lui-même. Il fut honnête homme, sujet attaché à son roi, citoyen zélé, homme simple, droit, ouvert et bienfaisant. Il eut des amis et des ennemis. Il fut loué et blâmé sans mesure ; la plupart de ceux qui ne peuvent entendre son nom sans frémir, n'ont pas lu et ne sont pas en état de lire une page de ses ouvrages. Quoi qu'il en soit du bien ou du mal qu'on en pense, il a laissé la face du monde telle qu'elle était. Il fit peu de cas de la philosophie expérimentale ; s'il faut donner le nom de philosophe à un faiseur d'expériences, disait-il, le cuisinier, le parfumeur, le distillateur sont donc des philosophes. Il méprisa Bayle et il en fut méprisé. Il acheva de renverser l'idole de l'École que Bacon avait ébranlée. On lui reproche d'avoir introduit dans sa philosophie des termes nouveaux; mais ayant une façon particulière de considérer les choses, il était impossible qu'il s'en tînt aux mots reçus. S'il ne fut pas athée, il faut avouer que son dieu diffère peu de celui de Spinoza. Sa définition du méchant me paraît sublime. Le méchant de Hobbes est un enfant robuste : *malus est puer robustus*. En effet, la méchanceté est d'autant plus grande que la raison est faible, et que les passions sont fortes. Supposez qu'un enfant eût à six semaines l'imbécillité de jugement de son âge et les passions et la force d'un homme de quarante ans; il est certain qu'il frappera son père, qu'il violera sa mère, qu'il étranglera sa nourrice et qu'il n'y aura nulle sécurité pour tout ce qui l'approchera. Donc, la définition d'Hobbes est fausse, où l'homme devient bon à mesure qu'il s'instruit. On a mis à la tête de sa vie l'épigraphe suivante; elle est tirée d'Ange Politien.

Qui nos damnant, histriones sunt maximi,
Nam Curios simulant et bacchanalia vivunt.
Hi sunt praecipue quidam clamosi, leves,
Cucullati, lignipedes, cincti funibus,
Superciliosi, incurvi-cervicum pecus,
Qui, quod ab aliis habitu et cultu dissentiunt,
Tristesque vultu vendunt sanctimonias
Censuram sibi quamdam et tyrannidem occupant,
Paridamque plebem territant minaciis.

Outre les ouvrages philosophiques d'Hobbes, il y en a d'autres dont il n'est pas de notre objet de parler.

TABLE DES MATIÈRES

Repères chronologiques 7

Introduction
La vie de Thomas Hobbes 11
L'œuvre de Hobbes................................. 13
La philosophie politique de Hobbes et son temps 24
Des fondements de la politique à la métamorphose du droit.. 33
L'accueil réservé à la doctrine de Hobbes 45

Bibliographie 51

Épitre à Monseigneur Cornifidz Wllefeldt 61
Préface 67
Lettre de Gassendi 79
Lettre de Mersenne à Sorbière 81
Épitre dédicatoire au Comte de Devonshire 83

DE CIVE

LA LIBERTÉ

CHAP. I. De l'état des hommes hors de la société civile . 89
   II. De la loi de Nature en ce qui regarde les Contrats 100
   III. Des autres lois de Nature 112
   IV. Que la loi de Nature est une loi divine 129

L'EMPIRE

V.	Des causes et comment se sont formées les sociétés civiles	133
VI.	Du droit de cette assemblée, ou de cet homme seul qui exerce une puissance souveraine dans la société civile	147
VII.	Des trois sortes de gouvernement, démocratique, aristocratique et monarchique	166
VIII.	Du droit des maîtres sur leurs esclaves	179
IX.	Du droit des pères et des mères sur leurs enfants ; et du royaume patrimonial	184
X.	Comparaison des trois sortes de gouvernement et des incommodités qui se rencontrent en chaque espèce	194
XI.	Passages et exemples de la Sainte Écriture qui semblent favoriser ce que nous venons de dire	209
XII.	Des causes internes d'où peut venir la désunion de la société civile	214
XIII.	Des devoirs de ceux qui exercent une puissance souveraine	228
XIV.	Des lois et des offenses	241

LA RELIGION

XV.	Du règne de Dieu par la nature	259
XVI.	Du règne de Dieu par l'Ancienne Alliance	279
XVII.	Du règne de Dieu par la Nouvelle Alliance	298
XVIII.	Des choses qui sont nécessaires pour entrer au Royaume des Cieux	337

Avertissement du traducteur 357

Pierre Bayle : article HOBBES du *Dictionnaire historique et critique* 365
Denis Diderot : article HOBBISME de l'*Encyclopédie* 379

LA PHILOSOPHIE DANS LA GF

ANSELME DE CANTORBERY
Proslogion (717)

ARISTOTE
De l'âme (711)
Éthique de Nicomaque (43)
Parties des animaux, livre I (784)
Petits traités d'histoire naturelle (979)
Physique (887)
Les Politiques (490)

AUFKLÄRUNG. LES LUMIÈRES ALLEMANDES (793)

SAINT AUGUSTIN
Les Confessions (21)

AVERROÈS
Discours décisif (bilingue) (871)
L'Intelligence et la pensée (Sur le De Anima) (974)

BACON
La Nouvelle Atlantide (770)

BECCARIA
Des délits et des peines (633)

BERKELEY
Principes de la connaissance humaine (637)
Trois dialogues entre Hylas et Philonous (990)

BICHAT
Recherches physiologiques sur la vie et la mort (808)

BOÈCE
Traités théologiques (876)

LE BOUDDHA
Dhammapada (849)

COMTE
Leçons de sociologie (864)
Discours sur l'ensemble du positivisme (991)

CONDORCET
Cinq mémoires sur l'instruction publique (783)
Esquisse d'un tableau historique des progrès de l'esprit humain (484)

CONFUCIUS
Entretiens avec ses disciples (799)

CONSTANT
De l'esprit de la conquête et de l'usurpation dans leurs rapports avec la civilisation européenne (456)

CUVIER
Recherches sur les ossements fossiles de quadrupèdes (631)

DARWIN
L'origine des espèces (685)

DESCARTES
Correspondance avec Élisabeth et autres lettres (513)
Discours de la méthode (1091)
Lettre-préface des Principes de la philosophie (975)
Méditations métaphysiques (328)
Les Passions de l'âme (865)

DIDEROT
Entretien entre d'Alembert et Diderot. Lettre sur les aveugles. Lettre sur les sourds et muets (1081)
Le Rêve de d'Alembert. (1134)
Supplément au Voyage de Bougainville. Pensées philosophiques. Additions aux Pensées philosophiques. Lettre sur les aveugles. Additions à la Lettre sur les aveugles (252)

DIDEROT/D'ALEMBERT
Encyclopédie ou Dictionnaire raisonné des Sciences, des Arts et des Métiers (2 vol., 426 et 448)

DIOGÈNE LAËRCE
Vie, doctrines et sentences des philosophes illustres (2 vol., 56 et 77)

MAÎTRE ECKHART
Traités et sermons (703)

ÉPICTÈTE
Manuel (797)

ÉRASME
Éloge de la folie (36)

FICHTE
La Destination de l'homme (869)

GALIEN
Traités philosophiques et logiques (880)

GRADUS PHILOSOPHIQUE (773)

HEGEL
Préface de la Phénoménologie de l'esprit (bilingue) (953)
Principes de la philosophie du droit (664)

HÉRACLITE
Fragments (1097)

HERDER
Histoires et cultures (1056)

HIPPOCRATE
L'Art de la médecine (838)

HOBBES
Le Citoyen (385)

HUME
Enquête sur l'entendement humain (343)
Enquête sur les principes de la morale (654)

L'Entendement. Traité de la nature humaine, livre I (701)
Essais esthétiques (1096)
Les Passions. Traité de la nature humaine, livre II (557)
La Morale. Traité de la nature humaine, livre III (702)

KANT
Anthropologie (665)
Critique de la faculté de juger (1088)
Critique de la raison pure (1142)
Essai sur les maladies de la tête. Observations sur le sentiment du Beau et du Sublime (571)
Métaphysique des mœurs (2 vol., 715 et 716)
Opuscules sur l'histoire (522)
Théorie et Pratique (689)
Vers la paix perpétuelle. Qu'est-ce que les lumières ? Que signifie s'orienter dans la pensée ? (573)

KIERKEGAARD
La Reprise (512)

LA BOÉTIE
Discours de la servitude volontaire (394)

LAMARCK
Philosophie zoologique (707)

LA ROCHEFOUCAULD
Maximes et réflexions diverses (288)

LEIBNIZ
Discours de métaphysique (1028)
Essais de Théodicée (209)
Nouveaux essais sur l'entendement humain (582)
Principes de la nature et de la grâce. Monadologie et autres textes (863)
Système nouveau de la nature et de la communication des substances (774)

LOCKE
Lettre sur la tolérance et autres textes (686)
Traité du gouvernement civil (408)

LONG & SEDLEY
Les Philosophes hellénistiques (641-643, 3 vol. sous coffret 1147)

LUCRÈCE
De la nature (30)
De la nature (bilingue) (993)

MACHIAVEL
L'Art de la guerre (615)
Le Prince (317)

MALEBRANCHE
Traité de morale (837)

MALTHUS
Essai sur le principe de population (2 vol., 708 et 722)

MARC AURÈLE
Pensées pour moi-même suivies du Manuel d'Épictète (16)

MARX
Manuscrits de 1844 (789)

MARX & ENGELS
Manifeste du parti communiste (1002)

MONTAIGNE
Apologie de Raymond Sebond (1054)
Essais (3 vol., 210, 211 et 212)

MONTESQUIEU
Considérations sur les causes de la grandeur des Romains et de leur décadence (186)
De l'esprit des lois (2 vol., 325 et 326)
Lettres persanes (19)

MORE
L'Utopie (460)

NIETZSCHE
Ainsi parlait Zarathoustra (881)
L'Antéchrist (753)
Le Crépuscule des idoles. Le Cas Wagner (421)
Ecce Homo. Nietzsche contre Wagner (572)
Le Gai Savoir (718)
Généalogie de la morale (754)
Le Livre du philosophe (660)
Par-delà bien et mal (1057)
Seconde considération intempestive (483)

PASCAL
Pensées (266)
De l'esprit géométrique. Écrits sur la grâce et autres textes (436)

PASTEUR
Écrits scientifiques et médicaux (825)

PENSEURS GRECS AVANT SOCRATE (31)

PLATON
Alcibiade (988)
Apologie de Socrate. Criton (848)
Le Banquet (987)
Cratyle (954)
Euthydème (492)
Gorgias (465)
Ion (529)
Lachès. Euthyphron (652)
Lettres (466)
Ménon (491)
Parménide (688)0
Phédon (489)
Phèdre (488)
Philèbe (705)
Platon par lui-même (785)
Le Politique (1156)
Premiers dialogues : Second Alcibiade. Hippias mineur. Euthyphron. Lachès. Charmide. Lysis. Hippias majeur. Ion (129)
Protagoras (761)
Protagoras. Euthydème. Gorgias.

Ménexène. Ménon. Cratyle (146)
La République (653)
Sophiste (687)
Sophiste. Politique. Philèbe. Timée. Critias (203)
Théétète (493)
Théétète. Parménide (163)
Timée. Critias (618)

PLOTIN
Traités (1155)
Traités 7-21 (1164)

QUESNAY
Physiocratie (655)

RAZI
La Médecine spirituelle (1136)

RICARDO
Principes de l'économie politique et de l'impôt (663)

ROUSSEAU
Considérations sur le gouvernement de Pologne. L'Économie politique. Projet de constitution pour la Corse (574)
Du contrat social (1058)
Dialogues. Le Lévite d'Éphraïm (1021)
Discours sur l'origine et les fondements de l'inégalité parmi les hommes. Discours sur les sciences et les arts (243)
Émile ou de l'éducation (117)
Essai sur l'origine des langues et autres textes sur la musique (682)
Lettre à M. d'Alembert sur son article Genève (160)
Profession de foi du vicaire savoyard (883)

SAY
Cours d'économie politique (879)

SCHOPENHAUER
Sur la religion (794)

SÉNÈQUE
De la providence De la constance du sage. De la tranquilité de l'âme. Du loisir (1089)
Lettres à Lucilius (1-29) (599)

SMITH
La Richesse des nations (2 vol., 598 et 626)

SPINOZA
Œuvres : I - Court traité. Traité de la réforme de l'entendement. Principes de la philosophie de Descartes. Pensées métaphysiques (34)
II - Traité théologico-politique (50)
III - Éthique (57)
IV - Traité politique. Lettres (108)

THOMAS D'AQUIN
Contre Averroès (bilingue) (713)
Somme contre les Gentils (1045-1048, 4 vol. sous coffret 1049)

TOCQUEVILLE
De la démocratie en Amérique (2 vol., 353 et 354)
L'Ancien Régime et la Révolution (500)

TURGOT
Formation et distribution des richesses (983)

VICO
De l'antique sagesse de l'Italie (742)

VOLTAIRE
Dictionnaire philosophique (28)
Lettres philosophiques (15)
Traité sur la tolérance (552)

WITTGENSTEIN
Remarques mêlées (815)

GF-CORPUS

L'Âme (3001)
L'Amitié (3054)
L'Amour (3010)
Autrui (3051)
Le Citoyen (3044)
Le Corps (3055)
La Démocratie (3007)
Le Désir (3015)
Dieu (3008)
Le Droit (3046)
L'État (3003)
L'Expérience (3049)
L'Histoire (3021)
L'Identité (3030)
L'Illusion (3035)
L'Image (3036)
La Justice (3050)
Le Langage (3027)
Le Libéralisme (3016)
La Liberté (3023)
La Loi (3056)
Le Mal (3057)

Les Mathématiques (3019)
La Matière (3020)
La Métaphysique (3037)
La Morale (3018)
La Nature (3009)
Le Nihilisme (3011)
L'Œuvre d'art (3024)
La Paix (3026)
Les Passions (3053)
Le Pouvoir (3002)
La Religion (3040)
Le Scepticisme (3014)
La Sensation (3005)
La Société (3041)
Le Temps (3006)
La Tolérance (3004)
Le Travail (3025)
L'Utopie (3029)
La Vie (3045)
La Violence (3042)
La Volonté (3012)